통합기본서

수협중앙회

시대에듀

시대에듀 수협중앙회 필기전형 통합기본서

Always **with you**

사람의 인연은 길에서 우연하게 만나거나 함께 살아가는 것만을 의미하지는 않습니다.
책을 펴내는 출판사와 그 책을 읽는 독자의 만남도 소중한 인연입니다.
시대에듀는 항상 독자의 마음을 헤아리기 위해 노력하고 있습니다. 늘 독자와 함께하겠습니다.

머리말 PREFACE

1962년 설립된 수협중앙회는 유구한 세월 동안 대한민국 수산업을 이끌어 온 어업인에게 큰 힘이 되는 조직으로 거듭나기 위해 쉼 없이 달려왔다. 수협중앙회는 이제 '어업인이 부자되는 어부(漁富)의 세상'을 위하여 풍요로운 어업인, 활력 넘치는 어촌, 희망이 가득한 바다를 구현함으로써, 국민과 어업인이 신뢰하는 최고의 협동조합으로 우뚝 서고자 한다.

수협중앙회는 인재 채용을 위하여 온라인 인성검사와 NCS 직업기초능력평가 · 직무능력평가를 실시하고 있다. NCS 직업기초능력평가는 의사소통능력 · 문제해결능력 · 수리능력 · 자원관리능력 · 정보능력이 출제되고, 직무능력평가는 일반사무의 경우 경영학/경제학이 출제된다.

이에 시대에듀는 수험생들이 수협중앙회 필기전형의 출제경향을 파악하고 시험에 효과적으로 대비할 수 있도록 다음과 같이 본서를 구성하였다.

도서의 특징

1. 2024년 기출복원문제를 수록하여 최근 출제경향을 한눈에 파악할 수 있도록 하였다.
2. NCS 직업기초능력평가 출제영역별 대표기출유형과 기출응용문제를 수록하여 체계적인 학습이 가능하도록 하였다.
3. 직무능력평가(경영학 · 경제학)의 핵심이론과 기출응용문제를 수록하여 필기전형을 완벽히 준비할 수 있도록 하였다.
4. 최종점검 모의고사와 온라인 모의고사 3회분(NCS 통합 1회 포함)을 수록하여 시험 전 자신의 실력을 스스로 판단할 수 있도록 하였다.
5. 수협중앙회 인재상과의 적합 여부를 판별할 수 있는 인성검사와 수협중앙회 실제 면접 기출 질문을 수록하여 한 권으로 채용 전반에 대비할 수 있도록 하였다.

끝으로 본서가 수협중앙회 필기전형을 준비하는 여러분 모두에게 합격의 기쁨을 전달하기를 진심으로 바란다.

SDC(Sidae Data Center) 씀

수협중앙회 기업분석

◇ 비전

어업인이 부자되는 어부(漁富)의 세상

- 어업인 권익 강화
- 살기 좋은 희망찬 어촌
- 지속가능한 수산환경 조성
- 중앙회 · 조합 · 어촌 상생발전

◇ 윤리경영

투명하고 깨끗한 세상! 수협이 앞장선다.

- 윤리경영을 통한 세계화
- 철저한 윤리경영의 실천 및 확산
- 윤리경영시스템의 운영 및 사회공헌

수산인 사랑 | 고객사랑 | 직원사랑 | 사회기여

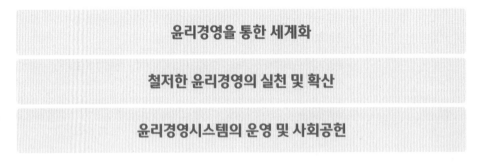

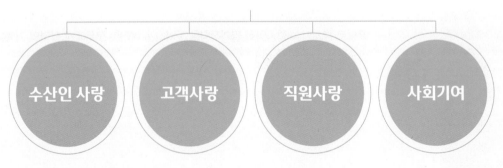

◇ 심벌마크

수협 심벌마크는 수협운동을 상징적으로 대변하는 조형으로써 CI(Corporate Identity) 디자인 시스템의 가장 중요한 요소이며 모든 시각 커뮤니케이션 활동의 핵심이 된다.
수협 심벌마크의 외곽타원은 어민의 삶의 터전인 푸른 바다, 맑은 물을 상징하며 4마리의 물고기 도형은 어민과 어민, 수협과 어민, 수협과 정부 사이의 상호협동을 의미한다.
물고기와 파도문양의 합성으로 형성되는 활기찬 역동감은 수협운동을 통한 진취적인 선진국가로의 발전을 추구하는 수협의 기상을 뜻한다.

◇ 인재상

협동 + 소통
Cooperation

협동과 소통으로 시너지를 창출하는 수협인
- 동료와 팀워크를 발휘하여 조직의 목표 달성에 기여하는 사람
- 다양한 배경과 생각을 가진 사람들과 의견을 조율하여 문제를 해결하는 사람

창의 + 혁신
Creativity

창의와 혁신으로 미래에 도전하는 수협인
- 번뜩이는 생각과 새로운 시각으로 변화하는 시대에 앞서 나가는 사람
- 유연한 자세로 변화를 추구하며 새로운 분야를 개척하는 사람

친절 + 배려
Consideration

친절과 배려로 어업인과 고객에 봉사하는 수협인
- 고객을 섬기는 따뜻한 가슴으로 고객 행복에 앞장서는 사람
- 상대방의 입장에서 생각하고 행동하는 너그러운 마음을 품은 사람

INFORMATION

신입직원 채용 안내

◇ 지원방법

온라인 접수(jrs.jobkorea.co.kr/suhyup24/suhyup24/Agi/Invite)

※ 타 양식 및 오프라인 접수 불가

◇ 지원자격

❶ 연령/성별/학력/전공 제한 없음

※ 단, 인사규정상 정년(만 60세) 이상은 불가

❷ 남자의 경우 병역필 또는 면제자

※ 단, 최종발표일 이전 전역 가능한 자 포함

❸ 본회 인사 관련 규정상 결격사유에 해당하지 않는 자

❹ 최종발표 이후 정상 근무 가능한 자

◇ 채용절차

◇ 필기전형

과목	출제영역		문항 수	시간
NCS 직업기초능력평가	의사소통능력, 문제해결능력, 수리능력, 자원관리능력, 정보능력		100문항	100분
직무능력평가	일반	경영학 · 경제학 또는 법학 · 행정학 중 선택	50문항	50분
	계리 · 상품개발	수학 및 통계학		
	IT	코딩능력평가(JAVA)		

※ 2024년도 하반기 수협중앙회 신입직원 채용 안내문을 기준으로 구성하였습니다.

2024년 기출분석

총평

2024년 수협중앙회 필기전형은 전반적으로 출제 수준이 평이하였고, 자원관리능력을 제외한 영역의 문제 유형은 대체로 모듈형보다는 피듈형으로 출제되었다. NCS 직업기초능력평가는 의사소통능력, 문제해결능력, 수리능력, 자원관리능력, 정보능력 5가지 영역으로 100문항/100분이 출제되었고, 직무능력평가는 직군에 따라 상이한 범위가 출제된 한편, 50문항/50분이 출제되었다.
또한 NCS 직업기초능력평가는 의사소통능력과 문제해결능력이 다른 영역보다 출제 비중이 높았고, 직무능력평가는 계산 문제보다는 해당 전공의 이론 위주로 해결할 수 있는 수준의 문제들이 출제되어 어렵지 않게 풀 수 있었다는 후기가 많았다.

◇ 영역별 출제비중

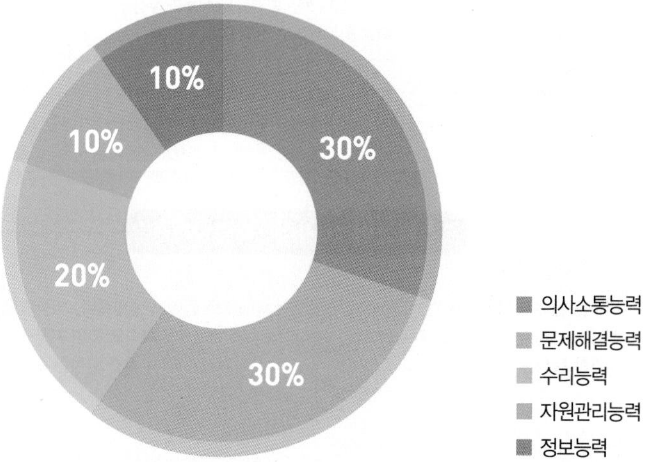

◇ 영역별 출제특징

구분	출제특징
의사소통능력	• 한자성어, 어법 · 맞춤법, 속담 등의 옳고 그름을 가리는 문제 • 주제 찾기, 내용 일치, 나열하기 등의 독해 문제
문제해결능력	• 명제의 참 · 거짓, 조건추리 문제
수리능력	• 원기둥 부피 계산, 경우의 수/확률, 시차 및 환율 계산 문제 • 단리 · 복리 적금의 이자 차이를 구하는 문제
자원관리능력	• 일부 모듈형 문제가 출제됨 • 품목확정, 시간계획 및 비용계산 문제
정보능력	• 엑셀 함수 수식이나 올바른 코드를 선택하는 문제

주요 금융권 적중 문제

전국수협

의사소통능력 ▶ 나열하기

2024년 적중

※ 다음 제시된 문장을 논리적 순서대로 바르게 나열한 것을 고르시오. [1~2]

01

(가) 근대에 접어들어 모든 사물이 생명력을 갖지 않는 일종의 기계라는 견해가 강조되면서, 아리스토텔레스의 목적론은 비과학적이라는 이유로 많은 비판에 직면한다.
(나) 대표적인 근대 사상가인 갈릴레이는 목적론적 설명이 과학적 설명으로 사용될 수 없다고 주장했고, 베이컨은 목적에 대한 탐구가 과학에 무익하다고 평가했으며, 스피노자는 목적론이 자연에 대한 이해를 왜곡한다고 비판했다.
(다) 일부 현대 학자들은 근대 사상가들이 당시 과학에 기초한 기계론적 모형이 더 설득력이 있다는 일종의 교조적 믿음에 의존했을 뿐, 아리스토텔레스의 목적론을 거부할 충분한 근거를 제시하지 못했다고 비판한다.
(라) 이들의 비판은 목적론이 인간 이외의 자연물도 이성을 갖는 것으로 의인화한다는 것이다. 그러나 이런 비판과는 달리 아리스토텔레스는 자연물을 생물과 무생물로, 생물을 식물·동물·인간으로 나누고, 인간만이 이성을 지닌다고 생각했다.

① (가) – (나) – (라) – (다)
② (가) – (라) – (나) – (다)
③ (나) – (다) – (라) – (가)
④ (나) – (라) – (다) – (가)

수리능력 ▶ 거리·속력·시간

2024년 적중

01 미주는 집에서 백화점에 가기 위해 시속 8km의 속력으로 집에서 출발했다. 미주가 집에서 출발한 지 12분 후에 지갑을 두고 간 것을 발견한 동생이 시속 20km의 속력으로 미주를 만나러 출발했다. 미주와 동생은 몇 분 후에 만나게 되는가?(단, 미주와 동생은 쉬지 않고 일정한 속력으로 움직인다)

① 11분
② 14분
③ 17분
④ 20분

문제해결능력 ▶ 명제

2024년 적중

01 다음 명제가 모두 참일 때, 반드시 참인 명제는?

- 다음은 서로 다른 밝기 등급(1 ~ 5등급)을 가진 A ~ E별의 밝기를 측정하였다.
- 1등급이 가장 밝은 밝기 등급이다.
- A별은 가장 밝지도 않고, 두 번째로 밝지도 않다.
- B별은 C별보다 밝고, E별보다 어둡다.
- C별은 D별보다 밝고, A별보다 어둡다.
- E별은 A별보다 밝다.

① A별의 밝기 등급은 4등급이다.
② A ~ E 별 중 B별이 가장 밝다.
③ 어느 별이 가장 어두운지 확인할 수 없다.
④ 별의 밝기 등급에 따라 순서대로 나열하면 'E – B – A – C – D'이다.

지역농협 6급

의사소통능력 ▶ 나열하기

2024년 적중

17 다음 문단을 논리적 순서대로 바르게 나열한 것은?

(가) 이때 보험금에 대한 기댓값은 사고가 발생할 확률에 사고 발생 시 받을 보험금을 곱한 값이다. 보험금에 대한 보험료의 비율(보험료/보험금)을 보험료율이라 하는데, 보험료율이 사고 발생 확률보다 높으면 구성원 전체의 보험료 총액이 보험금 총액보다 더 많고, 그 반대의 경우에는 구성원 전체의 보험료 총액이 보험금 총액보다 더 적게 된다. 따라서 공정한 보험에서는 보험료율과 사고 발생 확률이 같아야 한다.
(나) 위험 공동체의 구성원이 내는 보험료와 지급받는 보험금은 그 위험 공동체의 사고 발생 확률을 근거로 산정된다. 특정 사고가 발생할 확률은 정확히 알 수 없지만, 그동안 발생한 사고를 바탕으로 그 확률을 예측한다면 관찰 대상이 많아짐에 따라 실제 사고 발생 확률에 근접하게 된다.
(다) 본래 보험 가입의 목적은 금전적 이득을 취하는 데 있는 것이 아니라 장래의 경제적 손실을 보상받는 데 있으므로, 위험 공동체의 구성원은 자신이 속한 위험 공동체의 위험에 상응하는 보험료를 내는 것이 공정할 것이다.
(라) 따라서 공정한 보험에서는 구성원 각자가 내는 보험료와 그가 지급받을 보험금에 대한 기댓값이 일치해야 하며, 구성원 전체의 보험료 총액과 보험금 총액이 일치해야 한다.

① (가) – (나) – (다) – (라)
② (가) – (라) – (나) – (다)
③ (나) – (다) – (라) – (가)
④ (나) – (라) – (다) – (가)
⑤ (다) – (나) – (라) – (가)

수리능력 ▶ 일률

2024년 적중

32 선규와 승룡이가 함께 일하면 5일이 걸리는 일을 선규가 먼저 혼자서 4일을 일하고, 승룡이가 혼자서 7일을 일하면 끝낼 수 있다고 한다. 승룡이가 이 일을 혼자서 끝내려면 며칠이 걸리겠는가?

① 11일
② 12일
③ 14일
④ 15일
⑤ 16일

문제해결능력 ▶ 명제

2024년 적중

30 다음 명제가 모두 참일 때, 빈칸에 들어갈 명제로 가장 적절한 것은?

마라톤을 좋아하는 사람은 체력이 좋고, 인내심도 있다.
몸무게가 무거운 사람은 체력이 좋고, 명랑한 사람은 마라톤을 좋아한다.
따라서 ____________________

① 체력이 좋은 사람은 인내심이 없다.
② 명랑한 사람은 인내심이 있다.
③ 마라톤을 좋아하는 사람은 몸무게가 가볍다.
④ 몸무게가 무겁지 않은 사람은 체력이 좋지 않다.

주요 금융권 적중 문제

신한은행

의사소통능력 ▶ 나열하기

2024년 적중

23 다음 문장들을 논리적 순서대로 바르게 나열한 것은?

(가) 사물을 볼 때 우리는 중립적으로 보지 않고 우리의 경험이나 관심, 흥미에 따라 사물의 상을 잡아당겨 보는 경향이 있다.
(나) 그래서 매우 낯설거나 순간적으로 명료하게 파악되지 않는 이미지를 보면 그것과 유사한, 자신이 잘 아는 어떤 사물의 이미지와 연결하여 보려는 심리적 경향을 보이게 된다.
(다) 이런 면에서 어떤 사물을 보든지 우리는 늘 '오류'의 가능성을 안고 있다.
(라) 그러나 이런 가능성이 항상 부정적인 것만은 아니다.
(마) 사실 화가가 보여주는 일루전(Illusion), 곧 환영(幻影)도 이런 오류의 가능성에서 나오는 것이다.

수리능력 ▶ 자료추론

2024년 적중

68 다음은 2020 ~ 2023년 A국의 방송통신 매체별 광고매출액에 대한 자료이다. 이에 대한 〈보기〉의 설명 중 옳은 것을 모두 고르면?

〈2020 ~ 2023년 방송통신 매체별 광고매출액〉

(단위 : 억 원)

매체	세부 매체 \ 연도	2020년	2021년	2022년	2023년
방송	지상파TV	15,517	14,219	12,352	12,310
	라디오	2,530	2,073	1,943	1,816
	지상파DMB	53	44	36	35
	케이블PP	18,537	17,130	16,646	( )
	케이블SO	1,391	1,408	1,275	1,369
	위성방송	480	511	504	503
	소계	38,508	35,385	32,756	31,041

문제해결능력 ▶ 금융상품 활용

2024년 적중

※ 다음은 S은행의 Ü Card(위 카드)에 관한 자료이다. 이어지는 질문에 답하시오. **[51~52]**

〈Ü Card(위 카드) 주요 혜택〉

1) 전 가맹점 포인트 적립 서비스
전월 실적 50만 원 이상 이용 시 전 가맹점 적립 서비스 제공
(단, 카드사용 등록일부터 익월 말일까지는 전월 실적 미달 시에도 정상 적립)

건별 이용금액	10만 원 미만	10만 원 이상		
업종	전 가맹점	전 가맹점	온라인	해외
적립률	0.7%	1.0%	1.2%	1.5%

※ 즉시결제 서비스 이용금액은 전 가맹점 2만 원 이상 이용 건에 한해 0.2% 적립

2) 보너스 캐시백
매년 1회 연간 이용금액에 따라 캐시백 서비스 제공

연간 이용금액	3천만 원 이상	5천만 원 이상	1억 원 이상
캐시백	5만 원	10만 원	20만 원

IBK기업은행

의사소통능력 ▸ 내용일치

2024년 적중

※ 다음 글의 내용으로 적절하지 않은 것을 고르시오. [1~3]

01

많은 사람들은 소비에 대한 경제적 결정을 내리기 전에 가격과 품질을 고려한다. 하지만 이러한 결정은 때로 소비자가 인식하지 못한 다른 요소에 의해 영향을 받는다. 바로 마케팅과 광고의 효과이다. 광고는 제품이나 서비스에 대한 정보를 전달하는 데 사용되는 매개체로 소비자의 구매 결정에 큰 영향을 끼친다.

마케팅 회사들은 광고를 통해 제품을 매력적으로 보이도록 디자인하고 여러 가지 특징들을 강조하여 소비자들이 해당 제품을 원하도록 만든다. 예를 들어 소비자가 직면한 문제에 대해 자사의 제품이 효과적인 해결책이라고 제시하거나 유니크한 디자인, 고급 소재 등을 사용한다고 강조하는 것이다. 이렇게 광고는 소비자들에게 제품에 대한 긍정적인 이미지를 형성하게 하여 구매 욕구를 자극해 제품의 판매량을 증가시킨다.

그러므로 현명한 소비를 하기 위해서는 광고에 의해 형성된 이미지에 속지 않고 실제 제품의 가치와

자원관리능력 ▸ 비용계산

2024년 적중

※ 다음은 I은행의 지난해 직원별 업무 성과내용과 성과급 지급규정이다. 이어지는 질문에 답하시오. [16~17]

〈직원별 업무 성과내용〉

성명	직급	월 급여(만 원)	성과내용
임미리	과장	450	예·적금 상품 3개, 보험상품 1개, 대출상품 3개
이윤미	대리	380	예·적금 상품 5개, 보험상품 4개
조유라	주임	330	예·적금 상품 2개, 보험상품 1개, 대출상품 5개
구자랑	사원	240	보험상품 3개, 대출상품 3개
조다운	대리	350	보험상품 2개, 대출상품 4개
김은지	사원	220	예·적금 상품 6개, 대출상품 2개
권지희	주임	320	예·적금 상품 5개, 보험상품 1개, 대출상품 1개
유수연	사원	280	예·적금 상품 2개, 보험상품 3개, 대출상품 1개

수리능력 ▸ 금융상품 활용

2024년 적중

03 A대리는 새 자동차 구입을 위해 적금 상품에 가입하고자 하며, 후보 적금 상품에 대한 정보는 다음과 같다. 후보 적금 상품 중 만기환급금이 더 큰 적금 상품에 가입한다고 할 때, A대리가 가입할 적금 상품과 상품의 만기환급금이 바르게 연결된 것은?

〈후보 적금 상품 정보〉

구분	직장인사랑적금	미래든든적금
가입자	개인실명제	개인실명제
가입기간	36개월	24개월
가입금액	매월 1일 100,000원 납입	매월 1일 150,000원 납입
적용금리	연 2.0%	연 2.8%
저축방법	정기적립식, 비과세	정기적립식, 비과세
이자지급방식	만기일시지급식, 단리식	만기일시지급식, 단리식

적금 상품　　만기환급금

도서 200% 활용하기

2024년 기출복원문제로 출제경향 파악

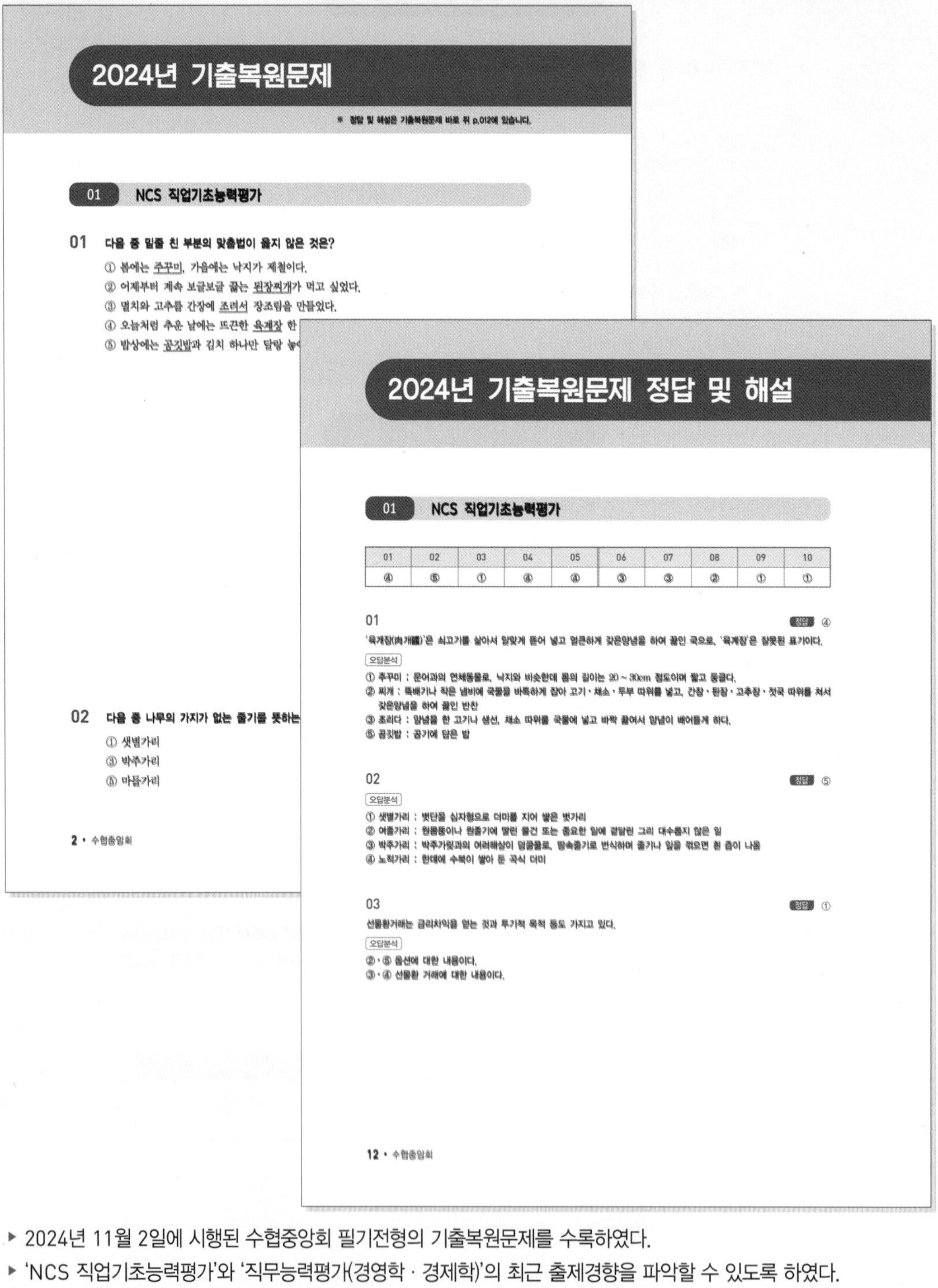

2024년 기출복원문제

※ 정답 및 해설은 기출복원문제 바로 뒤 p.012에 있습니다.

01 NCS 직업기초능력평가

01 다음 중 밑줄 친 부분의 맞춤법이 옳지 않은 것은?

① 봄에는 주꾸미, 가을에는 낙지가 제철이다.
② 어제부터 계속 보글보글 끓는 된장찌개가 먹고 싶었다.
③ 멸치와 고추를 간장에 조려서 장조림을 만들었다.
④ 오늘처럼 추운 날에는 뜨끈한 육계장 한
⑤ 밥상에는 공깃밥과 김치 하나만 달랑 놓

02 다음 중 나무의 가지가 없는 줄기를 뜻하는

① 샛별가리
③ 박주가리
⑤ 마늘가리

2 • 수협중앙회

2024년 기출복원문제 정답 및 해설

01 NCS 직업기초능력평가

01	02	03	04	05	06	07	08	09	10
④	⑤	①	④	④	③	③	②	①	①

01 정답 ④

'육개장(肉개醬)'은 쇠고기를 삶아서 알맞게 뜯어 넣고 얼큰하게 갖은양념을 하여 끓인 국으로, '육계장'은 잘못된 표기이다.

오답분석

① 주꾸미 : 문어과의 연체동물로, 낙지와 비슷한데 몸의 길이는 20 ~ 30cm 정도이며 짧고 둥글다.
② 찌개 : 뚝배기나 작은 냄비에 국물을 바특하게 잡아 고기 · 채소 · 두부 따위를 넣고, 간장 · 된장 · 고추장 · 젓국 따위를 쳐서 갖은양념을 하여 끓인 반찬
③ 조리다 : 양념을 한 고기나 생선, 채소 따위를 국물에 넣고 바짝 끓여서 양념이 배어들게 하다.
⑤ 공깃밥 : 공기에 담은 밥

02 정답 ⑤

오답분석

① 샛별가리 : 볏단을 십자형으로 더미를 지어 쌓은 볏가리
② 여줄가리 : 원몸뚱이나 원줄기에 딸린 물건 또는 중요한 일에 곁달린 그리 대수롭지 않은 일
③ 박주가리 : 박주가릿과의 여러해살이 덩굴풀로, 땅속줄기로 번식하며 줄기나 잎을 꺾으면 흰 즙이 나옴
④ 노적가리 : 한데에 수북이 쌓아 둔 곡식 더미

03 정답 ①

선물환거래는 금리차익을 얻는 것과 투기적 목적 등도 가지고 있다.

오답분석

②·⑤ 옵션에 대한 내용이다.
③·④ 선물환 거래에 대한 내용이다.

12 • 수협중앙회

▸ 2024년 11월 2일에 시행된 수협중앙회 필기전형의 기출복원문제를 수록하였다.
▸ 'NCS 직업기초능력평가'와 '직무능력평가(경영학 · 경제학)'의 최근 출제경향을 파악할 수 있도록 하였다.

대표기출유형&기출응용문제로 영역별 체계적 학습

대표기출유형

01 어법 · 맞춤법

| 유형분석 |

- 주어진 문장이나 지문에서 잘못 쓰인 단어 · 표현을 바르게 고칠 수 있는지 평가한다.
- 띄어쓰기, 동의어 · 유의어 · 다의어 또는 관용적 표현 등을 찾는 문제가 출제될 가능성이 있다.

다음 밑줄 친 단어 중 문맥상 쓰임이 옳지 않은 것은?

① 어려운 문제의 답을 맞혀야 높은 점수를 받을 수
② 공책에 선을 반듯이 긋고 그 선에 맞춰 글을 쓰
③ 생선을 간장에 10분 동안 졸이면 요리가 완성된
④ 미안하지만 지금은 바쁘니까 이따가 와서 얘기해
⑤ 그는 손가락으로 남쪽을 가리켰다.

정답 ③

'졸이다'는 '찌개를 졸이다.'와 같이 국물의 양을 적어지게 하는 따위를 국물에 넣고 바짝 끓여서 양념이 배어들게 하다.'의 의미 사용되어야 한다.

오답분석

① 맞히다 : 문제에 대한 답을 틀리지 않게 하다.
맞추다 : 둘 이상의 일정한 대상들을 나란히 놓고 비교하여
② 반듯이 : 비뚤어지거나 기울거나 굽지 않고 바르게
반드시 : 틀림없이 꼭, 기필코
④ 이따 : 조금 지난 뒤에
있다 : 어느 곳에서 떠나거나 벗어나지 않고 머물다. 또는
⑤ 가리키다 : 손가락 따위로 어떤 방향이나 대상을 집어서 보
가르치다 : 지식이나 기능, 이치 따위를 깨닫게 하거나 익히

유형풀이 Tip

- 일상생활 속에서 자주 틀리는 맞춤법을 자연스럽게 터득할
- 신문, 사설 등 독서 습관을 들여 맞춤법 및 올바른 표현에

4 • 수협중앙회

대표기출유형 01 기출응용문제

01 다음 중 밑줄 친 부분이 맞춤법 규정에 어긋나는 것은?

① 그는 목이 메어 한동안 말을 잇지 못했다.
② 어제는 종일 아이를 치다꺼리하느라 잠시도 쉬지 못했다.
③ 웬일로 선물까지 준비했는지 모르겠다.
④ 노루가 나타난 것은 나무꾼이 도끼로 나무를 베고 있을 때였다.
⑤ 그는 입술을 지그시 깨물었다.

PART 1

02 다음 중 띄어쓰기가 옳지 않은 것을 모두 고르면?

> S기관은 다양한 분야에서 ㉠ 괄목할만한 성과를 거두고 있다. 그러나 타 기관들이 단순히 이를 벤치마킹한다고 해서 반드시 우수한 성과를 거둘 수 있는 것은 아니다. S기관의 성공 요인은 주어진 정책 과제를 수동적으로 ㉡ 수행하는데 머무르지 않고, 대국민 접점에서 더욱 다양하고 복잡해지고 있는 수요를 빠르게 인지하고 심도 깊게 파악하여 그 개선점을 내놓기 위해 노력하는 일련의 과정을 ㉢ 기관만의 특색으로 바꾸어 낸 것이다.

① ㉠
② ㉡
③ ㉢
④ ㉠, ㉡
⑤ ㉠, ㉡, ㉢

Easy

03 다음은 S사의 고객헌장 전문이다. 틀린 단어는 모두 몇 개인가?(단, 띄어쓰기는 무시한다)

> 우리는 모든 업무를 수행하면서 고객의 입장에서 생각하며 친절 · 신속 · 정확하게 처리하겠습니다.
> 우리는 잘못된 서비스로 고객에게 불편을 초례한 경우 즉시 계선 · 시정하고 재발방지에 노력하겠습니다.
> 우리는 항상 고객의 말씀에 귀를 기울이며, 고객의 의견을 경영에 최대한 반영하겠습니다.
> 이와 같은 목표를 달성하기 위하여 구체적인 고객서비스 이행표준을 설정하고 이를 성실이 준수할 것을 약속드립니다.

① 1개
② 2개
③ 3개
④ 4개
⑤ 5개

CHAPTER 01 의사소통능력 • 5

▸ '의사소통 · 문제해결 · 수리 · 자원관리 · 정보능력'의 대표기출유형과 기출응용문제를 수록하였다.
▸ 출제영역별 유형분석과 유형풀이 Tip을 통해 혼자서도 체계적인 학습이 가능하도록 하였다.

STRUCTURES

도서 200% 활용하기

직무능력평가까지 완벽 대비

CHAPTER 01 경영학 핵심이론

1. 테일러 시스템과 포드 시스템의 비교

테일러 시스템	포드 시스템
• 과업관리(시간과 동작연구를 통한) • 차별성과급 도입 : 객관적인 과학적 방법을 사용한 임금률 • 과학적 관리 방법을 도입한 표준화 • 작업의 과학화와 개별생산관리 • 인간노동의 기계화 시대	• 동시관리 : 작업조직의 철저한 합리화에 의해 작업의 동시적 진행을 기계적으로 실현하고 관리를 자동적으로 전개 • 컨베이어 시스템, 대량생산 • 공장 전체로 확대 • 인간에게 기계의 보조역할 요구

2. 환경의 2가지 차원(환경의 동태성 및 복잡성의 정도)

• 환경의 동태성 : 안정적 환경 → 관리자가 미래의 사건 예측, 동태적 환경 → 관리자가 과거의 패턴으로부터 예측할 수 있게 된다.
• 복잡성의 정도 : 환경요소들이 단순한가, 그렇지 않은가를 말하는 것으로, 상호작용하는 환경요소의 수와 관련이 있다.
• 환경의 2가지 차원 도식화

구분		환경의 복잡성	
		단순	복잡
환경의 동태성	안정적	(단순)+(안정)=(낮은 불확실성) 예 컨테이너 제조업, 음료병 제조업	(복잡)+(안정)=(다소 낮은 불확실성) 예 대학, 병원
	동태적	(단순)+(동태적)=(다소 높은 불확실성) 예 유행의류 제조업, 장난감 제조업	(복잡)+(동태적)=(높은 불확실성) 예 전자산업, 석유회사

3. 기업합병

• 법률적으로 독립적인 복수의 기업이 단일조직이 되는 형태
• 피합병기업은 완전히 독립성을 상실
• 흡수합병 및 신설합병

CHAPTER 02 경제학 기출응용문제

정답 및 해설 p.039

01 다음 중 국내총생산(GDP)에 대한 설명으로 옳지 않은 것은?

① GDP에는 의복, 자동차 등 가시적인 재화 생산은 물론 보이지 않는 이발과 같은 서비스도 포함된다.
② GDP에는 합법이든 불법이든 한 경제에서 생산되어 시장에서 팔린 모든 품목을 포함하는 포괄적인 지표이다.
③ GDP에는 그 해에 생산된 재화와 서비스만 포함하며, 과거에 생산된 물건의 거래는 포함되지 않는다.
④ 생산된 중간재가 그 해에 사용되지 않고 장래의 판매나 생산을 위해 보관되는 경우에는 최종재로 간주되어 GDP에 포함된다.
⑤ GDP는 한 국가의 영토 내에서 일어난 생산활동의 가치를 측정하기 때문에 현대차가 해외공장에서 생산한 재화의 가치는 우리나라의 GDP에 포함되지 않는다.

02 다음 중 파레토효율성에 대한 설명으로 옳지 않은 것은?

① 어느 한 사람의 효용을 감소시키지 않고서는 다른 사람의 효용을 증가시킬 수 없는 상태를 파레토 효율적이라고 한다.
② 일정한 조건이 충족될 때 완전경쟁시장에서의 일반균형은 파레토효율적이다.
③ 파레토효율적인 자원배분이 평등한 소득분배를 보장해주는 것은 아니다.
④ 파레토효율적인 자원배분하에서는 항상 사회후생이 극대화된다.
⑤ 파레토효율적인 자원배분은 일반적으로 무수히 많이 존재한다.

▸ 경영학 · 경제학 핵심이론 및 기출응용문제를 수록하여 필기전형을 완벽하게 준비하도록 하였다.

최종점검 모의고사로 실전 연습

최종점검 모의고사

모바일 OMR

문항 수 : 150문항 응시시간 : 150분

정답 및 해설 p.044

01 NCS 직업기초능력평가

01 다음 밑줄 친 단어의 쓰임이 옳은 것은?

① 김 팀장님, 여기 서류에 결제 부탁드립니다.
② 한국 남자 수영팀이 10년 만에 한국 신기록을 갱신했다.
③ 일제강점기 독립운동가들은 일제 경찰에게 갖은 곤혹을 당했다.
④ 재난 당국은 실종자들의 생사 유무를 파악 중이다.
⑤ 그녀는 솔직하고 담백하게 자신의 마음을 표현했다.

02 다음 중 ㉠~㉢에 들어갈 단어끼리 바르게 짝지어진 것은?

• 그는 부인에게 자신의 친구를 ㉠ 소개시켰다 / 소개했다.
• 이 소설은 실제 있었던 일을 바탕으로 ㉡ 쓰인 / 쓰여진 것이다.
• 자전거가 마주 오던 자동차와 ㉢ 부딪혔다 / 부딪쳤다.

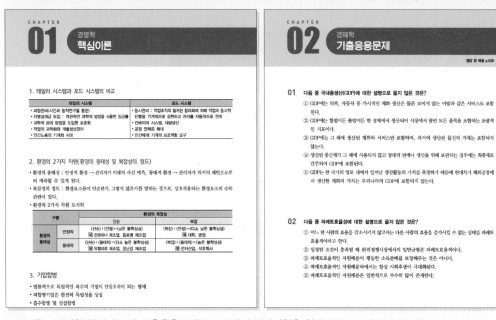

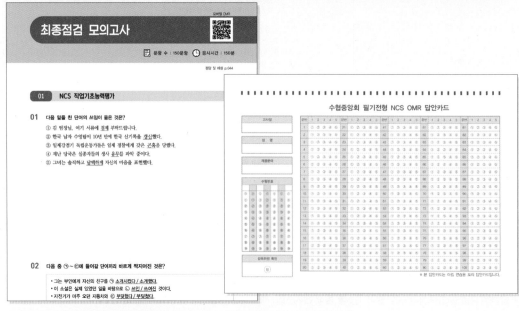

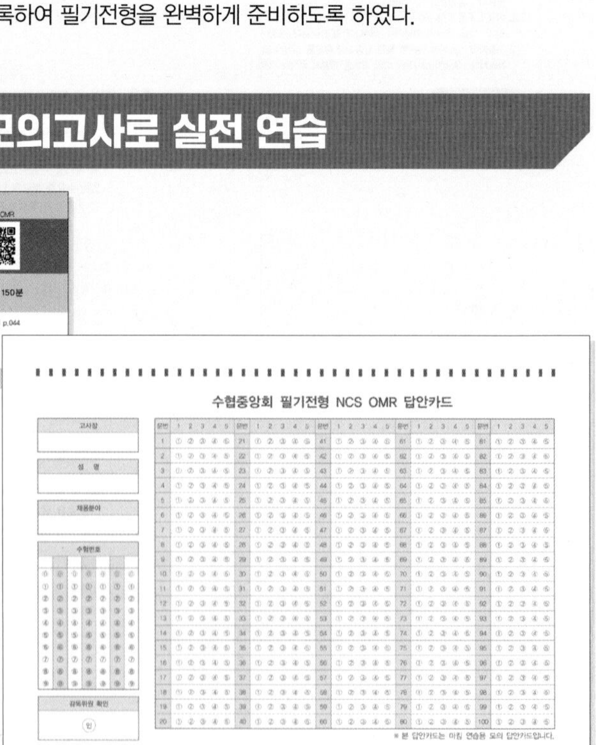

▸ 최종점검 모의고사와 OMR 답안카드를 수록하여 실천처럼 연습하도록 하였다.

Easy & Hard로 난이도별 시간 분배 연습

※ 다음은 2018 ~ 2022년 연도별 해양사고 발생 현황에 대한 그래프이다. 이를 읽고 이어지는 질문에 답하시오. [65~66]

〈연도별 해양사고 발생 현황〉

(단위 : 건, 척, 명)

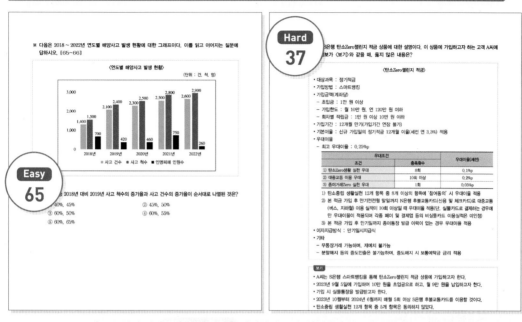

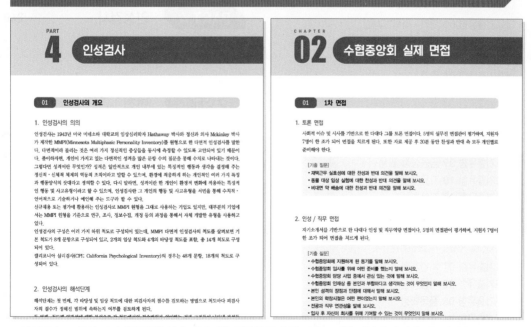

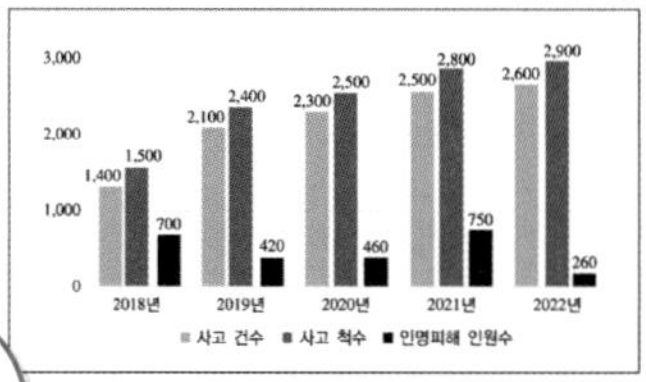

Easy 65

2018년 대비 2019년 사고 척수의 증가율과 사고 건수의 증가율이 순서대로 나열된 것은?

40%, 45% ② 45%, 50%
③ 60%, 50% ④ 60%, 55%
⑤ 60%, 65%

Hard 37

S은행 탄소Zero챌린지 적금 상품에 대한 설명이다. 이 상품에 가입하고자 하는 고객 A씨에 보가 〈보기〉와 같을 때, 옳지 않은 내용은?

〈탄소Zero챌린지 적금〉

- 대상과목 : 정기적금
- 가입방법 : 스마트뱅킹
- 가입금액(계좌당)
  - 초입금 : 1만 원 이상
  - 가입한도 : 월 10만 원, 연 120만 원 이하
  - 회차별 적립금 : 1만 원 이상 10만 원 이하
- 가입기간 : 12개월 만기(가입기간 연장 불가)
- 기본이율 : 신규 가입일의 정기적금 12개월 이율(세전 연 3.3%) 적용
- 우대이율
  - 최고 우대이율 : 0.25%p

우대조건		우대이율(세전)
조건	충족횟수	
1) 탄소Zero생활 실천 우대	8회	0.1%p
2) 대중교통 이용 우대	10회 이상	0.2%p
3) 종이거래Zero 실천 우대	1회	0.05%p

1) 탄소중립 생활실천 12개 항목 중 8개 이상의 항목에 '참여동의' 시 우대이율 적용
2) 본 적금 가입 후 만기전전월 말일까지 N은행 후불교통카드(신용 및 체크카드)로 대중교통(버스, 지하철) 이용 실적이 10회 이상일 때 우대이율 적용(단, 실물카드로 결제하는 경우에만 우대이율이 적용되며 각종 페이 및 결제앱 등의 비실물카드 이용실적은 미인정)
3) 본 적금 가입 후 만기일까지 종이통장 발급 이력이 없는 경우 우대이율 적용

- 이자지급방식 : 만기일시지급식
- 기타
  - 무통장거래 가능하며, 재예치 불가능
  - 분할해지 등의 중도인출은 불가능하며, 중도해지 시 보통예탁금 금리 적용

보기

- A씨는 S은행 스마트뱅킹을 통해 탄소Zero챌린지 적금 상품에 가입하고자 한다.
- 2023년 9월 5일에 가입하여 10만 원을 초입금으로 하고, 월 9만 원을 납입하고자 한다.
- 가입 시 실물통장을 발급받고자 한다.
- 2023년 10월부터 2024년 6월까지 매월 5회 이상 S은행 후불교통카드를 이용할 것이다.
- 탄소중립 생활실천 12개 항목 중 5개 항목은 동의하지 않았다.

▶ Easy&Hard 표시로 문제별 난이도에 따라 시간을 적절하게 분배하여 풀이하는 연습이 가능하도록 하였다.

인성검사부터 면접까지 한 권으로 대비

PART 4 인성검사

01 인성검사의 개요

1. 인성검사의 의의

인성검사는 1943년 미국 미네소타 대학교의 임상심리학자 Hathaway 박사와 정신과 의사 Mckinley 박사가 제작한 MMPI(Minnesota Multiphasic Personality Inventory)를 원형으로 한 다면적 인성검사를 말한다. 다면적이라 불리는 것은 여러 가지 정신적인 증상들을 동시에 측정할 수 있도록 고안되어 있기 때문이다. 풀이하자면, 개인이 가지고 있는 다면적인 성격을 많은 문항 수의 질문을 통해 수치로 나타내는 것이다.
그렇다면 성격이란 무엇인가? 성격은 일반적으로 개인 내부에 있는 특징적인 행동과 생각을 결정해 주는 정신적 · 신체적 체제의 역동적 조직이라고 말할 수 있으며, 환경에 적응하게 하는 개인적인 여러 가지 특징과 행동양식의 잣대라고 정의할 수 있다. 다시 말하면, 성격이란 한 개인이 환경적 변화에 적응하는 특징적인 행동 및 사고유형이라고 할 수 있으며, 인성검사란 그 개인의 행동 및 사고유형을 서면을 통해 수치적 · 언어적으로 기술하거나 예언해 주는 도구라 할 수 있다.
신규채용 또는 평가에 활용하는 인성검사로 MMPI 원형을 그대로 사용하는 기업도 있지만, 대부분의 기업에서는 MMPI 원형을 기준으로 연구, 조사, 정보수집, 개정 등의 과정을 통해서 자체 개발한 유형을 사용하고 있다.
인성검사의 구성은 여러 가지 하위 척도로 구성되어 있는데, MMPI 다면적 인성검사의 척도를 살펴보면 기본 척도가 8개 문항으로 구성되어 있고, 2개의 임상 척도와 4개의 타당성 척도를 포함, 총 14개 척도로 구성되어 있다.
캘리포니아 심리검사(CPI : California Psychological Inventory)의 경우는 48개 문항, 18개의 척도로 구성되어 있다.

2. 인성검사의 해석단계

해석단계는 첫 번째, 각 타당성 및 임상 척도에 대한 피검사자의 점수를 검토하는 방법으로 척도마다 피검사자의 점수가 정해진 범위에 속하는지 여부를 검토하게 된다.

CHAPTER 02 수협중앙회 실제 면접

01 1차 면접

1. 토론 면접

사회적 이슈 및 시사를 기반으로 한 다대다 그룹 토론 면접이다. 5명의 실무진 면접관이 평가하며, 지원자 7명이 한 조가 되어 면접을 치르게 된다. 또한 자료 제공 후 30분 동안 찬성과 반대 측 모두 개인별로 준비해야 한다.

[기출 질문]
- 재택근무 실효성에 대한 찬성과 반대 의견을 말해 보시오.
- 동물 대상 임상 실험에 대한 찬성과 반대 의견을 말해 보시오.
- 비대면 약 배송에 대한 찬성과 반대 의견을 말해 보시오.

2. 인성 / 직무 면접

자기소개서를 기반으로 한 다대다 인성 및 직무역량 면접이다. 5명의 면접관이 평가하며, 지원자 7명이 한 조가 되어 면접을 치르게 된다.

[기출 질문]
- 수협중앙회에 지원하게 된 동기를 말해 보시오.
- 수협중앙회 입사를 위해 어떤 준비를 했는지 말해 보시오.
- 수협중앙회 담당 사업 중에서 관심 있는 것에 말해 보시오.
- 수협중앙회 인재상 중 본인과 부합하다고 생각하는 것이 무엇인지 말해 보시오.
- 본인 성격의 장점과 단점에 대해서 말해 보시오.
- 본인의 학창시절은 어떤 편이었는지 말해 보시오.
- 전공과 직무 연관성을 말해 보시오.
- 입사 후 자신이 회사를 위해 기여할 수 있는 것이 무엇인지 말해 보시오.

▶ 인성검사 모의연습과 수협중앙회 실제 면접 기출 질문을 통해 한 권으로 채용 전반에 대비하도록 하였다.

CONTENTS

이 책의 차례

Add+

2024년 기출복원문제

※ 기출복원문제는 수험생들의 후기를 통해 시대에듀에서 복원한 문제로 실제 문제와 다소 차이가 있을 수 있으며,

2024년 기출복원문제

※ 정답 및 해설은 기출복원문제 바로 뒤 p.012에 있습니다.

01 NCS 직업기초능력평가

01 다음 중 밑줄 친 부분의 맞춤법이 옳지 않은 것은?

① 봄에는 주꾸미, 가을에는 낙지가 제철이다.
② 어제부터 계속 보글보글 끓는 된장찌개가 먹고 싶었다.
③ 멸치와 고추를 간장에 조려서 장조림을 만들었다.
④ 오늘처럼 추운 날에는 뜨끈한 육계장 한 그릇 먹어야지.
⑤ 밥상에는 공깃밥과 김치 하나만 달랑 놓여 있었다.

02 다음 중 나무의 가지가 없는 줄기를 뜻하는 순우리말은?

① 샛별가리
② 여줄가리
③ 박주가리
④ 노적가리
⑤ 마들가리

03 다음 글의 내용으로 가장 적절한 것은?

> 선물환거래란 계약일로부터 일정시간이 지난 뒤, 특정일에 외환의 거래가 이루어지는 것으로, 현재 약정한 금액으로 미래에 결제하게 되기 때문에 선물환계약을 체결하게 되면 약정된 결제일까지 매매 쌍방 모두 결제가 이연된다. 선물환거래는 보통 환리스크를 헤지(Hedge)하기 위한 목적으로 이용된다. '예 1개월 이후 달러로 거래 대금을 수령할 예정인 수출한 기업은 은행과 1개월 후 달러를 매각하는 대신 원화를 수령하는 선물환계약을 통해 원/달러 환율변동에 따른 환리스크를 헤지할 수 있다.'
>
> 이외에도 선물환거래는 금리차익을 얻는 것과 투기적 목적 등도 가지고 있다. 선물환거래에는 일방적으로 선물환을 매입하는 것 또는 매도 거래만 발생하는 Outright Forward거래가 있고, 또 선물환거래가 스왑거래의 일부분으로써 현물환거래와 같이 발생하는 Swap Forward거래로 구분된다. Outright Forward거래는 만기 때 실물 인수도가 일어나는 일반 선물환거래와 만기 때 실물의 인수 없이 차액만을 정산하는 차액결제선물환(NDF; Non-Deliverable Forward)거래로 구분된다.
>
> 옵션(Option)이란 거래당사자들이 미리 가격을 정하고, 그 가격으로 미래의 특정시점이나 그 이전에 자산을 사고파는 권리를 매매하는 계약이다. 선도 및 선물, 스왑거래 등과 같은 파생금융상품이다.
>
> 옵션은 매입권리가 있는 콜옵션(Call Option)과 매도권리가 있는 풋옵션(Put Option)으로 구분된다. 옵션거래로 매입이나 매도할 수 있는 권리를 가지게 되는 옵션매입자는 시장가격의 변동에 따라 자기에게 유리하거나 불리한 경우를 판단하여 옵션을 행사하거나 포기할 수도 있다. 옵션매입자는 선택할 권리에 대한 대가로 옵션매도자에게 프리미엄을 지급하고, 옵션매도자는 프리미엄을 받는 대신 옵션매입자가 행사하는 옵션에 따라 발생하는 하는 것에 대한 것을 이해하는 책임을 가진다. 옵션거래의 손해와 이익은 행사가격, 현재가격 및 프리미엄에 의해 결정된다.

① 선물환거래는 투기를 목적으로 사용되기도 한다.
② 선물환거래는 권리를 행사하거나 포기할 수 있다.
③ 옵션은 환율변동 리스크를 해결하는 데 좋은 선택이다.
④ 옵션은 미래에 조건이 바뀌어도 계약한 금액을 지불해야 한다.
⑤ 선물환거래는 행사가격, 현재가격, 프리미엄가에 따라 손해와 이익이 발생한다.

04 다음 〈조건〉에 따라 6층짜리 주택에 A~F가 입주한다고 할 때, 항상 옳은 것은?

조건

- B와 D 중 높은 층에서 낮은 층의 수를 빼면 4이다.
- B와 F는 인접할 수 없다.
- A는 E보다 밑에 산다.
- D는 A보다 밑에 산다.
- A는 3층에 산다.

① C는 5층에 산다.
② E는 F와 인접해 있다.
③ C는 B보다 높은 곳에 산다.
④ B는 F보다 높은 곳에 산다.
⑤ A는 D보다 낮은 곳에 산다.

05 다음은 S은행 퇴직금 산정 기준 및 직원 5명에 대한 정보이다. 5명의 직원 모두 미사용 연차 일수가 5일일 때, 퇴직금이 두 번째로 적은 직원은?(단, 모든 계산은 소수점 첫째 자리에서 반올림한다)

〈퇴직금 산정 기준〉

- $(\text{퇴직금})=(\text{1일 평균임금})\times 30\times \frac{(\text{근속연수})}{(\text{1년})}$
- $(\text{1일 평균임금})=(A+B+C)\div 90$
  - $A=(\text{3개월간의 임금 총액})=[(\text{기본급})+(\text{기타수당})]\times 3$
  - $B=(\text{연간 상여금})\times \frac{(\text{3개월})}{(\text{12개월})}$
  - $C=(\text{연차수당})\times(\text{미사용 연차 일수})\times \frac{(\text{3개월})}{(\text{12개월})}$

〈S은행 직원 퇴직금 관련 정보〉

구분	근속연수	기본급	기타수당	연차수당	연간 상여금
최과장	12년	3,000,000원	-	140,000원	1,800,000원
박과장	10년	2,700,000원	-	115,000원	1,500,000원
홍대리	8년	2,500,000원	450,000원	125,000원	1,350,000원
신대리	6년	2,400,000원	600,000원	97,500원	1,200,000원
양주임	3년	2,100,000원	-	85,000원	900,000원

① 최과장 ② 박과장
③ 홍대리 ④ 신대리
⑤ 양주임

06 다음은 S은행에서 판매하는 신용카드에 대한 정보이다. 고객 A와 B에 대한 정보가 〈보기〉와 같을 때, A와 B에게 추천할 카드를 바르게 짝지은 것은?

〈신용카드 정보〉

구분	All드림	S1카드	찐카드
연회비	국내전용 : 23,000원 해외겸용 : 25,000원	국내전용 : 10,000원 해외겸용 : 12,000원	국내전용 : 63,000원 해외겸용 : 65,000원
혜택 내용	해외 이용 금액에 따른 S포인트 적립 우대 1. 전월실적 없음 : 기본적립 2% 2. 전월실적 50만 원 이상 150만 원 미만 : 추가적립 1% 3. 전월실적 150만 원 이상 : 추가적립 3% * 월 적립한도 : 10만 포인트	1. 국내 및 해외 온・오프라인 결제에 대하여 1% 할인 제공 * 월 할인한도 : 제한 없음 2. 온라인 간편결제 등록 후 결제 시 1.2% 할인 제공 * 월 통합할인한도 : 10만 원	1. 앱 결제 10% 청구 할인 – 이용 건당 1만 원 이상 결제 시 제공 – 앱 결제 합산 일 1회 및 월 2회 최대 5천 원 할인 제공(단, Y앱 관련 결제 제외) 2. 이동통신요금 10% 청구할인 – 월 1회 최대 5천 원 할인 제공 – 이동통신요금 자동납부 건에 한하여 제공(단, 알뜰폰 통신사 제외)

보기

구분	정보
A고객	• Y앱 구독서비스 이용자이므로 국내 결제금액에 대해 할인을 받고자 한다. • 국내 알뜰폰 통신사를 이용하고 있다. • 통신요금에서도 할인받기를 희망한다.
B고객	• 해외여행 및 해외출장이 잦다. • 간편결제 서비스를 이용하지 않는다. • 적립 혜택보다는 할인 혜택을 희망한다.

	A고객	B고객
①	All드림	All드림
②	S1카드	All드림
③	S1카드	S1카드
④	찐카드	S1카드
⑤	찐카드	All드림

07 S씨는 친구들과 게임을 해서 1 ~ 6까지 있는 주사위 2개를 던져 나오는 숫자의 합이 7이면 무인도에 들어가기로 하였다. 이때, S씨가 무인도에 갈 확률은?

① $\frac{1}{4}$

② $\frac{1}{5}$

③ $\frac{1}{6}$

④ $\frac{2}{7}$

⑤ $\frac{3}{8}$

08

S은행 영업점에서 수신업무를 담당하고 있는 귀하에게 금융상품 상담 문의가 접수되었다. 문의한 고객은 제시된 3가지 상품의 이자수익을 비교하고자 한다. 다음 중 이자수익이 높은 상품 순으로 바르게 나열한 것은?(단, $1.005^{13}=1.067$로 계산한다)

〈금융상품 정보〉

구분	가입금액	가입기간	금리	이자지급방식
행복예금	가입 시 120만 원	1년	연 6%(연복리)	만기이자지급식
차곡적금	월초 10만 원	1년	연 6%(월복리)	만기이자지급식
가득예금	가입 시 120만 원	1년	연 3%(연단리)	만기이자지급식

※ 이자수익의 비교는 세전 기준으로 함

① 행복예금 – 가득예금 – 차곡적금
② 행복예금 – 차곡적금 – 가득예금
③ 차곡적금 – 행복예금 – 가득예금
④ 가득예금 – 행복예금 – 차곡적금
⑤ 가득예금 – 차곡적금 – 행복예금

09

S은행은 현재 신입사원을 채용하고 있다. 서류전형과 면접전형을 마치고 제시된 평가지표 결과를 얻었다. S은행 내 평가지표별 가중치를 이용하여 각 지원자의 최종 점수를 계산하고 점수가 가장 높은 두 지원자를 채용하려고 한다고 할 때, 다음 중 채용할 두 지원자는?

〈지원자별 평가지표 결과〉

(단위 : 점)

구분	면접 점수	영어 실력	팀내 친화력	직무 적합도	발전 가능성	비고
A지원자	3	3	5	4	4	군필자
B지원자	5	5	2	3	4	군필자
C지원자	5	3	3	3	5	–
D지원자	4	3	3	5	4	군필자
E지원자	4	4	2	5	5	군 면제자

※ 군필자(만기제대)에게는 5점의 가산점을 부여함

〈평가지표별 가중치〉

구분	면접 점수	영어 실력	팀내 친화력	직무 적합도	발전 가능성
가중치	3	3	5	4	5

※ 가중치는 해당 평가지표 결과 점수에 곱함

① A, D지원자
② B, C지원자
③ B, E지원자
④ C, D지원자
⑤ D, E지원자

10 다음은 S중학교 2학년 1반 국어, 수학, 영어, 사회, 과학에 대한 학생 9명의 성적표이다. 학생들의 평균 점수를 높은 순서대로 구하고자 할 때, [H2] 셀에 들어갈 함수로 옳은 것은?(단, G열의 평균 점수는 구한 것으로 가정한다)

〈2학년 1반 성적표〉

	A	B	C	D	E	F	G	H
1		국어	수학	영어	사회	과학	평균 점수	평균 점수 순위
2	강○○	80	77	92	81	75		
3	권○○	70	80	87	65	88		
4	김○○	90	88	76	86	87		
5	김△△	60	38	66	40	44		
6	신○○	88	66	70	58	60		
7	장○○	95	98	77	70	90		
8	전○○	76	75	73	72	80		
9	현○○	30	60	50	44	27		
10	황○○	76	85	88	87	92		

① =RANK(G2,G$2:G$10,0)

② =RANK(G2,$G2$:G10,0)

③ =RANK(G2,$B2$:G10,0)

④ =RANK(G2,$B$2:$G$10,0)

⑤ =RANK(G2,B2$:$F$F10,0)

02 직무능력평가(경영학 · 경제학)

01 AIDA 모델은 소비자가 광고를 접하고 구매를 결정하는 과정을 4단계로 구분한 마케팅 전략이다. AIDA 중 D가 의미하는 것은?

① Direct
② Develop
③ Desire
④ Define
⑤ Dynamic

02 다음 BCG 매트릭스의 (D)에 들어갈 용어로 옳은 것은?

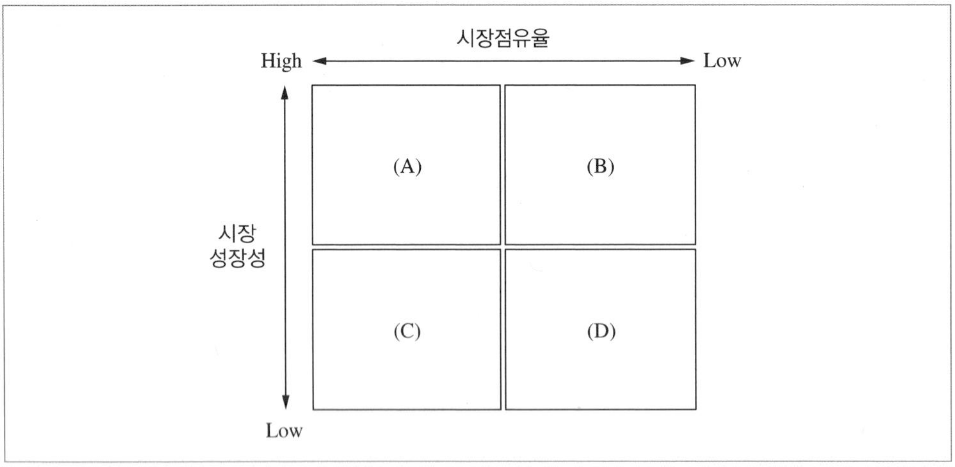

① Star 사업
② Cash Cow 사업
③ Question Mark 사업
④ Dog 사업
⑤ Problem Child 사업

03 **다음 중 JIT(Just In Time) 시스템의 특징으로 옳지 않은 것은?**

① 푸시(Push) 방식이다.
② 필요한 만큼의 자재만을 생산한다.
③ 공급자와 긴밀한 관계를 유지한다.
④ 가능한 소량 로트(Lot) 크기를 사용하여 재고를 관리한다.
⑤ 생산지시와 자재이동을 가시적으로 통제하기 위한 방법으로 칸반(Kanban)을 사용한다.

04 **다음 중 원가우위전략에 대한 설명으로 옳지 않은 것은?**

① 원가우위에 영향을 미치는 여러 가지 요소를 활용하여 경쟁우위를 획득한다.
② 시장에 더 저렴한 제품이 출시되면 기존 고객의 충성도를 기대할 수 없다.
③ 경쟁사보다 더 낮은 가격으로 제품이나 서비스를 생산하는 전략이다.
④ 가격, 디자인, 브랜드 충성도, 성능 등으로 우위를 점하는 전략이다.
⑤ 시장점유율 확보에 유리하다.

05 **다음 중 포트폴리오 이론에 대한 설명으로 옳지 않은 것은?**

① 효율적으로 분산투자를 하면 위험을 공분산의 평균 이하로 낮출 수 있다.
② 기업의 특수사정으로 인한 위험은 예측이 어렵기 때문에 분산투자를 하면 위험 제거가 가능하다.
③ 체계적 위험은 포트폴리오의 분산투자로 제거할 수 없는 위험이다.
④ 인플레이션, 이자율의 변화 등 경기와 관련된 요인은 체계적 위험에 해당한다.
⑤ 투자가에게 위험과 기대수익을 분류, 추정, 통계할 수 있도록 하는 투자결정 접근방법이 될 수 있다.

06 다음에서 설명하는 경제 용어를 바르게 나열한 것은?

> (가) 일정 시점에 해당 기업이 보유하고 있는 현재 재무 상태를 나타내는 회계보고서로 자산, 부채, 자본의 상태를 의미한다.
> (나) 회계연도의 비용과 수익을 대응해 해당 기간 회사의 손익, 즉 영업 성적을 표시한 재무제표를 말한다.

	(가)	(나)
①	재무상태표	손익계산서
②	재무상태표	현금흐름표
③	재무상태표	자본변동표
④	자본변동표	손익계산서
⑤	자본변동표	현금흐름표

07 다음 중 실업률이 자연실업률 수준에 도달해 있다고 가정할 때, 중앙은행이 통화량을 지속적으로 증가시킨다면 나타날 결과로 옳은 것은?

① 저축의 증가
② 실업률 하락
③ 실질이자율의 상승
④ 인플레이션
⑤ 산출량 감소

08 다음 〈보기〉 중 총수요곡선을 우측으로 이동시키는 요인으로 옳은 것을 모두 고르면?

> 보기
> ㄱ. 주택담보대출의 이자율 인하
> ㄴ. 종합소득세율 인상
> ㄷ. 기업에 대한 투자세액공제 확대
> ㄹ. 물가수준 하락으로 가계의 실질자산가치 증대
> ㅁ. 해외경기 호조로 순수출 증대

① ㄱ, ㄴ, ㄹ
② ㄱ, ㄷ, ㅁ
③ ㄱ, ㄹ, ㅁ
④ ㄴ, ㄷ, ㄹ
⑤ ㄴ, ㄷ, ㅁ

09 다음은 중국과 인도 근로자 한 사람이 시간당 생산하는 의복과 자동차 생산량에 대한 자료이다. 리카도(D. Ricardo)의 비교우위이론에 따라 양국이 수출하는 제품은?

구분	의복(벌)	자동차(대)
중국	40	30
인도	20	10

	중국	인도
①	의복	자동차
②	자동차	의복
③	의복과 자동차	수출하지 않음
④	수출하지 않음	의복과 자동차
⑤	두 국가 모두 교역을 하지 않음	

10 자동차와 오토바이 두 재화만을 생산하는 A국이 있다. 각 재화의 생산량과 가격이 다음과 같을 때, 2022년 가격을 기준으로 A국의 GDP를 계산한 결과로 옳은 것은?

구분	자동차		오토바이	
	생산량	가격	생산량	가격
2023년	16	4	12	2
2022년	20	2	10	4

① A국의 2023년 실질 GDP는 80이다.

② A국의 2023년 명목 GDP는 80이다.

③ A국의 2022년 명목 GDP는 100이다.

④ A국의 2022년 GDP디플레이터는 150이다.

⑤ A국의 2023년 GDP디플레이터 상승률은 전년 대비 5%이다.

2024년 기출복원문제 정답 및 해설

01 NCS 직업기초능력평가

01	02	03	04	05	06	07	08	09	10
④	⑤	①	④	④	③	③	②	①	①

01

정답 ④

'육개장(肉개醬)'은 쇠고기를 삶아서 알맞게 뜯어 넣고 얼큰하게 갖은양념을 하여 끓인 국으로, '육계장'은 잘못된 표기이다.

오답분석

① 주꾸미 : 문어과의 연체동물로, 낙지와 비슷한데 몸의 길이는 20 ~ 30cm 정도이며 짧고 둥글다.
② 찌개 : 뚝배기나 작은 냄비에 국물을 바특하게 잡아 고기·채소·두부 따위를 넣고, 간장·된장·고추장·젓국 따위를 쳐서 갖은양념을 하여 끓인 반찬
③ 조리다 : 양념을 한 고기나 생선, 채소 따위를 국물에 넣고 바짝 끓여서 양념이 배어들게 하다.
⑤ 공깃밥 : 공기에 담은 밥

02

정답 ⑤

오답분석

① 샛별가리 : 볏단을 십자형으로 더미를 지어 쌓은 볏가리
② 여줄가리 : 원몸뚱이나 원줄기에 딸린 물건 또는 중요한 일에 곁달린 그리 대수롭지 않은 일
③ 박주가리 : 박주가릿과의 여러해살이 덩굴풀로, 땅속줄기로 번식하며 줄기나 잎을 꺾으면 흰 즙이 나옴
④ 노적가리 : 한데에 수북이 쌓아 둔 곡식 더미

03

정답 ①

두 번째 문단에 따르면 선물환거래는 금리차익을 얻는 것과 투기적 목적 등도 가지고 있다.

오답분석

②·⑤ 옵션에 대한 내용이다.
③·④ 선물환거래에 대한 내용이다.

04

정답 ④

주어진 조건을 표로 정리하면 다음과 같다.

구분	1층	2층	3층	4층	5층	6층
경우 1	C	D	A	F	E	B
경우 2	F	D	A	C	E	B
경우 3	F	D	A	E	C	B
경우 4	D	F	A	E	B	C
경우 5	D	F	A	C	B	E

따라서 B는 항상 F보다 높은 층에 산다.

오답분석

① C는 1, 4, 5, 6층에 살 수 있다.
② E는 F와 인접해 있을 수도 인접하지 않을 수도 있다.
③ C는 B보다 높은 곳에 살 수도 낮은 곳에 살 수도 있다.
⑤ A는 항상 D보다 높은 층에 산다.

05

정답 ④

직원 5명에 대한 1일 평균임금 및 퇴직금을 구하면 다음과 같다.

(단위 : 원)

구분	A	B	C	1일 평균임금	퇴직금
최과장	9,000,000	450,000	175,000	106,944	38,499,840
박과장	8,100,000	375,000	143,750	95,764	28,729,200
홍대리	8,850,000	337,500	156,250	103,819	24,916,560
신대리	9,000,000	300,000	121,875	104,688	18,843,840
양주임	6,300,000	225,000	106,250	73,681	6,631,290

따라서 두 번째로 퇴직금이 적은 직원은 신대리이다.

06

정답 ③

- A고객 : Y앱 관련 결제에 대한 할인과 알뜰폰 통신사에 대한 할인을 제공하지 않는 찐카드는 A씨에게 적절하지 않다. 따라서 남은 카드 중에서 국내 결제에 대하여 할인을 제공하는 카드는 S1카드이므로 A씨가 사용하기에 적절한 카드는 S1카드이다.
- B고객 : 해외여행 및 해외출장이 잦으므로 All드림 또는 S1카드를 사용하는 것이 적절하지만, 할인 혜택을 제공하는 카드는 S1카드뿐이다. 따라서 B씨가 사용하기에 적절한 카드는 S1카드이다.

07

정답 ③

i) 주사위 2개를 던지는 경우의 수 : $6\times6=36$가지
ii) 주사위 2개를 던졌을 때, 나오는 숫자의 합이 7인 경우의 수 : (1, 6), (2, 5), (3, 4), (4, 3), (5, 2), (6, 1)=6가지

따라서 S씨가 게임에서 무인도에 갈 확률은 $\frac{6}{36}=\frac{1}{6}$이다.

08

정답 ②

행복예금, 차곡적금, 가득예금의 이자를 구하면 다음과 같다.

• 행복예금 : $1,200,000(1+0.06)^1-1,200,000=72,000$원

• 차곡적금 : $100,000\times\dfrac{\left(1+\dfrac{0.06}{12}\right)\left\{\left(1+\dfrac{0.06}{12}\right)^{12}-1\right\}}{\dfrac{0.06}{12}}-100,000\times12$

$=100,000\times12.4-1,200,000=40,000$원

• 가득예금 : $1,200,000\times0.03=36,000$원

따라서 이자수익이 높은 순서대로 나열하면 행복예금 – 차곡적금 – 가득예금 순이다.

09

정답 ①

평가지표 결과와 평가지표별 가중치를 이용하여 지원자들의 최종 점수를 계산하면 다음과 같다.

• A지원자 : $(3\times3)+(3\times3)+(5\times5)+(4\times4)+(4\times5)+5=84$점
• B지원자 : $(5\times3)+(5\times3)+(2\times5)+(3\times4)+(4\times5)+5=77$점
• C지원자 : $(5\times3)+(3\times3)+(3\times5)+(3\times4)+(5\times5)=76$점
• D지원자 : $(4\times3)+(3\times3)+(3\times5)+(5\times4)+(4\times5)+5=81$점
• E지원자 : $(4\times3)+(4\times3)+(2\times5)+(5\times4)+(5\times5)=79$점

따라서 S은행에서 채용할 지원자는 A, D지원자이다.

10

정답 ①

학생들의 평균 점수는 G열에 있고 높은 순서대로 구해야 하므로 RANK 함수를 이용하여 오름차순으로 순위를 구하면 [H2] 셀에 들어갈 식은 「=RANK(G2,$G$2:$G$10,0)」이다. 이때, 참조할 범위는 고정해야 하므로 행과 열 앞에 '$'를 붙여야 하는데, G열은 항상 고정이므로 행만 고정시켜도 된다. 따라서 「=RANK(G2,G$2:G$10,0)」를 사용하여도 같은 결과가 나온다.

02 직무능력평가(경영학 · 경제학)

01	02	03	04	05	06	07	08	09	10
③	④	①	④	①	①	④	②	②	①

01

정답 ③

AIDA 중 D는 Desire(욕구)를 의미하며, 소비자가 상품을 갖고 싶어 하도록 욕구를 불러 일으키는 단계이다.

오답분석

① Direct : 직접적인
② Develop : 성장하다
④ Define : 정의하다
⑤ Dynamic : 역동적인

AIDA 모델

미국의 선전 전문가인 E. St. Elmo Lewis에 의해 개발된 것으로, 소비자의 관심을 유도하여 최종 구매로 이어지도록 하는 효과적인 마케팅 전략을 4단계로 구분한 모델이다. AIDA는 각 단계의 첫 글자를 따온 용어로, 다음과 같은 의미를 가진다.

- Attention(주목) : 우선 소비자의 주목을 받아야 한다. 이 단계에서 마케터는 디자인, 슬로건 등을 활용해 소비자의 시선을 사로잡아야 한다. 타깃 소비층의 취향과 관심사를 고려하여 맞춤형 콘텐츠를 제공하는 것이 중요하다.
- Interest(관심) : 주목받았다면, 소비자의 관심을 유도해야 한다. 이 단계에서 마케터는 상품의 특징이나 이점을 강조하여 소비자의 호기심을 자극하고, 이를 위해 상품의 세부 정보를 제공하거나 스토리텔링, 고객 후기 등을 활용할 수 있다.
- Desire(욕구) : 관심을 유도한 다음, 소비자에게 상품에 대한 욕구를 불러 일으켜야 한다. 마케터는 소비자가 상품을 갖고 싶어 하도록 감정에 호소하는 전략을 사용해야 한다. 이를 테면 광고에서 상품을 사용하는 모습을 통해 소비자로 하여금 감정적 만족감 또는 이익을 제시할 수 있다.
- Action(행동) : 마지막 단계는 소비자가 상품을 실제 구매하도록 해야 한다. 이 단계에서 마케터는 구매를 촉진하는 요소를 제공하여 소비자의 결정을 쉽게 만들어야 한다. 할인, 프로모션, 무료배송 등의 혜택을 제공하거나 즉시 구매하도록 유도하는 CTA(Call-To-Action) 버튼 등을 활용할 수 있다.

02

정답 ④

시장점유율(Market Share)과 시장성장성(Market Growth) 모두 낮으므로 빈칸 (D)에 들어갈 용어는 Dog 사업이다. Dog 사업은 성장성과 수익성이 없는 사업으로 시장에서 철수해야 하는 사양 사업을 의미한다.

03

정답 ①

적시생산시스템(JIT; Just In Time)은 무재고 생산방식 또는 도요타 생산방식이라고도 하며, 필요한 것을 필요한 양만큼 필요한 때에 만드는 생산방식으로 설명된다. 재고가 생산의 비능률을 유발하는 원인이기 때문에 이를 없애야 한다는 사고방식에 의해 생겨난 기법이다. 고품질, 저원가, 다양화를 목표로 한 철저한 낭비제거 사상을 수주로부터 생산, 납품에 이르기까지 적용하는 것으로, 풀(Pull) 시스템을 도입하고 있다.

04

정답 ④

원가우위전략은 경쟁사보다 저렴한 원가로 경쟁하며 동일한 품질의 제품을 경쟁사보다 낮은 가격에 생산 및 유통한다는 점에 집중되어 있다. 한편 디자인, 브랜드 충성도 또는 성능 등으로 우위를 점하는 전략은 차별화 전략이다.

05

정답 ①

포트폴리오를 구성하는 자산이 많아질수록 위험은 줄어드나, 자산을 무한대로 증가시켜도 줄어들지 않는 부분이 있다. 따라서 아무리 효율적으로 분산투자를 해도 평균 공분산 이하로 위험을 감소시킬 수 없다.

06

정답 ①

오답분석

- 자본변동표 : 기업의 경영에 따른 자본금이 변동되는 흐름을 파악하기 위해 일정 회계기간 동안 기록한 표 서식이다.
- 현금흐름표 : 기업회계에 대하여 보고할 때 사용하는 것으로, 일정 기간 기업의 현금 변동 사항에 대해 확인할 수 있는 서식이다.

07

정답 ④

영국의 경제학자 필립스는 실업률과 인플레이션율이 음(−)의 상관관계를 가진다고 설명했으며, 실업률이 낮을 때는 인플레이션율이 높고, 실업률이 높을 때는 인플레이션율이 낮다는 것을 보여주는 게 '필립스 곡선'이다.
통화량의 증가는 인플레이션의 주된 원인이므로 통화량이 증가하면 인플레이션이 나타나고, 실업률이 하락할 것으로 예상할 수 있다. 하지만 미국의 경제학자 밀턴 프리드먼은 통화량의 증가가 장기적으론 실업률을 결정하는 요인에 아무런 영향을 미치지 못한다고 강조했다. 프리드먼에 따르면 장기 필립스 곡선은 수직이다. 따라서 통화량이 늘어나면 인플레이션율이 높아지지만, 실업률은 정상적인 수준인 자연실업률로 수렴한다.

08

정답 ②

IS곡선 혹은 LM곡선이 우측으로 이동하면 AD곡선도 우측으로 이동한다.

IS곡선	우측 이동요인	소비증가, 투자증가, 정부지출증가, 수출증가
	좌측 이동요인	조세증가, 수입증가, 저축증가
LM곡선	우측 이동요인	통화량증가
	좌측 이동요인	화폐수요증가, 물가상승, 실질통화량감소

ㄱ. 주택담보대출의 이자율 인하 → 투자증가 → IS곡선 우측 이동
ㄷ. 기업에 대한 투자세액공제 확대 → 투자증가 → IS곡선 우측 이동
ㅁ. 해외경기 호조로 순수출 증대 → 수출증가 → IS곡선 우측 이동

오답분석

ㄴ. 종합소득세율 인상 → 조세증가 → IS곡선 좌측 이동
ㄹ. 물가의 변화는 LM곡선의 이동요인이나 AD곡선의 이동요인은 아니다.

09

정답 ②

중국은 의복과 자동차 생산에 있어 모두 절대우위를 갖는다. 그러나 리카도는 비교우위론에서 양국 중 어느 한 국가가 절대우위에 있는 경우라도 상대적으로 생산비가 낮은 재화생산에 특화하여 무역을 한다면 양국 모두 무역으로부터 이익을 얻을 수 있다고 보았다.
이때 생산하는 재화를 결정하는 것은 재화의 국내생산비로 재화생산의 기회비용을 말한다. 각 재화생산의 기회비용을 정리하면 다음과 같다.

구분	의복(벌)	자동차(대)
중국	0.5	0.33
인도	2	3

이에 따르면 중국은 자동차의 기회비용이 의복의 기회비용보다 낮고, 인도는 의복의 기회비용이 자동차의 기회비용보다 낮다. 따라서 중국은 자동차, 인도는 의복에 비교우위가 있다.

10

정답 ①

A국의 실질 GDP, 명목 GDP, GDP디플레이터를 2022년 기준으로 계산하면 다음과 같다.

구분	실질 GDP	명목 GDP	GDP디플레이터
2023년	(2×16)+(4×12)=80	(4×16)+(2×12)=88	110
2022년	(2×20)+(4×10)=80	(2×20)+(4×10)=80	100

오답분석

④·⑤ GDP디플레이터는 명목 GDP를 실질 GDP로 나누어 100을 곱한 값이므로 2022년은 100이며, 2023년에는 110이다. 따라서 2022년 대비 2023년의 GDP디플레이터 상승률은 10%이다.

PART 1

NCS 직업기초능력평가

CHAPTER 01

의사소통능력

합격 CHEAT KEY

의사소통능력은 평가하지 않는 금융권이 없을 만큼 필기시험에서 중요도가 높은 영역이다. 또한, 의사소통능력의 문제 출제 비중은 여러 영역 중에서도 가장 높은 편이다. 이러한 점을 볼 때, 의사소통능력은 NCS를 준비하는 수험생이라면 반드시 정복해야 하는 과목이다.

국가직무능력표준에 따르면 의사소통능력의 세부 유형은 문서이해, 문서작성, 의사표현, 경청, 기초외국어로 나눌 수 있다. 문서이해 · 문서작성과 같은 제시문에 대한 주제찾기, 내용일치 문제의 출제 비중이 높으며, 공문서 · 기획서 · 보고서 · 설명서 등 문서의 특성을 파악하는 문제도 출제되고 있다. 따라서 이러한 분석을 바탕으로 전략을 세우는 것이 매우 중요하다.

01 문제에서 요구하는 바를 먼저 파악하라!

의사소통능력에서 가장 중요한 것은 제한된 시간 안에 빠르고 정확하게 답을 찾아내는 것이다. 그러기 위해서는 우리가 의사소통능력을 공부하는 이유를 잊지 말아야 한다. 우리는 지식을 쌓기 위해 의사소통능력 지문을 보는 것이 아니다. 의사소통능력에서는 지문이 아니라 문제가 주인공이다! 지문을 보기 전에 문제를 먼저 파악해야 한다. 주제찾기 문제라면 첫 문장과 마지막 문장 또는 접속어를 주목하자! 내용일치 문제라면 지문과 문항의 일치 / 불일치 여부만 파악한 뒤 빠져나오자! 지문에 빠져드는 순간 소중한 시험 시간은 속절없이 흘러 버린다!

02 잠재되어 있는 언어능력을 발휘하라!

의사소통능력에는 끝이 없다! 의사소통의 방대함에 포기한 적이 있는가? 세상에 글은 많고 우리가 학습할 수 있는 시간은 한정적이다. 이를 극복할 수 있는 방법은 다양한 글을 접하는 것이다. 실제 시험장에서 어떤 내용의 지문이 나올지 아무도 예측할 수 없다. 따라서 평소에 신문, 소설, 보고서 등 여러 글을 접하는 것이 필요하다. 잠재되어 있는 글에 대한 안목이 시험장에서 빛을 발할 것이다.

03 상황을 가정하라!

업무 수행에 있어 상황에 따른 언어 표현은 중요하다. 같은 말이라도 상황에 따라 다르게 해석될 수 있기 때문이다. 그런 의미에서 자신의 의견을 효과적으로 전달할 수 있는 능력을 평가하는 것은 당연하다. 따라서 다양한 상황에서의 언어표현능력을 함양하기 위한 연습의 과정이 요구된다. 업무를 수행하면서 발생할 수 있는 여러 상황을 가정하고 그에 따른 올바른 언어표현을 정리하는 것이 필요하다. 의사표현 영역의 경우 출제 빈도가 높지는 않지만 상황에 따른 판단력을 평가하는 문항인 만큼 대비하는 것이 필요하다.

04 말하는 이의 입장에서 생각하라!

잘 듣는 것 또한 하나의 능력이다. 상대방의 이야기에 귀 기울이고 공감하는 태도는 업무를 수행하는 관계 속에서 필요한 요소이다. 그런 의미에서 다양한 상황에서의 듣는 능력을 평가하는 것이다. 말하는 이가 요구하는 듣는 이의 태도를 파악하고, 이에 따른 판단을 할 수 있도록 언제나 말하는 사람의 입장이 되는 연습이 필요하다.

05 반복만이 살길이다!

학창 시절 외국어를 공부하던 때를 떠올려 보자! 셀 수 없이 많은 표현들을 익히기 위해 얼마나 많은 반복의 과정을 거쳤는가? 의사소통능력 역시 그러하다. 하나의 문제 유형을 마스터하기 위해 가장 중요한 것은 바로 여러 번, 많이 풀어 보는 것이다.

01 어법 · 맞춤법

| 유형분석 |

- 주어진 문장이나 지문에서 잘못 쓰인 단어 · 표현을 바르게 고칠 수 있는지 평가한다.
- 띄어쓰기, 동의어 · 유의어 · 다의어 또는 관용적 표현 등을 찾는 문제가 출제될 가능성이 있다.

다음 밑줄 친 단어 중 문맥상 쓰임이 옳지 않은 것은?

① 어려운 문제의 답을 맞혀야 높은 점수를 받을 수 있다.
② 공책에 선을 반듯이 긋고 그 선에 맞춰 글을 쓰는 연습을 해.
③ 생선을 간장에 10분 동안 졸이면 요리가 완성된다.
④ 미안하지만 지금은 바쁘니까 이따가 와서 얘기해.
⑤ 그는 손가락으로 남쪽을 가리켰다.

정답 ③

'졸이다'는 '찌개를 졸이다.'와 같이 국물의 양을 적어지게 하는 것을 의미한다. 반면에 '조리다'는 '양념을 한 고기나 생선, 채소 따위를 국물에 넣고 바짝 끓여서 양념이 배어들게 하다.'의 의미를 지닌다. 따라서 ③의 경우 문맥상 '졸이다'가 아닌 '조리다'가 사용되어야 한다.

오답분석

① 맞히다 : 문제에 대한 답을 틀리지 않게 하다.
　맞추다 : 둘 이상의 일정한 대상들을 나란히 놓고 비교하여 살피다.
② 반듯이 : 비뚤어지거나 기울거나 굽지 않고 바르게
　반드시 : 틀림없이 꼭, 기필코
④ 이따 : 조금 지난 뒤에
　있다 : 어느 곳에서 떠나거나 벗어나지 않고 머물다. 또는 어떤 상태를 계속 유지하다.
⑤ 가리키다 : 손가락 따위로 어떤 방향이나 대상을 집어서 보이거나 말하거나 알리다.
　가르치다 : 지식이나 기능, 이치 따위를 깨닫게 하거나 익히게 하다.

유형풀이 Tip

- 일상생활 속에서 자주 틀리는 맞춤법을 자연스럽게 터득할 수 있도록 노력해야 한다.
- 신문, 사설 등 독서 습관을 들여 맞춤법 및 올바른 표현에 대해 숙지해 두어야 한다.

대표기출유형 01 기출응용문제

01 다음 중 밑줄 친 부분의 맞춤법이 옳지 않은 것은?

① 그는 목이 메어 한동안 말을 잇지 못했다.
② 어제는 종일 아이를 치다꺼리하느라 잠시도 쉬지 못했다.
③ 왠일로 선물까지 준비했는지 모르겠다.
④ 노루가 나타난 것은 나무꾼이 도끼로 나무를 베고 있을 때였다.
⑤ 그는 입술을 지그시 깨물었다.

02 다음 중 띄어쓰기가 옳지 않은 것을 모두 고르면?

> S기관은 다양한 분야에서 ㉠ 괄목할만한 성과를 거두고 있다. 그러나 타 기관들이 단순히 이를 벤치마킹한다고 해서 반드시 우수한 성과를 거둘 수 있는 것은 아니다. S기관의 성공 요인은 주어진 정책 과제를 수동적으로 ㉡ 수행하는데 머무르지 않고, 대국민 접점에서 더욱 다양하고 복잡해지고 있는 수요를 빠르게 인지하고 심도 깊게 파악하여 그 개선점을 내놓기 위해 노력하는 일련의 과정을 ㉢ 기관만의 특색으로 바꾸어 낸 것이다.

① ㉠ ② ㉡
③ ㉢ ④ ㉠, ㉡
⑤ ㉠, ㉡, ㉢

Easy

03 다음은 S사의 고객헌장 전문이다. 틀린 단어는 모두 몇 개인가?(단, 띄어쓰기는 무시한다)

> 우리는 모든 업무를 수행하면서 고객의 입장에서 생각하며 친절·신속·정확하게 처리하겠습니다.
> 우리는 잘못된 서비스로 고객에게 불편을 초례한 경우 즉시 계선·시정하고 재발방지에 노력하겠습니다.
> 우리는 항상 고객의 말씀에 귀를 기울이며, 고객의 의견을 경영에 최대한 반영하겠습니다.
> 이와 같은 목표를 달성하기 위하여 구체적인 고객서비스 이행표준을 설정하고 이를 성실이 준수할 것을 약속드립니다.

① 1개 ② 2개
③ 3개 ④ 4개
⑤ 5개

02 한자성어 · 속담

| 유형분석 |

- 실생활에서 활용되는 한자성어나 속담을 이해할 수 있는지 평가한다.
- 제시된 상황과 일치하는 한자성어 또는 속담을 고르거나 한자의 훈음 · 독음을 맞히는 등 다양한 유형이 출제된다.

다음 상황에 가장 적절한 한자성어는?

A씨는 업무를 정리하다가 올해 초 진행한 프로젝트에 자신의 실수가 있었음을 알게 되었다. 하지만 자신의 실수를 드러내고 싶지 않았고, 그리 큰 문제라고 생각하지 않은 A씨는 이를 무시하였다. 이후 다른 프로젝트를 진행하면서 지난번 실수와 동일한 실수를 다시 저지르게 되었고, 결국 프로젝트에 큰 피해를 입혔다.

① 유비무환(有備無患)
② 유유상종(類類相從)
③ 회자정리(會者定離)
④ 개과불린(改過不吝)
⑤ 개세지재(蓋世之才)

정답 ④

'개과불린(改過不吝)'은 '허물을 고침에 인색하지 말라.'는 뜻으로, 잘못된 것이 있으면 고치는 데 주저하지 않고 빨리 바로잡아 반복하지 말라는 의미이다.

오답분석

① 유비무환(有備無患) : 준비가 있으면 근심이 없다.
② 유유상종(類類相從) : 같은 무리끼리 서로 사귄다.
③ 회자정리(會者定離) : 만남이 있으면 헤어짐도 있다.
⑤ 개세지재(蓋世之才) : 세상을 마음대로 다스릴 만한 뛰어난 재기(才氣) 또는 그러한 재기(才氣)를 가진 사람

유형풀이 Tip

- 한자성어나 속담 관련 문제의 경우 일정 수준 이상의 사전지식을 요구하므로, 지원 기업 관련 기사 및 이슈를 틈틈이 찾아보며 한자성어나 속담에 대입하는 연습을 하면 효과적으로 대처할 수 있다.
- 문제에 제시된 한자성어의 의미를 파악하기 어렵다면, 먼저 알고 있는 한자가 있는지 확인한 후 글의 문맥과 상황에 대입하며 선택지를 하나씩 소거해 나가는 것이 효율적이다.

대표기출유형 02 기출응용문제

01 다음 밑줄 친 단어의 한자 표기로 옳은 것은?

> 사랑의 <u>다문화</u> 학교 청년들

① 多汶化
② 多汶和
③ 多聞化
④ 多文化
⑤ 多門和

02 다음 빈칸에 들어갈 한자성어로 옳은 것은?

> 바람 잘 날 없는 (주)쾌속유통이 이번에는 '내홍(內訌)'으로 큰 곤란을 겪고 있다. (주)쾌속유통 유쾌속 사장은 '수뢰설'로 일어난 내홍의 관련자 양쪽 모두를 해고하며 위기를 정면 돌파하려 하고 있다. 유쾌속 사장은 회사의 존망을 좌우하는 구조조정을 위해서는 회사 내부 단결이 가장 중요하다고 보고, ________의 결단을 내렸다. 뇌물을 주고받은 것으로 알려진 김 모 부장과 강 모 차장을 경질한 것은 물론, 이들의 비리를 알고도 묵인한 윤 모 전무를 보직 해임하며 기강 확립에 나섰다. 특히 윤 모 전무는 유사장의 최측근이며, 김 모 부장 또한 유사장의 '오른팔'로 잘 알려져 있다.

① 일패도지(一敗塗地)
② 읍참마속(泣斬馬謖)
③ 도청도설(道聽塗說)
④ 원교근공(遠交近攻)
⑤ 신상필벌(信賞必罰)

Easy

03 다음 빈칸에 들어갈 속담으로 옳은 것은?

> "계정회가 세간에 이름이 나서 회원들이 많이 불편해하는 기색일세. 이러다가는 회 자체가 깨어지는 게 아닌지 모르겠네."
> "깨어지기야 하겠는가. ____________________ 나는 이번 일을 오히려 잘된 일루 생각허네."
>
> – 홍성원, 『먼동』

① 쫓아가서 벼락 맞는다고
② 곤장 메고 매품 팔러 간다고
③ 고기도 저 놀던 물이 좋다고
④ 마디가 있어야 새순이 난다고
⑤ 대추나무에 연 걸리듯 한다고

03 문장삽입

| 유형분석 |

- 논리적인 흐름에 따라 글을 이해할 수 있는지 평가한다.
- 한 문장뿐 아니라 여러 개의 문장이나 문단을 삽입하는 문제가 출제될 가능성이 있다.

다음 글에서 〈보기〉의 문장이 들어갈 위치로 가장 적절한 곳은?

밥상에 오르는 곡물이나 채소가 국내산이라고 하면 보통 그 종자도 우리나라의 것으로 생각하기 쉽다. (가) 하지만 실상은 벼, 보리, 배추 등을 제외한 많은 작물의 종자를 수입하고 있어 그 자급률이 매우 낮다고 한다. (나) 또한, 청양고추 종자는 우리나라에서 개발했음에도 현재는 외국 기업이 그 소유권을 가지고 있다. (다) 국내 채소 종자 시장의 경우 종자 매출액의 50%가량을 외국 기업이 차지하고 있다는 조사 결과도 있다. (라) 이런 상황이 지속될 경우, 우리 종자를 심고 키우기 어려워질 것이고 종자를 수입하거나 로열티를 지급하는 데 지금보다 훨씬 많은 비용이 들어가는 상황도 발생할 수 있다. 또한, 전문가들은 세계 인구의 지속적인 증가와 기상 이변 등으로 곡물 수급이 불안정하고, 국제 곡물 가격이 상승하는 상황을 고려할 때, 결국에는 종자 문제가 식량 안보에 위협 요인으로 작용할 수 있다고 지적한다. (마)

보기

양파, 토마토, 배 등의 종자 자급률은 약 16%, 포도는 약 1%에 불과하다.

① (가)
② (나)
③ (다)
④ (라)
⑤ (마)

정답 ②

보기의 문장은 우리나라 작물의 낮은 자급률을 보여주는 구체적인 수치이다. 따라서 우리나라 작물의 낮은 자급률을 이야기하는 '하지만 실상은 벼, 보리, 배추 등을 제외한 많은 작물의 종자를 수입하고 있어 그 자급률이 매우 낮다고 한다.'의 뒤인 (나)에 위치하는 것이 가장 적절하다.

유형풀이 Tip

- 보기를 먼저 읽고, 선택지로 주어진 빈칸의 앞·뒤 문장을 읽어 본다. 그리고 빈칸 부분에 보기를 넣었을 때 그 흐름이 어색하지 않은 위치를 찾는다.
- 보기 문장의 중심이 되는 단어가 빈칸의 앞뒤에 언급되어 있는지 확인하도록 한다.

※ 다음 글에서 〈보기〉의 문장이 들어갈 위치로 가장 적절한 곳을 고르시오. [1~2]

01

(가) 1783년 영국 자연철학자 존 미첼은 빛은 입자라는 생각과 뉴턴의 중력이론을 결합한 이론을 제시하였다. 그는 우선 별들이 어떻게 보일 것인지 사고 실험을 통해 예측하였다.
별의 표면에서 얼마간의 초기 속도로 입자를 쏘아 올려 아무런 방해 없이 위로 올라간다고 가정해보자. (나) 만약에 초기 속도가 충분히 빠르지 않으면 별의 중력은 입자의 속도를 점점 느리게 할 것이며, 결국 그 입자를 별의 표면으로 되돌아가게 할 것이다. 만약 초기 속도가 충분히 빠르면 입자는 중력을 극복하고 별을 탈출할 수 있을 것이다. 이렇게 입자가 별을 탈출할 수 있는 최소한의 초기 속도는 '탈출 속도'라고 불린다.
(다) 이를 바탕으로 미첼은 '임계 둘레'라는 것도 추론해냈다. 임계 둘레란 탈출 속도와 빛의 속도를 같게 만드는 별의 둘레를 말한다. 빛 입자는 다른 입자들처럼 중력의 영향을 받는다. 그로 인해 빛은 임계 둘레보다 작은 둘레를 가진 별에서는 탈출할 수 없다. 그런 별에서 약 30만 km/s의 초기 속도로 빛 입자를 쏘아 올렸을 때 입자는 우선 위로 날아갈 것이다. (라) 그런 다음 멈출 때까지 느려지다가, 결국 별의 표면으로 되돌아갈 것이다. 미첼은 임계 둘레를 쉽게 계산할 수 있었다. 태양과 동일한 질량을 가진 별의 임계 둘레는 약 19km로 계산되었다. (마) 이러한 사고 실험을 통해 미첼은 임계 둘레보다 작은 둘레를 가진 암흑의 별들이 무척 많을 테고, 그 별들에선 빛 입자가 빠져나올 수 없기에 지구에서는 볼 수 없을 것으로 추측했다.

보기

미첼은 뉴턴의 중력이론을 이용해서 탈출 속도를 계산할 수 있었으며, 그 속도가 별 질량을 별의 둘레로 나눈 값의 제곱근에 비례한다는 것을 유도하였다.

① (가)
② (나)
③ (다)
④ (라)
⑤ (마)

Easy

02

제2차 세계대전이 끝난 뒤 미국과 소련 및 그 동맹국들 사이에서 공공연하게 전개된 제한적 대결 상태를 냉전(冷戰)이라고 한다. 냉전의 기원에 대한 논의는 냉전이 시작된 직후부터 최근까지 계속 진행되었다. 이는 단순히 냉전의 발발 시기와 이유에 대한 논의만이 아니라, 그 책임 소재를 묻는 것이기도 하다. 그 연구의 결과를 편의상 세 가지로 나누어 볼 수 있다.

가장 먼저 나타난 전통주의는 냉전을 유발한 근본적 책임이 소련의 팽창주의에 있다고 보았다. 소련은 세계를 공산화하기 위한 계획을 수립했고, 이 계획을 실행하기 위해 동유럽 지역을 시작으로 적극적인 팽창 정책을 수행했다. 그리고 미국이 자유 민주주의 세계를 지켜야 한다는 도덕적 책임감에 기초하여 그에 대한 봉쇄 정책을 추구하는 와중에 냉전이 발생했다고 보았다. (가) 미국의 봉쇄 정책이 성공적으로 수행된 결과 냉전이 종식되었다는 것이 이들의 입장이다.

여기에 비판을 가한 수정주의는 기본적으로 냉전의 책임이 미국 쪽에 있고, 미국의 정책은 경제적 동기에서 비롯했다고 주장했다. 즉, 미국은 전후 세계를 자신들이 주도해 나가야 한다고 생각했고, 전쟁 중에 급증한 생산력을 유지할 수 있는 시장을 얻기 위해 세계를 개방 경제 체제로 만들고자 했다. (나) 무엇보다 소련은 미국에 비해 국력이 미약했으므로 적극적 팽창 정책을 수행할 능력이 없었다는 것이 수정주의의 기본적 입장이었다. 오히려 미국이 유럽에서 공격적인 정책을 수행했고, 소련은 이에 대응했다는 것이다.

냉전의 기원에 대한 또 다른 주장인 탈수정주의는 위의 두 가지 주장에 대한 절충적 시도로서 냉전의 책임을 일방적으로 어느 한쪽에 부과해서는 안 된다고 보았다. 즉, 냉전은 양국이 추진한 정책의 '상호 작용'에 의해 발생했다는 것이다. (다) 또 경제를 중심으로만 냉전을 보아서는 안 되며 안보 문제 등도 같이 고려하여 파악해야 한다고 보았다. (라) 소련의 목적은 주로 안보 면에서 제한적으로 추구되었는데, 미국은 소련의 행동에 과잉 반응했고, 이것이 상황을 악화시켰다는 것이다. (마) 이로 인해 냉전 책임론은 크게 후퇴하고 구체적인 정책 형성에 대한 연구가 부각되었다.

보기

그러므로 미국 정책 수립의 기저에 깔린 것은 이념이 아니라는 것이다.

① (가)
② (나)
③ (다)
④ (라)
⑤ (마)

03 다음 글에서 〈보기〉의 문장 ㉠, ㉡이 들어갈 위치로 가장 적절한 곳은?

현대 사회가 다원화되고 복잡해지면서 중앙 정부는 물론, 지방 자치 단체 또한 정책 결정 과정에서 능률성과 효과성을 우선시하는 경향이 커져 왔다. 이로 인해 전문적인 행정 담당자를 중심으로 한 정책 결정이 빈번해지고 있다. 그러나 지방 자치 단체의 정책 결정은 지역 주민의 의사와 무관하거나 배치되어서는 안 된다는 점에서 이러한 정책 결정은 지역 주민의 의사에 보다 부합하는 방향으로 보완될 필요가 있다. (가)
행정 담당자 주도로 이루어지는 정책 결정의 문제점을 극복하기 위해 그동안 지방 자치 단체 자체의 개선 노력이 없었던 것은 아니다. (나) 이 둘은 모두 행정 담당자 주도의 정책 결정을 보완하기 위해 시장 경제의 원리를 부분적으로 받아들였다는 점에서는 공통되지만, 운영 방식에는 차이가 있다. 민간화는 지방 자치 단체가 담당하는 특정 업무의 운영권을 민간 기업에 위탁하는 것으로, 기업 선정을 위한 공청회에 주민들이 참여하는 등의 방식으로 주민들의 요구를 반영하는 것이다. (다) 하지만 민간화를 통해 수용되는 주민들의 요구는 제한적이므로 전체 주민의 이익이 반영되지 못하는 경우가 많고, 민간 기업의 특성상 공익의 추구보다는 기업의 이익을 우선한다는 한계가 있다. 경영화는 민간화와는 달리, 지방 자치 단체가 자체적으로 민간 기업의 운영 방식을 도입하는 것을 말한다. 주민들을 고객으로 대하며 주민들의 요구를 충족하고자 하는 것이다. (라)
이러한 한계를 해소하고 지방 자치 단체의 정책 결정 과정에서 지역 주민 전체의 의견을 보다 적극적으로 반영하기 위해서는 주민 참여 제도의 활성화가 요구된다. 현재 우리나라의 지방 자치 단체가 채택하고 있는 간담회, 설명회 등의 주민 참여 제도는 주민들의 의사를 간접적으로 수렴하여 정책에 반영하는 방식인데, 주민들의 의사를 더욱 직접적으로 반영하기 위해서는 주민 투표, 주민 소환, 주민 발안 등의 직접 민주주의 제도를 활성화하는 방향으로 주민 참여 제도가 전환될 필요가 있다.

보기

㉠ 지역 주민의 요구를 수용하기 위해 도입한 '민간화'와 '경영화'가 대표적인 사례이다.
㉡ 그러나 주민 감시나 주민자치위원회 등을 통한 외부의 적극적인 견제가 없으면 행정 담당자들이 기존의 관행에 따라 업무를 처리하는 경향이 나타나기도 한다.

	㉠	㉡
①	(가)	(나)
②	(가)	(다)
③	(나)	(다)
④	(나)	(라)
⑤	(다)	(라)

PART 1

04 빈칸추론

| 유형분석 |

- 글의 전반적인 흐름을 파악하고 있는지 평가한다.
- 첫 문장, 마지막 문장 또는 글의 중간 등 다양한 위치에 빈칸이 주어질 수 있다.

다음 글의 빈칸에 들어갈 내용으로 가장 적절한 것은?

> 우리의 생각과 판단은 언어에 의해 결정되는가 아니면 경험에 의해 결정되는가? 언어결정론자들은 우리의 생각과 판단이 언어를 반영하고 있고 실제로 언어에 의해 결정된다고 주장한다. 언어결정론자들의 주장에 따르면 에스키모인들은 눈에 대한 다양한 언어 표현을 갖고 있어서 눈이 올 때 우리가 미처 파악하지 못한 미묘한 차이점들을 찾아낼 수 있다. 또 언어결정론자들은 '노랗다', '샛노랗다', '누르스름하다' 등 노랑에 대한 다양한 우리말 표현들이 있어서 노란색들의 미묘한 차이가 구분되고 그 덕분에 색에 관한 우리의 인지능력이 다른 언어 사용자들보다 뛰어나다고 본다. 이렇듯 언어결정론자들은 사용하는 언어에 의해서 우리의 사고능력이 결정된다고 본다.
> 정말 그럴까? 모든 색은 명도와 채도에 따라 구성된 스펙트럼 속에 놓이고, 각각의 색은 여러 언어로 표현될 수 있다. 이러한 사실에 비추어보면 우리말이 다른 언어에 비해 보다 풍부한 표현을 갖고 있다고 볼 수 없다. 나아가 ____________________ 따라서 우리의 생각과 판단은 언어가 아닌 경험에 의해 결정된다고 보는 쪽이 더 설득력 있다.

① 개개인의 언어습득능력과 속도는 모두 다르기 때문에 인지능력에 대한 언어의 영향도 제각기 다르다.
② 언어가 사고능력에 미치는 영향과 경험이 사고능력에 미치는 영향을 계량화하여 비교하기는 곤란한 일이다.
③ 어떤 것을 가리키는 단어가 있을 때에만 우리는 그 단어에 대하여 사고할 수 있다.
④ 더 풍부한 표현을 가진 언어를 사용함에도 불구하고 인지능력이 뛰어나지 못한 경우들도 있다.
⑤ 다양한 우리말 표현들은 다른 언어 사용자들보다 더 뛰어나며, 이는 우리의 생각과 판단에 영향을 미친다.

정답 ④

제시문은 앞부분에서 언어가 사고능력을 결정한다는 언어결정론자들의 주장을 소개하고, 이어지는 문단에서 이에 대하여 반박하면서 우리의 생각과 판단이 언어가 아닌 경험에 의해 결정된다고 결론짓고 있다. 그러므로 빈칸에 들어갈 문장은 언어결정론자들이 내놓은 근거를 반박하면서도 사고능력이 경험에 의해 결정된다는 주장에 위배되지 않는 내용이어야 한다. 따라서 풍부한 표현을 가진 언어를 사용함에도 인지능력이 뛰어나지 못한 경우가 있다는 내용이 들어가는 것이 적절하다.

유형풀이 Tip

- 글을 모두 읽고 풀기에는 시간이 부족하다. 따라서 빈칸의 앞・뒤 문장만을 통해 내용을 파악할 수 있어야 한다.
- 주어진 문장을 각각 빈칸에 넣었을 때 그 흐름이 어색하지 않은지 확인하도록 한다.

※ 다음 글의 빈칸에 들어갈 내용으로 가장 적절한 것을 고르시오. [1~3]

01

> 민주주의의 목적은 다수가 폭군이나 소수의 자의적인 권력행사를 통제하는 데 있다. 민주주의의 이상은 모든 자의적인 권력을 억제하는 것으로 이해되었는데 이것이 오늘날에는 자의적 권력을 정당화하기 위한 장치로 변화되었다. 이렇게 변화된 민주주의는 민주주의 그 자체를 목적으로 만들려는 이념이다. 이것은 법의 원천과 국가권력의 원천이 주권자 다수의 의지에 있기 때문에 국민의 참여와 표결 절차를 통하여 다수가 결정한 법과 정부의 활동이라면 그 자체로 정당성을 갖는다는 것이다. 즉, 유권자 다수가 원하는 것이면 무엇이든 실현할 수 있다는 말이다.
> 이런 민주주의는 '무제한적 민주주의'이다. 어떤 제약도 없는 민주주의라는 의미이다. 이런 민주주의는 자유주의와 부합할 수가 없다. 그것은 다수의 독재이고 이런 점에서 전체주의와 유사하다. 폭군의 권력이든, 다수의 권력이든, 군주의 권력이든, 위험한 것은 권력 행사의 무제한성이다. 중요한 것은 이러한 권력을 제한하는 일이다.
> 민주주의 그 자체를 수단이 아니라 목적으로 여기고 다수의 의지를 중시한다면, 그것은 다수의 독재를 초래하고, 그것은 전체주의만큼이나 위험하다. 민주주의 존재 그 자체가 언제나 개인의 자유에 대한 전망을 밝게 해준다는 보장은 없다. 개인의 자유와 권리를 보장하지 못하는 민주주의는 본래의 민주주의가 아니다. 본래의 민주주의는 ______________________

① 다수의 의견을 수렴하여 이를 그대로 정책에 반영해야 한다.
② 서로 다른 목적의 충돌로 인한 사회적 불안을 해소할 수 있어야 한다.
③ 다수 의견보다는 소수 의견을 채택하면서 진정한 자유주의의 실현에 기여해야 한다.
④ 무제한적 민주주의를 과도기적으로 거치며 개인의 자유와 권리 보장에 기여해야 한다.
⑤ 민주적 절차 준수에 그치는 것이 아니라 과도한 권력을 실질적으로 견제할 수 있어야 한다.

02

어느 시대든 사람들은 원인이 무엇인지 알고 있다고 믿었다. 사람들은 그런 앎을 어디서 얻는가? 원인을 안다고 믿는 사람들의 믿음은 어디서 생기는 것일까?
새로운 것, 체험되지 않은 것, 낯선 것은 원인이 될 수 없다. 알려지지 않은 것에서는 위험, 불안정, 걱정, 공포감이 뒤따르기 때문이다. 우리 마음의 불안한 상태를 없애고자 한다면, 우리는 알려지지 않은 것을 알려진 것으로 환원해야 한다. 이러한 환원은 우리 마음을 편하게 해주고 안심시키며 만족을 느끼게 한다. 이 때문에 우리는 이미 알려진 것, 체험된 것, 기억에 각인된 것을 원인으로 설정하게 된다. '왜?'라는 물음의 답으로 나온 것은 그것이 진짜 원인이기 때문에 우리에게 떠오른 것이 아니다. 그것이 우리에게 떠오른 것은 그것이 우리를 안정시켜주고 성가신 것을 없애주며 무겁고 불편한 마음을 가볍게 해주기 때문이다. 따라서 원인을 찾으려는 우리의 본능은 위험, 불안정, 걱정, 공포감 등에 의해 촉발되고 자극받는다.
우리는 '설명이 없는 것보다 설명이 있는 것이 언제나 더 낫다.'고 믿는다. 우리는 특별한 유형의 원인만을 써서 설명을 만들어낸다. ________________
그래서 특정 유형의 설명만이 점점 더 우세해지고, 그러한 설명들이 하나의 체계로 모아져 결국 그런 설명이 우리의 사고방식을 지배하게 된다. 기업인은 즉시 이윤을 생각하고, 기독교인은 즉시 원죄를 생각하며 소녀는 즉시 사랑을 생각한다.

① 이것은 우리의 호기심과 모험심을 자극한다.
② 이것은 인과관계에 대한 우리의 지식을 확장시킨다.
③ 이것은 우리가 왜 불안한 심리 상태에 있는지를 설명해 준다.
④ 이것은 낯설고 체험하지 않았다는 느낌을 가장 빠르고 가장 쉽게 제거해 버린다.
⑤ 이것은 새롭고 낯선 것에서 원인을 발견하려는 우리의 본래 태도를 점차 약화시키고 오히려 그 반대의 태도를 우리의 습관으로 굳어지게 한다.

Hard

03

흔히들 과학적 이론이나 가설을 표현하는 엄밀한 물리학적 언어만을 과학의 언어라고 생각한다. 그러나 과학적 이론이나 가설을 검사하는 과정에는 이러한 물리학적 언어 외에 우리의 감각적 경험을 표현하는 일상적 언어도 사용될 수밖에 없다. 그런데 우리의 감각적 경험을 표현하는 일상적 언어에는 과학적 이론이나 가설을 표현하는 물리학적 언어와는 달리 매우 불명료하고 엄밀하게 정의될 수 없는 용어들이 포함되어 있다. 어떤 학자는 이러한 용어들을 '발룽엔'이라고 부른다.

이제 과학적 이론이나 가설을 검사하는 과정에 발룽엔이 개입된다고 해보자. 이 경우 우리는 증거와 가설 사이의 논리적 관계가 무엇인지 결정할 수 없게 될 것이다. 즉, 증거가 가설을 논리적으로 뒷받침하고 있는지 아니면 논리적으로 반박하고 있는지에 대해 미결정적일 수밖에 없다는 것이다. 그 이유는 증거를 표현할 때 포함될 수밖에 없는 발룽엔을 어떻게 해석할 것인지에 따라 증거와 가설 사이의 논리적 관계에 대한 다양한 해석이 나오게 될 것이기 때문이다. 발룽엔의 의미는 본질적으로 불명료할 수밖에 없다. 즉, 발룽엔을 아무리 상세하게 정의하더라도 그것의 의미를 정확하고 엄밀하게 규정할 수는 없다는 것이다.

논리실증주의자들이나 포퍼는 증거와 가설 사이의 관계를 논리적으로 정확하게 판단할 수 있고 이를 통해 가설을 정확히 검사할 수 있다고 생각했다. 그러나 증거와 가설이 상충하면 가설이 퇴출된다는 식의 생각은 너무 단순한 것이다. 증거와 가설의 논리적 관계에 대한 판단을 위해서는 증거가 의미하는 것이 무엇인지 파악하는 것이 선행되어야 하기 때문이다. 따라서 우리가 발룽엔의 존재를 염두에 둔다면, '________________________'라고 결론지을 수 있다.

① 과학적 가설과 증거의 논리적 관계를 정확하게 판단할 수 있다는 생각은 잘못된 것이다.
② 과학적 가설을 정확하게 검사하기 위해서는 우리의 감각적 경험을 배제해야 한다.
③ 과학적 가설을 검사하기 위한 증거를 표현할 때 발룽엔을 사용해서는 안 된다.
④ 과학적 가설을 표현하는 데에도 발룽엔이 포함될 수밖에 없다.
⑤ 증거가 의미하는 것이 무엇인지 정확히 파악해야 한다.

05 내용일치

| 유형분석 |

- 짧은 시간 안에 글의 내용을 정확하게 이해할 수 있는지 평가한다.
- 은행 금융상품 관련 글을 읽고 이해하기, 고객 문의에 답변하기 등 다양한 유형이 출제된다.

G씨는 성장기인 아들의 수면습관을 바로 잡기 위해 수면습관에 관련된 다음 글을 찾아보았다. 이를 읽고 보인 반응으로 적절하지 않은 것은?

> 수면은 비렘(Non-REM)수면과 렘수면으로 이뤄진 사이클이 반복되면서 이뤄지는 복잡한 신경계의 상호작용이며, 좋은 수면이란 이 사이클이 끊어지지 않고 충분한 시간 동안 유지되도록 하는 것이다. 수면 패턴은 일정한 것이 좋으며, 깨는 시간을 지키는 것이 중요하다. 그리고 수면 패턴은 휴일과 평일 모두 일정하게 지키는 것이 성장하는 아이들의 수면 리듬을 유지하는 데 좋다. 수면 상태에서 깨어날 때 영향을 주는 자극들은 '빛, 식사 시간, 운동, 사회 활동' 등이 있으며, 이 중 가장 강한 자극은 '빛'이다. 침실을 밝게 하는 것은 적절한 수면 자극을 방해하는 것이다. 반대로 깨어날 때 강한 빛 자극을 주면 수면 상태에서 빠르게 벗어날 수 있다. 이는 뇌의 신경 전달 물질인 멜라토닌의 농도와 연관되어 나타나는 현상이다. 수면 중 최대치로 올라간 멜라토닌은 시신경이 강한 빛에 노출되면 빠르게 줄어들게 되는데, 이때 수면 상태에서 벗어나게 된다. 아침 일찍 일어나 커튼을 젖히고 밝은 빛이 침실 안으로 들어오게 하는 것은 매우 효과적인 각성 방법인 것이다.

① 잠에서 깨는 데 가장 강력한 자극을 주는 것은 빛이었구나.
② 멜라토닌의 농도에 따라 수면과 각성이 영향을 받는구나.
③ 평일에 잠이 모자란 우리 아들은 잠을 보충해 줘야 하니까 휴일에 늦게까지 자도록 둬야겠어.
④ 좋은 수면은 비렘수면과 렘수면의 사이클이 충분한 시간 동안 유지되도록 하는 것이구나.
⑤ 우리 아들 침실이 좀 밝은 편이니 충분한 수면을 위해 암막커튼을 달아줘야겠어.

정답 ③

수면 패턴은 휴일과 평일 모두 일정하게 지키는 것이 성장하는 아이들의 수면 리듬을 유지하는 데 좋다. 따라서 휴일에 늦잠을 자는 것은 적절하지 않다.

유형풀이 Tip

- 글을 읽기 전에 문제와 선택지를 먼저 읽어보고 글의 주제를 대략적으로 파악해야 한다.
- 선택지를 통해 글에서 찾아야 할 정보가 무엇인지 먼저 인지한 후 글을 읽어야 문제 풀이 시간을 단축할 수 있다.

01 다음 글의 내용으로 가장 적절한 것은?

> 우리는 '재활용'이라고 하면 생활 속에서 자주 접하는 종이, 플라스틱, 유리 등을 다시 활용하는 것만을 생각한다. 하지만 에너지도 재활용이 가능하다고 한다.
> 에너지는 우리가 인지하지 못하는 일상생활 속 움직임을 통해 매 순간 만들어지고 사라진다. 문제는 이렇게 생산되고 사라지는 에너지의 양이 적지 않다는 것이다. 이처럼 버려지는 에너지를 수집해 우리가 사용할 수 있도록 하는 기술이 바로 에너지 하베스팅이다.
> 에너지 하베스팅은 열, 빛, 운동, 바람, 진동, 전자기 등 주변에서 버려지는 에너지를 모아 전기를 얻는 기술을 의미한다. 이처럼 우리 주위 자연에 존재하는 청정에너지를 반영구적으로 사용하기 때문에 공급의 안정성, 보안성 및 지속 가능성이 높고, 이산화탄소를 배출하는 화석연료를 사용하지 않기 때문에 환경공해를 줄일 수 있어 친환경 에너지 활용 기술로도 각광받고 있다.
> 이처럼 에너지원의 종류가 많은 만큼 에너지 하베스팅의 유형도 매우 다양하다. 체온, 정전기 등 신체의 움직임을 이용하는 신체 에너지 하베스팅, 태양광을 이용하는 광 에너지 하베스팅, 진동이나 압력을 가해 이용하는 진동 에너지 하베스팅, 산업 현장에서 발생하는 수많은 폐열을 이용하는 열에너지 하베스팅, 방송 전파나 휴대전화 전파 등의 전자파 에너지를 이용하는 전자파 에너지 하베스팅 등이 폭넓게 개발되고 있다.
> 영국의 어느 에너지기업은 사람의 운동 에너지를 전기 에너지로 바꾸는 기술을 개발했다. 사람이 많이 다니는 인도 위에 버튼식 패드를 설치하여 사람이 밟을 때마다 전기가 생산되도록 하는 것이다. 이 장치는 2012년 런던올림픽에서 테스트를 한 이후 현재 영국의 12개 학교 및 미국 뉴욕의 일부 학교에서 설치하여 활용 중이다.
> 전 세계적으로 화석 연료에서 신재생 에너지로 전환하려는 노력이 계속되고 있는 만큼, 에너지 전환 기술인 에너지 하베스팅에 대한 관심은 계속될 것이며 다양한 분야에 적용될 것으로 예상되고 있다.

① 재활용은 유체물만 가능하다.
② 태양광과 폐열은 같은 에너지원에 속한다.
③ 에너지 하베스팅은 버려진 에너지를 또 다른 에너지로 만드는 것이다.
④ 에너지 하베스팅을 통해 열, 빛, 전기 등 여러 에너지를 얻을 수 있다.
⑤ 사람의 운동 에너지를 전기 에너지로 바꾸는 기술은 사람의 체온을 이용한 신체 에너지 하베스팅 기술이다.

02 다음 글의 내용으로 적절하지 않은 것은?

> 신혼부부 가구의 주거안정을 위해서는 우선적으로 육아·보육지원 정책의 확대·강화가 필요한 것으로 나타났다.
> 신혼부부 가구는 주택 마련 지원 정책보다 육아수당, 육아보조금, 탁아시설 확충과 같은 육아·보육지원 정책의 확대·강화가 더 필요하다고 생각하고 있으며 특히, 믿고 안심할 수 있는 육아·탁아시설의 확대가 필요한 것으로 나타났다. 이는 최근 부각된 보육기관에서의 아동학대문제 등 사회적 분위기의 영향과 맞벌이 가구의 경우, 안정적인 자녀 보육환경이 전제되어야만 안심하고 경제활동을 할 수 있기 때문인 것으로 보인다.
> 신혼부부 가구 중 아내의 경제활동 비율은 평균 38.3%이며 맞벌이 비율은 평균 37.2%로 나타났으나, 일반적으로 자녀 출산 시기로 볼 수 있는 혼인 3년 차에서의 맞벌이 비율은 30% 수준까지 낮아지는 경향을 보이는데 자녀의 육아환경 때문으로 판단된다. 또한, 외벌이 가구의 81.5%가 자녀의 육아·보육을 위해 맞벌이를 하지 않는다고 하였으며 이는 결혼 여성의 경제활동 지원을 위해서는 무엇보다 육아를 위한 보육시설의 확대가 필요하다는 것을 시사한다.
> 맞벌이의 주된 목적이 주택비용 마련임을 고려할 때, 보육시설의 확대는 결혼 여성에게 경제활동의 기회를 제공하여 신혼부부 가구의 경제력을 높이고, 내 집 마련 시기를 앞당길 수 있다는 점에서 중요성을 갖는다.
> 특히, 신혼부부 가구가 계획하고 있는 총 자녀의 수는 1.83명이나 자녀 양육 환경문제 등으로 추가적인 자녀계획을 포기하는 경우가 나타날 수 있으므로 실제 이보다 낮은 자녀수를 보일 것으로 예상된다. 따라서 출산장려를 위해서도 결혼 여성의 경제활동을 지원하기 위한 강화된 국가적 차원의 배려와 관심이 필요하다고 할 수 있다.

① 육아·보육지원은 신혼부부의 주거안정을 위한 정책이다.
② 자녀의 보육환경이 개선되면 맞벌이 비율이 상승할 것이다.
③ 경제활동에 참여하는 여성이 많아질수록 출산율은 낮아질 것이다.
④ 신혼부부들은 육아수당, 육아보조금 등이 주택 마련 지원보다 더 필요하다고 생각한다.
⑤ 보육환경의 개선은 신혼부부 가구가 내 집 마련을 보다 이른 시기에 할 수 있게 해 준다.

Hard

03 다음은 S은행에서 여신거래 시 활용하는 기본약관의 일부이다. 약관의 내용을 바르게 이해하지 못한 직원은?

> **제3조 이자 등과 지연배상금**
>
> ① 이자·보증료·수수료 등(이하 "이자 등"이라고 함)의 이율·계산방법·지급의 시기 및 방법에 관해, 은행은 법령이 허용하는 한도 내에서 정할 수 있으며 채무자가 해당사항을 계약 체결 전에 상품설명서 및 홈페이지 등에서 확인할 수 있도록 합니다.
>
> ② 이자 등의 율은 거래계약 시에 다음의 각 호 중 하나를 선택하여 적용할 수 있습니다.
> 1. 채무의 이행을 완료할 때까지 은행이 그 율을 변경할 수 없음을 원칙으로 하는 것
> 2. 채무의 이행을 완료할 때까지 은행이 그 율을 수시로 변경할 수 있는 것
>
> ③ 제2항 제1호를 선택한 경우에 채무이행 완료 전에 국가경제·금융사정의 급격한 변동 등으로 계약 당시에 예상할 수 없는 현저한 사정변경이 생긴 때에는 은행은 채무자에 대한 개별통지에 의하여 그 율을 인상·인하할 수 있기로 합니다. 이 경우 변경요인이 없어진 때에는 은행은 없어진 상황에 부합되도록 변경하여야 합니다.
>
> ④ 제2항 제2호를 선택한 경우에 이자 등의 율에 관한 은행의 인상·인하는 건전한 금융관행에 따라 합리적인 범위 내에서 이루어져야 합니다.
>
> ⑤ 채무자가 은행에 대한 채무의 이행을 지체한 경우에는, 곧 지급하여야 할 금액에 대하여 법령이 정하는 제한 내에서 은행이 정한 율로, 1년을 365일(윤년은 366일)로 보고 1일 단위로 계산한 지체일수에 해당하는 지연배상금을 지급하기로 하되, 금융사정의 변화, 그 밖의 상당한 사유로 인하여 법령에 의하여 허용되는 한도 내에서 율을 변경할 수 있습니다. 다만, 외국환거래에 있어서는 국제관례·상관습 등에 따릅니다.
>
> ⑥ 은행이 이자 등과 지연배상금의 계산방법·지급의 시기 및 방법을 변경하는 경우에, 그것이 법령에 의하여 허용되는 한도 내이고 금융사정 및 그 밖의 여신거래에 영향을 미치는 상황의 변화로 인하여 필요한 것일 때에는 변경 후 최초로 이자를 납입하여야 할 날부터 그 변경된 사항이 적용됩니다.
>
> ⑦ 제4항, 제5항 및 제6항에 따라 변경하는 경우 은행은 그 변경 기준일로부터 1개월간 모든 영업점 및 은행이 정하는 전자매체 등에 이를 게시하여야 합니다. 다만, 특정 채무자에 대하여 개별적으로 변경하는 경우에는 개별통지를 해야 합니다.
>
> … 생략 …

① A사원 : 은행에서 율을 변경할 수 없는 것을 원칙으로 하는 것은 고정금리를, 수시로 변경할 수 있다고 하는 것은 변동금리를 적용한다는 의미이네.

② B주임 : 은행이 율을 변경할 수 없는 조건으로 계약했다고 하더라도 국가경제가 급격하게 변화하면 율을 인상·인하할 수 있구나.

③ C대리 : 지연배상금이라 하면 보통 연체이자를 의미하는데, 1년을 365일로 보고 지체일수에 해당하는 만큼 은행에서 규정한 연체이자율에 의해 지급하도록 하고 있구나.

④ D주임 : 대출 취급 시 적용하는 이자 등과 지연배상금이 변경될 경우에는 변경 기준일로부터 40일간 모든 전자매체 등에 게시해야 하는구나.

⑤ E대리 : 은행이 이자 등을 변경한 경우에는 변경 후 최초로 이자를 납입하여야 하는 날부터 그 변경된 사항이 적용되는구나.

06 나열하기

| 유형분석 |

- 글의 논리적인 전개 구조를 파악할 수 있는지 평가한다.
- 첫 문단(단락)이 제시되지 않은 문제가 출제될 가능성이 있다.

다음 문장을 논리적 순서대로 바르게 나열한 것은?

(가) 그렇기 때문에 남녀 고용 평등의 확대를 위해 채용 목표제를 강화할 필요가 있다.
(나) 우리나라 대졸 이상 여성의 고용 비율은 OECD 국가 중 최하위인데 이는 채용 과정에서 여성이 부당한 차별을 받는 경우가 많다는 것을 보여준다.
(다) 우리나라 남녀 전체의 평균 고용 비율 격차는 31.8%p로 남성에 비해 여성의 고용 비율이 현저히 낮다.
(라) 강화된 법규가 준수될 수 있도록 정부의 계도와 감독 기능을 강화해야 할 것이다.
(마) 고용 시 여성에게 일정 비율을 할애하는 것은 남성에 대한 역차별이라는 주장이 있기는 하지만 남녀 고용 평등이 어느 정도 실현될 때까지 여성에 대한 배려는 불가피하다.

① (나) – (가) – (라) – (다) – (마)
② (나) – (다) – (라) – (가) – (마)
③ (다) – (가) – (마) – (나) – (라)
④ (다) – (나) – (가) – (라) – (마)
⑤ (다) – (라) – (마) – (나) – (가)

정답 ③

제시문은 우리나라 여성의 고용 비율이 남성보다 낮기 때문에 여성의 고용에 대한 배려가 필요하다는 내용이다. 따라서 (다) 우리나라는 남성에 비해 여성의 고용 비율이 현저히 낮음 – (가) 남녀 고용 평등의 확대를 위한 채용 목표제의 강화 필요 – (마) 역차별이라는 주장과 현실적인 한계 – (나) 대졸 이상 여성의 고용 비율이 OECD 국가 중 최하위인 대한민국의 현실 – (라) 강화된 법규가 준수될 수 있도록 정부의 계도와 감독 기능 강화 순으로 나열하는 것이 가장 적절하다.

유형풀이 Tip

- 각 문단에 위치한 지시어와 접속어를 살펴본다. 문두에 접속어가 오거나 문장 중간에 지시어가 나오는 경우 글의 첫 번째 문단이 될 수 없다.
- 각 문단의 첫 문장과 마지막 문장에 집중하면서 글의 순서를 하나씩 맞춰 나간다.
- 선택지를 참고하여 문단의 순서를 생각해 보는 것도 시간을 단축하는 좋은 방법이 될 수 있다.

대표기출유형 06 기출응용문제

※ 다음 문단을 논리적 순서대로 바르게 나열한 것을 고르시오. [1~2]

01

(가) 상품의 가격은 기본적으로 수요와 공급의 힘으로 결정된다. 시장에 참여하고 있는 경제 주체들은 자신이 가진 정보를 기초로 하여 수요와 공급을 결정한다.
(나) 이런 경우에는 상품의 가격이 우리의 상식으로는 도저히 이해하기 힘든 수준까지 일시적으로 뛰어오르는 현상이 나타날 가능성이 있다. 이런 현상은 특히 투기의 대상이 되는 자산의 경우 자주 나타나는데, 우리는 이를 '거품 현상'이라고 부른다.
(다) 그러나 현실에서는 사람들이 서로 다른 정보를 갖고 시장에 참여하는 경우가 많다. 어떤 사람은 특정한 정보를 갖고 있는데 거래 상대방은 그 정보를 갖고 있지 못한 경우도 있다.
(라) 일반적으로 거품 현상이란 것은 어떤 상품, 자산의 가격이 지속해서 급격히 상승하는 현상을 가리킨다. 이와 같은 지속적인 가격 상승이 일어나는 이유는 애초에 발생한 가격 상승이 추가적인 가격 상승의 기대로 이어져 투기 바람이 형성되기 때문이다.
(마) 이들이 똑같은 정보를 함께 갖고 있으며 이 정보가 아주 틀린 것이 아닌 한, 상품의 가격은 어떤 기본적인 수준에서 크게 벗어나지 않을 것이라고 예상할 수 있다.

① (가) – (다) – (나) – (라) – (마)
② (가) – (마) – (다) – (나) – (라)
③ (라) – (가) – (다) – (나) – (마)
④ (라) – (다) – (가) – (나) – (마)
⑤ (마) – (가) – (다) – (라) – (나)

Hard

02

(가) 매년 수백만 톤의 황산이 애팔래치아 산맥에서 오하이오 강으로 흘러들어 간다. 이 황산은 강을 붉게 물들이고 산성으로 변화시킨다. 이렇듯 강이 붉게 물드는 것은 티오바실러스라는 세균으로 인해 생성된 침전물 때문이다. 철2가 이온(Fe^{2+})과 철3가 이온(Fe^{3+})의 용해도가 이러한 침전물의 생성에 중요한 역할을 한다.

(나) 애팔래치아 산맥의 석탄 광산에 있는 황철광에는 이황화철(FeS_2)이 함유되어 있다. 티오바실러스는 이 황철광에 포함된 이황화철(FeS_2)을 산화시켜 철2가 이온(Fe^{2+})과 강한 산인 황산을 만든다. 이 과정에서 티오바실러스는 일차적으로 에너지를 얻는다. 일단 만들어진 철2가 이온(Fe^{2+})은 티오바실러스에 의해 다시 철3가 이온(Fe^{3+})으로 산화되는데, 이 과정에서 또 다시 티오바실러스는 에너지를 이차적으로 얻는다.

(다) 이황화철(FeS_2)의 산화는 다음과 같이 가속된다. 티오바실러스에 의해 생성된 황산은 황철광을 녹이게 된다. 황철광이 녹으면 황철광 안에 들어 있던 이황화철(FeS_2)은 티오바실러스와 공기 중의 산소에 더 노출되어 화학반응이 폭발적으로 증가하게 된다. 티오바실러스의 생장과 번식에는 이와 같이 에너지의 원료가 되는 이황화철(FeS_2)과 산소 그리고 세포 구성에 필요한 무기질이 꼭 필요하다. 이러한 환경조건이 자연적으로 완비된 광산 지역에서는 일반적인 방법으로 티오바실러스의 생장을 억제하기가 힘들다. 이황화철(FeS_2)과 무기질이 다량으로 광산에 있으므로 이 경우 오하이오 강의 오염을 막기 위한 방법은 광산을 밀폐시켜 산소의 공급을 차단하는 것뿐이다.

(라) 철2가 이온(Fe^{2+})은 강한 산(pH 3.0 이하)에서 물에 녹은 상태를 유지한다. 그러한 철2가 이온(Fe^{2+})은 자연 상태에서 pH 4.0 ~ 5.0 사이가 되어야 철3가 이온(Fe^{3+})으로 산화된다. 놀랍게도 티오바실러스는 강한 산에서 잘 자라고 강한 산에 있는 철2가 이온(Fe^{2+})을 적극적으로 산화시켜 철3가 이온(Fe^{3+})을 만든다. 그리고 물에 녹지 않는 철3가 이온(Fe^{3+})은 다른 무기 이온과 결합하여 붉은 침전물을 만든다. 환경에 영향을 미칠 정도로 다량의 붉은 침전물을 만들기 위해서는 엄청난 양의 철2가 이온(Fe^{2+})과 강한 산이 있어야 한다. 이것들은 어떻게 만들어지는 것일까?

① (가) – (나) – (라) – (다)
② (가) – (라) – (나) – (다)
③ (라) – (가) – (다) – (나)
④ (라) – (나) – (가) – (다)
⑤ (라) – (나) – (다) – (가)

03 다음 글을 읽고 첫 단락에 이어질 문단을 논리적 순서대로 바르게 나열한 것을 고르면?

먼저 고전학파에서는 시장에서 임금이나 물가 등의 가격 변수가 완전히 탄력적으로 작용하기 때문에 경기적 실업을 자연스럽게 해소될 수 있는 일시적 현상으로 본다.

(가) 이렇게 실질임금이 상승하게 되면 경기적 실업으로 인해 실업 상태에 있던 노동자들은 노동 시장에서 일자리를 적극적으로 찾으려고 하고, 이로 인해 노동의 초과공급이 발생하게 된다. 그래서 노동자들은 노동 시장에서 경쟁하게 되고 이러한 경쟁으로 인해 명목임금은 탄력적으로 하락하게 된다. 명목임금의 하락은 실질임금의 하락으로 이어지게 되고 실질임금은 경기가 침체되기 이전과 동일한 수준으로 돌아간다.

(나) 이들에 의하면 노동자들이 받는 화폐의 액수를 의미하는 명목임금이 변하지 않은 상태에서 경기 침체로 인해 물가가 하락하게 되면 명목임금을 물가로 나눈 값, 즉 임금의 실제 가치를 의미하는 실질임금은 상승하게 된다. 예를 들어 물가가 10% 정도 하락하게 되면 명목임금으로 구매할 수 있는 재화의 양이 10% 정도 늘어날 수 있고, 이는 물가가 하락하기 전보다 실질임금이 10% 정도 상승했다는 의미이다.

(다) 결국 기업에서는 명목임금이 하락한 만큼 노동의 수요량을 늘릴 수 있게 되므로 노동의 초과공급은 사라지고 실업이 자연스럽게 해소된다. 따라서 고전학파에서는 인위적 개입을 통해 경기적 실업을 감소시키려는 정부의 역할에 반대한다.

① (가) – (나) – (다)
② (가) – (다) – (나)
③ (나) – (가) – (다)
④ (다) – (가) – (나)
⑤ (다) – (나) – (가)

대표기출유형

07 주제 · 제목찾기

| 유형분석 |

- 글의 목적이나 핵심 주장을 정확하게 구분할 수 있는지 평가한다.
- 문단별 주제 · 화제, 글쓴이의 주장 · 생각, 표제와 부제 등 다양한 유형으로 출제될 수 있다.

다음 글의 제목으로 가장 적절한 것은?

많은 경제학자는 제도의 발달이 경제 성장의 중요한 원인이라고 생각해 왔다. 예를 들어 재산권 제도가 발달하면 투자나 혁신에 대한 보상이 잘 이루어져 경제 성장에 도움이 된다는 것이다. 그러나 이를 입증하기는 쉽지 않다. 제도의 발달 수준과 소득 수준 사이에 상관관계가 있다 하더라도, 제도는 경제 성장에 영향을 줄 수 있지만 경제 성장으로부터 영향을 받을 수도 있으므로 그 인과관계를 판단하기 어렵기 때문이다.

① 경제 성장과 소득 수준
② 경제 성장과 제도 발달
③ 경제 성장과 투자 혁신
④ 소득 수준과 제도 발달
⑤ 소득 수준과 투자 수준

정답 ②

제시문은 재산권 제도의 발달에 따른 경제 성장을 예로 들어 제도의 발달과 경제 성장의 상관관계에 대해 설명하고 있다. 더불어 제도가 경제 성장에 영향을 줄 수는 있지만 동시에 경제 성장으로부터 영향을 받을 수도 있다는 점에서 그 인과관계를 판단하기 어렵다는 한계점을 제시하고 있다. 따라서 제목으로 가장 적절한 것은 '경제 성장과 제도 발달'이다.

유형풀이 Tip

- 중심이 되는 내용은 주로 글의 맨 앞이나 맨 뒤에 위치한다. 따라서 글의 첫 문단과 마지막 문단을 먼저 확인한다.
- 첫 문단과 마지막 문단에서 실마리가 잡히지 않은 경우, 그 문단을 뒷받침해주는 부분을 읽어가면서 제목이나 주제를 파악해 나간다.

대표기출유형 07 기출응용문제

Easy

01 다음 글의 주제로 가장 적절한 것은?

> 금융당국은 은행의 과점체제를 해소하고, 은행과 비은행의 경쟁을 촉진시키는 방안으로 은행의 고유 전유물이었던 통장을 보험 및 카드 업계로 도입하도록 검토하겠다고 밝혔다.
> 이는 전자금융거래법을 개정해 대금결제업, 자금이체업, 결제대행업 등 모든 전자금융업 업무를 관리하는 종합지급결제사업자를 제도화하여 비은행에 도입한다는 것으로, 이를 통해 비은행권은 간편결제·송금 외에도 은행 수준의 보편적 지급결제 서비스가 가능해지는 것이다.
> 특히 금융당국이 은행업 경쟁촉진 방안으로 검토 중인 은행업 추가 인가나 소규모 특화은행 도입 등 여러 방안 중에서 종합지급결제사업자 제도를 중점으로 검토 중인 이유는 은행의 유효경쟁을 촉진시킴으로써 은행의 과점 이슈를 가장 빠르게 완화할 수 있을 것으로 판단되기 때문이다.
> 이는 소비자 측면에서도 기대효과가 있는데, 은행 계좌가 없는 금융소외계층은 종합지급결제사업자 제도를 통해 금융 서비스를 제공받을 수 있고, 기존 방식에서 각 은행에 지불하던 지급결제 수수료가 절약돼 그만큼 보험료가 인하될 가능성도 기대해 볼 수 있기 때문이다. 보험사 및 카드사 측면에서도 기존 방식에서는 은행을 통해 진행했던 방식이 해당 제도가 확립된다면 직접 처리할 수 있게 되어 방식이 간소화될 수 있다는 장점이 있다.
> 하지만 이 또한 현실적으로 많은 문제들이 제기되는데, 그중 하나가 소비자보호 사각지대의 발생이다. 비은행권은 은행권과 달리 예금보험제도가 적용되지 않을 뿐더러 은행권에 비해 규제 수준이 상대적으로 낮기 때문에 금융소비자 보호 등 리스크 관리가 우려되기 때문이다. 또한 종합지급결제업 자체가 사실상 은행업과 크게 다르지 않기 때문에 은행권의 극심한 반발도 예상된다.

① 은행의 과점체제 해소를 위한 방안
② 종합지급결제사업자 제도의 득과 실
③ 은행의 권리를 침해하는 비은행 업계
④ 은행과 비은행 경쟁 속 소비자의 실익
⑤ 비은행권 규제 방안 및 제도의 필요성

02 다음 글의 제목으로 가장 적절한 것은?

> 일반적으로 소비자들은 합리적인 경제 행위를 추구하기 때문에 최소 비용으로 최대 효과를 얻으려 한다는 것이 소비의 기본 원칙이다. 그들은 '보이지 않는 손'이라고 일컬어지는 시장 원리 아래에서 생산자와 만난다. 그러나 이러한 일차적 의미의 합리적 소비가 언제나 유효한 것은 아니다. 생산보다는 소비가 화두가 된 소비 자본주의 시대에 소비는 단순히 필요한 재화, 그리고 경제학적으로 유리한 재화를 구매하는 행위에 머물지 않는다. 최대 효과 자체에 정서적이고 사회 심리학적인 요인이 개입하면서, 이제 소비는 개인이 세계와 만나는 다분히 심리적인 방법이 되어버린 것이다. 곧 인간의 기본적인 생존 욕구를 충족시켜 주는 합리적 소비 수준에 머물지 않고, 자신을 표현하는 상징적 행위가 된 것이다. 이처럼 오늘날의 소비문화는 물질적 소비 차원이 아닌 심리적 소비 형태를 띠게 된다.
>
> 소비 자본주의의 화두는 과소비가 아니라 '과시 소비'로 넘어간 것이다. 과시 소비의 중심에는 신분의 논리가 있다. 신분의 논리는 유용성의 논리, 나아가 시장의 논리로 설명되지 않는 것들을 설명해 준다. 혈통으로 이어지던 폐쇄적 계층 사회는 소비 행위에 대해 계급에 근거한 제한을 부여했다. 먼 옛날 부족 사회에서 수장들만이 걸칠 수 있었던 장신구에서부터 제아무리 권문세가의 정승이라도 아흔아홉 칸을 넘을 수 없던 집이 좋은 예이다. 권력을 가진 자는 힘을 통해 자기의 취향을 주위 사람들과 분리시킴으로써 경외감을 강요하고, 그렇게 자기 취향을 과시함으로써 잠재적 경쟁자들을 통제한 것이다.
>
> 가시적 신분 제도가 사라진 현대 사회에서도 이러한 신분의 논리는 여전히 유효하다. 이제 개인은 소비를 통해 자신의 물질적 부를 표현함으로써 신분을 과시하려 한다.

① '보이지 않는 손'에 의한 합리적 소비의 필요성
② 소득을 고려하지 않은 무분별한 과소비의 폐해
③ 계층별 소비 규제의 필요성
④ 신분사회에서 의복 소비와 계층의 관계
⑤ 소비가 곧 신분이 되는 과시 소비의 원리

03 다음 (가) ~ (마) 문단의 주제로 적절하지 않은 것은?

(가) 우리는 최근 '사회가 많이 깨끗해졌다.'라는 말을 많이 듣는다. 실제 우리의 일상생활은 정말 많이 깨끗해졌다. 과거에 비하면 일상생활에서 뇌물이 오가는 경우가 거의 없어진 것이다. 그런데 왜 부패인식지수가 나아지기는커녕 도리어 나빠지고 있을까? 일상생활과 부패인식지수가 전혀 다른 모습을 보이는 이유는 어디에 있을까?

(나) 부패인식지수가 산출되는 과정에서 그 물음의 답을 찾을 수 있다. 부패인식지수는 국제투명성기구에서 매년 조사하여 발표하고 있는 세계적으로 가장 권위 있는 부패 지표로, 지수는 국제적인 조사 및 평가를 실시하고 있는 여러 기관의 조사 결과를 바탕으로 산출된다. 각 기관의 조사 항목과 조사 대상은 서로 다르지만, 주요 항목은 공무원의 직권 남용 억제 기능, 공무원의 공적 권력의 사적 이용, 공공서비스와 관련한 뇌물 등으로 공무원의 뇌물과 부패에 초점이 맞추어져 있다.

(다) 부패인식지수를 이해하는 데 주목하여야 할 또 하나의 중요한 점은 부패인식지수 계산에 사용된 각 지수의 조사 대상이다. 조사에 따라 약간의 차이가 있기는 하지만 조사는 주로 해당 국가나 해당 국가와 거래하고 있는 고위 기업인과 전문가들을 대상으로 이루어진다. 일반 시민이 아닌 기업 활동에서 공직자들과 깊숙한 관계를 맺고 있어 공직자들의 행태를 누구보다 잘 알고 있을 것으로 추정되는 사람들의 의견을 대상으로 하는 것이다. 결국 부패인식지수는 고위 기업경영인과 전문가들의 공직 사회의 뇌물과 부패에 대한 평가라 할 수 있다.

(라) 그렇다면 부패인식지수를 개선하는 방법은 무엇일까? 그간 정부는 공무원행동강령, 청탁금지법, 부패방지기구 설치 등 많은 제도적인 노력을 기울여왔다. 이러한 정부의 노력에도 불구하고 정부 반부패정책은 대부분 효과가 없는 것으로 보인다. 정부 노력에 대한 일반 시민들의 시선도 차갑기만 하다. 결국 법과 제도적 장치는 우리 사회에 만연한 연줄 문화 앞에서 힘을 쓰지 못하고 있는 것으로 해석할 수 있다.

(마) 천문학적인 뇌물을 받아도 마스크를 낀 채 휠체어를 타고 교도소를 나오는 기업경영인과 공직자들의 모습을 우리는 자주 보아왔다. 이처럼 솜방망이 처벌이 반복되는 상황에서 부패는 계속될 수밖에 없다. 예상되는 비용에 비해 기대 수익이 큰 상황에서 부패는 끊어질 수 없는 것이다. 이러한 상황이 인간의 욕망을 도리어 자극하여 사람들은 연줄을 찾아 더 많은 부당이득을 노리려 할지 모른다. 연줄로 맺어지든 다른 방식으로 이루어지든 부패로 인하여 지불해야 할 비용이 크다면 부패에 대한 유인이 크게 줄어들 수 있을 것이다.

① (가) : 일상부패에 대한 인식과 부패인식지수의 상반되는 경향에 대한 의문
② (나) : 공공분야에 맞추어진 부패인식지수의 산출과정
③ (다) : 특정 계층으로 집중된 부패인식지수의 조사 대상
④ (라) : 부패인식지수의 효과적인 개선방안
⑤ (마) : 부패가 계속되는 원인과 부패 해결 방향

대표기출유형

08 비판 · 반박하기

| 유형분석 |

- 글의 주장과 논점을 파악하고, 이에 대립하는 내용을 판단할 수 있는지 평가한다.
- 서로 상반되는 주장 두 개를 제시하고, 하나의 관점에서 다른 하나를 비판 · 반박하는 문제 유형이 출제될 수 있다.

다음 글에서 도출한 결론을 반박하는 주장으로 가장 적절한 것은?

인터넷은 국경 없이 누구나 자유롭게 정보를 주고받을 수 있는 훌륭한 매체이다. 하지만 최근 급속도로 늘고 있는 성인 인터넷 방송처럼 오히려 청소년에게 해로운 매체가 될 수 있다는 사실은 선진국에서도 동감하고 있다. 따라서 인터넷 등급제를 만들어 유해한 환경으로부터 청소년들을 보호하고, 이를 어긴 사업자는 엄격한 처벌로 다스려야만 한다.

① 인터넷 등급제를 만들어 규제를 하는 것도 완전한 방법은 아니기 때문에 유해한 인터넷 내용에는 원천적으로 접속할 수 없도록 조치를 취해야 한다.
② 인터넷 등급제는 정보에 대한 책임을 일방적으로 사업자에게만 지우는 조치로, 잘못하면 국민의 표현의 자유와 알 권리를 침해할 수 있다.
③ 인터넷 등급제는 미니스커트나 장발 규제와 같은 구태의연한 조치이다.
④ 청소년들 스스로가 정보의 유해를 가릴 수 있는 식견을 마련할 수 있도록 가능한 한 많은 정보를 접해야 한다. 그러므로 인터넷 등급제는 좋은 방법이 아니다.
⑤ 인터넷 등급제는 IT 강국으로서의 대한민국의 입지를 위축시킬 수 있으므로 실행하지 않는 것이 옳다.

정답 ②

언론매체에 대한 사전 검열은 항상 표현의 자유와 개인의 알 권리를 침해할 가능성을 배제할 수 없다는 논지로 반박을 전개하는 것이 적절하다.

유형풀이 Tip

- 대립하는 두 의견의 쟁점을 찾은 후, 제시문 또는 보기에서 양측 주장의 근거를 찾아 각 주장에 연결하며 답을 찾는다.
- 문제의 난도를 높이기 위해 글의 후반부에 주장을 뒷받침할 수 있는 근거를 제시하고 선택지에 그 근거에 대한 반박을 실어 놓는 경우도 있다. 하지만 주의할 점은 제시문의 '주장'에 대한 반박을 찾는 것이지, 이를 뒷받침하기 위해 제시된 '근거'에 대한 반박을 찾는 것이 아니라는 것이다.

대표기출유형 08 기출응용문제

Easy

01 다음 글에 대한 비판으로 가장 적절한 것은?

> "향후 은행 서비스(Banking)는 필요하지만 은행(Bank)은 필요 없을 것이다." 최근 4차 산업혁명으로 대변되는 빅데이터, 사물인터넷, AI, 블록체인 등 신기술이 금융업을 강타하면서 빌 게이츠의 20년 전 예언이 화두로 부상했다. 모든 분야에서 초연결화, 초지능화가 진행되고 있는 4차 산업혁명이 데이터 주도 경제를 열어가면서 데이터에 기반을 둔 금융업에도 변화의 물결이 밀려들고 있다. 이미 전통적인 은행, 증권, 보험, 카드업 등 전 분야에서 금융기술기업인 소위 '핀테크(Fintech)'가 출현하면서 금융서비스의 가치 사슬이 해체되기 시작한 것이다. 이전에는 상상조차 하지 못했던 IT 등 이종 업종의 금융업 진출도 활발하게 이루어지면서 전통 금융회사들을 위협하고 있다.
>
> 빅데이터, 사물인터넷, 인공지능, 블록체인 등 새로운 기술로 무장한 4차 산업혁명으로 인해 온라인 플랫폼을 통한 크라우드 펀딩 등 P2P 금융의 출현, 로보어드바이저에 의한 저렴한 자산관리서비스의 등장, 블록체인 기술 기반의 송금 등 다양한 가치 거래의 탈중계화가 진행되면서 금융 중계, 자산관리, 위험 관리, 지급 결제 등 금융의 본질적인 요소들이 변화하고 있는 것은 아닌지 의구심이 일어나고 있는 것이다. 혹자는 이들 변화의 종점에 금융의 정체성(Identity) 상실이 기다리고 있다며 금융업 종사자의 입장에서 보면 우울한 전망마저 내놓고 있다. 금융도 디지털카메라의 등장으로 사라진 필름회사 코닥과 같은 비운을 피하기 어렵다며 금융의 종말(The Demise of Banking), 은행의 해체(Unbundling the Banks), 탈중계화, 플랫폼 혁명(Platform Revolution) 등 다양한 화두가 미디어의 전면에 등장하고 있다.

① 로보어드바이저에 의한 자산관리서비스는 범죄에 악용될 위험이 크다.
② 금융 발전의 미래를 위해 금융업에 있어 인공지능의 도입을 막아야 한다.
③ 금융의 종말을 방지하기 위해서라도 핀테크 도입의 법적인 제도 마련이 필요하다.
④ 가치 거래의 탈중계화는 금융 거래의 보안성에 심각한 위협 요인으로 작용할 것이다.
⑤ 기술 발전은 금융업에 있어 효율성 향상이라는 제한적인 틀에서 크게 벗어나지 못했다.

02 다음 글의 주장에 대한 반박으로 가장 적절한 것은?

> 인간은 사회 속에서만 자신을 더 나은 존재로 느낄 수 있기 때문에 자신을 사회화하고자 한다. 인간은 사회 속에서만 자신의 자연적 소질을 실현할 수 있는 것이다. 그러나 인간은 자신을 개별화하거나 고립시키려는 성향도 강하다. 이는 자신의 의도에 따라서만 행동하려는 반사회적인 특성을 의미한다. 그리고 저항하려는 성향이 자신뿐만 아니라 다른 사람에게도 있다는 사실을 알기 때문에, 그 자신도 곳곳에서 저항에 부딪히게 되리라 예상한다.
> 이러한 저항을 통하여 인간은 모든 능력을 일깨우고, 나태해지려는 성향을 극복하며 명예욕이나 지배욕, 소유욕 등에 따라 행동하게 된다. 그리하여 동시대인들 가운데에서 자신의 위치를 확보하게 된다. 이렇게 하여 인간은 야만의 상태에서 벗어나 문화를 이룩하기 위한 진정한 진보의 첫걸음을 내딛게 된다. 이때부터 모든 능력이 점차 계발되고 아름다움을 판정하는 능력도 형성된다. 나아가 자연적 소질에 의해 도덕성을 어렴풋하게 느끼기만 하던 상태에서 벗어나 지속적인 계몽을 통하여 구체적인 실천 원리를 명료하게 인식할 수 있는 성숙한 단계로 접어든다. 그 결과 자연적인 감정을 기반으로 결합된 사회를 도덕적인 전체로 바꿀 수 있는 사유 방식이 확립된다.
> 인간에게 이러한 반사회성이 없다면, 인간의 모든 재능은 꽃피지 못하고 만족감과 사랑으로 가득 찬 목가적인 삶 속에서 영원히 묻혀 버리고 말 것이다. 그리고 양처럼 선량한 기질의 사람들은 가축 이상의 가치를 자신의 삶에 부여하기 힘들 것이다. 자연 상태에 머물지 않고 스스로의 목적을 성취하기 위해 자연적 소질을 계발하여 창조의 공백을 메울 때, 인간의 가치는 상승되기 때문이다.

① 인간의 자연적인 성질은 사회화를 방해한다.
② 반사회성만으로는 자신의 재능을 계발하기 어렵다.
③ 사회성만으로도 충분히 목가적 삶을 영위할 수 있다.
④ 인간은 타인과의 갈등을 통해서도 사회성을 기를 수 있다.
⑤ 인간은 사회성만 가지고도 자신의 재능을 키워나갈 수 있다.

03 다음 글의 '나'의 입장에서 비판할 수 있는 내용을 〈보기〉에서 모두 고르면?

어떤 사람이 내게 말했다.
"어제 저녁, 어떤 사람이 몽둥이로 개를 때려죽이는 것을 보았네. 그 모습이 불쌍해 마음이 너무 아팠네. 그래서 이제부터는 개고기나 돼지고기를 먹지 않을 생각이네."
그 말을 듣고, 내가 말했다.
"어제 저녁, 어떤 사람이 화로 옆에서 이를 잡아 태워 죽이는 것을 보고 마음이 무척 아팠네. 그래서 다시는 이를 잡지 않겠다고 맹세를 하였네."
그러자 그 사람은 화를 내며 말했다.
"이는 하찮은 존재가 아닌가? 나는 큰 동물이 죽는 것을 보고 불쌍한 생각이 들어 말한 것인데, 그대는 어찌 그런 사소한 것이 죽는 것과 비교하는가? 그대는 지금 나를 놀리는 것인가?"
나는 좀 구체적으로 설명할 필요를 느꼈다.
"무릇 살아 있는 것은 사람으로부터 소, 말, 돼지, 양, 곤충, 개미에 이르기까지 모두 사는 것을 원하고 죽는 것을 싫어한다네. 어찌 큰 것만 죽음을 싫어하고 작은 것은 싫어하지 않겠는가? 그렇다면 개와 이의 죽음은 같은 것이겠지. 그래서 이를 들어 말한 것이지, 어찌 그대를 놀리려는 뜻이 있었겠는가? 내 말을 믿지 못하거든, 그대의 열손가락을 깨물어 보게나. 엄지손가락만 아프고 나머지 손가락은 안 아프겠는가? 우리 몸에 있는 것은 크고 작은 마디를 막론하고 그 아픔은 모두 같은 것일세. 더구나 개나 이나 각기 생명을 받아 태어났는데, 어찌 하나는 죽음을 싫어하고 하나는 좋아하겠는가? 그대는 눈을 감고 조용히 생각해 보게. 그리하여 달팽이의 뿔을 소의 뿔과 같이 보고, 메추리를 큰 붕새와 동일하게 보도록 노력하게나. 그런 뒤에야 내가 그대와 더불어 도(道)를 말할 수 있을 걸세."

– 이규보, 『슬견설』

보기

ㄱ. 중동의 분쟁에는 관심을 집중하지만, 아프리카에서 굶주림으로 죽어가는 아이들에게는 침묵하는 세계 여론
ㄴ. 우리의 역사를 객관적인 관점에서 평가해야 한다고 주장하는 한 대학의 교수
ㄷ. 집안일은 전통적으로 여자들이 해야 하는 일이므로, 남자는 집안일을 할 필요가 없다고 생각하는 우리 아빠
ㄹ. 한국인 노동자들의 처우는 개선하면서 외국인 노동자들에게 적절한 임금과 근로조건을 제공해 주지 않으려 하는 한 기업의 대표
ㅁ. 구체적인 자료를 통해 범죄 사실을 입증하려는 검사

① ㄱ, ㄴ, ㄹ
② ㄱ, ㄷ, ㄹ
③ ㄴ, ㄷ, ㄹ
④ ㄴ, ㄹ, ㅁ
⑤ ㄱ, ㄴ, ㄷ, ㄹ

PART 1

대표기출유형

09 추론하기

| 유형분석 |

- 글에 명시적으로 드러나 있지 않은 내용을 문맥을 통해 유추할 수 있는지 평가한다.
- 글 뒤에 이어질 내용 찾기, 글을 뒷받침할 수 있는 근거 찾기 등 다양한 유형으로 출제될 수 있다.

다음 글을 읽고 ㉠의 사례가 아닌 것을 고르면?

> ㉠ 닻내림 효과란 닻을 내린 배가 크게 움직이지 않듯 처음 접한 정보가 기준점이 돼 판단에 영향을 미치는 일종의 편향(왜곡) 현상을 말한다. 즉, 사람들이 어떤 판단을 하게 될 때 초기에 접한 정보에 집착해, 합리적 판단을 내리지 못하는 현상을 일컫는 행동경제학 용어이다. 대부분의 사람은 제시된 기준을 그대로 받아들이지 않고, 기준점을 토대로 약간의 조정과정을 거치기는 하나, 그런 조정과정이 불완전하므로 최초 기준점에 영향을 받는 경우가 많다.

① 연봉 협상 시 본인의 적정 기준보다 더 높은 금액을 제시한다.
② 원래 1만 원이던 상품에 2만 원의 가격표를 붙이고 50% 할인한 가격에 판매한다.
③ 명품 매장에서 최고가 상품들의 가격표를 보이게 진열하여 다른 상품들이 그다지 비싸지 않은 것처럼 느끼게 만든다.
④ 홈쇼핑에서 '이번 시즌 마지막 세일', '오늘 방송만을 위한 한정 구성' '매진 임박' 등의 표현을 사용하여 판매한다.
⑤ '온라인 정기구독 연간 $25'와 '온라인 및 오프라인 정기구독 연간 $125' 사이에 '오프라인 정기구독 연간 $125'의 항목을 넣어 판촉한다.

정답 ④

밴드왜건 효과(편승효과)의 사례로, 밴드왜건 효과란 유행에 따라 상품을 구입하는 소비현상을 뜻하는 경제 용어이다. 기업은 이러한 현상을 충동구매 유도 마케팅 전략으로 활용하고, 정치계에서는 특정 유력 후보를 위한 선전용으로 활용한다. 따라서 ㉠의 사례로 ④가 적절하지 않다.

유형풀이 Tip

글에 명시적으로 드러나 있지 않은 부분을 추론하여 답을 도출해야 하는 유형이기 때문에 자신의 주관적인 판단보다는 제시된 글에 대한 이해를 기반으로 문제를 풀어야 한다.

추론하기 문제는 다음 두 가지 유형으로 구분할 수 있다.

1) 세부적인 내용을 추론하는 유형 : 주어진 선택지를 먼저 읽고 지문을 읽으면서 답이 아닌 선택지를 지워나가는 방법이 효율적이다.
2) 글쓴이의 주장 / 의도를 추론하는 유형 : 글에 나타난 주장 · 근거 · 논증 방식을 파악하는 유형으로, 주장의 타당성을 평가하여 글쓴이의 관점을 이해하며 읽는다.

01 다음 글을 읽고 추론한 내용으로 가장 적절한 것은?

> 우리는 도구를 사용하고, 다양한 종류의 음식을 먹는 본능과 소화력을 갖췄다. 어떤 동물은 한 가지 음식만 먹는다. 이렇게 음식 하나에 모든 것을 거는 '단일 식품 식생활'은 도박이다. 그 음식의 공급이 끊기면 그 동물도 끝이기 때문이다.
> 400만 년 전, 우리 인류의 전 주자였던 오스트랄로피테쿠스는 고기를 먹었다. 한때 오스트랄로피테쿠스가 과일만 먹었을 것이라고 믿은 적도 있었다. 따라서 오스트랄로피테쿠스 속과 사람 속을 가르는 선을 고기를 먹는지 여부로 정했었다. 그러나 남아프리카공화국의 한 동굴에서 발견된 200만 년 된 유골 4구의 치아에서는 이와 다른 증거가 발견됐다. 인류학자 맷 스폰하이머와 줄리아 리소프는 이 유골의 치아사기질의 탄소 동위 원소 구성 중 13C의 비율이 과일만 먹은 치아보다 열대 목초를 먹은 치아와 훨씬 더 가깝다는 것을 발견했다. 식생활 동위 원소는 체내 조직에 기록되기 때문에 이 발견은 오스트랄로피테쿠스가 상당히 많은 양의 풀을 먹었거나 이 풀을 먹은 동물을 먹었다는 추측을 가능케 한다. 그런데 같은 치아에서 풀을 씹어 먹을 때 생기는 마모는 전혀 보이지 않았기 때문에 오스트랄로피테쿠스 식단에서 풀을 먹는 동물이 큰 부분을 차지했다는 결론을 내릴 수 있다.
> 오래 전에 멸종되어 260만 년이라는 긴 시간을 땅속에 묻혀 있던 동물의 뼈 옆에서는 석기들이 함께 발견되기도 한다. 이 뼈와 석기가 들려주는 이야기는 곧 우리의 이야기다. 어떤 뼈에는 이로 씹은 흔적 위에 도구로 자른 흔적이 겹쳐있다. 그 반대의 흔적이 남은 뼈들도 있다. 도구로 자른 흔적 다음에 날카로운 이빨 자국이 남은 경우다. 이런 것은 무기를 가진 인간이 먼저 먹고 동물이 이빨로 뜯어 먹은 것이다.

① 오스트랄로피테쿠스는 풀은 전혀 먹지 않았다.
② 단일 식품 섭취의 위험성 때문에 단일 식품을 섭취하는 동물은 없다.
③ 오스트랄로피테쿠스는 날카로운 이빨을 이용하여 초식동물을 사냥하였다.
④ 육식 여부는 오스트랄로피테쿠스의 진화과정을 보여주는 중요한 기준이다.
⑤ 맷 스폰하이머와 줄리아 리소프의 연구는 육식 여부로 오스트랄로피테쿠스와 사람을 구분하던 방법이 잘못되었음을 보여준다.

Hard

02 다음 글을 읽고 추론할 수 있는 반응으로 적절하지 않은 것은?

인류는 미래의 에너지로 청정하고 고갈될 염려가 없는 풍부한 에너지를 기대하며, 신재생 에너지인 태양광과 풍력에너지에 많은 기대를 걸고 있다. 그러나 태양광이나 풍력으로는 화력발전을 통해 생산되는 전력 공급량을 대체하기 어렵고, 기상 환경에 많은 영향을 받는다는 점에서 한계가 있다. 이에 대한 대안으로 많은 전문가들은 '핵융합 에너지'에 기대를 걸고 있다.

핵융합발전은 핵융합 현상을 이용하는 발전 방식으로, 핵융합은 말 그대로 원자의 핵이 융합하는 것을 말한다. 우라늄의 원자핵이 분열하면서 방출되는 에너지를 이용하는 원자력발전과 달리, 핵융합발전은 수소 원자핵이 융합해 헬륨 원자핵으로 바뀌는 과정에서 방출되는 에너지를 이용해 물을 가열하고 수증기로 터빈을 돌려 전기를 생산한다.

핵융합발전이 다음 세대를 이끌어갈 전력 생산 방식이 될 수 있는 이유는 인류가 원하는 에너지원의 조건을 모두 갖추고 있기 때문이다. 우선 연료가 거의 무한대라고 할 수 있을 정도로 풍부하다. 핵융합발전에 사용되는 수소는 일반적인 수소가 아닌 수소의 동위원소로, 지구의 70%를 덮고 있는 바닷물을 이용해서 얼마든지 생산할 수 있다. 게다가 적은 연료로 원자력발전에 비해 훨씬 많은 에너지를 얻을 수 있다. 1g으로 석유 8t을 태워서 얻을 수 있는 전기를 생산할 수 있고, 원자력발전에 비하면 같은 양의 연료로 3～4배의 전기를 생산할 수 있다.

무엇보다 오염물질을 거의 배출하지 않는 점이 큰 장점이다. 미세먼지와 대기오염을 일으키는 오염물질은 전혀 나오지 않고 오직 헬륨만 배출된다. 약간의 방사선이 방출되지만, 원자력발전에서 배출되는 방사성 폐기물에 비하면 거의 없다고 볼 수 있을 정도이다.

핵융합발전은 안전 문제에서도 자유롭다. 원자력발전은 수개월 혹은 1년 치 연료를 원자로에 넣고 연쇄적으로 핵분열 반응을 일으키는 방식이라 문제가 생겨도 당장 가동을 멈춰 사태가 악화되는 것을 막을 수 없다. 하지만 핵융합발전은 연료가 아주 조금 들어가기 때문에 문제가 생겨도 원자로가 녹아내리는 것과 같은 대형 재난으로 이어지지 않는다. 문제가 생기면 즉시 핵융합 반응이 중단되고 발전장치가 꺼져버린다. 핵융합 반응을 제어하는 일이 극도로 까다롭기 때문에 오히려 발전장치가 꺼지지 않도록 정밀하게 제어하는 것이 중요하다.

현재 세계 각국은 각자 개별적으로 핵융합발전 기술을 개발하는 한편 프랑스 남부 카다라슈 지역에 '국제핵융합실험로(ITER)'를 건설해 공동으로 실증 실험을 할 준비를 진행하고 있다. 한국과 유럽연합(EU), 미국, 일본, 러시아, 중국, 인도 등 7개국이 참여해 구축하고 있는 ITER은 2025년 12월 완공될 예정이며, 2025년 이후에는 그동안 각국이 갈고 닦은 기술을 적용해 핵융합 반응을 일으켜 상용화 가능성을 검증하게 된다. 불과 10년 내로 세계 전력산업의 패러다임을 바꾸는 역사적인 핵융합 실험이 지구상에서 이뤄지게 되는 것이다.

① 핵융합발전이 태양열발전보다 더 많은 양의 전기를 생산할 수 있겠어.

② 핵융합발전과 원자력발전은 원자의 핵을 다르게 이용한다는 점에서 차이가 있군.

③ 같은 양의 전력 생산을 목표로 한다면 원자력발전의 연료비는 핵융합발전의 3배 이상이겠어.

④ 헬륨은 대기오염을 일으키는 오염물질에 해당하지 않는군.

⑤ 핵융합발전에는 발전장치를 제어하는 사람의 역할이 중요하겠어.

03 다음 글을 읽고 ㉠과 같은 현상이 나타나게 된 이유를 추론한 내용으로 적절하지 않은 것은?

> 고려와 조선은 국가적으로 금속화폐의 통용을 추진한 적이 있다. 화폐 주조권을 장악하여 세금을 효과적으로 징수하고 효율적으로 저장하려는 것이 그 목적이었다. 그러나 물품화폐에 익숙한 농민들은 금속화폐를 불편하게 여겼으며 금속화폐의 유통 범위는 한정되고 끝내는 삼베를 비롯한 물품화폐에 압도당하고 말았다. ㉠ 조선 태종 때와 세종 때에도 동전의 유통을 시도하였지만 실패하였다. 조선 전기 은화(銀貨)는 서울을 중심으로 유통되었고, 주로 왕실과 관청, 지배층과 상인, 역관(譯官) 등이 이용한 '돈'이었다. 그러나 은화(銀貨)는 고액 화폐였다. 그 때문에 서민의 경제생활에서는 여전히 무명 옷감이 화폐의 기능을 담당하였다.
>
> 그러한 가운데서도 농업생산력의 발전과 인구의 증가, 17세기 이후 지방시장의 성장은 금속화폐 통용을 위한 여건이 마련되었음을 뜻하였다. 17세기 전반 이미 개성에서는 모든 거래가 동전으로 이루어지고 있었다. 이러한 여건 아래에서 1678년(숙종 4년)부터 강력한 통용책이 추진되면서 금속화폐가 널리 보급될 수 있었다. 동전인 상평통보 1개는 1푼(分)이었다. 10푼이 1전(錢), 10전이 1냥(兩), 10냥이 1관(貫)이다. 대원군이 집권할 때 주조된 당백전(當百錢)과 1883년 주조된 당오전(當五錢)은 1개가 각각 100푼과 5푼의 가치를 가지는 동전이었다. 동전 주조가 늘면서 그 유통 범위가 경기, 충청지방으로부터 점차 확산되었고, 18세기 초에는 전국에 미칠 정도였다. 동전을 시전(市廛)에 무이자로 대출하고, 관리의 녹봉을 동전으로 지급하고, 일부 세금을 동전으로 거두어들이는 등의 국가 정책도 동전의 통용을 촉진하였다. 화폐경제의 성장은 상업적 동기를 촉진시키고 경제생활, 나아가 사회생활에 변화를 주었다.
>
> 이러한 가운데 일부 위정자들은 화폐경제로 인한 부작용을 우려했는데, 특히 농촌 고리대금업(高利貸金業)의 성행을 가장 심각한 문제로 생각했다. 그래서 동전의 폐지를 주장하는 이도 있었다. 1724년 등극한 영조는 이 주장을 받아들여 동전 주조를 정지하였다. 그런데 당시에 동전은 이미 일상생활로 퍼졌기 때문에 동전의 수요에 비해 공급이 부족한 현상이 일어나 동전주조의 정지는 화폐 유통질서와 상품경제에 타격을 가하였다. 돈이 매우 귀하여 농민과 상인의 교역에 불편을 가져다준 것이다. 또한 소수의 부유한 상인이 동전을 집중적으로 소유하여 고리대금업(高利貸金業) 활동을 강화함에 따라서 오히려 농민 몰락이 조장되었다. 결국 영조 7년 이후 동전은 다시 주조되기 시작했다.

① 화폐가 통용될 시장이 발달하지 않았다.

② 화폐가 주로 일부 계층 위주로 통용되었다.

③ 백성들이 화폐보다 물품화폐를 선호하였다.

④ 화폐가 필요할 만큼 농업생산력이 발전하지 못했다.

⑤ 국가가 화폐수요량에 맞추어 원활하게 공급하지 못했다.

CHAPTER 02
문제해결능력

합격 CHEAT KEY

문제해결능력은 업무를 수행하면서 여러 가지 문제 상황이 발생하였을 때, 창의적이고 논리적인 사고를 통하여 이를 올바르게 인식하고 적절히 해결하는 능력을 말한다. 하위능력으로는 사고력과 문제처리능력이 있다.

문제해결능력은 NCS 기반 채용을 진행하는 대다수의 금융권에서 채택하고 있으며, 문항 수는 평균 24% 정도로 상당히 많이 출제되고 있다. 하지만 많은 수험생들은 더 많이 출제되는 다른 영역에 몰입하고 문제해결능력에는 집중하지 않는 실수를 하고 있다. 다른 영역보다 더 많은 노력이 필요할 수는 있지만 그렇기에 차별화를 할 수 있는 득점 영역이므로 포기하지 말고 꾸준하게 노력해야 한다.

01 질문의 의도를 정확하게 파악하라!

문제해결능력은 문제에서 무엇을 묻고 있는지 정확하게 파악하여 먼저 풀이 방향을 설정하는 것이 가장 효율적인 방법이다. 특히, 조건이 주어지고 답을 찾는 창의적·분석적인 문제가 주로 출제되고 있기 때문에 처음에 정확한 풀이 방향이 설정되지 않는다면 시간만 허비하고 결국 문제도 풀지 못하게 되므로 첫 번째로 출제의도 파악에 집중해야 한다.

02 중요한 정보는 반드시 표시하라!

위에서 말한 출제의도를 정확히 파악하기 위해서는 문제의 중요한 정보는 반드시 표시나 메모를 하여 하나의 조건, 단서도 잊고 넘어가는 일이 없도록 해야 한다. 실제 시험에서는 시간의 압박과 긴장감으로 정보를 잘못 적용하거나 잊어버리는 실수가 많이 발생하므로 사전에 충분한 연습이 필요하다.
가령 명제 문제의 경우 주어진 명제와 그 명제의 대우를 본인이 한눈에 파악할 수 있도록 기호화, 도식화하여 메모하면 흐름을 이해하기가 더 수월하다. 이를 통해 자신만의 풀이 순서와 방향, 기준 또한 생길 것이다.

03 반복 풀이를 통해 취약 유형을 파악하라!

길지 않은 한정된 시간 동안 모든 문제를 다 푸는 것은 조금은 어려울 수도 있다. 따라서 고득점을 할 수 있는 효율적인 문제 풀이 방법을 찾아야 한다. 이때, 반복적인 문제 풀이를 통해 자신이 취약한 유형을 파악하는 것이 중요하다. 취약 유형 파악은 종료 시간이 임박했을 때 빛을 발할 것이다. 풀 수 있는 문제부터 빠르게 풀고 취약한 유형은 나중에 푸는 효율적인 문제 풀이를 통해 최대한의 고득점을 하는 것이 중요하다. 그러므로 본인의 취약 유형을 파악하기 위해서는 많은 문제를 풀어 봐야 한다.

04 타고나는 것이 아니므로 열심히 노력하라!

대부분의 수험생들이 문제해결능력은 공부해도 실력이 늘지 않는 영역이라고 생각한다. 하지만 그렇지 않다. 문제해결능력이야말로 노력을 통해 충분히 고득점이 가능한 영역이다. 정확한 질문 의도 파악, 취약한 유형의 반복적인 풀이, 빈출유형 파악 등의 방법으로 충분히 실력을 향상시킬 수 있다. 자신감을 갖고 공부하기 바란다.

대표기출유형

01 명제

| 유형분석 |

• 연역추론을 활용해 주어진 문장을 치환하여 성립하지 않는 내용을 찾는 문제이다.

다음 〈조건〉이 모두 참일 때, 반드시 참인 명제는?

조건

• 재현이가 춤을 추면 서현이나 지훈이가 춤을 춘다.
• 재현이가 춤을 추지 않으면 종열이가 춤을 춘다.
• 종열이가 춤을 추지 않으면 지훈이도 춤을 추지 않는다.
• 종열이는 춤을 추지 않았다.

① 재현이만 춤을 추었다.
② 서현이만 춤을 추었다.
③ 지훈이만 춤을 추었다.
④ 재현이와 서현이 모두 춤을 추었다.
⑤ 아무도 춤을 추지 않았다.

정답 ④

먼저 이름의 첫 글자만 이용하여 명제를 도식화한다. 재 ○ → 서 or 지 ○, 재 × → 종 ○, 종 × → 지 ×, 종 ×
세 번째, 네 번째 명제에 따라 종열이와 지훈이는 춤을 추지 않았다. 종 × → 지 ×
또한, 두 번째 명제의 대우(종 × → 재 ○)에 따라 재현이가 춤을 추었다.
마지막으로 첫 번째 명제에 따라 서현이가 춤을 추었다. 따라서 재현이와 서현이 모두 춤을 추었다.

유형풀이 Tip

• 명제 유형의 문제에서는 항상 '명제의 역은 성립하지 않지만, 대우는 항상 성립한다.'
• 단어의 첫 글자나 알파벳을 이용하여 명제를 도식화한 후 명제의 대우를 활용하여 각 명제들을 연결하여 답을 찾는다.

예 채식주의자라면 고기를 먹지 않을 것이다.
→ (역) 고기를 먹지 않으면 채식주의자이다.
→ (이) 채식주의자가 아니라면 고기를 먹을 것이다.
→ (대우) 고기를 먹는다면 채식주의자가 아닐 것이다.

명제의 역, 이, 대우

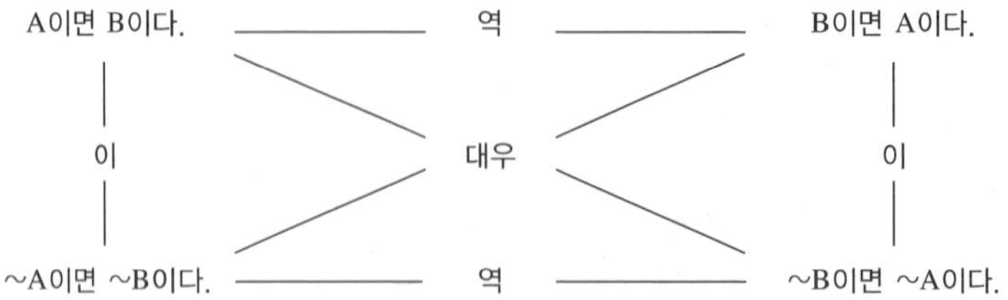

대표기출유형 01 기출응용문제

※ 다음 명제가 모두 참일 때, 빈칸에 들어갈 명제로 옳은 것을 고르시오. [1~2]

Easy

01

- 세미나에 참여한 사람은 모두 봉사활동에 지원하였다.
- 신입사원은 세미나에 참여하지 않았다.
- ______________________________

① 신입사원은 모두 봉사활동에 지원하였다.

② 신입사원은 모두 봉사활동에 지원하지 않았다.

③ 세미나에 참여하지 않으면 모두 신입사원이다.

④ 봉사활동에 지원한 사람은 모두 세미나에 참여한 사람이다.

⑤ 신입사원은 봉사활동에 지원하였을 수도, 하지 않았을 수도 있다.

02

- 날씨가 좋으면 야외활동을 한다.
- 날씨가 좋지 않으면 행복하지 않다.
- ______________________________

① 날씨가 좋으면 행복한 것이다.

② 야외활동을 하면 날씨가 좋은 것이다.

③ 야외활동을 하지 않으면 행복하지 않다.

④ 행복하지 않으면 날씨가 좋지 않은 것이다.

⑤ 날씨가 좋지 않으면 야외활동을 하지 않는다.

※ 다음 명제가 모두 참일 때, 반드시 참인 명제를 고르시오. [3~4]

03

- 어떤 마케팅팀 사원은 산을 좋아한다.
- 산을 좋아하는 사원은 여행 동아리 소속이다.
- 모든 여행 동아리 소속은 솔로이다.

① 어떤 마케팅팀 사원은 솔로이다.
② 여행 동아리 소속은 마케팅팀 사원이다.
③ 산을 좋아하는 모든 사원은 마케팅팀 사원이다.
④ 산을 좋아하는 어떤 사원은 여행 동아리 소속이 아니다.
⑤ 모든 마케팅팀 사원은 여행 동아리 소속이다.

04

- L마트에서 사온 초콜릿 과자 3개와 커피 과자 3개를 A ~ E가 서로 나누어 먹었다.
- A와 C는 한 종류의 과자만 먹었다.
- B는 초콜릿 과자 1개만 먹었다.
- C는 B와 같은 종류의 과자를 먹었다.
- D와 E 중 1명은 두 종류의 과자를 먹었다.

① A는 초콜릿 과자 2개를 먹었다.
② C는 초콜릿 과자 2개를 먹었다.
③ A가 커피 과자 1개를 먹었다면, D와 E 중 1명은 과자를 먹지 못했다.
④ A가 커피 과자 1개를 먹었다면, D가 두 종류의 과자를 먹었을 것이다.
⑤ A와 D가 같은 과자를 하나씩 먹었다면, E가 두 종류의 과자를 먹었을 것이다.

Hard

05 다음 〈조건〉을 통해 S은행에 재직 중인 A씨의 사원번호를 추론할 때, 항상 참인 것은?(단, A씨는 2020년 상반기에 S은행에 입사하였다)

조건

- 사원번호는 0부터 9까지 정수로 이루어져 있다.
- S은행에 입사한 사원에게 부여되는 사원번호는 여섯 자리이다.
- 2020년 상반기에 입사한 S은행 신입사원의 사원번호 앞의 두 자리는 20이다.
- 사원번호 앞의 두 자리를 제외한 나머지 자리에는 0이 올 수 없다.
- A씨의 사원번호는 앞의 두 자리를 제외하면 세 번째, 여섯 번째 자리의 수만 같다.
- 사원번호 여섯 자리의 합은 9이다.

① A씨의 사원번호는 '201321'이다.
② A씨의 사원번호는 '201231'이 될 수 없다.
③ A씨 사원번호의 세 번째 자리 수는 '1'이다.
④ A씨의 사원번호 앞의 두 자리가 '20'이 아닌 '21'이 부여된다면 A씨의 사원번호는 '211231'이다.
⑤ A씨의 사원번호 네 번째 자리의 수가 다섯 번째 자리의 수보다 작다면 A씨의 사원번호는 '202032'이다.

06 S금융회사의 A～F팀은 월요일부터 토요일까지 하루에 2팀씩 함께 회의를 진행한다. 다음 〈조건〉을 참고할 때, 반드시 참인 것은?(단, 월요일부터 토요일까지 각 팀의 회의 진행 횟수는 서로 같다)

조건

- 오늘은 목요일이고 A팀과 F팀이 함께 회의를 진행했다.
- B팀은 A팀과 연이은 요일에 회의를 진행하지 않는다.
- B팀은 오늘을 포함하여 이번 주에는 더 이상 회의를 진행하지 않는다.
- C팀은 월요일에 회의를 진행했다.
- D팀과 C팀은 이번 주에 B팀과 한 번씩 회의를 진행한다.
- A팀과 F팀은 이번 주에 이틀을 연이어 함께 회의를 진행한다.

① E팀은 수요일과 토요일 중 하루만 회의를 진행한다.
② 화요일에 회의를 진행한 팀은 B팀과 E팀이다.
③ C팀과 E팀은 함께 회의를 진행하지 않는다.
④ C팀은 월요일과 수요일에 회의를 진행했다.
⑤ F팀은 목요일과 금요일에 회의를 진행한다.

PART 1

대표기출유형

02 참 · 거짓

| 유형분석 |

- 주어진 문장을 토대로 논리적으로 추론하여 참 또는 거짓을 구분하는 문제이다.

학교수업이 끝난 후 수민, 한별, 영수는 각각 극장, 농구장, 수영장 중 서로 다른 곳에 갔다. 이들 3명은 다음과 같이 진술하였는데, 이 중 1명의 진술은 참이고 2명의 진술은 모두 거짓이었다. 이때, 극장, 농구장, 수영장에 간 사람을 순서대로 바르게 나열한 것은?

- 수민 : 나는 농구장에 갔다.
- 한별 : 나는 농구장에 가지 않았다.
- 영수 : 나는 극장에 가지 않았다.

① 수민, 한별, 영수
② 수민, 영수, 한별
③ 한별, 수민, 영수
④ 영수, 한별, 수민
⑤ 영수, 수민, 한별

정답 ①

i) 수민이의 말이 참인 경우
수민이와 한별이는 농구장, 영수는 극장에 갔다. 수영장에 간 사람이 없으므로 모순이다.

ii) 한별이의 말이 참인 경우
수민이와 한별이는 수영장 또는 극장에 갈 수 있고, 영수는 극장에 갔다. 농구장에 간 사람이 없으므로 모순이다.

iii) 영수의 말이 참인 경우
수민이는 수영장 또는 극장, 영수는 수영장 또는 농구장에 갈 수 있고, 한별이는 농구장에 갔다.

따라서 서로 다른 곳에 갔고, 한별이는 농구장에 갔으므로 영수는 수영장, 수민이는 극장에 갔다.

유형풀이 Tip

참 · 거짓 유형의 90% 이상은 다음 두 가지 방법으로 풀 수 있다.
주어진 진술을 빠르게 훑으며 두 가지 중 어떤 경우에 해당하는지 확인한 후 문제를 풀어나간다.

1) 2명 이상의 발언 중 한쪽이 진실이면 다른 한쪽이 거짓인 경우
   ① A가 진실이고 B가 거짓인 경우, B가 진실이고 A가 거짓인 경우 두 가지로 나눌 수 있다.
   ② 두 가지 경우에서 각 발언의 진위 여부를 판단한다.
   ③ 주어진 조건과 비교한다(범인의 숫자가 맞는지, 진실 또는 거짓을 말한 인원수가 조건과 맞는지 등).
2) 2명 이상의 발언 중 한쪽이 진실이면 다른 한쪽도 진실인 경우와 한쪽이 거짓이면 다른 한쪽도 거짓인 경우
   ① A와 B가 모두 진실인 경우, A와 B가 모두 거짓인 경우 두 가지로 나눌 수 있다.
   ② 두 가지 경우에서 각 발언의 진위 여부를 판단하여 범인을 찾는다.
   ③ 주어진 조건과 비교한다(범인의 숫자가 맞는지, 진실 또는 거짓을 말한 인원수가 조건과 맞는지 등).

대표기출유형 02 기출응용문제

01 다음 중 1명만 거짓말을 한다고 할 때, 항상 옳은 것은?(단, 한 층에 1명만 내린다)

- A : B는 1층에서 내렸다.
- B : C는 1층에서 내렸다.
- C : D는 적어도 3층에서 내리지 않았다.
- D : A는 4층에서 내렸다.
- E : A는 4층에서 내리고, 나는 5층에 내렸다.

① C는 1층에서 내렸다.
② D는 3층에서 내렸다.
③ A는 4층에서 내리지 않았다.
④ C는 B보다 높은 층에서 내렸다.
⑤ A는 D보다 높은 층에서 내렸다.

PART 1

Easy

02 5명의 취업준비생 갑, 을, 병, 정, 무가 S은행에 지원하여 1명이 합격하였다. 취업준비생들은 다음과 같이 이야기하였고, 그중 1명이 거짓말을 하였다고 할 때, 합격한 사람은?

- 갑 : 을은 합격하지 않았다.
- 을 : 합격한 사람은 정이다.
- 병 : 내가 합격하였다.
- 정 : 을의 말은 거짓말이다.
- 무 : 나는 합격하지 않았다.

① 갑 ② 을
③ 병 ④ 정
⑤ 무

03 S은행 사무실에 도둑이 들었다. 범인은 2명이고, 용의자로 지목된 A ~ E가 다음과 같이 진술했다. 이 중 2명이 거짓말을 하고 있다고 할 때, 동시에 범인이 될 수 있는 사람끼리 짝지어진 것은?

- A : B나 C 중에 1명만 범인이에요.
- B : 저는 확실히 범인이 아닙니다.
- C : 제가 봤는데 E가 범인이에요.
- D : A가 범인이 확실해요.
- E : 사실은 제가 범인이에요.

① A, B ② B, C
③ B, D ④ C, D
⑤ D, E

Hard

04 S사는 제품 하나를 생산하기 위해서 원료 분류, 제품 성형, 제품 색칠, 포장의 단계를 거친다. 어느 날 제품에 문제가 발생해 직원들을 불러 책임을 물었다. 직원 A ~ D 중 1명은 거짓을 말하고 3명은 진실을 말할 때, 거짓을 말한 직원과 실수가 발생한 단계를 바르게 짝지은 것은?(단, A는 원료 분류, B는 제품 성형, C는 제품 색칠, D는 포장 단계에서 일하며, 실수는 한 곳에서만 발생했다)

- A : 나는 실수하지 않았다.
- B : 포장 단계에서 실수가 일어났다.
- C : 제품 색칠에서는 절대로 실수가 일어날 수 없다.
- D : 원료 분류 과정에서 실수가 있었다.

① A – 원료 분류 ② A – 포장
③ B – 포장 ④ C – 제품 색칠
⑤ D – 포장

05 국내 유명 감독의 영화가 이번에 개최되는 국제 영화 시상식에서 작품상, 감독상, 각본상, 편집상의 총 4개 후보에 올랐다. A ~ D 4명의 심사위원이 해당 작품의 수상 가능성에 대해 다음과 같이 진술하였으며, 이들 중 3명의 진술은 모두 참이고, 나머지 1명의 진술은 거짓이다. 다음 중 해당 작품이 수상할 수 있는 상의 최대 개수는?

> • A : 편집상을 받지 못한다면 감독상도 받지 못하며, 대신 각본상을 받을 것이다.
> • B : 작품상을 받는다면 감독상도 받을 것이다.
> • C : 감독상을 받지 못한다면 편집상도 받지 못한다.
> • D : 편집상과 각본상은 받지 못한다.

① 1개
② 2개
③ 3개
④ 4개
⑤ 5개

PART 1

06 S병원에는 현재 A ~ E 5명의 심리상담사가 근무 중이다. 얼마 전 시행한 감사 결과 이들 중 1명이 근무시간에 자리를 비운 것이 확인되었다. 5명의 심리상담사 중 3명이 진실을 말하고 2명이 거짓을 말한다고 할 때, 다음 중 거짓을 말하고 있는 심리상담사를 모두 고르면?

> • A : B는 진실을 말하고 있어요.
> • B : 제가 근무시간에 C를 찾아갔을 때, C는 자리에 없었어요.
> • C : 근무시간에 자리를 비운 사람은 A입니다.
> • D : 저는 C가 근무시간에 밖으로 나가는 것을 봤어요.
> • E : D는 어제도 근무시간에 자리를 비웠어요.

① A, B
② A, D
③ B, C
④ B, D
⑤ C, E

대표기출유형

03 순서추론

| 유형분석 |

- 조건을 토대로 순서·위치 등을 추론하여 배열·배치하는 문제이다.
- 방·숙소 배정하기, 부서 찾기, 날짜 찾기, 테이블 위치 찾기 등 다양한 유형의 문제가 출제된다.

다음 〈조건〉과 같이 A ~ F 6명이 일렬로 나란히 자리에 앉는다고 할 때, 바르게 추론한 것은?(단, 자리의 순서는 왼쪽을 기준으로 첫 번째 자리로 한다)

조건

- D와 E는 사이에 3명을 두고 있다.
- A와 F는 인접할 수 없다.
- D는 F보다 왼쪽에 있다.
- F는 C보다 왼쪽에 있다.

① A는 C보다 오른쪽에 앉아 있다.
② F는 3번에 앉아 있다.
③ E는 A보다 왼쪽에 앉아 있다.
④ D는 B보다 왼쪽에 앉아 있다.
⑤ E는 C보다 오른쪽에 앉아 있다.

정답 ⑤

주어진 조건에 따라 C를 고정시키고, 그다음 D와 E를 기준으로 표를 정리하면 다음과 같다.

구분	1	2	3	4	5	6
경우 1	D	F	B	C	E	A
경우 2	D	B	F	C	E	A
경우 3	A	D	F	C	B	E
경우 4	B	D	F	C	A	E

따라서 모든 경우에서 E는 C보다 오른쪽에 앉아 있다.

오답분석

① 경우 3에서 A는 C보다 왼쪽에 앉는다.
② 경우 1에서 F는 2번에 앉는다.
③ 경우 3과 경우 4에서 E는 A보다 오른쪽에 앉는다.
④ 경우 4에서 D는 B보다 오른쪽에 앉는다.

유형풀이 Tip

- 주어진 명제를 자신만의 방법으로 도식화하여 빠르게 문제를 해결한다.
- 경우의 수가 여러 개인 명제보다 1 ~ 2개인 명제를 먼저 도식화하면, 그만큼 경우의 수가 줄어들어 문제를 빠르게 해결할 수 있다.

대표기출유형 03 기출응용문제

Easy

01 다음은 김사원이 체결한 A ~ G 7개 계약들의 체결 순서에 대한 정보이다. 이 중 김사원이 다섯 번째로 체결한 계약은?

- B와의 계약은 F와의 계약에 선행한다.
- G와의 계약은 D와의 계약보다 먼저 이루어졌는데 E, F와의 계약보다는 나중에 이루어졌다.
- B와의 계약은 가장 먼저 맺어진 계약이 아니다.
- D와의 계약은 A와의 계약보다 먼저 이루어졌다.
- C와의 계약은 G와의 계약보다 나중에 이루어졌다.
- A와 D의 계약 시간은 인접하지 않는다.

① A ② B
③ C ④ D
⑤ G

02 20 ~ 40대 남녀 6명이 뮤지컬 관람을 위해 공연장을 찾았다. 다음 〈조건〉을 참고할 때, 항상 옳은 것은?

조건

- 양 끝자리에는 다른 성별이 앉는다.
- 40대 남성은 왼쪽에서 두 번째 자리에 앉는다.
- 30대 남녀는 서로 인접하여 앉지 않는다.
- 30대와 40대는 인접하여 앉지 않는다.
- 30대 남성은 맨 오른쪽 끝자리에 앉는다.

[뮤지컬 관람석]

① 20대 남녀는 서로 인접하여 앉는다.
② 40대 남녀는 서로 인접하여 앉지 않는다.
③ 20대 남성은 40대 여성과 인접하여 앉는다.
④ 30대 남성은 20대 여성과 인접하여 앉지 않는다.
⑤ 20대 남녀는 왼쪽에서 첫 번째 자리에 앉을 수 없다.

03 S은행의 사내 체육대회에서 A～F 6명은 키가 큰 순서에 따라 2명씩 1팀, 2팀, 3팀으로 나뉘어 배치된다. 다음 〈조건〉에 따라 배치된다고 할 때, 가장 키가 큰 사람은?

> **조건**
> - A, B, C, D, E, F의 키는 서로 다르다.
> - 2팀의 B는 A보다 키가 작다.
> - D보다 키가 작은 사람은 4명이다.
> - A는 1팀에 배치되지 않는다.
> - E와 F는 한 팀에 배치된다.

① A ② B
③ C ④ D
⑤ E

04 민지, 아름, 진희, 희정, 세영은 함께 15시에 상영하는 영화를 예매하였고, 상영시간에 맞춰 영화관에 도착하는 순서대로 각자 상영관에 입장하였다. 다음 대화에서 1명이 거짓말을 하고 있을 때, 가장 마지막으로 영화관에 도착한 사람은?(단, 5명 모두 다른 시간에 도착하였다)

> - 민지 : 나는 마지막에 도착하지 않았어. 다음에 분명 누군가가 왔어.
> - 아름 : 내가 가장 먼저 영화관에 도착했어. 진희의 말은 진실이야.
> - 진희 : 나는 두 번째로 영화관에 도착했어.
> - 희정 : 나는 세 번째로 도착했고, 진희는 내가 도착한 다음에서야 왔어.
> - 세영 : 나는 영화가 시작한 뒤에야 도착했어. 나는 마지막으로 도착했어.

① 민지 ② 아름
③ 진희 ④ 희정
⑤ 세영

05 다음 〈조건〉에 따라 회장실, 응접실, 탕비실과 재무회계팀, 홍보팀, 법무팀, 연구개발팀, 인사팀이 위치할 때, 인사팀의 위치는?

	A	B	C	D	회의실 1
출입문	복도				
	E	F	G	H	회의실 2

조건

- A ~ H에는 빈 곳 없이 모든 팀 중 하나가 위치해 있다.
- 회장실은 출입문과 가장 가까운 위치에 있다.
- 회장실 맞은편은 응접실이다.
- 재무회계팀은 회장실 옆에 있고, 응접실 옆에는 홍보팀이 있다.
- 법무팀은 항상 홍보팀 옆에 있다.
- 연구개발팀은 회의실 2와 같은 줄에 있다.
- 탕비실은 법무팀 맞은편에 있다.

① B ② C

③ D ④ G

⑤ H

PART 1

04 문제처리

| 유형분석 |

- 상황과 정보를 토대로 조건에 적절한 것을 찾는 문제이다.
- 자원관리능력 영역과 결합한 계산 문제가 출제될 가능성이 있다.

다음은 S은행에서 진행할 예정인 이벤트 포스터이다. 해당 이벤트를 고객에게 추천하기 위해 사전에 확인한 사항으로 옳지 않은 것은?

〈S은행 가족사랑 패키지 출시 기념 이벤트〉

▲ 이벤트 기간 : 2025년 3월 3일(월) ~ 31일(월)

▲ 세부내용

구분	응모요건	경품
가족사랑 통장·적금·대출 신규 가입고객	① 가족사랑 통장 신규 ② 가족사랑 적금 신규 ③ 가족사랑 대출 신규	가입고객 모두에게 OTP 또는 보안카드 무료 발급
가족사랑 고객	가족사랑 통장 가입 후 다음 중 1가지 이상 충족 ① 급여이체 신규 ② 가맹점 결제대금 이체 신규 ③ 신용(체크)카드 결제금액 20만 원 이상 ④ 가족사랑 대출 신규(1천만 원 이상)	• 여행상품권(200만 원, 1명) • 최신 핸드폰(3명) • 한우세트(300명) • 연극 티켓 2매(전 고객)
국민행복카드 가입고객	국민행복카드 신규+당행 결제계좌 등록 (동 카드로 임신 출산 바우처 결제 1회 이상 사용)	어쩌다 엄마(도서, 500명)

▲ 당첨자 발표 : 2025년 4월 중순, 홈페이지 공지 및 영업점 통보

- 제세공과금은 S은행이 부담하며, 본 이벤트는 당행의 사정으로 변경 또는 중단될 수 있습니다.
- 당첨고객은 추첨일 현재 대상상품 유지고객에 한하며, 당첨자 명단은 추첨일 기준 금월 중 S은행 홈페이지에서 확인하실 수 있습니다.
- 기타 자세한 내용은 인터넷 홈페이지(www.Sbank.com)를 참고하시거나 가까운 영업점, 고객센터(0000-0000)에 문의하시기 바랍니다.

※ 유의사항 : 상기 이벤트 당첨자 중 핸드폰 등 연락처 불능, 수령 거절 등의 고객 사유로 1개월 이상 경품 미수령 시 당첨이 취소될 수 있음

① 가족사랑 패키지 출시 기념 이벤트는 3월 한 달 동안 진행되는구나.

② 가족사랑 대출을 신규로 가입했을 경우에 OTP나 보안카드를 무료로 발급받을 수 있구나.

③ 가족사랑 통장을 신규로 가입한 후, 급여이체를 설정하면 OTP가 무료로 발급되고 연극 티켓도 받을 수 있구나.

④ 2025년 4월에 이벤트 당첨자를 발표하는데, 별도의 통보가 없으니 영업점을 방문하시라고 설명해야겠구나.

⑤ 경품 미수령 시 당첨이 취소될 수 있으므로 가족사랑 이벤트 관련 안내 시 연락처를 정확하게 기재하라고 안내해야겠구나.

정답 ④

당첨자 명단은 S은행 홈페이지에서 확인할 수 있다고 명시되어 있다.

오답분석

① '이벤트 기간'에서 확인할 수 있다.
② '세부내용' 내 '가족사랑 통장 · 적금 · 대출 신규 가입고객'의 '경품'란에서 확인할 수 있다.
③ '세부내용' 내 '가족사랑 고객'의 '응모요건'란에서 확인할 수 있다.
⑤ '유의사항'에서 확인할 수 있다.

유형풀이 Tip

- 문제에서 묻는 것을 파악한 후, 필요한 상황과 정보를 활용하여 문제를 풀어간다.
- 전체적으로 적용되는 공통 조건과 추가로 적용되는 조건이 동시에 제시될 수 있다. 따라서 공통 조건이 무엇인지 먼저 판단한 후 경우에 따라 추가 조건을 고려하여 풀이한다.
- 추가 조건은 표 하단에 작은 글자로 제시될 수 있으며, 문제를 해결하는 데 중요한 변수가 될 수 있으므로 유의한다.

대표기출유형 04 기출응용문제

01 다음은 S은행의 사잇돌2 대출 상품에 대한 자료이다. 〈보기〉의 신청자 A～E 중 사잇돌2 대출 상품을 이용할 수 있는 사람은?

〈사잇돌2 대출〉

구분	내용
대출대상	• 소득증빙이 가능한 만 19세 이상인 자 • NICE신용점수 500점 이상인 자 • 다음 중 하나에 해당하는 자 – 현 직장 5개월 이상 재직 중이며, 연 소득 1,200만 원 이상인 근로자 – 사업 개시일로부터 4개월 이상 운영 중이며, 연 소득 600만 원 이상인 사업자 – 국민연금 등의 연금을 1회 이상 수령하였으며, 연 소득 600만 원 이상인 자 ※ 중복소득은 합산소득 기준으로 산정하여 인정함
대출한도	최대 3,000만 원(단, 서울보증보험의 신용평가 시스템에 따라 차등 적용한다)
대출금리	연 13～18%
대출기간	최대 60개월
상환방법	원리금균등상환
중도상환수수료	없음
연체금리	(대출금리)+3%p 적용(최대 연 20%)

보기

구분	주소득원	NICE신용점수	연 소득	비고
A	근로자	487점	3,800만 원	현 직장 40개월 재직 중
B	근로자	868점	2,800만 원	현 직장 3개월 재직 중
C	사업자	702점	400만 원	사업 개시 후 20개월 운영 중
D	사업자	532점	1,200만 원	사업 개시 후 18개월 운영 중
E	연금수령자	892점	300만 원	연금 3회 수령

※ 모든 신청자는 소득증빙이 가능한 만 19세 이상의 성인임

① A
② B
③ C
④ D
⑤ E

Hard

02 S회사는 창립 10주년을 맞이하여 전 직원 단합대회를 준비하고 있다. 이를 위해 K사장은 직원 투표 결과를 통해 여행 상품 중 한 가지를 결정하려고 한다. 직원 투표 결과와 여행 상품별 1인당 비용이 다음과 같으며, 추가로 행사를 위한 부서별 고려사항을 참고하여 선택할 경우 〈보기〉에서 옳은 것을 모두 고르면?

〈직원 투표 결과〉

구분		투표 결과					
여행 상품	1인당 비용(원)	총무팀	영업팀	개발팀	홍보팀	공장1	공장2
A	500,000	2	1	2	0	15	6
B	750,000	1	2	1	1	20	5
C	600,000	3	1	0	1	10	4
D	1,000,000	3	4	2	1	30	10
E	850,000	1	2	0	2	5	5

〈여행 상품별 혜택 정리〉

구분	날짜	장소	식사제공	차량지원	편의시설	체험시설
A	5/10 ~ 5/11	해변	○	○	×	×
B	5/10 ~ 5/11	해변	○	○	○	×
C	6/7 ~ 6/8	호수	○	○	○	×
D	6/15 ~ 6/17	도심	○	×	○	○
E	7/10 ~ 7/13	해변	○	○	○	×

〈부서별 고려사항〉

- 총무팀 : 행사 시 차량 지원 가능함
- 영업팀 : 6월 초순에 해외 바이어와 가격 협상 회의 일정
- 공장1 : 3일 연속 공장 비가동 시 품질 저하 예상됨
- 공장2 : 7월 중순 공장 이전 계획 있음

보기

ㄱ. 필요한 여행 상품 비용은 총 1억 500만 원이다.
ㄴ. 투표 결과 가장 인기가 좋은 여행 상품은 B이다.
ㄷ. 공장1의 A, B 투표 결과가 바뀐다면 여행 상품 선택은 변경된다.

① ㄱ　　② ㄱ, ㄴ
③ ㄱ, ㄷ　　④ ㄴ, ㄷ
⑤ ㄱ, ㄴ, ㄷ

03 같은 해 S은행에 입사한 동기 A ~ E는 서로 다른 부서에서 일하고 있다. 이들이 근무하는 부서와 해당 부서의 성과급은 다음과 같다. 부서배치와 휴가에 대한 조건들을 참고할 때, 항상 옳은 것은?

〈부서별 성과급〉

비서실	영업부	인사부	총무부	홍보부
60만 원	20만 원	40만 원	60만 원	60만 원

※ 각 사원은 모두 각 부서의 성과급을 동일하게 받음

〈부서배치 조건〉

- A는 성과급이 평균보다 적은 부서에서 일한다.
- B와 D의 성과급을 더하면 나머지 세 명의 성과급 합과 같다.
- C의 성과급은 총무부보다는 적지만 A보다는 많이 받는다.
- C와 D 중 한 사람은 비서실에서 일한다.
- E는 홍보부에서 일한다.

〈휴가 조건〉

- 영업부 직원은 비서실 직원보다 휴가를 더 늦게 가야 한다.
- 인사부 직원은 첫 번째 또는 제일 마지막으로 휴가를 가야 한다.
- B의 휴가 순서는 이들 중 세 번째이다.
- E는 휴가를 반납하고 성과급을 두 배로 받는다.

① A의 3개월 치 성과급은 C의 2개월 치 성과급보다 많다.

② C가 맨 먼저 휴가를 갈 경우, B가 맨 마지막으로 휴가를 가게 된다.

③ D가 C보다 성과급이 많다.

④ 휴가철이 끝난 직후, 급여명세서에 D와 E의 성과급 차이는 세 배이다.

⑤ B는 A보다 휴가를 먼저 출발한다.

04 다음은 국가별 와인 상품과 세트 상품에 대한 자료이다. 세트 가격을 한도로 하여 와인 세트를 구입할 때, 포함되는 국가로 옳은 것은?

〈국가별 와인 상품〉

구분	생산지	인지도	풍미	당도	가격(원)
A	이탈리아	5	4	3	50,000
B	프랑스	5	2	4	60,000
C	포르투갈	4	3	5	45,000
D	독일	4	4	4	70,000
E	벨기에	2	2	1	80,000
F	네덜란드	3	1	2	55,000
G	영국	5	5	4	65,000
H	스위스	4	3	3	40,000
I	스웨덴	3	2	1	75,000

※ 인지도 및 풍미와 당도는 5가 가장 높고, 1이 가장 낮음

〈와인 세트〉

1 Set	2 Set
프랑스 와인 1병 외 다른 국가 와인 1병	이탈리아 와인 1병 외 다른 국가 와인 1병
인지도가 높고 풍미가 좋은 와인 구성	당도가 높은 와인 구성
포장비 : 10,000원	포장비 : 20,000원
세트 가격 : 130,000원	세트 가격 : 160,000원

※ 세트 포장은 필수이며, 세트 가격에는 포장비가 포함되어 있지 않음
※ 같은 조건이면 인지도와 풍미, 당도가 더 높은 와인으로 세트를 구성함

① 1 Set : 프랑스, 독일
② 1 Set : 프랑스, 영국
③ 1 Set : 이탈리아, 벨기에
④ 2 Set : 이탈리아, 포르투갈
⑤ 2 Set : 이탈리아, 스위스

PART 1

대표기출유형

05 환경분석

| 유형분석 |

- 상황에 대한 환경 분석을 통해 주요 과제 및 해결 방안을 도출하는 문제이다.
- SWOT 분석뿐 아니라 3C 분석을 활용하는 문제가 출제될 수 있으므로, 해당 분석 도구에 대한 사전 학습이 요구된다.

S은행에 근무 중인 A행원은 국내 금융시장에 대한 보고서를 작성하면서 S은행에 대한 SWOT 분석을 진행하였다. 다음 중 A행원이 작성한 SWOT 분석의 위협 요인에 들어갈 내용으로 적절하지 않은 것은?

〈SWOT 분석 결과〉

강점(Strength)	약점(Weakness)
• 지속적 혁신에 대한 경영자의 긍정적 마인드 • 고객만족도 1위의 높은 고객 충성도 • 다양한 투자 상품 개발	• 해외 투자 경험 부족으로 취약한 글로벌 경쟁력 • 소매 금융에 비해 부족한 기업 금융
기회(Opportunity)	**위협(Threat)**
• 국내 유동자금의 증가 • 해외 금융시장 진출 확대 • 정부의 규제 완화 정책	

① 경기 침체 장기화
② 부족한 리스크 관리 능력
③ 글로벌 금융사의 국내 시장 진출
④ 금융업의 경계 파괴에 따른 경쟁 심화
⑤ 정부의 정책 노선 혼란 등으로 인한 시장의 불확실성 증가

정답 ②

리스크 관리 능력의 부족은 기업 내부환경의 약점 요인에 해당한다. 따라서 위협은 외부환경 요인에 해당하므로 위협 요인에는 회사 내부를 제외한 외부에서 비롯되는 요인이 들어가야 한다.

유형풀이 Tip

SWOT 분석

기업의 내부환경과 외부환경을 분석하여 강점(Strength), 약점(Weakness), 기회(Opportunity), 위협(Threat) 요인을 규정하고 이를 토대로 경영전략을 수립하는 기법으로, 미국의 경영컨설턴트인 알버트 험프리(Albert Humphrey)에 의해 고안되었다. SWOT 분석의 가장 큰 장점은 기업의 내·외부환경 변화를 동시에 파악할 수 있다는 것이다. 기업의 내부환경을 분석하여 강점과 약점을 찾아내며, 외부환경 분석을 통해서는 기회와 위협을 찾아낸다. SWOT 분석은 외부로부터의 기회는 최대한 살리고 위협은 회피하는 방향으로 자신의 강점은 최대한 활용하고 약점은 보완한다는 논리에 기초를 두고 있다. SWOT 분석에 의한 경영전략은 다음과 같이 정리할 수 있다.

Strength 강점 기업 내부환경에서의 강점	S	W	Weakness 약점 기업 내부환경에서의 약점
Opportunity 기회 기업 외부환경으로부터의 기회	O	T	Threat 위협 기업 외부환경으로부터의 위협

3C 분석

자사(Company)	고객(Customer)	경쟁사(Competitor)
• 자사의 핵심역량은 무엇인가? • 자사의 장단점은 무엇인가? • 자사의 다른 사업과 연계되는가?	• 주 고객군은 누구인가? • 그들은 무엇에 열광하는가? • 그들의 정보 습득 / 교환은 어디에서 일어나는가?	• 경쟁사는 어떤 회사가 있는가? • 경쟁사의 핵심역량은 무엇인가? • 잠재적인 경쟁사는 어디인가?

01 국내 S금융그룹의 SWOT 분석 결과가 다음과 같을 때, 분석 결과에 대응하는 전략과 그 내용이 바르게 짝지어진 것은?

〈SWOT 분석 결과〉

S(강점)	W(약점)
• 탄탄한 국내시장 지배력 • 뛰어난 위기관리 역량 • 우수한 자산건전성 지표 • 수준 높은 금융 서비스	• 은행과 이자수익에 편중된 수익구조 • 취약한 해외 비즈니스와 글로벌 경쟁력 • 낙하산식 경영진 교체와 관치금융 우려 • 외화 자금 조달 리스크
O(기회)	**T(위협)**
• 해외 금융시장 진출 확대 • 기술 발달에 따른 핀테크의 등장 • IT 인프라를 활용한 새로운 수익 창출 • 계열사 간 협업을 통한 금융서비스	• 새로운 금융서비스의 등장 • 은행의 영향력 약화 가속화 • 글로벌 금융사와의 경쟁 심화 • 비용 합리화에 따른 고객 신뢰 저하

① SO전략 : 해외 비즈니스TF팀 신설로 상반기 해외 금융시장 진출 대비
② ST전략 : 금융서비스를 다방면으로 확대해 글로벌 경쟁사와의 경쟁에서 우위 차지
③ WO전략 : 국내의 탄탄한 시장점유율을 기반으로 핀테크 사업 진출
④ WT전략 : 국내 금융사의 우수한 자산건전성 지표를 홍보하여 고객 신뢰 회복
⑤ WT전략 : 해외 금융시장 진출을 확대하여 안정적인 외화 자금 조달을 통한 위기관리

02 다음은 S은행의 SWOT 분석 결과를 정리한 것이다. 빈칸 ㄱ ~ ㅁ에 들어갈 내용으로 적절하지 않은 것은?

〈SWOT 분석 결과〉

강점 (Strength)	• 전통적인 리테일(소매금융)의 강자로서 3,600만 명 이상의 고객 • 국내 최대 규모와 높은 고객 만족도·충성도에서 비롯되는 확고한 시장 지배력, 우수한 수익성과 재무 건전성 • 양호한 총자산순이익률(ROA)과 시중은행 평균을 상회하는 순이자마진(NIM) 유지 등 견고한 이익창출 능력 • 국내 최상위권의 시장 지위(예수금 및 대출금 기준 국내 1위)와 다각화된 포트폴리오를 토대로 하는 안정적인 영업 기반 유지 • 사업 기반 및 수익의 다각화를 위한 적극적인 해외 진출로 성장 동력 확보 • ㄱ
약점 (Weakness)	• 서민층·저소득층 위주의 개인고객 • 노조와 사용자 사이의 해묵은 갈등 • ㄴ • 조직의 비대화에 따른 비효율(점포당 수익 저조, 고정 비용 부담 증가) • ㄷ
기회 (Opportunity)	• 빠르게 성장 중인 퇴직연금시장에 의한 자금 유입 증가세 • 유동성 지원 등 유사시 정부의 정책적인 지원 가능성이 높음 • 고령화에 따른 역모기지, 보험 상품 판매 증가로 인한 수익 개선 • ㄹ • 금융 규제 유연화 방안, 금융 시장 안정화 방안 등에 따른 정부 당국의 유동성 규제 완화 조치
위협 (Threat)	• 금융 개방, 국제화의 심화에 따른 경쟁자 증대 • 포화 상태에 도달한 국내 금융 시장의 저성장성 • 사이버 테러의 증가에 따른 고객 정보의 유출 위험 • 중앙은행의 기준금리 인상으로 인한 연체율의 급증과 건전성 악화 가능성 • 글로벌 금융위기 이후 경제 불안 심리의 확산에 따른 금융 시장의 성장성 둔화 지속 • ㅁ

① ㄱ : 인공지능, 클라우드, 블록체인 등 첨단 ICT 기술을 적극 활용한 디지털 전환(DT)의 안정적인 진행

② ㄴ : 이자수익에 비해 상대적으로 저조한 비이자수익

③ ㄷ : 연착륙을 유도하는 금융 당국의 보수적인 정책으로 인한 부실여신 비율 상승

④ ㄹ : 핀테크 기업과의 제휴를 통한 디지털 혁신에 따른 업무 효율성 향상

⑤ ㅁ : 인터넷전문은행의 영업 확대, 핀테크 활성화, ISA(개인종합자산관리계좌) 등의 등장으로 인한 경쟁 심화

Easy

03 다음은 SWOT 분석에 대한 설명과 유전자 관련 사업을 진행 중인 A사의 SWOT 분석 결과 자료이다. 이를 참고하여 〈보기〉 중 빈칸 (가), (나)에 들어갈 내용으로 적절한 것을 고르면?

〈SWOT 분석〉

SWOT 분석은 기업의 내부환경과 외부환경을 분석하여 강점(Strength), 약점(Weakness), 기회(Opportunity), 위협(Threat) 요인을 규정하고 이를 토대로 경영전략을 수립하는 기법으로, 미국의 경영컨설턴트인 알버트 험프리(Albert Humphrey)에 의해 고안되었다.

- 강점(Strength) : 내부환경(자사 경영자원)의 강점
- 약점(Weakness) : 내부환경(자사 경영자원)의 약점
- 기회(Opportunity) : 외부환경(경쟁, 고객, 거시적 환경)에서 비롯된 기회
- 위협(Threat) : 외부환경(경쟁, 고객, 거시적 환경)에서 비롯된 위협

〈A사 SWOT 분석 결과〉

강점(Strength)	약점(Weakness)
• 유전자 분야에 뛰어난 전문가로 구성 • (가)	• 유전자 실험의 장기화
기회(Opportunity)	**위협(Threat)**
• 유전자 관련 업체 수가 적음 • (나)	• 고객들의 실험 부작용에 대한 두려움 인식

보기

ㄱ. 투자 유치의 어려움
ㄴ. 특허를 통한 기술 독점 가능
ㄷ. 점점 증가하는 유전자 의뢰
ㄹ. 높은 실험 비용

	(가)	(나)
①	ㄱ	ㄷ
②	ㄱ	ㄹ
③	ㄴ	ㄱ
④	ㄴ	ㄷ
⑤	ㄷ	ㄹ

04 다음은 국내 금융기관에 대한 SWOT 분석 자료이다. 이를 통해 SWOT 전략을 세운다고 할 때, 〈보기〉 중 분석 결과에 대응하는 전략과 그 내용이 바르게 연결된 것을 모두 고르면?

> 국내 대부분의 예금과 대출을 국내 은행이 차지하고 있을 정도로 국내 금융기관에 대한 우리나라 국민들의 충성도는 높은 편이다. 또한 국내 금융기관은 철저한 신용 리스크 관리로 해외 금융기관과 비교해 자산건전성 지표가 매우 우수한 편이다. 시장 리스크 관리도 해외 선진 금융기관 수준에 도달한 것으로 평가받는다. 국내 금융기관은 외환위기와 글로벌 금융위기 등을 거치며 꾸준히 자산건전성을 강화해왔기 때문이다.
>
> 그러나 은행과 이자 이익에 수익이 편중돼 있다는 점은 국내 금융기관의 가장 큰 약점이 된다. 대부분 예금과 대출 거래 중심의 영업구조로 되어 있기 때문이다. 취약한 해외 비즈니스도 문제로 들 수 있다. 최근 동남아 시장을 중심으로 해외 진출에 박차를 가하고 있지만, 아직은 눈에 띄는 성과가 많지 않은 상황이다.
>
> 많은 어려움에도 불구하고 국내 금융기관의 발전 가능성은 아직 무궁무진하다. 우선 해외 시장으로 눈을 돌리면 다양한 기회가 열려있다. 전 세계 신용·단기 자금 확대, 글로벌 무역 회복세로 국내 금융기관의 해외 진출 여건은 양호한 편이다. 따라서 해외 시장 개척을 통해 어떻게 신규 수익원을 확보하느냐가 성장의 새로운 기회로 작용할 전망이다. IT 기술 발달에 따른 핀테크의 등장도 새로운 기회가 될 수 있다. 국내의 발달된 인터넷과 모바일뱅킹 서비스, IT 인프라를 활용한 새로운 수익 창출 가능성이 열려 있는 것이다.
>
> 역설적으로 핀테크의 등장은 오히려 국내 금융기관의 발목을 잡을 수 있다. 블록체인 기술에 기반한 암호화폐, 간편결제와 송금, 로보어드바이저, 인터넷 은행, P2P 대출 등 다양한 핀테크 분야의 새로운 서비스들이 기존 금융 서비스의 대체재로서 출현하고 있기 때문이다. 금융시장 개방에 따른 글로벌 금융기관과의 경쟁 심화도 넘어야 할 산이다. 특히 중국 은행을 비롯한 중국 금융이 급성장하고 있어 이에 대한 대비책 마련이 시급하다.

보기

ㄱ. SO전략 – 높은 국내 시장점유율을 기반으로 국내 핀테크 사업에 진출한다.
ㄴ. WO전략 – 위기관리 역량을 강화하여 해외 금융시장에 진출한다.
ㄷ. ST전략 – 해외 금융기관과 비교해 우수한 자산건전성을 강조하여 글로벌 금융기관과의 경쟁에서 우위를 차지한다.
ㄹ. WT전략 – 해외 비즈니스 역량을 강화하여 해외 금융시장에 진출한다.

① ㄱ, ㄴ
② ㄱ, ㄷ
③ ㄴ, ㄷ
④ ㄴ, ㄹ
⑤ ㄷ, ㄹ

CHAPTER 03

수리능력

합격 CHEAT KEY

수리능력은 사칙연산 · 통계 · 확률의 의미를 정확하게 이해하고 이를 업무에 적용하는 능력으로, 기초연산과 기초통계, 도표분석 및 작성의 문제 유형으로 출제된다. 수리능력 역시 채택하지 않는 금융권이 거의 없을 만큼 필기시험에서 중요도가 높은 영역이다.

수리능력은 NCS 기반 채용을 진행한 거의 모든 금융권에서 다루었으며, 문항 수는 전체의 평균 16% 정도로 많이 출제되었다. 특히, 난도가 높은 금융권의 시험에서는 도표분석, 즉 자료해석 유형의 문제가 많이 출제되고 있고, 응용수리 역시 꾸준히 출제하는 금융권이 많기 때문에 기초연산과 기초통계에 대한 공식의 암기와 자료해석능력을 기를 수 있는 꾸준한 연습이 필요하다.

01 응용수리능력의 공식은 반드시 암기하라!

응용수리능력은 지문이 짧지만, 풀이 과정은 긴 문제도 자주 볼 수 있다. 그렇기 때문에 응용수리능력의 공식을 반드시 암기하여 문제의 상황에 맞는 공식을 적절하게 적용하여 답을 도출해야 한다. 따라서 문제에서 묻는 것을 정확하게 파악하여 그에 맞는 공식을 적절하게 적용하는 꾸준한 노력과 공식을 암기하는 연습이 필요하다.

02 통계에서의 사건이 동시에 발생하는지 개별적으로 발생하는지 구분하라!

통계에서는 사건이 개별적으로 발생했을 때, 경우의 수는 합의 법칙, 확률은 덧셈정리를 활용하여 계산하며, 사건이 동시에 발생했을 때, 경우의 수는 곱의 법칙, 확률은 곱셈정리를 활용하여 계산한다. 특히, 기초통계능력에서 출제되는 문제 중 순열과 조합의 계산 방법이 필요한 문제도 다수이므로 순열(순서대로 나열)과 조합(순서에 상관없이 나열)의 차이점을 숙지하는 것 또한 중요하다. 통계 문제에서의 사건 발생 여부만 잘 판단하여도 계산과 공식을 적용하기가 수월하므로 문제의 의도를 잘 파악하는 것이 중요하다.

03 자료의 해석은 자료에서 즉시 확인할 수 있는 지문부터 확인하라!

대부분의 수험생들이 어려워 하는 영역이 수리영역 중 도표분석, 즉 자료해석능력이다. 자료는 표 또는 그래프로 제시되고, 쉬운 지문은 증가 혹은 감소 추이, 간단한 사칙연산으로 풀이가 가능한 문제 등이 있고, 자료의 조사기간 동안 전년 대비 증가율 혹은 감소율이 가장 높은 기간을 찾는 문제들도 있다. 따라서 일단 증가・감소 추이와 같이 눈으로 확인이 가능한 지문을 먼저 확인한 후 복잡한 계산이 필요한 지문을 확인하는 방법으로 문제를 풀이한다면, 시간을 조금이라도 아낄 수 있다. 특히, 그래프와 같은 경우에는 그래프에 대한 특징을 알고 있다면, 그래프의 길이 혹은 높낮이 등으로 대강의 수치를 빠르게 확인이 가능하므로 이에 대한 숙지도 필요하다. 또한, 여러 가지 보기가 주어진 문제 역시 지문을 잘 확인하고 문제를 풀이한다면 불필요한 계산을 생략할 수 있으므로 항상 지문부터 확인하는 습관을 들이기를 바란다.

04 도표작성능력에서 지문에 작성된 도표의 제목을 반드시 확인하라!

도표작성은 하나의 자료 혹은 보고서와 같은 수치가 표현된 자료를 도표로 작성하는 형식으로 출제되는데, 대체로 표보다는 그래프를 작성하는 형태로 많이 출제된다. 지문을 살펴보면 각 지문에서 주어진 도표에도 소제목이 있는 경우가 대부분이다. 이때, 자료의 수치와 도표의 제목이 일치하지 않는 경우 함정이 존재하는 문제일 가능성이 높으므로 도표의 제목을 반드시 확인하는 것이 중요하다. 도표작성의 경우 대부분 비율 계산이 많이 출제되는데, 도표의 제목과는 다른 수치로 작성된 도표가 존재하는 경우가 있다. 그렇기 때문에 지문에서 작성된 도표의 소제목을 먼저 확인하는 연습을 하여 간단하지 않은 비율 계산을 두 번 하는 일이 없도록 해야 한다.

01 거리 · 속력 · 시간

| 유형분석 |

- $(거리)=(속력)\times(시간)$, $(속력)=\frac{(거리)}{(시간)}$, $(시간)=\frac{(거리)}{(속력)}$
- 기차와 터널의 길이, 물과 같이 속력이 있는 장소 등 추가적인 거리 · 속력 · 시간에 대한 조건과 결합하여 난도 높은 문제로 출제된다.

A사원은 회사 근처 카페에서 거래처와 미팅을 갖기로 했다. 처음에는 4km/h로 걸어가다가 약속 시간에 늦을 것 같아서 10km/h로 뛰어서 24분 만에 미팅 장소에 도착했다. 회사에서 카페까지의 거리가 2.5km일 때, A사원이 뛴 거리는?

① 0.6km
② 0.9km
③ 1.2km
④ 1.5km
⑤ 1.8km

정답 ④

총거리와 총시간이 주어져 있으므로 걸은 거리와 뛴 거리 또는 걸은 시간과 뛴 시간을 미지수로 잡을 수 있다.
미지수를 잡기 전에 문제에서 묻는 것을 정확하게 파악해야 나중에 답을 구할 때 헷갈리지 않는다.
문제에서 A사원이 뛴 거리를 물어보았으므로 거리를 미지수로 놓는다.
A사원이 회사에서 카페까지 걸어간 거리를 $x$km, 뛴 거리를 $y$km라고 하면,
회사에서 카페까지의 거리는 2.5km이므로 걸어간 거리 $x$km와 뛴 거리 $y$km를 합하면 2.5km이다.
$x+y=2.5$ … ㉠
A사원이 회사에서 카페까지 24분이 걸렸으므로 걸어간 시간$\left(\frac{x}{4}\text{시간}\right)$과 뛰어간 시간$\left(\frac{y}{10}\text{시간}\right)$을 합치면 24분이다.
이때 속력은 시간 단위이므로 '분'으로 바꾸어 계산한다.
$\frac{x}{4}\times60+\frac{y}{10}\times60=24 \rightarrow 5x+2y=8$ … ㉡
㉠과 ㉡을 연립하여 ㉡－(2×㉠)을 하면 $x=1$이고, 구한 x의 값을 ㉠에 대입하면 $y=1.5$이다.
따라서 A사원이 뛴 거리는 $y$km이므로 1.5km이다.

유형풀이 Tip

- 미지수를 정할 때에는 문제에서 묻는 것을 정확하게 파악해야 한다.
- 속력과 시간의 단위를 처음부터 정리하여 계산하면 실수 없이 풀이할 수 있다.
  예 1시간=60분=3,600초
  예 1km=1,000m=100,000cm

대표기출유형 01 기출응용문제

Easy

01 S회사에 근무하는 A씨는 오전에 B회사로 외근을 갔다. 일을 마치고 3km/h의 속력으로 걸어서 회사로 가는 반대 방향으로 1km 떨어진 우체국에 들렀다가 회사로 복귀하는 데 1시간 40분이 걸렸다고 할 때, B회사부터 S회사까지의 거리는?

① 1km
② 2km
③ 3km
④ 4km
⑤ 5km

02 출발지로부터 거리가 2km인 도착지를 향해 20분 동안 30m/min의 속력으로 갔다. 1시간 안에 도착지까지 가려면 20분 후에 얼마의 속력으로 가야 하는가?

① 25m/min
② 30m/min
③ 35m/min
④ 40m/min
⑤ 45m/min

03 운송업체에서 택배 기사로 일하고 있는 A씨는 5곳에 배달을 할 때, 첫 배송지에서 마지막 배송지까지 총 1시간 20분이 걸린다. 평균적으로 이와 같은 속도로 배달한다면 12곳에 배달을 할 때, 첫 배송지에서 출발해서 마지막 배송지까지 배달을 마치는 데 걸리는 시간은?(단, 배송지에서 머무는 시간은 고려하지 않는다)

① 3시간 12분
② 3시간 25분
③ 3시간 36분
④ 3시간 40분
⑤ 3시간 45분

02 농도

| 유형분석 |

- (농도)$=\frac{(\text{용질의 양})}{(\text{용액의 양})}\times 100$
- (소금물의 양)=(물의 양)+(소금의 양)이라는 것에 유의하고, 더해지거나 없어진 것을 미지수로 두고 풀이한다.

소금물 500g이 있다. 이 소금물에 농도가 3%인 소금물 200g을 온전히 섞었더니 소금물의 농도는 7%가 되었다. 500g의 소금물에 녹아 있던 소금의 양은?

① 31g
② 37g
③ 43g
④ 49g
⑤ 50g

정답 ③

문제에서 구하고자 하는 500g의 소금물에 녹아 있던 소금의 양을 미지수로 놓는다.

500g의 소금물에 녹아 있던 소금의 양을 xg이라고 하면,

농도가 3%인 소금물 200g에 녹아 있던 소금의 양은 $\frac{3}{100}\times 200=6$g이다.

소금물 500g에 농도가 3%인 소금물 200g을 섞었을 때 소금물의 농도가 주어졌으므로 농도를 기준으로 식을 세우면 다음과 같다.

$\frac{x+6}{500+200}\times 100=7$

→ $(x+6)\times 100=7\times(500+200)$

→ $(x+6)\times 100=4,900$

→ $100x+600=4,900$

→ $100x=4,300$

∴ $x=43$

따라서 500g의 소금물에 녹아 있던 소금의 양은 43g이다.

유형풀이 Tip

- 숫자의 크기를 최대한 간소화해야 한다. 특히 농도의 경우 분수와 정수가 같이 제시되고, 최근에는 비율을 활용한 문제가 많이 출제되고 있으므로 통분이나 약분을 통해 수를 간소화시켜 계산 실수를 줄일 수 있도록 한다.
- 항상 미지수를 구해서 그 값을 계산하여 풀이해야 하는 것은 아니다. 문제에서 원하는 값은 정확한 미지수를 구하지 않아도 풀이 과정에서 답이 제시되는 경우가 있으므로 문제에서 묻는 것을 명확히 해야 한다.

대표기출유형 02 기출응용문제

01 농도가 14%인 A설탕물 300g, 18%인 B설탕물 200g, 12%인 C설탕물 150g이 있다. A와 B설탕물을 합친 후 100g의 물을 더 넣고, 여기에 C설탕물을 합친 후 200g만 남기고 버렸다. 이때, 마지막 200g 설탕물에 녹아 있는 설탕의 질량은?

① 25.6g ② 28.7g
③ 30.8g ④ 32.6g
⑤ 34.8g

Hard

02 농도가 15%인 소금물을 5% 증발시킨 후 농도가 30%인 소금물 200g을 섞어서 농도가 20%인 소금물을 만들었다. 증발 전 농도가 15%인 소금물의 양은?

① 350g ② 400g
③ 450g ④ 500g
⑤ 550g

03 A씨는 25% 농도의 코코아 700mL를 즐겨 마신다. A씨가 마시는 코코아에 들어간 코코아 분말의 양은 얼마인가?(단, 1mL=1g이다)

① 170g ② 175g
③ 180g ④ 185g
⑤ 190g

대표기출유형

03 일의 양

| 유형분석 |

- $(일률)=\frac{(작업량)}{(작업기간)}$, $(작업기간)=\frac{(작업량)}{(일률)}$, (작업량)=(일률)×(작업기간)
- 전체 일의 양을 1로 두고 풀이하는 유형이다.
- 분이나 초 단위 계산이 가장 어려운 유형으로 출제되고 있다.

한 공장에서는 기계 2대를 운용하고 있다. 이 공장의 전체 작업을 수행할 때 A기계로는 12시간이 걸리며, B기계로는 18시간이 걸린다. 이미 절반의 작업이 수행된 상태에서 A기계로 4시간 동안 작업하다가 이후로는 A, B 두 기계를 모두 동원해 작업을 수행했다면, 이때 A, B 두 기계를 모두 동원해 작업을 수행하는 데 소요된 시간은?

① 1시간
② 1시간 12분
③ 1시간 20분
④ 1시간 30분
⑤ 1시간 40분

정답 ②

전체 일의 양을 1이라고 하면, A기계가 1시간 동안 작업할 수 있는 일의 양은 $\frac{1}{12}$이고, B기계가 1시간 동안 작업할 수 있는 일의 양은 $\frac{1}{18}$이다. 이미 절반의 작업이 수행되었으므로 남은 일의 양은 $1-\frac{1}{2}=\frac{1}{2}$이다.

이 중 A기계로 4시간 동안 작업을 수행했으므로 A기계와 B기계가 함께 작업해야 하는 일의 양은 $\frac{1}{2}-\left(\frac{1}{12}\times4\right)=\frac{1}{6}$이다.

따라서 A, B 두 기계를 모두 동원해 남은 $\frac{1}{6}$을 수행하는 데는 $\frac{\frac{1}{6}}{\left(\frac{1}{12}+\frac{1}{18}\right)}=\frac{\frac{1}{6}}{\frac{5}{36}}=\frac{6}{5}$시간, 즉 1시간 12분이 걸린다.

유형풀이 Tip

- 전체의 값을 모르는 상태에서 비율을 묻는 문제의 경우 전체를 1이라고 하면 쉽게 풀이할 수 있다.
  예 1개의 빵을 만드는 데 3시간이 걸린다. 1개의 빵을 만드는 일의 양을 1이라고 하면 1시간에 $\frac{1}{3}$ 만큼의 빵을 만든다.
- 난도가 높은 일의 양 문제에 접근할 때 전체 일의 양을 막대 그림으로 표현하면서 풀이하면 한눈에 파악할 수 있다.
  예

$\frac{1}{2}$ 수행됨	A기계로 4시간 동안 작업	A, B 두 기계를 모두 동원해 작업

대표기출유형 03 기출응용문제

01 대리 혼자서 프로젝트를 진행하면 16일이 걸리고 사원 혼자 진행하면 48일이 걸릴 때, 두 사람이 함께 프로젝트를 진행하는 데 소요되는 기간은?

① 12일
② 13일
③ 14일
④ 15일
⑤ 16일

Easy

02 갑은 곰인형 100개를 만드는 데 4시간, 을은 25개를 만드는 데 10시간이 걸린다. 이들이 함께 일을 하면 각각 원래 능력보다 20% 효율이 떨어진다. 이들이 함께 곰인형 132개를 만드는 데 걸리는 시간은?

① 5시간
② 6시간
③ 7시간
④ 8시간
⑤ 9시간

03 초콜릿 한 상자를 만드는 데 명훈이는 30시간, 우진이는 20시간이 걸린다. 명훈이가 3시간, 우진이가 5시간 동안 만든 후, 둘이서 같이 한 상자를 완성한다고 할 때, 두 사람이 같이 초콜릿을 만드는 시간은?

① $\frac{37}{5}$시간
② $\frac{39}{5}$시간
③ $\frac{42}{5}$시간
④ $\frac{44}{5}$시간
⑤ $\frac{46}{5}$시간

대표기출유형

04 금액

| 유형분석 |

- (정가)=(원가)+(이익), (이익)=(정가)−(원가)

  a원에서 b% 할인한 가격$=a\times\left(1-\frac{b}{100}\right)$
- 원가, 정가, 할인가, 판매가 등의 개념을 명확히 한다.
- 어려운 유형은 아니지만 비율을 활용한 계산 문제이기 때문에 실수하기 쉽다.

종욱이는 25,000원짜리 피자 두 판과 8,000원짜리 샐러드 세 개를 주문했다. 통신사 멤버십 혜택으로 피자는 15%, 샐러드는 25%를 할인받을 수 있고, 이벤트로 통신사 멤버십 혜택을 적용한 금액의 10%를 추가 할인받았다고 한다. 종욱이가 할인받은 총금액은?

① 12,150원
② 13,500원
③ 18,600원
④ 19,550원
⑤ 20,000원

정답 ④

할인받기 전 종욱이가 지불할 금액은 $(25,000\times2)+(8,000\times3)=74,000$원이다.
통신사 할인과 이벤트 할인을 적용한 금액은 $(25,000\times2\times0.85)+(8,000\times3\times0.75)\times0.9=54,450$원이다.
따라서 종욱이가 할인받은 총금액은 $74,000-54,450=19,550$원이다.

유형풀이 Tip

- 전체 금액을 구하는 것이 아니라 할인된 금액을 구하면 수의 크기도 작아지고, 풀이 과정을 단축시킬 수 있다.
- 예를 들어 위의 문제에서 피자는 15%, 샐러드는 25%를 할인받았으므로 할인받은 금액은 각각 7,500원, 6,000원이다. 할인받은 금액의 합을 원래 지불했어야 하는 금액에서 빼면 60,500원이고, 이의 10%는 6,050원이므로 종욱이가 할인받은 총금액은 $7,500+6,000+6,050=19,550$원이다.

대표기출유형 04 기출응용문제

01 S마트에서는 아이스크림을 1개당 a원에 들여오는데 20%의 이익을 붙여 판매한다. 개점 3주년을 맞아 아이스크림 1개당 500원을 할인하여 팔기로 했다. 이때 아이스크림 1개당 700원의 이익이 생긴다면, 아이스크림 1개당 정가는?

① 5,000원
② 5,250원
③ 5,500원
④ 6,000원
⑤ 6,250원

02 A와 B가 시장에 가서 각각 2번에 걸쳐 물건을 사는 데 총 32,000원이 들었다. A는 두 번째 구매 시 첫 번째보다 50% 감소한 금액을 냈고, B는 두 번째 구매 시 첫 번째보다 50% 증가한 금액을 냈다. 나중에 서로 비교해 보니 B가 A보다 5,000원을 더 소비한 것을 알게 되었다고 할 때, A가 첫 번째로 낸 금액은?

① 7,400원
② 8,500원
③ 9,000원
④ 9,700원
⑤ 10,000원

Hard

03 S는 올해 초에 3,000만 원짜리 자동차를 구입하였다. 처음에 현금 1,200만 원을 냈고 나머지 금액은 올해 말부터 연말마다 일정한 금액으로 6회에 걸쳐 갚으려고 한다. 이때 매년 얼마씩 갚아야 하는가?(단, $1.01^6=1.06$, 연이율 1%, 1년마다 복리로 계산한다)

① 300만 원
② 306만 원
③ 312만 원
④ 318만 원
⑤ 320만 원

PART 1

대표기출유형

05 날짜 · 요일

| 유형분석 |

- 1일=24시간=1,440(=24×60)분=86,400(=1,440×60)초
- 월별 일수 : 31일 – 1, 3, 5, 7, 8, 10, 12월
  30일 – 4, 6, 9, 11월
  28일 또는 29일(윤년, 4년에 1회) – 2월
- 날짜 · 요일 단위별 기준이 되는 숫자가 다르므로 실수하지 않도록 유의한다.

어느 해의 3월 2일은 금요일일 때, 한 달 후인 4월 2일은 무슨 요일인가?

① 월요일
② 화요일
③ 수요일
④ 목요일
⑤ 금요일

정답 ①

3월은 31일까지 있고 일주일은 7일이므로, 31÷7=4 … 3이다.
따라서 4월 2일은 금요일부터 3일이 지난 월요일이다.

유형풀이 Tip

- 일주일은 7일이므로, 전체 일수를 구한 뒤 7로 나누면 빠르게 해결할 수 있다.
- 날짜와 요일의 단위를 처음부터 정리하여 계산하면 실수 없이 풀이할 수 있다.

대표기출유형 05 기출응용문제

01 A ~ C 3명은 주기적으로 집 청소를 한다. A는 6일마다, B는 8일마다, C는 9일마다 청소할 때, 3명이 9월 10일에 모두 같이 청소를 했다면 다음에 같이 청소하는 날은 언제인가?

① 11월 5일
② 11월 12일
③ 11월 16일
④ 11월 21일
⑤ 11월 29일

02 A회사와 B회사의 휴무 간격은 각각 5일, 7일이다. 일요일인 오늘 두 회사가 함께 휴일을 맞았다면, 앞으로 4번째로 함께하는 휴일은 무슨 요일인가?

① 수요일
② 목요일
③ 금요일
④ 토요일
⑤ 일요일

Hard

03 S은행은 주 5일 평일에만 근무하는 것이 원칙이며, 재작년의 휴일 수는 105일이었다. 작년은 재작년과 같은 날만큼 쉬었으며 윤년이었다고 할 때, 올해 S은행의 휴일 수는 며칠인가?(단, 휴일은 주말을 뜻한다)

① 103일
② 104일
③ 105일
④ 106일
⑤ 107일

06 경우의 수

| 유형분석 |

- ${}_n\mathrm{P}_m = n\times(n-1)\times\cdots\times(n-m+1)$

  ${}_n\mathrm{C}_m = \dfrac{{}_n\mathrm{P}_m}{m!} = \dfrac{n\times(n-1)\times\cdots\times(n-m+1)}{m!}$
- 벤 다이어그램을 활용한 문제가 출제되기도 한다.

S은행은 토요일에 2명의 사원이 당직 근무를 서도록 사칙으로 규정하고 있다. S은행의 B팀에는 8명의 사원이 있다. B팀이 앞으로 3주 동안 토요일 당직 근무를 선다고 할 때, 가능한 모든 경우의 수는?(단, 모든 사원은 당직 근무를 2번 이상 서지 않는다)

① 1,520가지
② 2,520가지
③ 5,040가지
④ 10,080가지
⑤ 20,160가지

정답 ②

8명을 2명씩 3개의 그룹으로 나누는 경우의 수는 ${}_8\mathrm{C}_2\times{}_6\mathrm{C}_2\times{}_4\mathrm{C}_2\times\dfrac{1}{3!}=28\times15\times6\times\dfrac{1}{6}=420$가지이다.

3개의 그룹을 각각 A, B, C라 하면, 3주 동안 토요일에 근무자를 배치하는 경우의 수는 A, B, C를 일렬로 나열하는 경우의 수와 같으므로 3개의 그룹을 일렬로 나열하는 경우의 수는 $3\times2\times1=6$가지이다.
따라서 가능한 모든 경우의 수는 $420\times6=2,520$가지이다.

유형풀이 Tip

경우의 수의 합의 법칙과 곱의 법칙 등에 관해 명확히 한다.

1) 합의 법칙
   ① 두 사건 A, B가 동시에 일어나지 않을 때, A가 일어나는 경우의 수를 m, B가 일어나는 경우의 수를 n이라고 하면, 사건 A 또는 B가 일어나는 경우의 수는 $m+n$이다.
   ② '또는', '~이거나'라는 말이 나오면 합의 법칙을 사용한다.
2) 곱의 법칙
   ① A가 일어나는 경우의 수를 m, B가 일어나는 경우의 수를 n이라고 하면, 사건 A와 B가 동시에 일어나는 경우의 수는 $m\times n$이다.
   ② '그리고', '동시에'라는 말이 나오면 곱의 법칙을 사용한다.

대표기출유형 06 기출응용문제

01 S은행의 마케팅부, 영업부, 영업지원부에서 2명씩 대표로 회의에 참석하기로 하였다. 원탁에 같은 부서 사람이 옆자리에 앉는 방식으로 자리배치를 한다고 할 때, 6명이 앉을 수 있는 경우의 수는?

① 15가지
② 16가지
③ 17가지
④ 18가지
⑤ 19가지

Easy

02 은탁이는 1, 1, 1, 2, 2, 3을 가지고 여섯 자릿수의 암호를 만들어야 한다. 이때, 가능한 암호의 개수는?

① 30가지
② 42가지
③ 60가지
④ 72가지
⑤ 84가지

03 다음과 같이 정육면체 4개가 붙어 있다고 할 때, A점에서 B점으로 가는 최단 경로의 수는?

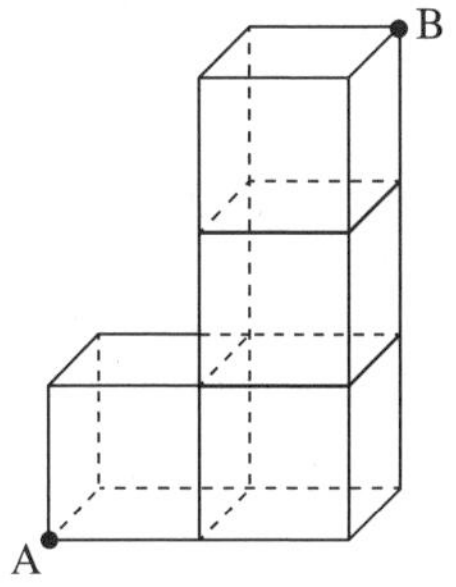

① 38가지
② 40가지
③ 42가지
④ 44가지
⑤ 46가지

대표기출유형

07 확률

| 유형분석 |

- 순열(P)과 조합(C)을 활용한 문제이다.
- 조건부 확률 문제가 출제되기도 한다.

주머니에 1부터 10까지의 숫자가 적힌 카드 10장이 들어있다. 주머니에서 카드를 세 번 뽑는다고 할 때, 1, 2, 3이 적힌 카드 중 하나 이상을 뽑을 확률은?(단, 꺼낸 카드는 다시 넣지 않는다)

① $\frac{7}{24}$

② $\frac{5}{8}$

③ $\frac{17}{24}$

④ $\frac{7}{8}$

⑤ $\frac{23}{24}$

정답 ③

(1, 2, 3이 적힌 카드 중 하나 이상을 뽑을 확률)$=1-$(세 번 모두 $4\sim10$이 적힌 카드를 뽑을 확률)

세 번 모두 $4\sim10$이 적힌 카드를 뽑을 확률은 $\frac{7}{10}\times\frac{6}{9}\times\frac{5}{8}=\frac{7}{24}$이다.

따라서 1, 2, 3이 적힌 카드 중 하나 이상을 뽑을 확률은 $1-\frac{7}{24}=\frac{17}{24}$이다.

유형풀이 Tip

1) 여사건의 확률
   ① 사건 A가 일어날 확률이 p일 때, 사건 A가 일어나지 않을 확률은 $(1-p)$이다.
   ② '적어도'라는 말이 나오면 주로 사용한다.
2) 확률의 덧셈
   두 사건 A, B가 동시에 일어나지 않을 때, A가 일어날 확률을 p, B가 일어날 확률을 q라고 하면, 사건 A 또는 B가 일어날 확률은 $p+q$이다.
3) 확률의 곱셈
   A가 일어날 확률을 p, B가 일어날 확률을 q라고 하면, 사건 A와 B가 동시에 일어날 확률은 $p\times q$이다.

대표기출유형 07 기출응용문제

01 다음 〈조건〉에 따라 S은행에서 전체 사원 중 신입사원 1명을 뽑았을 때, 남자일 확률은?(단, 신입사원일 사건과 남자일 사건은 독립사건이다)

조건

- 전체 사원 중 1명을 뽑았을 때, 신입사원일 확률은 0.8이다.
- 전체 사원 중 1명을 뽑았을 때, 남자일 확률은 0.4이다.

① 20%
② 30%
③ 40%
④ 50%
⑤ 60%

02 어느 학교의 3학년 학생은 A과목과 B과목 중 한 과목만을 선택하여 수업을 받는다고 한다. A과목과 B과목을 선택한 학생의 비율이 각각 전체의 40%, 60%이고, A과목을 선택한 학생 중 여학생은 30%, B과목을 선택한 학생 중 여학생은 40%이다. 이 학교의 3학년 학생 중에서 임의로 뽑은 학생이 여학생일 때, 그 학생이 B과목을 선택했을 확률은?

① $\frac{1}{4}$
② $\frac{1}{3}$
③ $\frac{2}{3}$
④ $\frac{3}{4}$
⑤ $\frac{4}{5}$

Hard

03 흰색 탁구공 7개와 노란색 탁구공 5개가 들어 있는 주머니에서 4개의 탁구공을 동시에 꺼낼 때, 흰색 탁구공이 노란색 탁구공보다 많을 확률은?

① $\frac{10}{33}$
② $\frac{14}{33}$
③ $\frac{17}{33}$
④ $\frac{20}{33}$
⑤ $\frac{22}{33}$

08 환율

| 유형분석 |

- $(\text{환율})=\dfrac{(\text{자국 화폐 가치})}{(\text{외국 화폐 가치})}$
- (자국 화폐 가치)=(환율)×(외국 화폐 가치)
- $(\text{외국 화폐 가치})=\dfrac{(\text{자국 화폐 가치})}{(\text{환율})}$

수인이는 베트남 여행을 위해 환전하기로 하였다. 다음은 A환전소의 환전 당일 환율 및 수수료에 대한 자료이다. 수인이가 한국 돈으로 베트남 현금 1,670만 동을 환전한다고 할 때, 수수료까지 포함하여 필요한 금액은?(단, 모든 계산과정에서 구한 값은 일의 자리에서 버림한다)

〈A환전소 환율 및 수수료〉

- 베트남 환율 : 483원/만 동
- 수수료 : 0.5%
- 우대사항 : 50만 원 이상 환전 시 70만 원까지 수수료 0.4%로 인하 적용
  100만 원 이상 환전 시 총금액 수수료 0.4%로 인하 적용

① 808,840원
② 808,940원
③ 809,840원
④ 809,940원
⑤ 810,840원

정답 ④

베트남 현금 1,670만 동을 환전하기 위해 필요한 한국 돈은 수수료를 제외하고 1,670만 동×483원/만 동=806,610원이다.
우대사항에 따르면 50만 원 이상 환전 시 70만 원까지 수수료가 0.4%로 낮아지므로, 70만 원에는 수수료가 0.4% 적용되고 나머지는 0.5%가 적용되어 총수수료를 구하면 700,000×0.004+(806,610−700,000)×0.005=2,800+533.05≒3,330원이다(∵ 일의 자리에서 버림).
따라서 수수료를 포함하여 수인이가 원하는 금액을 환전하는 데 필요한 총금액은 806,610+3,330=809,940원이다.

유형풀이 Tip

- 우대사항 등 문제에서 요구하는 조건을 놓치지 않도록 주의한다.

대표기출유형 08 기출응용문제

Easy

01 다음은 S고객의 외국환거래 계산서의 일부이다. S고객에게 적용된 환율은 얼마인가?(단, 환전 수수료는 고려하지 않는다)

<table>
<tr><th>계좌번호</th><th>거래명</th><th colspan="2">외화로 대체한 금액</th><th>입금한 원화 합계</th></tr>
<tr><td>123-456-789102</td><td>외국통화구입(지폐)</td><td colspan="2"></td><td>547,865</td></tr>
<tr><th>구분</th><th>통화명</th><th>외화금액</th><th>적용환율</th><th>원화금액</th></tr>
<tr><td>외화금액(원화 대가)
※ 수수료가 없는 거래임</td><td>JPY 100</td><td>50,000.00</td><td></td><td>547,865</td></tr>
</table>

① 1,015.23원/100엔
② 1,072.85원/100엔
③ 1,095.73원/100엔
④ 1,100.12원/100엔
⑤ 1,200.12원/100엔

02 S자동차기업은 신차 생산을 위한 베어링 100만 개를 주문하기 위하여 K외국기업과 수입거래를 하려고 한다. 다음은 K외국기업에서 취급하는 베어링의 통화별 생산단가표이다. 이를 참고할 때, 어떤 국가의 통화로 거래하는 것이 가장 가격경쟁력이 있는가?(단, 환전 수수료는 고려하지 않는다)

〈생산단가표〉

구분	미국	일본	중국	호주	프랑스
생산단가	90 USD	10,100 JPY	580 CNY	130 AUD	80 EUR
1달러당 교환비율	1	110	6.5	1.4	0.9

① 미국
② 일본
③ 중국
④ 호주
⑤ 프랑스

03 K씨는 지난 영국출장 때 사용하고 남은 1,400파운드를 주거래 은행인 S은행에서 환전해 이번 독일 출장 때 가지고 가려고 한다. S은행에서 고시한 환율은 1파운드당 1,500원, 1유로당 1,200원일 때, K씨가 환전한 유로화는 얼마인가?(단, 국내 은행에서 파운드화에서 유로화로 환전 시 이중환전을 해야 하며, 환전 수수료는 고려하지 않는다)

① 1,700유로
② 1,750유로
③ 1,800유로
④ 1,850유로
⑤ 1,900유로

09 금융상품 활용

| 유형분석 |

- 금융상품을 정확하게 이해하고 문제에서 요구하는 답을 도출해낼 수 있는지 평가한다.
- 단리식, 복리식, 이율, 우대금리, 중도해지, 만기해지 등 조건에 유의해야 한다.

S은행은 '더 커지는 적금'을 새롭게 출시하였다. K씨는 이 적금의 모든 우대금리조건을 만족하여 이번 달부터 이 상품에 가입하려고 한다. 만기 시 K씨가 얻을 수 있는 이자는 얼마인가?(단, $1.024^{\frac{1}{12}}=1.0019$로 계산하고, 금액은 백의 자리에서 반올림한다)

〈더 커지는 적금〉

- 가입기간 : 12개월
- 가입금액 : 매월 초 200,000원 납입
- 적용금리 : 기본금리(연 2.1%)+우대금리(최대 연 0.3%p)
- 저축방법 : 정기적립식, 비과세
- 이자지급방식 : 만기일시지급, 연복리
- 우대금리조건
  - S은행 입출금통장 보유 시 : +0.1%p
  - 연 500만 원 이상의 S은행 예금상품 보유 시 : +0.1%p
  - 급여통장 지정 시 : +0.1%p
  - 이체실적이 20만 원 이상 시 : +0.1%p

① 131,000원
② 132,000원
③ 138,000원
④ 141,000원
⑤ 145,000원

정답 ①

K씨는 모든 우대금리조건을 만족하므로 최대 연 0.3%p가 기본금리에 적용되어 2.1+0.3=2.4%가 된다.

n개월 후 연복리 이자는 (월납입금)$\times\dfrac{(1+r)^{\frac{n+1}{12}}-(1+r)^{\frac{1}{12}}}{(1+r)^{\frac{1}{12}}-1}$−(적립원금)이므로, 이에 따른 식은 다음과 같다.

$$200{,}000\times\frac{1.024^{\frac{13}{12}}-1.024^{\frac{1}{12}}}{1.024^{\frac{1}{12}}-1}-200{,}000\times12=200{,}000\times1.0019\times\frac{1.024-1}{0.0019}-2{,}400{,}000$$

$\fallingdotseq 2{,}531{,}000-2{,}400{,}000=131{,}000$

따라서 만기 시 K씨가 얻을 수 있는 이자는 131,000원이다.

유형풀이 Tip

1) 단리
   ① 개념 : 원금에만 이자가 발생
   ② 계산 : 이율이 $r\%$인 상품에 원금 a를 총 n번 이자가 붙는 동안 예치한 경우 $a(1+nr)$
2) 복리
   ① 개념 : 원금과 이자에 모두 이자가 발생
   ② 계산 : 이율이 $r\%$인 상품에 원금 a를 총 n번 이자가 붙는 동안 예치한 경우 $a(1+r)^n$
3) 이율과 기간
   ① $(\text{월이율})=\frac{(\text{연이율})}{12}$
   ② n개월$=\frac{n}{12}$년
4) 예치금의 원리합계
   원금 a원, 연이율 $r\%$, 예치기간 n개월일 때,
   - 단리 예금의 원리합계 : $a\left(1+\frac{r}{12}n\right)$
   - 월복리 예금의 원리합계 : $a\left(1+\frac{r}{12}\right)^n$
   - 연복리 예금의 원리합계 : $a(1+r)^{\frac{n}{12}}$
5) 적금의 원리합계
   월초 a원씩, 연이율 $r\%$일 때, n개월 동안 납입한다면
   - 단리 적금의 n개월 후 원리합계 : $an+a\times\frac{n(n+1)}{2}\times\frac{r}{12}$
   - 월복리 적금의 n개월 후 원리합계 : $\frac{a\left(1+\frac{r}{12}\right)\left\{\left(1+\frac{r}{12}\right)^n-1\right\}}{\frac{r}{12}}$
   - 연복리 적금의 n개월 후 원리합계 : $\frac{a(1+r)^{\frac{1}{12}}\left\{(1+r)^{\frac{n}{12}}-1\right\}}{(1+r)^{\frac{1}{12}}-1}=\frac{a\left\{(1+r)^{\frac{n+1}{12}}-(1+r)^{\frac{1}{12}}\right\}}{(1+r)^{\frac{1}{12}}-1}$

01 S은행에서 근무하는 A사원은 B고객에게 적금 만기를 알리려고 한다. B고객이 가입한 상품의 정보가 다음과 같을 때, A사원이 B고객에게 만기환급금으로 안내할 금액은?

- 상품명 : S은행 새출발적금
- 가입자 : B(본인)
- 가입기간 : 36개월
- 가입금액 : 매월 초 150,000원 납입
- 적용금리 : 연 2.2%
- 이자지급방식 : 만기일시지급, 단리식

① 5,485,750원
② 5,524,200원
③ 5,583,150원
④ 5,903,250원
⑤ 5,995,400원

Easy

02 S은행에서 근무하는 A사원은 甲고객에게 적금 만기를 통보하고자 한다. 甲고객의 가입 상품 정보가 다음과 같을 때, A사원이 甲고객에게 안내할 금액은?

- 상품명 : S은행 희망적금
- 가입자 : 甲(본인)
- 가입기간 : 24개월
- 가입금액 : 매월 초 200,000원 납입
- 적용금리 : 연 2.0%
- 저축방법 : 정기적립식, 비과세
- 이자지급방식 : 만기일시지급, 단리식

① 4,225,000원
② 4,500,000원
③ 4,725,000원
④ 4,900,000원
⑤ 5,100,000원

03 자산관리사 A씨는 6개월 전 20,000,000원의 원금을 가지고 자금 운용을 시작하였으며, 현재 누적 수익률은 4%이다. 현재로부터 6개월 후 누적 수익률이 원금의 10%가 되려면, 앞으로 6개월 동안의 누적 수익률은 몇 %가 되어야 하는가?(단, 누적 수익률은 원금을 대상으로 계산된 이자만을 고려한다)

① 4%
② 5%
③ 6%
④ 12%
⑤ 15%

PART 1

※ A씨는 올해 퇴직금 4,000만 원을 정산받아 S은행에 예금하고자 한다. 다음은 S은행에서 제공하는 비과세 예금상품이다. 이어지는 질문에 답하시오. **[4~5]**

〈S은행 예금상품〉

구분	기간	기본이율	App 경유 가입 시 이율
단리 예금상품	3년	연 7%	연 9%
복리 예금상품	3년	연 10%	연 12%

Hard

04 예금을 복리로 넣을 때와 단리로 넣을 때의 만기 시 수령 금액의 차이는?(단, 예금은 기본이율을 적용하고, $1.1^3=1.331$로 계산한다)

① 464만 원
② 468만 원
③ 484만 원
④ 489만 원
⑤ 492만 원

05 A씨는 단리 예금상품에 퇴직금을 예치하고자 한다. App을 경유해 가입할 경우, 기본이율과 비교하여 만기 시 얼마의 이득을 더 얻을 수 있는가?

① 200만 원
② 220만 원
③ 240만 원
④ 260만 원
⑤ 280만 원

10 자료계산

| 유형분석 |

• 문제에 주어진 조건과 정보를 활용하여 빈칸에 알맞은 수를 계산해낼 수 있는지 평가한다.

다음은 시·군지역의 성별 비경제활동 인구에 대해 조사한 자료이다. 빈칸 (가), (다)에 들어갈 수가 바르게 연결된 것은?(단, 인구수는 백의 자리에서 반올림하고, 비중은 소수점 첫째 자리에서 반올림한다)

〈성별 비경제활동 인구〉

(단위 : 천 명, %)

구분	총계	남자		여자	
			비중		비중
시지역	7,800	2,574	(가)	5,226	(나)
군지역	1,149	(다)	33.5	(라)	66.5

	(가)	(다)
①	30	385
②	30	392
③	33	378
④	33	385
⑤	33	392

정답 ④

• (가) : $\frac{2,574}{7,800} \times 100 = 33$

• (다) : $1,149 \times 0.335 \fallingdotseq 385$

유형풀이 Tip

• 빈칸이 여러 개인 경우 계산이 간단한 한두 개의 빈칸의 값을 먼저 찾고, 역으로 대입하여 풀이 시간을 단축한다.
• 금융권 필기전형의 경우 마지막 자리까지 정확하게 계산하는 것을 요구한다. 따라서 선택지에 주어진 값의 차이가 크지 않다면 어림값을 활용하는 것이 오히려 풀이 속도를 지연시킬 수 있으므로 주의해야 한다.

Easy

01 다음은 A ~ C학과의 입학 및 졸업자 인원 현황에 대한 자료이다. 빈칸에 들어갈 값으로 옳은 것은?(단, 각 수치는 매년 일정한 규칙으로 변화한다)

〈학과별 입학 및 졸업자 추이〉

(단위 : 명)

구분	A학과		B학과		C학과	
	입학	졸업	입학	졸업	입학	졸업
2020년	70	57	63	50	52	39
2021년	79	66	65	52	56	43
2022년	90	77	58		60	47
2023년	85	72	60	47	50	37
2024년	95	82	62	49	53	40

① 37
② 45
③ 46
④ 47
⑤ 49

02 다음은 S은행의 지역별 지점 수 증감과 관련한 자료이다. 2021년에 지점 수가 두 번째로 많은 지역의 지점 수는 몇 개인가?

〈S은행 지역별 지점 수 증감〉

(단위 : 개)

구분	2021년 대비 2022년 증감 수	2022년 대비 2023년 증감 수	2023년 대비 2024년 증감 수	2024년 지점 수
서울	2	2	−2	17
경기	2	1	−2	14
인천	−1	2	−5	10
부산	−2	−4	3	10

① 10개
② 12개
③ 14개
④ 16개
⑤ 18개

03 다음은 S은행 영업부의 2024년 분기별 영업 실적을 나타낸 그래프이다. 2024년 전체 실적에서 1 ~ 2분기와 3 ~ 4분기가 각각 차지하는 비율을 바르게 연결한 것은?(단, 소수점 둘째 자리에서 반올림한다)

〈2024년 분기별 영업 실적〉

(단위 : 억 원)

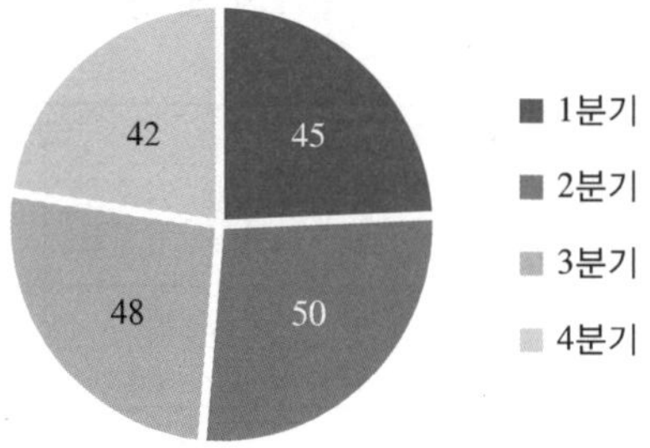

	1 ~ 2분기	3 ~ 4분기
①	48.6%	51.4%
②	50.1%	49.9%
③	51.4%	48.6%
④	49.9%	50.1%
⑤	50.0%	50.0%

Hard

04 2025년 상반기 S은행 상품기획팀 입사자는 2024년 하반기에 비해 20% 감소하였으며, 2025년 상반기 인사팀 입사자는 2024년 하반기 마케팅팀 입사자 수의 2배이고, 영업팀 입사자는 2024년 하반기보다 30명이 늘었다. 2025년 상반기 마케팅팀의 입사자는 2025년 상반기 인사팀의 입사자와 같다. 2025년 상반기 전체 입사자가 2024년 하반기 대비 25% 증가했을 때, 2024년 하반기 대비 2025년 상반기 인사팀 입사자의 증감률은?

〈S은행 입사자 수〉

(단위 : 명)

구분	마케팅	영업	상품기획	인사	합계
2024년 하반기 입사자 수	50		100		320

① −15%
② 0%
③ 15%
④ 25%
⑤ 30%

Easy

05 다음은 S중학교 여름방학 방과 후 학교 신청 학생 중 과목별 학생 수를 비율로 나타낸 그래프이다. 방과 후 학교를 신청한 전체 학생이 200명일 때, 수학을 선택한 학생은 미술을 선택한 학생보다 몇 명이 더 적은가?

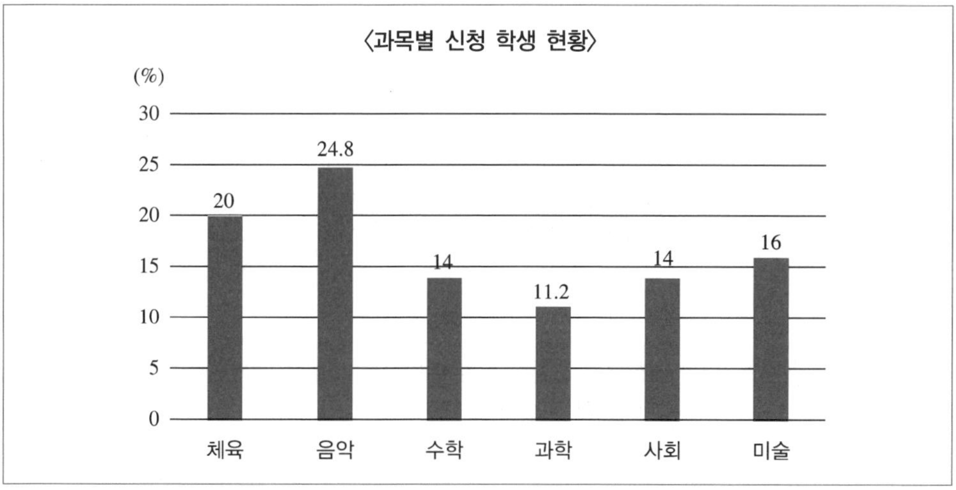

① 3명
② 4명
③ 5명
④ 6명
⑤ 7명

11 자료추론

| 유형분석 |

- 문제에 주어진 상황과 정보를 적절하게 활용하여 잘못된 내용을 찾아낼 수 있는지 평가한다.
- 비율 · 증감폭 · 증감률 · 수익(손해)율 등의 계산을 요구하는 문제가 출제된다.

다음은 S회사 직원 250명을 대상으로 조사한 독감 예방접종 여부에 대한 자료이다. 이에 대한 설명으로 옳은 것은?(단, 소수점 첫째 자리에서 버림한다)

〈2023년 독감 예방접종 여부〉

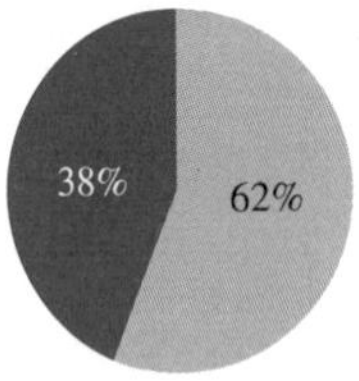

〈2024년 독감 예방접종 여부〉

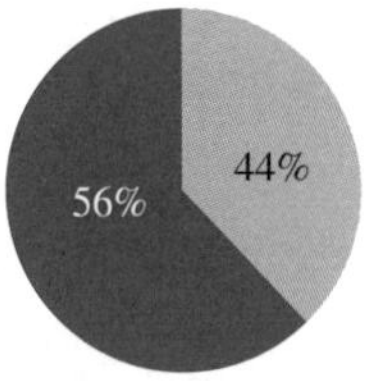

〈부서별 직원 현황〉

(단위 : %)

구분	총무부서	회계부서	영업부서	제조부서	합계
비율	16	12	28	44	100

※ 제시된 것 외의 부서는 없음

※ 2023년과 2024년 부서별 직원 현황은 변동이 없음

① 2023년의 독감 예방접종자가 모두 2024년에도 예방접종을 했다면, 2023년에는 예방접종을 하지 않았지만 2024년에 예방접종을 한 직원은 총 54명이다.

② 2023년 대비 2024년에 예방접종을 한 직원의 수는 49% 이상 증가했다.

③ 위의 2024년 독감 예방접종 여부 그래프가 2023년의 예방접종을 하지 않은 직원들을 대상으로 2024년의 독감 예방접종 여부를 조사한 자료라고 한다면, 2023년과 2024년 모두 예방접종을 하지 않은 직원은 총 65명이다.

④ 위의 2023년과 2024년의 독감 예방접종 여부 그래프가 총무부서에 대한 자료라고 한다면, 총무부서 직원 중 예방접종을 한 직원은 2023년 대비 2024년에 약 7명 증가했다.

⑤ 제조부서를 제외한 모든 부서에서는 직원들이 모두 2024년에 예방접종을 했다고 할 때, 제조부서 직원 중 예방접종을 한 직원의 비율은 2%이다.

정답 ④

총무부서 직원은 총 250×0.16=40명이다. 2023년과 2024년의 독감 예방접종 여부 그래프가 총무부서에 대한 자료라고 한다면, 총무부서 직원 중 2023년과 2024년의 예방접종자 수의 비율 차는 56−38=18%p이다.
따라서 40×0.18=7.2이므로 2023년 대비 2024년에 약 7명 증가했다.

오답분석

① 2023년 독감 예방접종자 수는 250×0.38=95명, 2024년 독감 예방접종자 수는 250×0.56=140명이므로, 2023년에는 예방접종을 하지 않았지만, 2024년에는 예방접종을 한 직원은 총 140−95=45명이다.

② 2023년의 예방접종자 수는 95명이고, 2024년의 예방접종자 수는 140명이다. 따라서 $\frac{140-95}{95}\times100 ≒ 47\%$ 증가했다.

③ 2024년의 독감 예방접종 여부 그래프가 2023년의 예방접종을 하지 않은 직원들을 대상으로 2024년의 독감 예방접종 여부를 조사한 자료라고 한다면, 2023년과 2024년 모두 예방접종을 하지 않은 직원은 총 250×0.62×0.44≒68명이다.

⑤ 제조부서를 제외한 직원은 250×(1−0.44)=140명이고, 2024년에 예방접종을 한 직원은 250×0.56=140명이다. 따라서 제조부서 직원 중 예방접종을 한 직원은 없다.

유형풀이 Tip

[증감률(%)] : $\frac{(\text{비교값})-(\text{기준값})}{(\text{기준값})}\times100$

예 S은행의 작년 신입사원 수는 500명이고, 올해는 700명이다. S은행의 전년 대비 올해 신입사원 수의 증가율은?

$\frac{700-500}{500}\times100=\frac{200}{500}\times100=40\%$ → 전년 대비 40% 증가하였다.

예 S은행의 올해 신입사원 수는 700명이고, 내년에는 350명을 채용할 예정이다. S은행의 올해 대비 내년 신입사원 수의 감소율은?

$\frac{350-700}{700}\times100=-\frac{350}{700}\times100=-50\%$ → 올해 대비 50% 감소할 것이다.

PART 1

대표기출유형 11 기출응용문제

Easy

01 다음은 OECD 회원국의 고용률을 조사한 자료이다. 이에 대한 설명으로 옳지 않은 것은?

〈OECD 회원국 고용률 추이〉

(단위 : %)

구분	2020년	2021년	2022년	2023년				2024년	
				1분기	2분기	3분기	4분기	1분기	2분기
OECD 전체	65.0	65.0	66.5	66.5	65.0	66.0	66.5	67.0	66.3
미국	67.5	67.5	68.7	68.5	68.7	68.7	69.0	69.3	69.0
일본	70.6	72.0	73.3	73.0	73.5	73.5	73.7	73.5	74.5
영국	70.0	70.5	73.0	72.5	72.5	72.7	73.5	73.7	74.0
독일	73.0	73.5	74.0	74.0	73.0	74.0	74.5	74.0	74.5
프랑스	64.0	64.5	63.5	64.5	63.0	63.0	64.5	64.0	64.0
한국	64.5	64.5	65.7	65.7	64.6	65.0	66.0	66.0	66.0

① 2020년부터 2024년 2분기까지 프랑스와 한국의 고용률은 OECD 전체 고용률을 넘은 적이 한 번도 없었다.

② 2024년 1분기 6개 국가의 고용률 중 가장 높은 국가와 가장 낮은 국가의 고용률 차이는 10%p이다.

③ 2024년 1분기와 2분기에서 고용률이 변하지 않은 국가는 프랑스와 한국이다.

④ 2024년 2분기 OECD 전체 고용률은 전년 동분기 대비 2% 증가하였다.

⑤ 2020년부터 영국의 고용률은 계속 증가하고 있다.

Hard

02 다음은 국가별 크루즈 외래객 점유율에 대한 자료이다. 이에 대한 〈보기〉의 설명 중 옳은 것을 모두 고르면?

〈전체 크루즈 방한객〉

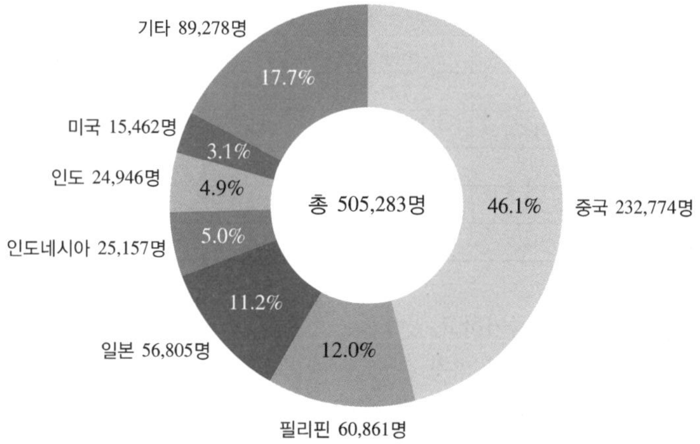

〈한국발 크루즈 탑승객〉

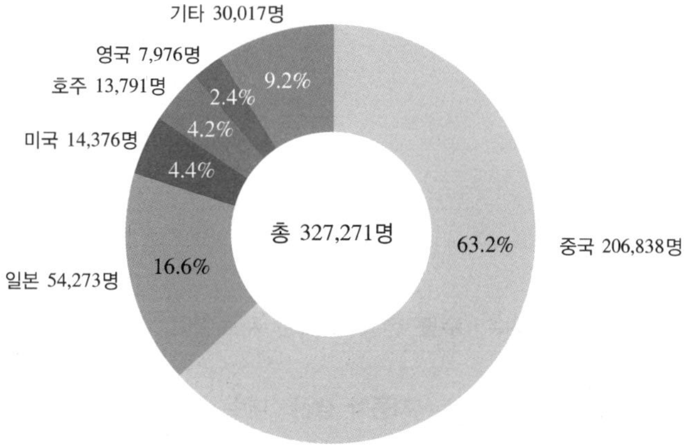

보기

ㄱ. 전체 크루즈 방한객 수와 한국발 크루즈 탑승객 수의 국가별 순위는 동일하다.
ㄴ. 미국 크루즈 방한객 수 대비 미국의 한국발 크루즈 탑승객 수의 비율은 85% 이상이다.
ㄷ. 필리핀의 크루즈 방한객 수는 필리핀의 한국발 크루즈 탑승객 수의 최소 8배 이상이다.
ㄹ. 영국의 한국발 크루즈 탑승객 수는 일본의 한국발 크루즈 탑승객 수의 20% 미만이다.

① ㄱ, ㄴ
② ㄱ, ㄷ
③ ㄴ, ㄷ
④ ㄴ, ㄹ
⑤ ㄱ, ㄴ, ㄷ

03 다음은 S기업의 주요 경영지표이다. 이에 대한 설명으로 옳은 것은?

〈경영지표〉

(단위 : 억 원)

구분	공정자산총액	부채총액	자본총액	자본금	매출액	당기순이익
2019년	2,610	1,658	952	464	1,139	170
2020년	2,794	1,727	1,067	481	2,178	227
2021년	5,383	4,000	1,383	660	2,666	108
2022년	5,200	4,073	1,127	700	4,456	−266
2023년	5,242	3,378	1,864	592	3,764	117
2024년	5,542	3,634	1,908	417	4,427	65

① 자본총액은 꾸준히 증가하고 있다.
② 각 지표 중 총액 규모가 가장 큰 것은 매출액이다.
③ 공정자산총액과 부채총액의 차가 가장 큰 해는 2024년이다.
④ 2019 ~ 2022년 사이에 자본총액 중 자본금이 차지하는 비중은 계속 증가하고 있다.
⑤ 직전 해의 당기순이익과 비교했을 때, 당기순이익이 가장 많이 증가한 해는 2020년이다.

04 다음은 자동차 생산·내수·수출 현황에 대한 자료이다. 이에 대한 설명으로 옳지 않은 것은?

〈자동차 생산·내수·수출 현황〉

(단위 : 대, %)

구분		2020년	2021년	2022년	2023년	2024년
생산	차량 대수	4,086,308	3,826,682	3,512,926	4,271,741	4,657,094
	증감률	(6.4)	(▽6.4)	(▽8.2)	(21.6)	(9.0)
내수	차량 대수	1,219,335	1,154,483	1,394,000	1,465,426	1,474,637
	증감률	(4.7)	(▽5.3)	(20.7)	(5.1)	(0.6)
수출	차량 대수	2,847,138	2,683,965	2,148,862	2,772,107	3,151,708
	증감률	(7.5)	(▽5.7)	(▽19.9)	(29.0)	(13.7)

① 수출이 증가했던 해는 생산과 내수 모두 증가했다.
② 생산이 증가했지만 내수나 수출이 감소한 해가 있다.
③ 2020년에는 전년 대비 생산, 내수, 수출이 모두 증가했다.
④ 내수는 증가했지만 생산과 수출이 모두 감소한 해도 있다.
⑤ 내수가 가장 큰 폭으로 증가한 해에는 생산과 수출이 모두 감소했다.

Hard

05 다음은 A기업의 금융 구조조정 자금 총지원 현황에 대한 자료이다. 이에 대한 〈보기〉의 설명 중 옳은 것을 모두 고르면?

〈금융 구조조정 자금 총지원 현황〉

(단위 : 억 원)

구분	은행	증권사	보험사	제2금융	저축은행	협동조합	소계
출자	222,039	99,769	159,198	26,931	1	0	507,938
출연	139,189	4,143	31,192	7,431	4,161	0	186,116
부실자산 매입	81,064	21,239	3,495	0	0	0	105,798
보험금 지급	0	113	0	182,718	72,892	47,402	303,125
대출	0	0	0	0	5,969	0	5,969
합계	442,292	125,264	193,885	217,080	83,023	47,402	1,108,946

보기

ㄱ. 출자 부문에서 은행이 지원받은 금융 구조조정 자금은 증권사가 지원받은 금융 구조조정 자금의 3배 이상이다.

ㄴ. 보험금 지급 부문에서 지원된 금융 구조조정 자금 중 저축은행이 지원받은 금액의 비중은 20%를 초과한다.

ㄷ. 제2금융에서 지원받은 금융 구조조정 자금 중 보험금 지급 부문으로 지원받은 금액이 차지하는 비중은 80% 이상이다.

ㄹ. 부실자산 매입 부문에서 지원된 금융 구조조정 자금 중 은행이 지급받은 금액의 비중은 보험사가 지급받은 금액 비중의 20배 이상이다.

① ㄱ
② ㄱ, ㄹ
③ ㄴ, ㄷ
④ ㄱ, ㄴ, ㄷ
⑤ ㄴ, ㄷ, ㄹ

PART 1

대표기출유형

12 자료변환

| 유형분석 |

- 도표의 형태별 특징을 파악하고, 다양한 종류로 변환하여 표현할 수 있는지 평가한다.
- 수치를 일일이 확인하기보다 증감 추이를 먼저 판단한 후 그래프 모양이 크게 차이 나는 곳의 수치를 확인하는 것이 효율적이다.

다음 중 2020 ~ 2024년 S기업의 매출표를 그래프로 나타낸 것으로 옳은 것은?

〈S기업 매출표〉

(단위 : 억 원)

구분	2020년	2021년	2022년	2023년	2024년
매출액	1,485	1,630	1,410	1,860	2,055
매출원가	1,360	1,515	1,280	1,675	1,810
판관비	30	34	41	62	38

※ (영업이익)=(매출액)−[(매출원가)+(판관비)]

※ (영업이익률)=[(영업이익)÷(매출액)]×100

① 2020 ~ 2024년 영업이익

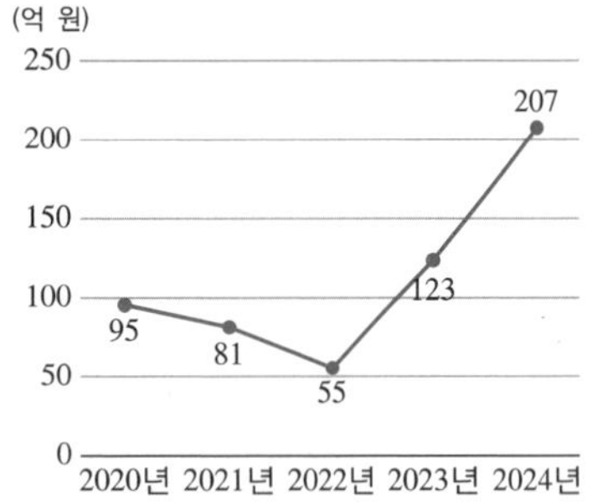

② 2020 ~ 2024년 영업이익

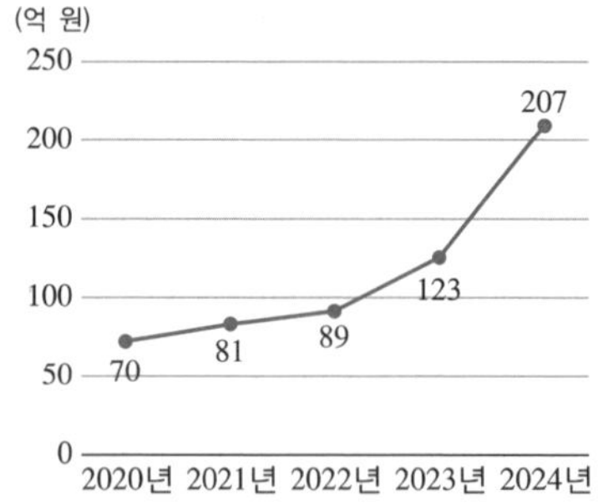

③ 2020 ~ 2024년 영업이익률

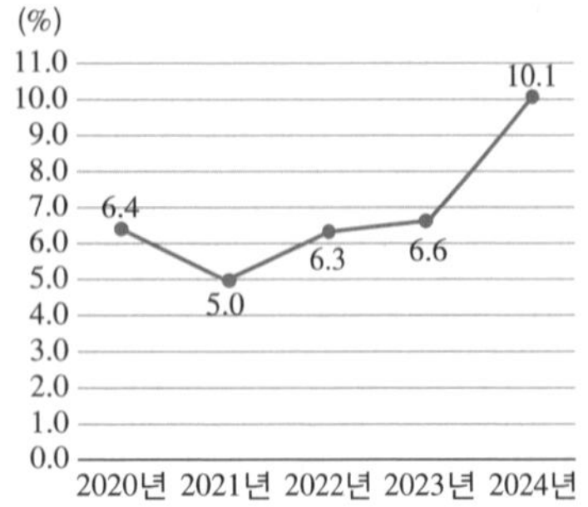

④ 2020 ~ 2024년 영업이익률

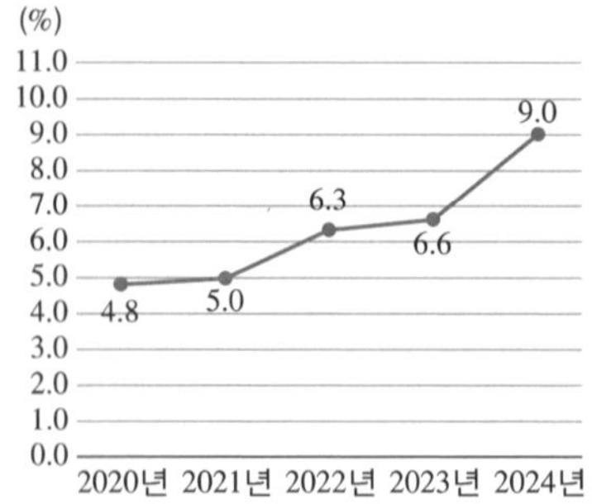

⑤ 2020 ~ 2024년 영업이익률

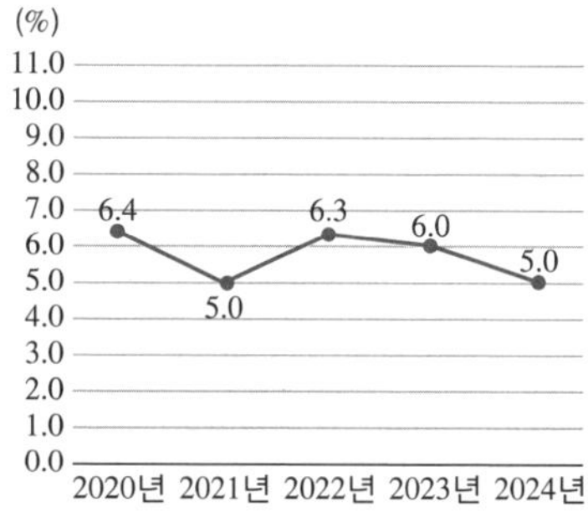

정답 ③

연도별 영업이익과 영업이익률은 다음과 같다.

(단위 : 억 원)

구분	2020년	2021년	2022년	2023년	2024년
매출액	1,485	1,630	1,410	1,860	2,055
매출원가	1,360	1,515	1,280	1,675	1,810
판관비	30	34	41	62	38
영업이익	95	81	89	123	207
영업이익률	6.4%	5.0%	6.3%	6.6%	10.1%

따라서 제시된 자료를 바르게 변환한 것으로 옳은 것은 ③이다.

유형풀이 Tip

그래프의 종류

구분	내용
선 그래프	시간적 추이(시계열 변화)를 표시하고자 할 때 적합 예 연도별 매출액 추이 변화
막대 그래프	수량 간의 대소관계를 비교하고자 할 때 적합 예 영업소별 매출액
원 그래프	내용의 구성비를 분할하여 나타내고자 할 때 적합 예 제품별 매출액 구성비
층별 그래프	합계와 각 부분의 크기를 백분율로 나타내고 시간적 변화를 보고자 할 때 적합 예 상품별 매출액 추이
점 그래프	지역분포를 비롯한 기업 등의 평가나 위치, 성격을 표시하고자 할 때 적합 예 광고비율과 이익률의 관계
방사형 그래프	다양한 요소를 비교하고자 할 때 적합 예 매출액의 계절변동

대표기출유형 12 기출응용문제

Hard

01 다음은 S국의 2014년부터 2024년까지 주식시장의 현황을 나타낸 자료이다. 이를 바탕으로 종목당 평균 주식 수를 바르게 작성한 그래프는?

〈주식시장 현황〉

구분	2014년	2015년	2016년	2017년	2018년	2019년	2020년	2021년	2022년	2023년	2024년
종목 수 (종목)	958	925	916	902	884	861	856	844	858	885	906
주식 수 (억 주)	90	114	193	196	196	265	237	234	232	250	282

※ (종목당 평균 주식 수)$=\frac{\text{(주식 수)}}{\text{(종목 수)}}$

①
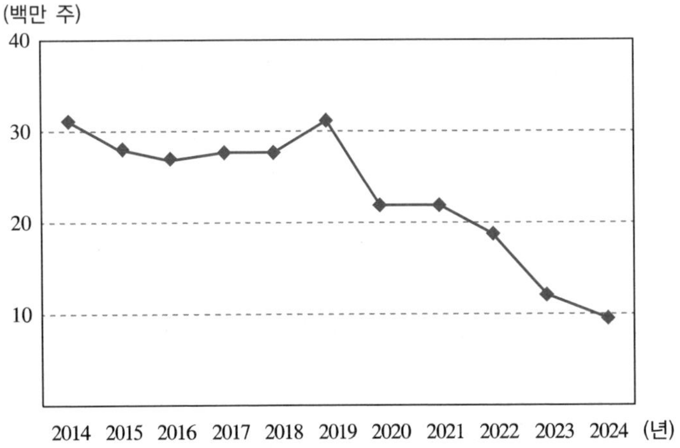

②
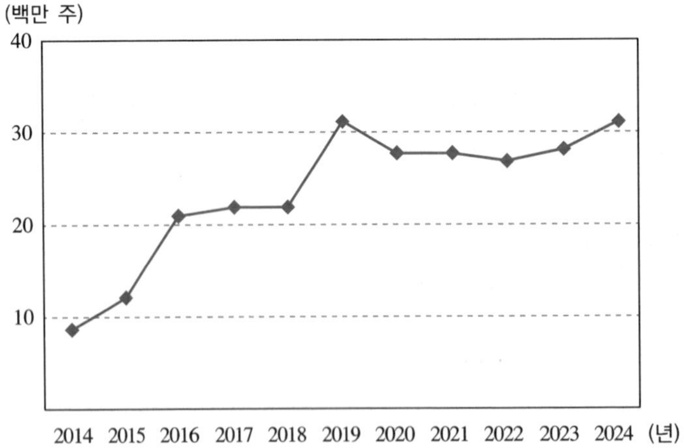

③
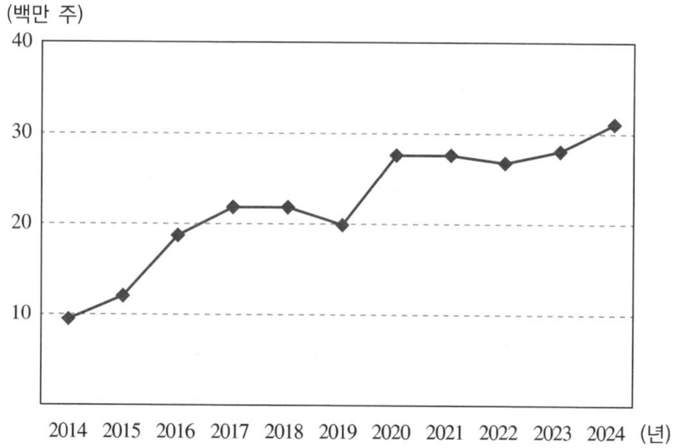
(백만 주)
40
30
20
10
2014 2015 2016 2017 2018 2019 2020 2021 2022 2023 2024 (년)

④
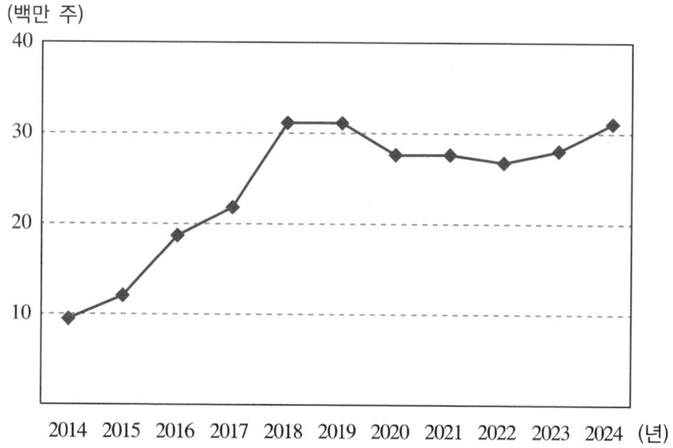
(백만 주)
40
30
20
10
2014 2015 2016 2017 2018 2019 2020 2021 2022 2023 2024 (년)

⑤
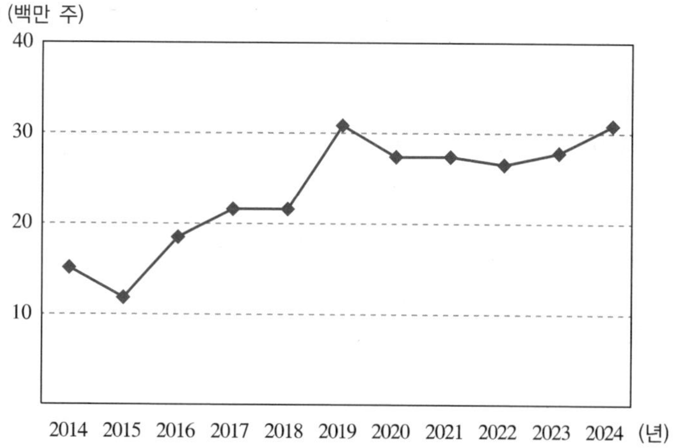
(백만 주)
40
30
20
10
2014 2015 2016 2017 2018 2019 2020 2021 2022 2023 2024 (년)

02 다음은 월별 장병내일준비적금 가입 현황에 대한 자료이다. 이를 변환한 그래프로 옳지 않은 것은?

〈장병내일준비적금 가입 현황〉

구분	2023년			2024년			합계
	10월	11월	12월	1월	2월	3월	
가입자 수(명)	18,127	30,196	24,190	16,225	18,906	15,394	123,038
가입계좌 수(개)	23,315	39,828	32,118	22,526	25,735	20,617	164,139
가입금액(백만 원)	4,361	7,480	5,944	4,189	4,803	3,923	30,700

① 2023년 10월～2024년 3월 동안 적금 가입자 수와 가입금액 현황

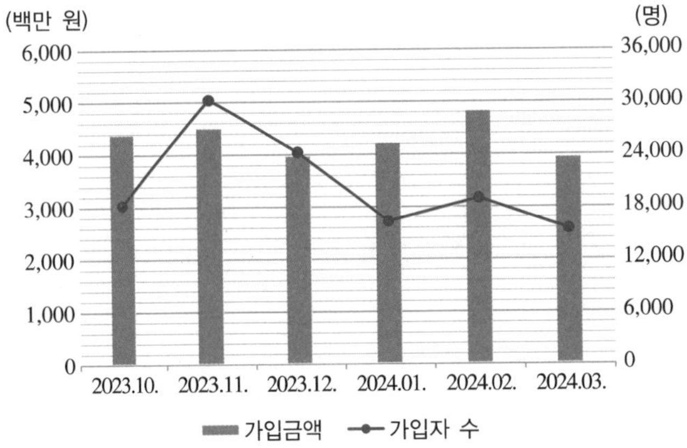

② 2023년 10월～2024년 3월 동안 적금 가입자 수와 가입계좌 수 현황

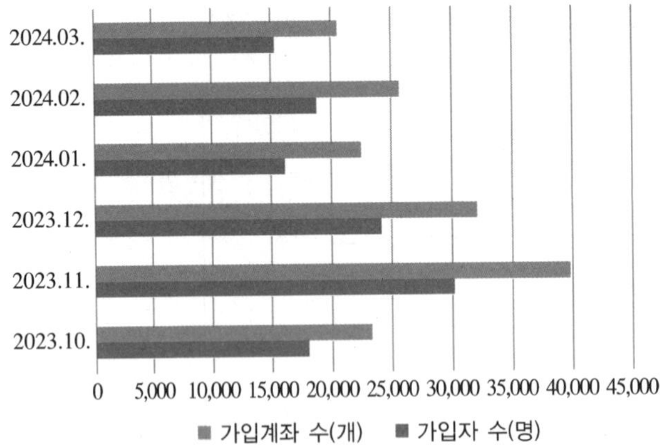

③ 2023년 10월 ~ 2024년 3월 동안 적금 가입계좌 수와 가입금액 현황

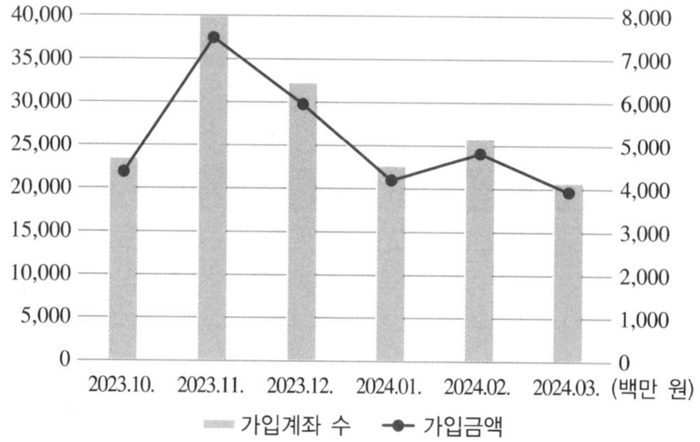

④ 2023년 10 ~ 12월 동안 적금 가입자 수, 가입계좌 수, 가입금액 현황

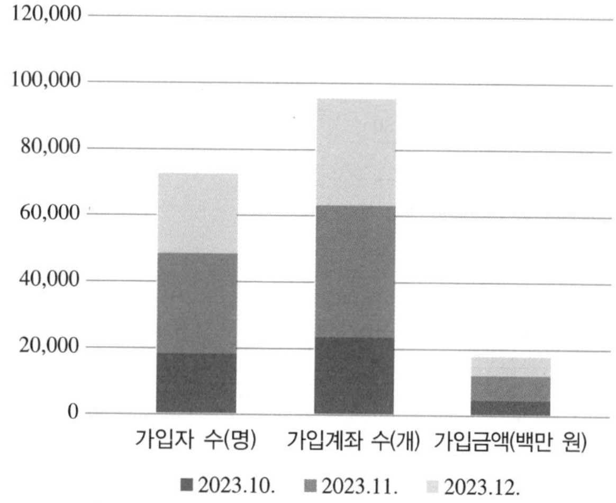

⑤ 2024년 1 ~ 3월 동안 적금 가입자 수, 가입계좌 수, 가입금액 현황

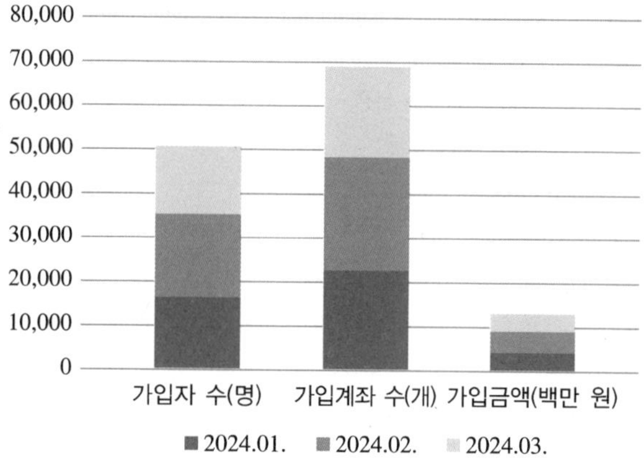

PART 1

03 다음은 A지역의 연도별 아파트 분쟁신고 현황이다. 이에 대한 그래프로 옳은 것을 〈보기〉에서 모두 고르면?

〈연도별 아파트 분쟁신고 현황〉

(단위 : 건)

구분	2021년	2022년	2023년	2024년
관리비 회계 분쟁	220	280	340	350
입주자대표회의 운영 분쟁	40	60	100	120
정보공개 관련 분쟁	10	20	10	30
하자처리 분쟁	20	10	10	20
여름철 누수 분쟁	80	110	180	200
층간소음 분쟁	430	520	860	1,280

보기

ㄱ. 연도별 층간소음 분쟁 현황

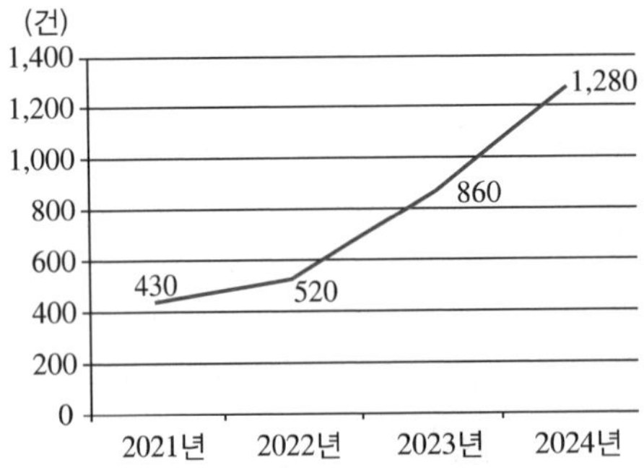

ㄴ. 2022년 아파트 분쟁신고 현황

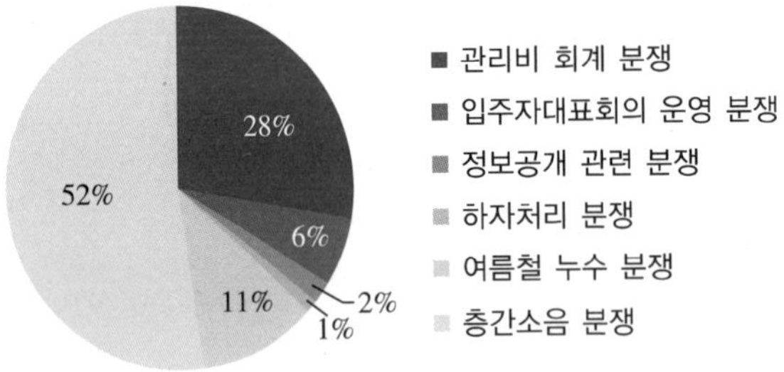

ㄷ. 전년 대비 아파트 분쟁신고 증가율

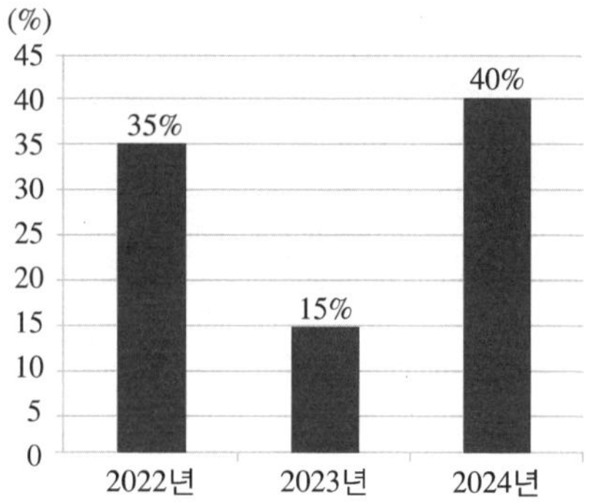

ㄹ. 3개년 연도별 아파트 분쟁신고 현황

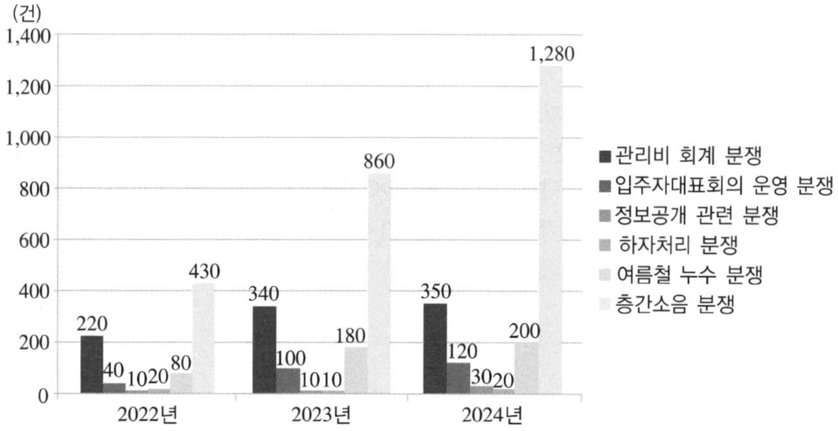

① ㄱ, ㄴ

② ㄱ, ㄷ

③ ㄴ, ㄷ

④ ㄴ, ㄹ

⑤ ㄷ, ㄹ

CHAPTER 04

자원관리능력

합격 CHEAT KEY

자원관리능력은 현재 NCS 기반 채용을 진행하는 많은 금융권에서 핵심영역으로 자리 잡아, 대부분의 시험에서 출제 영역으로 꼽히고 있다. 전체 문항수의 10 ~ 15% 비중으로 출제되고 있고, 난도가 대부분 높기 때문에 NCS를 치를 수험생이라면 반드시 준비해야 할 필수 과목이다.

실제 시험 기출 키워드를 살펴보면 비용 계산, 해외파견 지원금 계산, 주문 제작 단가 계산, 일정 조율, 일정 선정, 행사 대여 장소 선정, 최단거리 구하기, 시차 계산, 소요 시간 구하기, 해외파견 근무 기준에 부합한 또는 부합하지 않는 직원 고르기 등 크게 자원계산, 자원관리 문제유형이 출제된다. 대표유형을 바탕으로 응용되는 방식의 문제가 출제되고 있기 때문에 비슷한 유형을 계속해서 풀어보면서 감을 익히는 것이 중요하다.

01 시차를 먼저 계산하자!

시간자원관리문제의 대표유형 중 시차를 계산하여 일정에 맞는 항공권을 구입하거나 회의시간을 구하는 문제에서는 각각의 나라 시간을 한국 시간으로 전부 바꾸어 계산하는 것이 편리하다. 조건에 맞는 나라들의 시간을 전부 한국 시간으로 바꾸고 한국 시간과의 시차만 더하거나 빼면 시간을 단축하여 풀 수 있다.

02 선택지를 활용하자!

예산자원관리문제의 대표유형에서는 계산을 해서 값을 요구하는 문제들이 있다. 이런 문제유형에서는 문제 선택지를 먼저 본 후 자리 수가 몇 단위로 끝나는지 확인한다. 예를 들어 412,300원, 426,700원, 434,100원, 453,800원인 선택지가 있다고 할 때, 이 선택지는 100원 단위로 끝나기 때문에 제시된 조건에서 100원 단위로 나올 수 있는 항목을 찾아 그 항목만 계산하여 시간을 단축시키는 방법이 있다.

또한, 일일이 계산하는 문제가 많다. 예를 들어 640,000원, 720,000원, 810,000원 등의 수를 이용해 푸는 문제가 있다고 할 때, 만 원 단위를 절사하고 계산하여 64, 72, 81처럼 요약하여 적는 것도 시간을 단축하는 방법이다.

03 최적의 값을 구하는 문제인지 파악하자!

물적자원관리문제의 대표유형에서는 제한된 자원 내에서 최대의 만족 또는 이익을 얻을 수 있는 방법을 강구하는 문제가 출제된다. 이때, 구하고자 하는 값을 x, y로 정하고 연립방정식을 이용해 x, y 값을 구한다. 최소 비용으로 목표생산량을 달성하기 위한 업무 및 인력 할당, 정해진 시간 내에 최대 이윤을 낼 수 있는 업체 선정, 정해진 인력으로 효율적 업무 배치 등을 구하는 문제에서 사용되는 방법이다.

04 각 평가항목을 비교해보자!

인적자원관리문제의 대표유형에서는 각 평가항목을 비교하여 기준에 적합한 인물을 고르거나, 저렴한 업체를 선정하거나, 총점이 높은 업체를 선정하는 문제가 출제된다. 이런 문제를 해결할 때는 평가항목에서 가격이나 점수 차이에 영향을 많이 미치는 항목을 찾아 지우면 1 ~ 2개의 선택지를 삭제하고 3 ~ 4개의 선택지만 계산하여 시간을 단축할 수 있다.

05 문제의 단서를 이용하자!

자원관리능력은 계산문제가 많기 때문에, 복잡한 계산은 딱 떨어지게끔 조건을 제시하는 경우가 많다. 단서를 보고 부합하지 않는 선택지를 1 ~ 2개 먼저 소거한 뒤 계산을 하는 것도 시간을 단축하는 방법이다.

대표기출유형

01 시간계획

| 유형분석 |

- 시간 자원과 관련된 다양한 정보를 활용하여 풀어가는 문제이다.
- 대체로 교통편 정보나 국가별 시차 정보가 제공되며, 이를 근거로 '현지 도착시간 또는 약속된 시간 내에 도착하기 위한 방안'을 고르는 문제가 출제된다.

한국은 뉴욕보다 16시간 빠르고, 런던은 한국보다 8시간 느리다. 다음 비행기가 현지에 도착할 때의 시간(㉠, ㉡)으로 옳은 것은?

구분	출발 일자	출발 시간	비행 시간	도착 시간
뉴욕행 비행기	6월 6일	22:20	13시간 40분	㉠
런던행 비행기	6월 13일	18:15	12시간 15분	㉡

	㉠	㉡
①	6월 6일 09시	6월 13일 09시 30분
②	6월 6일 20시	6월 13일 22시 30분
③	6월 7일 09시	6월 14일 09시 30분
④	6월 7일 13시	6월 14일 15시 30분
⑤	6월 7일 20시	6월 15일 09시 30분

정답 ②

㉠ 뉴욕행 비행기는 한국에서 6월 6일 22시 20분에 출발하고, 13시간 40분 동안 비행하기 때문에 6월 7일 12시에 도착한다. 하지만 한국 시간은 뉴욕보다 16시간 빠르므로 현지에 도착하는 시간은 6월 6일 20시가 된다.
㉡ 런던행 비행기는 한국에서 6월 13일 18시 15분에 출발하고, 12시간 15분 동안 비행하기 때문에 현지에 6월 14일 6시 30분에 도착한다. 그러나 한국 시간은 런던보다 8시간이 빠르므로 현지에 도착하는 시간은 6월 13일 22시 30분이 된다.

유형풀이 Tip

- 문제에서 묻는 것을 정확히 파악한 후 제시된 상황과 정보를 활용하여 문제를 풀어간다.
- 추가 조건이나 제한사항은 문제를 해결하는 데 중요한 변수가 될 수 있으므로 유의한다.

대표기출유형 01 기출응용문제

Easy

01 다음 시간계획에 대한 〈보기〉의 설명 중 옳지 않은 것을 모두 고르면?

보기

ㄱ. 실현 가능한 시간계획을 세우는 것이 중요하다.
ㄴ. 시간계획을 따르는 것이 가장 중요하므로 무슨 일이 있어도 계획에 따라 실천해야 한다.
ㄷ. 시간계획을 효과적으로 세운다면 실제 행동할 때와 차이가 거의 발생하지 않는다.
ㄹ. 자유로운 여유시간은 시간계획에 포함되지 않는다.

① ㄱ, ㄴ
② ㄴ, ㄷ
③ ㄷ, ㄹ
④ ㄱ, ㄴ, ㄷ
⑤ ㄴ, ㄷ, ㄹ

02 인천공항에서 A ~ D비행기가 이륙 준비를 하고 있다. 다음 〈조건〉을 만족할 때, 출발시각이 가장 빠른 비행기는?

〈비행 정보〉

구분	A비행기	B비행기	C비행기	D비행기
도착지	도하	나리타	로스앤젤레스	밴쿠버
GMT	+3	+9	−8	−8
비행시간	9시간	2시간 10분	13시간	11시간 15분

조건

- 각 비행기의 도착지는 도하, 나리타, 로스앤젤레스, 밴쿠버 중 하나며 모두 직항이다.
- C비행기는 A비행기와 도착 시 현지 시간이 같다.
- B비행기는 C비행기보다 1시간 빨리 출발한다.
- D비행기는 C비행기보다 한국 시간으로 2시간 빨리 도착한다.
- 한국의 시차는 GMT+9이다.

① A비행기
② B비행기
③ C비행기
④ D비행기
⑤ A, D비행기

대표기출유형

02 비용계산

| 유형분석 |

- 예산 자원과 관련된 다양한 정보를 활용하여 풀어가는 문제이다.
- 대체로 한정된 예산 내에서 수행할 수 있는 업무 및 예산 가격을 묻는 문제가 출제된다.

A사원은 이번 출장을 위해 KTX표를 미리 40% 할인된 가격에 구매하였으나, 출장 일정이 바뀌는 바람에 하루 전날 표를 취소하였다. 다음 환불 규정에 따라 16,800원을 돌려받았을 때, 할인되지 않은 KTX표의 가격은?

〈KTX 환불 규정〉

출발 2일 전	출발 1일 전～열차 출발 전	열차 출발 후
100%	70%	50%

① 40,000원
② 48,000원
③ 56,000원
④ 67,200원
⑤ 70,000원

정답 ①

할인되지 않은 KTX표의 가격을 x원이라 하면, 표를 40% 할인된 가격으로 구매하였으므로 구매 가격은 $(1-0.4)x=0.6x$원이다.
환불 규정에 따르면 하루 전에 표를 취소하는 경우 70%의 금액을 돌려받을 수 있으므로 다음과 같은 식이 성립한다.

$0.6x\times0.7=16,800$

$\rightarrow 0.42x=16,800$

$\therefore x=40,000$

따라서 할인되지 않은 KTX표의 가격은 40,000원이다.

유형풀이 Tip

- 제한사항인 예산을 고려하여, 문제에 제시된 정보에서 필요한 것을 선별해 문제를 풀어간다.

01 다음은 S은행에서 근무하는 A사원의 4월 근태기록이다. 제시된 규정을 참고하였을 때, A사원이 받을 시간외근무수당은 얼마인가?(단, 정규근로시간은 09:00 ~ 18:00이다)

〈시간외근무 규정〉

- 시간외근무(조기출근 포함)는 1일 4시간, 월 57시간을 초과할 수 없다.
- 시간외근무수당은 1일 1시간 이상 시간외근무를 한 경우에 발생하며, 1시간을 공제한 후 매분 단위까지 합산하여 계산한다(단, 월 단위 계산 시 1시간 미만은 절사함).
- 시간외근무수당 지급단가 : 사원(7,000원), 대리(8,000원), 과장(10,000원)

〈A사원의 4월 근태기록(출근시간 / 퇴근시간)〉

- 4월 1일부터 4월 15일까지의 시간외근무시간은 12시간 50분(1일 1시간 공제 적용)이다.

18일(월)	19일(화)	20일(수)	21일(목)	22일(금)
09:00 / 19:10	09:00 / 18:00	08:00 / 18:20	08:30 / 19:10	09:00 / 18:00
25일(월)	26일(화)	27일(수)	28일(목)	29일(금)
08:00 / 19:30	08:30 / 20:40	08:30 / 19:40	09:00 / 18:00	09:00 / 18:00

※ 주말 특근은 고려하지 않음

① 112,000원
② 119,000원
③ 126,000원
④ 133,000원
⑤ 140,000원

Easy

02 다음은 총무업무를 담당하는 S대리의 통화 내역이다. 국내통화가 1분당 15원, 국제통화가 1분당 40원이라면 S대리가 사용한 통화요금은 총 얼마인가?

일시	통화 내용	시간
3/5(화) 10:00	신규직원 명함 제작 관련 인쇄소 통화	10분
3/6(수) 14:00	임직원 진급 선물 선정 관련 거래업체 통화	30분
3/7(목) 09:00	예산 편성 관련 해외 출장소 현지 담당자 통화	60분
3/8(금) 15:00	본사 청소 용역 관리 관련 제휴업체 통화	30분

① 1,550원
② 1,800원
③ 2,650원
④ 3,450원
⑤ 3,800원

대표기출유형

03 품목확정

| 유형분석 |

- 물적 자원과 관련된 다양한 정보를 활용하여 풀어가는 문제이다.
- 주로 공정도·제품·시설 등에 대한 가격·특징·시간 정보가 제시되며, 이를 종합적으로 고려하는 문제가 출제된다.

S은행은 신축 본사에 비치할 사무실 명패를 제작하기 위해 다음과 같은 팸플릿을 참고하고 있다. 신축 본사에 비치할 사무실 명패는 사무실마다 국문과 영문을 함께 주문했고, 총 주문 비용이 80만 원이라면 사무실에 최대 몇 개의 국문과 영문 명패를 함께 비치할 수 있는가?(단, 추가 구입 가격은 1SET를 구입할 때 한 번씩만 적용된다)

〈명패 제작 가격〉

- 국문 명패 : 1SET(10개)에 10,000원, 5개 추가 시 2,000원
- 영문 명패 : 1SET(5개)에 8,000원, 3개 추가 시 3,000원

① 345개
② 350개
③ 355개
④ 360개
⑤ 365개

정답 ④

국문 명패 최저가는 15개에 12,000원이고, 영문 명패 최저가는 8개에 11,000원이다. 각 명패를 최저가에 구입하는 개수의 최소공배수를 구하면 120개이다. 이때의 비용은 12,000×8+11,000×15=96,000+165,000=261,000원이다.
그러므로 한 사무실에 국문과 영문 명패를 함께 비치한다면, 120개의 사무실에 명패를 비치하는 비용은 261,000원이다.
360개의 사무실에 명패를 비치한다면 783,000원이 필요하고, 남은 17,000원으로 국문 명패와 영문 명패를 동시에 구입할 수 없다.
따라서 80만 원으로 최대 360개의 국문 명패와 영문 명패를 동시에 비치할 수 있다.

유형풀이 Tip

- 문제에서 제시한 물적 자원의 정보를 문제의 의도에 맞게 선별하면서 풀어간다.

Easy

01 다음은 A ~ E자동차의 성능을 비교한 자료이다. S씨의 가족은 서울에서 거리가 140km 떨어진 곳으로 여행을 가려고 한다. 가족 구성원은 총 4명이며 모두가 탈 수 있는 차를 렌트하려고 할 때, 어떤 자동차를 이용하는 것이 가장 비용이 적게 드는가?(단, 비용은 일의 자리에서 반올림한다)

〈자동차 성능 현황〉

구분	종류	연료	연비
A자동차	하이브리드	일반 휘발유	25km/L
B자동차	전기	전기	6km/kW
C자동차	가솔린 자동차	고급 휘발유	19km/L
D자동차	가솔린 자동차	일반 휘발유	20km/L
E자동차	가솔린 자동차	고급 휘발유	22km/L

〈연료별 비용〉

구분	비용
전기	500원/kW
일반 휘발유	1,640원/L
고급 휘발유	1,870원/L

〈자동차 인원〉

구분	인원
A자동차	5인용
B자동차	2인용
C자동차	4인용
D자동차	6인용
E자동차	4인용

① A자동차
② B자동차
③ C자동차
④ D자동차
⑤ E자동차

02 S사 마케팅 팀장은 팀원 50명에게 연말 선물을 하기 위해 물품을 구매하려고 한다. 다음 업체별 품목 금액과 팀원들의 품목 선호도를 나타낸 자료에 따라 팀장이 구매할 물품과 업체를 순서대로 바르게 나열한 것은?

〈업체별 품목 금액〉

(단위 : 원)

구분		한 벌당 가격
A업체	티셔츠	6,000
	카라 티셔츠	8,000
B업체	티셔츠	7,000
	후드 집업	10,000
	맨투맨	9,000

〈구성원 품목 선호도〉

순위	품목
1	카라 티셔츠
2	티셔츠
3	후드 집업
4	맨투맨

조건

- 구성원의 선호도를 우선으로 품목을 선택한다.
- 총구매금액이 30만 원 이상이면 총금액에서 5% 할인을 해준다.
- 차순위 품목이 1순위 품목보다 총금액이 20% 이상 저렴하면 차순위를 선택한다.

① 티셔츠 – A업체
② 카라 티셔츠 – A업체
③ 맨투맨 – B업체
④ 후드 집업 – B업체
⑤ 티셔츠 – B업체

03 S사에서 생산하는 핸드폰은 총 3가지 공정을 거쳐 순차적으로 만들어진다. 다음은 3가지 공정별 A ~ D생산라인의 생산성과 불량률에 대한 자료이다. C · D라인은 첫 공정을 진행할 수 없고, A · B라인은 마지막 공정을 진행할 수 없으며, 생산구조상 각 생산라인은 1가지 공정만 맡을 수 있다고 한다. 다음 자료를 보고 5시간 동안 생산할 때, 가장 효율적인 생산구조의 완성품 생산량은?

〈공정별 생산성〉

(단위 : 개/h)

구분	제1공정	제2공정	제3공정
A라인	100	80	-
B라인	90	80	-
C라인	-	70	70
D라인	-	80	60

〈공정별 불량률〉

(단위 : %)

구분	제1공정	제2공정	제3공정
A라인	20	20	-
B라인	10	10	-
C라인	-	10	20
D라인	-	10	10

※ 불량품은 별도의 가공 없이 폐기처분함

① 148개
② 150개
③ 158개
④ 168개
⑤ 170개

PART 1

대표기출유형

04 인원선발

| 유형분석 |

- 인적 자원과 관련된 다양한 정보를 활용하여 풀어가는 문제이다.
- 주로 근무명단, 휴무일, 업무할당 등의 주제로 다양한 정보를 활용하여 종합적으로 풀어가는 문제가 출제된다.

다음 글의 내용이 참일 때, S은행의 신입사원으로 채용될 수 있는 지원자들의 최대 인원은 몇 명인가?

금년도 신입사원 채용에서 S은행이 요구하는 자질은 이해능력, 의사소통능력, 대인관계능력, 실행능력이다. S은행은 이 4가지 자질 중 적어도 3가지 자질을 지닌 사람을 채용하고자 한다. 지원자는 갑, 을, 병, 정 4명이며, 이들이 지닌 자질을 평가한 결과 다음과 같은 정보가 주어졌다.

ㄱ. 갑이 지닌 자질과 정이 지닌 자질 중 적어도 2개는 일치한다.
ㄴ. 대인관계능력은 병만 가진 자질이다.
ㄷ. 만약 지원자가 의사소통능력을 지녔다면 그는 대인관계능력의 자질도 지닌다.
ㄹ. 의사소통능력의 자질을 지닌 지원자는 1명뿐이다.
ㅁ. 갑, 병, 정은 이해능력이라는 자질을 지니고 있다.

① 1명
② 2명
③ 3명
④ 4명
⑤ 없음

정답 ①

ㄴ, ㄷ, ㄹ에 따라 의사소통능력과 대인관계능력을 지닌 사람은 오직 병뿐이라는 사실을 알 수 있다. 또한 ㅁ에 따라 병이 이해능력도 가지고 있음을 알 수 있다. 이처럼 병은 4가지 자질 중에 3가지를 갖추고 있으므로 S은행의 신입사원으로 채용될 수 있다. 신입사원으로 채용되기 위해서는 적어도 3가지 자질이 필요한데, 4가지 자질 중 의사소통능력과 대인관계능력은 병만 지닌 자질임이 확인되었으므로 나머지 갑, 을, 정은 채용될 수 없다. 따라서 신입사원으로 채용될 수 있는 최대 인원은 병 1명이다.

유형풀이 Tip

- 주어진 규정 혹은 규칙을 근거로 하여 선택지를 하나씩 검토하며 소거해 나간다.

Easy

01 S사에서는 약 2개월 동안 근무할 인턴사원을 선발하고자 다음과 같은 공고를 게시하였다. 이에 지원한 A ~ E 중에서 S사의 인턴사원으로 가장 적절한 지원자는?

〈인턴 모집 공고〉

- 근무기간 : 약 2개월(7 ~ 8월)
- 자격요건
  - 1개월 이상 경력자
  - 포토샵 가능자
  - 근무시간(9 ~ 18시) 이후에도 근무가 가능한 자
- 기타사항
  - 경우에 따라서 인턴 기간이 연장될 수 있음

〈지원자 정보〉

A지원자	• 경력사항 : 출판사 3개월 근무 • 컴퓨터 활용 능력 中(포토샵, 워드 프로세서) • 대학 휴학 중(9월 복학 예정)
B지원자	• 경력사항 : 없음 • 포토샵 능력 우수 • 전문대학 졸업
C지원자	• 경력사항 : 마케팅 회사 1개월 근무 • 컴퓨터 활용 능력 上(포토샵, 워드 프로세서, 파워포인트) • 4년제 대학 졸업
D지원자	• 경력사항 : 제약 회사 3개월 근무 • 포토샵 가능 • 저녁 근무 불가
E지원자	• 경력사항 : 마케팅 회사 1개월 근무 • 컴퓨터 활용 능력 中(워드 프로세서, 파워포인트) • 대학 졸업

① A지원자
② B지원자
③ C지원자
④ D지원자
⑤ E지원자

PART 1

02 S사에서는 신입사원 2명을 채용하기 위하여 서류와 필기 전형을 통과한 갑 ~ 정 4명의 최종 면접을 실시하려고 한다. 4개 부서의 팀장이 각각 4명을 모두 면접하여 채용 우선순위를 결정하였다고 할 때, 다음 〈보기〉의 내용 중 옳은 것을 모두 고르면?

〈면접 결과〉

면접관 / 순위	인사팀장	경영관리팀장	영업팀장	회계팀장
1순위	을	갑	을	병
2순위	정	을	병	정
3순위	갑	정	정	갑
4순위	병	병	갑	을

※ 우선순위가 높은 순서대로 2명을 채용함
※ 동점자는 인사, 경영관리, 영업, 회계팀장 순서의 고순위자로 결정함
※ 각 팀장이 매긴 순위에 대한 가중치는 모두 동일함

보기

ㄱ. 을 또는 정 중 1명이 입사를 포기하면 갑이 채용된다.
ㄴ. 인사팀장이 을과 정의 순위를 바꿨다면 갑이 채용된다.
ㄷ. 경영관리팀장이 갑과 병의 순위를 바꿨다면 정은 채용되지 못한다.

① ㄱ
② ㄱ, ㄴ
③ ㄱ, ㄷ
④ ㄴ, ㄷ
⑤ ㄱ, ㄴ, ㄷ

03 다음은 S학교의 성과급 기준표이다. S학교 교사들의 성과급 배점을 계산하고자 할 때, 〈보기〉 중 가장 높은 배점을 받을 교사는?

〈성과급 기준표〉

구분	평가사항	배점기준	
수업지도	주당 수업시간	24시간 이하	14점
		25시간	16점
		26시간	18점
		27시간 이상	20점
	수업 공개 유무	교사 수업 공개	10점
		학부모 수업 공개	5점
생활지도	담임 유무	담임교사	10점
		비담임교사	5점
담당업무	업무 곤란도	보직교사	30점
		비보직교사	20점
경력	호봉	10호봉 이하	5점
		11 ~ 15호봉	10점
		16 ~ 20호봉	15점
		21 ~ 25호봉	20점
		26 ~ 30호봉	25점
		31호봉 이상	30점

※ 수업지도 항목에서 교사 수업 공개, 학부모 수업 공개를 모두 진행했을 경우 10점으로 배점하며, 수업 공개를 하지 않았을 경우 배점은 없음

보기

구분	주당 수업시간	수업 공개 유무	담임 유무	업무 곤란도	호봉
A교사	20시간	–	담임교사	비보직교사	32호봉
B교사	29시간	–	비담임교사	비보직교사	35호봉
C교사	26시간	학부모 수업 공개	비담임교사	보직교사	22호봉
D교사	22시간	교사 수업 공개	담임교사	보직교사	17호봉
E교사	25시간	교사 수업 공개, 학부모 수업 공개	비담임교사	비보직교사	30호봉

① A교사
② B교사
③ C교사
④ D교사
⑤ E교사

CHAPTER 05

정보능력

합격 CHEAT KEY

정보능력은 업무를 수행함에 있어 기본적인 컴퓨터를 활용하여 필요한 정보를 수집, 분석, 활용하는 능력을 의미한다. 또한 업무와 관련된 정보를 수집하고, 이를 분석하여 의미있는 정보를 얻는 능력이다.

국가직무능력표준에 따르면 정보능력의 세부 유형은 컴퓨터활용능력·정보처리능력으로 나눌 수 있다. 정보능력은 NCS 기반 채용을 진행한 곳 중 52% 정도가 다뤘으며, 문항 수는 전체에서 평균 6% 정도 출제되었다.

01 평소에 컴퓨터 활용 스킬을 틈틈이 익혀라!

윈도우(OS)에서 어떠한 설정을 할 수 있는지, 응용프로그램(엑셀 등)에서 어떠한 기능을 활용할 수 있는지를 평소에 직접 사용해 본다면 문제를 보다 수월하게 해결할 수 있다. 여건이 된다면 컴퓨터활용능력에 관련된 자격증 공부를 하는 것도 이론과 실무를 익히는 데 도움이 될 것이다.

02 문제의 규칙을 찾는 연습을 하라!

일반적으로 코드체계나 시스템 논리체계를 제공하고 이를 분석하여 문제를 해결하는 유형이 출제된다. 이러한 문제는 문제해결능력과 같은 맥락으로 규칙을 파악하여 접근하는 방식으로 연습이 필요하다.

03 현재 보고 있는 그 문제에 집중하자!

정보능력의 모든 것을 공부하려고 한다면 양이 너무나 방대하다. 그렇기 때문에 수험서에서 본인이 현재 보고 있는 문제들을 집중적으로 공부하고 기억하려고 해야 한다. 그러나 엑셀의 함수 수식, 연산자 등 암기를 필요로 하는 부분들은 필수적으로 암기를 해서 출제가 되었을 때 오답률을 낮출 수 있도록 한다.

04 사진 · 그림을 기억하자!

컴퓨터활용능력을 파악하는 영역이다 보니 컴퓨터 속 옵션, 기능, 설정 등의 사진 · 그림이 문제에 같이 나오는 경우들이 있다. 그런 부분들은 직접 컴퓨터를 통해서 하나하나 확인을 하면서 공부한다면 더 기억에 잘 남게 된다. 조금 귀찮더라도 한 번씩 클릭하면서 확인을 해보도록 한다.

01 정보이해

| 유형분석 |

- 정보능력 전반에 대한 이해를 확인하는 문제이다.
- 정보능력 이론이나 새로운 정보 기술에 대한 문제가 자주 출제된다.

다음 중 정보의 가공 및 활용에 대한 설명으로 옳지 않은 것은?

① 정보는 원형태 그대로 혹은 가공하여 활용할 수 있다.
② 수집된 정보를 가공하여 다른 형태로 재표현하는 방법도 가능하다.
③ 정적정보의 경우 이용한 이후에도 장래활용을 위해 정리하여 보존한다.
④ 비디오테이프에 저장된 영상정보는 동적정보에 해당한다.
⑤ 동적정보는 입수하여 처리 후에는 해당 정보를 즉시 폐기해도 된다.

정답 ④
저장매체에 저장된 자료는 시간이 지나도 언제든지 동일한 형태로 재생이 가능하므로 정적정보에 해당한다.

오답분석
① 정보는 원래 형태 그대로 활용하거나 분석 및 정리 등 가공하여 활용할 수 있다.
② 정보를 가공하는 것뿐 아니라 일정한 형태로 재표현하는 것도 가능하다.
③ 시의성이 사라지면 정보의 가치가 떨어지는 동적정보와 달리, 정적정보의 경우 이용 후에도 장래에 활용을 하기 위해 정리하여 보존하는 것이 좋다.
⑤ 동적정보의 특징은 입수 후 처리한 경우에는 폐기하여도 된다는 것이다. 오히려 시간의 경과에 따라 시의성이 점점 떨어지는 동적정보를 축적하는 것은 비효율적이다.

유형풀이 Tip

- 자주 출제되는 정보능력 이론을 확인하고, 확실하게 암기해 두어야 한다.
- 4차 산업혁명과 관련된 새로운 ICT 기술 이슈를 틈틈이 체크해 두어야 한다.

대표기출유형 01 기출응용문제

01 다음 중 프로그램이 컴퓨터의 기종에 관계없이 수행될 수 있는 성질을 의미하는 것은?

① 신뢰성
② 호환성
③ 안정성
④ 가용성
⑤ 절연성

Easy

02 다음 중 데이터베이스 설계 단계를 순서대로 바르게 나열한 것은?

① 요구조건 분석 → 개념적 설계 → 물리적 설계 → 논리적 설계 → 구현
② 요구조건 분석 → 물리적 설계 → 개념적 설계 → 논리적 설계 → 구현
③ 개념적 설계 → 물리적 설계 → 논리적 설계 → 요구조건 분석 → 구현
④ 요구조건 분석 → 개념적 설계 → 논리적 설계 → 물리적 설계 → 구현
⑤ 개념적 설계 → 요구조건 분석 → 논리적 설계 → 물리적 설계 → 구현

03 다음 중 SQL문의 DROP 명령문에서 사용되는 RESTRICT 옵션에 대한 설명으로 옳은 것은?

① 중첩된 질의를 수행한 결과로 구한 튜플들 중에 같은 값을 모두 삭제
② 제거될 테이블을 참조하는 모든 제약과 뷰가 자동적으로 삭제
③ 제거할 요소가 다른 개체에서 참조되지 않는 경우에만 삭제
④ 데이터베이스 스키마뿐만 아니라 테이블, 도메인 등 모든 원소 삭제
⑤ 데이터베이스 스키마만 삭제

02 엑셀 함수

| 유형분석 |

- 업무수행에 필요한 스프레드 시트(엑셀)의 사용법을 이해하고 활용할 수 있는지 평가한다.
- 주로 스프레드 시트의 기능, 스프레드 시트 함수와 관련된 문제가 출제된다.
- 대표적인 엑셀 함수(COUNTIF, ROUND, MAX, SUM, COUNT, AVERAGE, …)에 대한 사전 학습이 요구된다.

다음 시트에서 판매수량과 추가판매의 합계를 구하기 위해서 [B6] 셀에 들어갈 함수식으로 옳은 것은?

	A	B	C
1	일자	판매수량	추가판매
2	06월19일	30	8
3	06월20일	48	
4	06월21일	44	
5	06월22일	42	12
6	합계	184	

① =SUM(B2,C2,C5)
② =LEN(B2:B5,3)
③ =COUNTIF(B2:B5,">=12")
④ =SUM(B2:B5)
⑤ =SUM(B2:B5,C2,C5)

정답 ⑤

「=SUM(합계를 구할 처음 셀:합계를 구할 마지막 셀)」으로 표시해야 한다. 판매수량과 추가판매를 더하는 것은 비연속적인 셀을 더하는 것이므로 연속하는 영역을 입력하고 ','로 구분한 다음 영역을 다시 지정해야 한다. 따라서 [B6] 셀에 들어갈 수식으로 「=SUM(B2:B5,C2,C5)」이 옳다.

유형풀이 Tip

- 문제 상황에 필요한 엑셀 함수가 무엇인지 파악한 후 선택지에서 적절한 함수식을 골라 식을 만들어야 한다.
- 대표적인 엑셀 함수와 풀이 방법에 대해 사전에 학습해두면 문제를 빠르게 해결할 수 있다.

01 다음 시트에서 [E10] 셀에 함수식 「=INDEX(E2:E9,MATCH(0,D2:D9,0))」를 입력했을 때, [E10] 셀에 표시되는 결괏값으로 옳은 것은?

	A	B	C	D	E
1	부서	직급	사원명	근무연수	근무월수
2	재무팀	사원	이수연	2	11
3	교육사업팀	과장	조민정	3	5
4	신사업팀	사원	최지혁	1	3
5	교육컨텐츠팀	사원	김다연	0	2
6	교육사업팀	부장	민경희	8	10
7	기구설계팀	대리	김형준	2	1
8	교육사업팀	부장	문윤식	7	3
9	재무팀	대리	한영혜	3	0
10					

① 1
② 2
③ 3
④ 4
⑤ 5

Easy

02 다음 시트에서 'ㅇ' 한 개당 20점으로 시험 점수를 계산하여 점수 필드에 입력하려고 할 때, [H2] 셀에 입력해야 할 함수식으로 옳은 것은?

	A	B	C	D	E	F	G	H
1	수험번호	성명	문항 1	문항 2	문항 3	문항 4	문항 5	점수
2	20250001	구대영	○	○	×	○	○	
3	20250002	오해영	×	○	○	○	×	
4	20250003	김은희	○	○	○	○	○	

① =COUNT(C2:G2,"○")*20
② =COUNTIF(C2:G2,"○")*20
③ =SUM(C2:G2,"○")*20
④ =SUMIF(C2:G2,"○")*20
⑤ =SUM(C2:G2,"○")

03 프로그램 언어(코딩)

| 유형분석 |

- 업무수행에 필요한 프로그램 언어(코딩)을 정확하게 이해하고 있는지 평가한다.
- 빈번하게 출제되는 프로그램 언어(코딩) 문제 유형에 대한 사전 학습이 요구된다.

다음 중 프로그램의 실행 결과로 옳은 것은?

```
#include <stdio.h>

int main(){
        int i=4;
        int k=2;
        switch(i) {
                case 0:
                case 1:
                case 2:
                case 3: k=0;
                case 4: k+=5;
                case 5: k-=20;
                default: k++;
        }
        printf("%d",k);
}
```

① 12　　② −12
③ 10　　④ −10
⑤ 20

정답 ②

i가 4이기 때문에 case 4부터 시작한다. k는 2이고, k+=5를 하면 7이 된다. 그다음 case 5에서 k−=20을 하면 −13이 되며, default에서 1이 증가하여 결괏값은 −12가 된다.

유형풀이 Tip

- 주어진 실행 프로그램을 확인한 후 핵심 키워드를 파악한 다음 문제에서 요구하는 내용을 도출해낸다.
- 대표적인 프로그램 언어와 풀이 방법에 대해 사전에 학습해두면 문제를 빠르게 해결할 수 있다.

대표기출유형 03 기출응용문제

※ 다음 프로그램의 실행 결과로 옳은 것을 고르시오. [1~2]

01

```
#include <stdio.h>

Int main() {
Int i;
Int sum=0;

For(i=0; i<10; i++){
sum+=i;
}
Printf("최종합 : %d₩n", sum);
}
```

① 40 ② 45
③ 50 ④ 55
⑤ 60

Easy

02

```
public class test {
public static void main(String[ ] args) {
int i=0;
int c=0;

while (i<10) {
i++;
c*=i;
}
System.out.println(sum);
}
}
```

① 0 ② 1
③ 3 ④ 4
⑤ 8

PART 1

M E M O

PART 2

직무능력평가

CHAPTER 01

경영학
핵심이론

1. 테일러 시스템과 포드 시스템의 비교

테일러 시스템	포드 시스템
• 과업관리(시간과 동작연구를 통한) • 차별성과급 도입 : 객관적인 과학적 방법을 사용한 임금률 • 과학적 관리 방법을 도입한 표준화 • 작업의 과학화와 개별생산관리 • 인간노동의 기계화 시대	• 동시관리 : 작업조직의 철저한 합리화에 의해 작업의 동시적 진행을 기계적으로 실현하고 관리를 자동적으로 전개 • 컨베이어 시스템, 대량생산 • 공장 전체로 확대 • 인간에게 기계의 보조역할 요구

2. 환경의 2가지 차원(환경의 동태성 및 복잡성의 정도)

• 환경의 동태성 : 안정적 환경 → 관리자가 미래의 사건 예측, 동태적 환경 → 관리자가 과거의 패턴으로부터 예측할 수 있게 된다.

• 복잡성의 정도 : 환경요소들이 단순한가, 그렇지 않은가를 말하는 것으로, 상호작용하는 환경요소의 수와 관련이 있다.

• 환경의 2가지 차원 도식화

구분		환경의 복잡성	
		단순	복잡
환경의 동태성	안정적	(단순)+(안정)=(낮은 불확실성) 예 컨테이너 제조업, 음료병 제조업	(복잡)+(안정)=(다소 낮은 불확실성) 예 대학, 병원
	동태적	(단순)+(동태적)=(다소 높은 불확실성) 예 유행의류 제조업, 장난감 제조업	(복잡)+(동태적)=(높은 불확실성) 예 전자산업, 석유회사

3. 기업합병

• 법률적으로 독립적인 복수의 기업이 단일조직이 되는 형태

• 피합병기업은 완전히 독립성을 상실

• 흡수합병 및 신설합병
  - 흡수합병 : 어떠한 하나의 회사기업이 타 회사기업을 흡수하는 것
  - 신설합병 : 합병을 당하는 회사기업이 모두 해산·소멸함과 더불어 신회사기업이 설립

4. 의사결정 문제와 의사결정 모형

사이먼은 의사결정 유형을 정형적·비정형적인 것으로 분류하고, 정형적 의사결정은 구조화된 결정 문제, 비정형적 의사결정은 비구조화된 결정 문제라고 하였다.

구분	정형적 의사결정	비정형적 의사결정
문제의 성격	• 보편적, 일상적인 상황	• 특수적, 비일상적인 상황
문제해결 방안의 구체화 방식	• 문제해결안이 조직의 정책 또는 절차 등에 의해 미리 상세하게 명시됨	• 해결안은 문제가 정의된 다음에 창의적으로 결정
의사결정의 계층	• 주로 하위층	• 주로 고위층
의사결정의 수준	• 업무적·관리적 의사결정	• 전략적 의사결정
적용조직의 형태	• 시장 및 기술이 안정되고 일상적이며, 구조화된 문제해결이 많은 조직	• 구조화가 되어 있지 않으며, 결정사항이 비일상적이면서 복잡한 조직
전통적 기법	• 업무절차, 관습 등	• 직관, 판단, 경험법칙, 창조성 등
현대적 기법	• EDPS, OR 등	• 휴리스틱 기법

5. 포드 시스템의 비판

- 동시작업 시스템의 문제 : 한 라인에서 작업이 중지될 경우 전체 라인의 작업이 중지되어 제품 생산에 큰 차질을 빚게 한다.
- 인간의 기계적 종속화 : 컨베이어 시스템 등의 생산기계에 이상이 있을 시 생산은 중단되고 사람은 아무런 일도 하지 못하게 된다.
- 노동착취의 원인 제공 : 생산라인에서 사람은 쉬지 못할 뿐만 아니라 떠날 수도 없기 때문에, 이러한 생산 과정은 노동의 과부하를 불러일으킬 수 있다.
- 제품의 단순화·표준화는 효율적이지만 다양한 욕구를 충족시키기에는 역부족이다.

6. 다각화의 종류

- 수직적 다각화 : 기업이 자신의 분야에 포함된 분야로 사업 영역을 확장하는 것이다.
- 수평적 다각화 : 자신의 분야와 동등한 수준의 분야로 다각화하는 것이다.
- 집중적 다각화 : 핵심기술 한 가지에 집중해서 판매하는 것 또는 다른 관점에서 바라보면 경영합리화의 목적, 시장통제의 목적, 금융상 이점 등을 목적으로 상호 간 협정 또는 제휴를 통해 과다경쟁으로 인한 폐해를 없애고 기업조직의 안정 및 시장지배를 목적으로 하는 것이다.
- 복합적 다각화 : 해당 사업이 연계한 동종업종의 것일 수도 있으며, 자신들의 업종과는 전혀 다른 양상의 분야로 확장해서 운영하는 것이다.

7. 경쟁전략의 형태

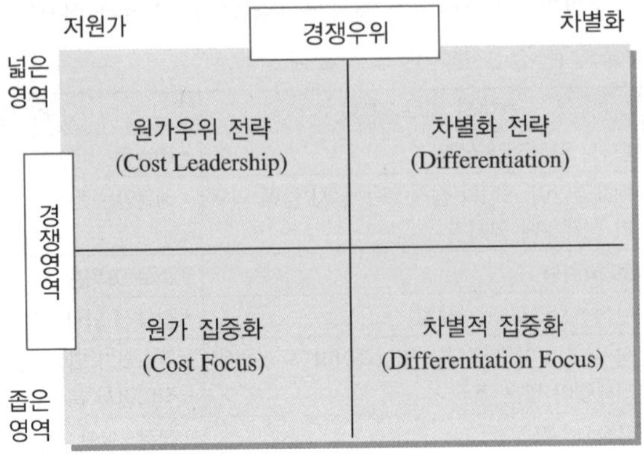

8. 기능별 조직과 사업부제 조직의 비교

구분	기능별 조직	사업부제 조직
장점	• 기능별로 최적방법(품질관리, 생산관리, 마케팅 등)의 통일적인 적용 • 전문화에 의한 지식경험의 축적 및 규모의 경제성 • 인원 · 신제품 · 신시장의 추가 및 삭감이 신속하고 신축적 • 자원(사람 및 설비)의 공통 이용	• 부문 간 조정이 용이 • 제품별 명확한 업적평가, 자원의 배분 및 통제 용이 • 사업부별 신축성 및 창의성을 확보하면서 집권적인 스태프와 서비스에 의한 규모의 이익 추구 • 사업부장의 총체적 시각에서의 의사결정
단점	• 과도한 권한의 집중 및 의사결정의 지연 • 기능별 시각에 따른 모든 제품 및 서비스 경시 • 다각화 시 제품별 조건 적합적 관리 불가능 • 각 부문의 업적평가 곤란	• 단기적인 성과를 중시 • 스태프, 기타 자원의 중복에 의한 조직슬랙의 증대 • 분권화에 의한 새로운 부문 이기주의의 발생 및 사업부 이익의 부분 극대화 • 전문직 상호 간 커뮤니케이션의 저해

9. 직무평가의 방법

비교기준 / 비교대상	직무전반	구체적 직무요소
직무 대 직무	서열법 (Ranking Method)	요소비교법 (Factor Comparison Method)
직무 대 기준	분류법 (Job Classification Method)	점수법 (Point Method)

10. 임금관리의 3요소

구분	핵심 사항	분류(고려 대상)
임금수준	적정성	생계비 수준, 사회적 임금수준, 동종업계 임금수준 감안
임금체계	공정성	연공급, 직능급, 성과급, 직무급
임금형태	합리성	시간급제, 일급제, 월급제, 연봉제

11. 노동조합의 탈퇴 및 가입

- 오픈 숍(Open Shop) : 사용자가 노동조합에 가입한 조합원뿐만 아니라 비조합원도 자유롭게 채용할 수 있도록 하는 제도를 말한다. 종업원의 노동조합에 대한 가입·비가입 등이 채용이나 해고 조건에 전혀 영향력을 끼치지 못하는 것이라 할 수 있다. 노동조합에 대한 가입 및 탈퇴에 대한 부분은 종업원들의 각자 자유에 맡기고, 사용자는 비조합원들도 자유롭게 채용할 수 있기 때문에 조합원들의 사용자에 대한 교섭권은 약화된다.
- 클로즈드 숍(Closed Shop) : 기업의 결원에 대한 보충이나 신규채용 등에 있어 사용자가 조합원 중에서 채용을 하지 않으면 안 되는 것을 의미한다. 노동조합의 가입이 채용의 전제조건이 되므로 조합원의 확보 방법으로서는 최상의 강력한 제도라 할 수 있으며, 클로즈드 숍하에서는 노동조합이 노동의 공급 등을 통제할 수 있기 때문에 노동가격(임금)을 상승시킬 수 있다.
- 유니언 숍(Union Shop) : 사용자의 노동자에 대한 채용은 자유롭지만, 일단 채용이 된 후 종업원들은 일정기간이 지난 후에는 반드시 노동조합에 가입해야만 하는 제도이다.

12. JIT(Just In Time) 시스템(적시생산시스템)

- 필요한 시기에 필요한 양만큼의 단위를 생산해 내는 것이다.
- 푸시 시스템 : 작업이 생산의 첫 단계에서 방출되고 차례로 재공품을 다음 단계로 밀어내어 최종 단계에서 완성품이 나온다.
- 풀 시스템 : 필요한 시기에 필요한 양만큼 생산해 내는 시스템으로, 수요변동에 의한 영향을 감소시키고 분권화에 의해 작업관리의 수준을 높인다.
- JIT의 효과 : 납기 100% 달성, 고설계 적합성, 생산 리드타임의 단축, 수요변화의 신속한 대응, 낮은 수준의 재고를 통한 작업의 효율성, 작업 공간 사용의 개선, 분권화를 통한 관리의 증대, 재공품 재고 변동의 최소화, 각 단계 간 수요 변동의 증폭 전달 방지, 불량 감소, 유연성 등

13. 종합적 품질경영(TQM; Total Quality Management)

경영자의 열의 및 리더십을 기반으로 지속된 교육 및 참여에 의해 능력이 개발된 조직의 구성원들이 합리적이면서 과학적인 관리 방식을 활용해서 기업조직 내 절차를 표준화하며, 이를 지속적으로 개선해 나가는 과정에서 종업원의 니즈를 만족시키고 소비자 만족 및 기업조직의 장기적인 성장을 추구하는 관점에서의 경영시스템이다.

14. 목표시장 선정 전략

시장 세분화	• 시장 세분화를 위한 세분화 기준변수 파악 • 각 세분시장의 프로파일 개발
표적시장 선정	• 세분시장 매력도 평가를 위한 측정변수 개발 • 표적시장 선정
포지셔닝	• 표적시장별 포지셔닝을 위한 위치 파악 • 표적시장별 마케팅믹스 개발

15. 제품믹스 전략

- 제품믹스 : 일반적으로 기업이 다수의 소비자에게 제공하는 모든 형태의 제품 계열과 제품 품목을 통합한 것을 말한다.
- 제품 계열 : 제품믹스 중에서 물리적·기술적 특징이나 용도가 비슷하거나 동일한 고객집단에 의해 구매되는 제품의 집단이다. 즉, 특성이나 용도가 비슷한 제품들로 이루어진 집단을 말한다.
  - 제품믹스의 폭 : 기업이 가지고 있는 제품 계열의 수를 의미
  - 제품믹스의 깊이 : 각 제품 계열 안에 있는 품목의 수를 의미
  - 제품믹스의 길이 : 제품믹스 내의 모든 제품 품목의 수를 의미

16. 푸시전략과 풀전략

푸시(Push)전략	• 제조업자가 소비자를 향해 제품을 밀어낸다는 의미로, 제조업자는 도매상에게, 도매상은 소매상에게, 소매상은 소비자에게 제품을 판매하게 만드는 전략을 말한다. • 소비자들의 브랜드 애호도가 낮고, 브랜드 선택이 점포 안에서 이루어지며, 동시에 충동구매가 잦은 제품의 경우에 적합한 전략이다.
풀(Pull)전략	• 제조업자 쪽으로 당긴다는 의미로, 소비자를 상대로 적극적인 프로모션 활동을 하여 소비자들이 스스로 제품을 찾게 만들고 중간상들은 소비자가 원하기 때문에 제품을 취급할 수밖에 없게 만드는 전략을 말한다. • 광고와 홍보를 주로 사용하며, 소비자들의 브랜드 애호도가 높고, 점포에 오기 전 브랜드 선택에 대해서 관여도가 높은 상품에 적합한 전략이다.

17. 재무회계와 관리회계 비교

구분	재무회계	관리회계
보고대상	외부정보 이용자	내부정보 이용자
보고시기	정기보고	수시보고
기준	GAAP	원가계산시스템
형식	일정한 형식	일정한 형식 없음
보고내용	주로 제무제표와 부속자료	제한 없음(주로 원가, 예산, 기타 분석 자료)

18. 재고자산 평가방법의 비교

구분	크기비교	비고
기말재고자산	선입선출법>이동평균법>총평균법>후입선출법	제외
매출원가	선입선출법<이동평균법<총평균법<후입선출법	–
당기순이익	선입선출법>이동평균법>총평균법>후입선출법	–
법인세	선입선출법>이동평균법>총평균법>후입선출법	과세소득이 충분함
현금흐름	선입선출법<이동평균법<총평균법<후입선출법	법인세효과

19. 체계적 위험(Systematic Risk)과 비체계적 위험(Unsystematic Risk)

체계적 위험	• 경제성장률, 이자율, 인플레이션, 환율, 국제유가 등 경제 전반에 영향을 미치는 요인들의 변동에 따른 위험 • 모든 주식에 공통적으로 영향을 미치기 때문에 여러 주식으로 포트폴리오를 구성해서 투자해도 제거할 수 없음
비체계적 위험	• 주식을 발행한 기업의 경영성과, 경영진의 교체, 신제품 개발의 성패 등과 같이 그 기업에만 영향을 미치는 요인들로 인한 위험 • 주식 수를 충분히 증가시켜서 투자하면 완전히 제거할 수 있음

20. 듀레이션의 특징

- 만기가 길수록 듀레이션은 커진다.
- 표면이자율이 높을수록 듀레이션은 작아진다.
- 만기수익률이 높을수록 듀레이션은 작아진다.
- 이자 지급빈도가 증가할수록 듀레이션은 작아진다.

기출응용문제

정답 및 해설 p.034

01 다음 중 마이클 포터(Michael E. Porter)의 본원적 경쟁전략에 대한 설명으로 옳은 것은?

① 차별화 전략은 특정 산업을 대상으로 한다.
② 해당 산업에서 경쟁우위를 확보하기 위한 전략이다.
③ 집중화 전략에서는 대량생산을 통해 단위 원가를 낮추거나 새로운 생산기술을 개발할 필요가 있다고 본다.
④ 원가우위 전략에서는 연구개발이나 광고를 통하여 기술, 품질, 서비스 등을 개선할 필요가 있다고 본다.
⑤ 집중화 전략은 1970년대 우리나라의 섬유산업이나 신발업체, 가발업체 등이 미국시장에 진출할 때 취한 전략이다.

02 다음 사례에 적용할 수 있는 마케팅 기법은?

• 소셜커머스로 레스토랑 할인쿠폰을 구매한다. • 매장 사이트를 방문하여 예약을 한다. • 지도앱 등을 통해 가장 가까운 카페 중 한 곳을 고른다.

① 코즈 마케팅
② 스토리텔링 마케팅
③ O2O 마케팅
④ 플래그십 마케팅
⑤ 스타 마케팅

03 다음 중 경영정보시스템 관련 용어에 대한 설명으로 옳은 것은?

① 데이터베이스관리시스템은 비즈니스 수행에 필요한 일상적인 거래를 처리하는 정보시스템이다.
② 전문가시스템은 일반적인 업무를 지원하는 정보시스템이다.
③ 전사적 자원관리시스템은 공급자와 공급기업을 연계하여 활용하는 정보시스템이다.
④ 의사결정지원시스템은 데이터를 저장하고 관리하는 정보시스템이다.
⑤ 중역정보시스템은 최고경영자층이 전략적인 의사결정을 하도록 도와주는 정보시스템이다.

04 다음 중 〈보기〉에서 설명하는 것을 순서대로 바르게 나열한 것은?

보기

- 주문자가 제조업체에 제품 생산을 위탁하면 제조업체는 이 제품을 개발·생산하여 주문자에게 납품하고, 주문업체는 이에 대한 유통 및 판매만 맡는 형태이다. 즉, 하청업체가 제품의 개발과 생산을 모두 담당하는 방식을 말한다.
- 기업에서 원재료의 생산에서 유통까지 모든 공급망 단계를 최적화하여 수요자가 원하는 제품을 원하는 시간과 장소에 제공하는 공급망 관리를 말한다.

① OEM, CRM
② OEM, SCM
③ ODM, SCM
④ ODM, PRM
⑤ ODM, CRM

Easy

05 다음 중 동기부여의 내용이론에 해당하는 것은?

① 성취동기이론
② 기대이론
③ 공정성이론
④ 목표설정이론
⑤ 인지평가이론

06 다음 수요예측 기법 중 정성적 기법에 해당하지 않는 것은?

① 델파이법
② 시계열분석
③ 전문가패널법
④ 자료유추법
⑤ 패널동의법

07 다음 중 직무분석에 대한 설명으로 옳지 않은 것은?

① 직무평가는 직무분석을 기초로 이루어진다.
② 직무분석을 통해 직무기술서와 직무명세서가 작성된다.
③ 직무분석은 직무와 관련된 정보를 수집·정리하는 활동이다.
④ 직무기술서는 직무를 수행하는 데 필요한 인적요건을 중심으로 작성된다.
⑤ 직무분석을 통해 얻어진 정보는 전반적인 인적자원관리 활동의 기초자료로 활용된다.

08 **다음 중 자본예산기법과 포트폴리오에 대한 설명으로 옳지 않은 것은?**

① 포트폴리오의 분산은 각 구성주식의 분산을 투자비율로 가중평균하여 산출한다.
② 비체계적 위험은 분산투자를 통해 제거할 수 있는 위험이다.
③ 단일 투자안의 경우 순현가법과 내부수익률법의 경제성 평가 결과는 동일하다.
④ 포트폴리오 기대수익률은 각 구성주식의 기대수익률을 투자비율로 가중평균하여 산출한다.
⑤ 두 투자안 중 하나의 투자안을 선택해야 하는 경우 순현가법과 내부수익률법의 선택 결과가 다를 수 있다.

09 **다음 중 슘페터(Joseph A. Schumpeter)가 주장한 기업가 정신의 핵심요소로 옳지 않은 것은?**

① 비전의 제시와 실현욕구
② 창의성과 혁신
③ 성취동기
④ 인적 네트워크 구축
⑤ 도전정신

10 **다음 중 BCG 매트릭스에 대한 설명으로 옳은 것은?**

① 횡축은 시장성장률, 종축은 상대적 시장점유율이다.
② 물음표 영역은 시장성장률이 높고, 상대적 시장점유율은 낮아 계속적인 투자가 필요하다.
③ 별 영역은 시장성장률이 낮고, 상대적 시장점유율은 높아 현상유지를 해야 한다.
④ 자금젖소 영역은 현금창출이 많지만, 상대적 시장점유율이 낮아 많은 투자가 필요하다.
⑤ 개 영역은 시장지배적인 위치를 구축하여 성숙기에 접어든 경우이다.

Hard

11 **다음 중 투자안 분석기법으로서의 순현가(NPV)법에 대한 설명으로 옳은 것은?**

① 순현가는 투자의 결과 발생하는 현금유입의 현재가치에서 현금유입의 미래가치를 차감한 것이다.
② 순현가법은 모든 개별 투자안들 간의 상호관계를 고려한다.
③ 순현가법에서는 투자안의 내용연수 동안 발생할 미래의 모든 현금흐름을 반영한다.
④ 순현가법에서는 현금흐름을 최대한 큰 할인율로 할인한다.
⑤ 순현가법에서는 투자의 결과 발생하는 현금유입이 투자안의 내부수익률로 재투자될 수 있다고 가정한다.

12 **다음 중 단위당 소요되는 표준작업시간과 실제작업시간을 비교하여 절약된 작업시간에 대한 생산성 이득을 노사가 각각 50:50의 비율로 배분하는 임금제도는?**

① 임프로쉐어 플랜 ② 스캔런 플랜
③ 메리크식 복률성과급 ④ 테일러식 차별성과급
⑤ 러커 플랜

Easy

13 **다음 중 다각화 전략의 장점으로 옳지 않은 것은?**

① 복합기업들이 여러 시장에 참여하고 있기 때문에 어떤 한 사업분야에서 가격경쟁이 치열하다면, 다른 사업분야에서 나오는 수익으로 가격경쟁을 가져갈 수 있다.
② 범위의 경제성 또는 시너지 효과는 실질적으로 기업의 이익을 증대시킬 수 있다.
③ 새로운 성장동력을 찾아 기업 자체의 성장성을 잃지 않을 수 있다.
④ 개별 사업부문들의 경기순환에 의한 리스크를 줄일 수 있다.
⑤ 글로벌 경쟁이 심화될수록 경쟁력이 높아질 수 있다.

14 **다음 중 델파이 기법에 대한 설명으로 옳지 않은 것은?**

① 전문가들을 두 그룹으로 나누어 진행한다.
② 많은 전문가들의 의견을 취합하여 재조정 과정을 거친다.
③ 의사결정 및 의견개진 과정에서 타인의 압력이 배제된다.
④ 전문가들을 공식적으로 소집하여 한 장소에 모이게 할 필요가 없다.
⑤ 미래의 불확실성에 대한 의사결정 및 중장기예측에 좋은 방법이다.

15 **다음 중 균형성과표(BSC)의 4가지 성과측정 관점으로 옳지 않은 것은?**

① 재무관점 ② 고객관점
③ 공급자관점 ④ 학습 및 성장관점
⑤ 내부 프로세스관점

16 다음 〈보기〉 중 리더십이론에 대한 설명으로 옳은 것을 모두 고르면?

> 보기
>
> ㄱ. 변혁적 리더십을 발휘하는 리더는 부하에게 이상적인 방향을 제시하고 임파워먼트(Empowerment)를 실시한다.
> ㄴ. 거래적 리더십을 발휘하는 리더는 비전을 통해 단결, 비전의 전달과 신뢰의 확보를 강조한다.
> ㄷ. 카리스마 리더십을 발휘하는 리더는 부하에게 높은 자신감을 보이며 매력적인 비전을 제시하지만 위압적이고 충성심을 요구하는 측면이 있다.
> ㄹ. 슈퍼 리더십을 발휘하는 리더는 부하를 강력하게 지도하고 통제하는 데 역점을 둔다.

① ㄱ, ㄷ
② ㄱ, ㄹ
③ ㄴ, ㄷ
④ ㄴ, ㄹ
⑤ ㄷ, ㄹ

17 다음 중 신제품을 가장 먼저 받아들이는 그룹에 이어 두 번째로 신제품의 정보를 수집하여 신중하게 수용하는 그룹은?

① 조기 수용자(Early Adopters)
② 혁신자(Innovators)
③ 조기 다수자(Early Majority)
④ 후기 다수자(Late Majority)
⑤ 최후 수용자(Laggards)

18 다음 중 한 사람의 업무담당자가 기능부문과 제품부문의 관리자로부터 동시에 통제를 받도록 이중권한 구조를 형성하는 조직구조는?

① 기능별 조직
② 사업부제 조직
③ 매트릭스 조직
④ 프로젝트 조직
⑤ 팀제 조직

19 **다음 중 브룸(Vroom)의 기대이론에 대한 설명으로 옳지 않은 것은?**

① 개인의 노력은 성과에 대한 기대에 의해 좌우된다.
② 개인의 동기화 정도는 기대, 수단, 유인가에 따라 결정된다.
③ 성과에 대한 신념이 없다면 더 이상 노력하지 않을 것이다.
④ 다른 사람과 비교했을 때 노력과 그에 대한 보상이 공평해야 한다.
⑤ 기대감을 높이려면 객관적으로 측정 가능한 납득이 쉬운 측정지표를 제시해야 한다.

Hard

20 **다음 중 BCG 매트릭스와 GE 매트릭스의 차이점으로 옳지 않은 것은?**

① BCG 매트릭스는 GE 매트릭스에 비해 더 간단하며, BCG 매트릭스는 4개의 셀로 구성되는 반면 GE 매트릭스 9개의 셀로 구성된다.
② BCG 매트릭스의 기반이 되는 요인은 시장 성장과 시장점유율이고, GE 매트릭스의 기반이 되는 요인은 산업계의 매력과 비즈니스 강점이다.
③ BCG 매트릭스는 기업이 여러 사업부에 자원을 배치하는 데 사용되며, GE 매트릭스는 다양한 비즈니스 단위 간의 투자 우선순위를 결정하는 데 사용한다.
④ BCG 매트릭스에서는 하나의 측정만 사용되는 반면, GE 매트릭스에서는 여러 측정이 사용된다.
⑤ BCG 매트릭스는 기업이 그리드에서의 위치에 따라 제품 라인이나 비즈니스 유닛을 전략적으로 선택하는 데 사용하고, GE 매트릭스는 시장의 성장과 회사가 소유한 시장점유율을 반영한 성장-공유 모델로 이해할 수 있다.

CHAPTER

02 경제학 핵심이론

1. 생산가능곡선의 개념

- 생산가능곡선이란 경제 내의 모든 생산요소를 가장 효율적으로 사용하여 최대로 생산할 수 있는 X재와 Y재의 조합을 나타내는 곡선을 말한다.
- 생산요소의 양이 주어져 있는 상태에서 X재와 Y재만을 생산한다고 가정하는 경우, X재의 생산량을 증가시키기 위해서는 Y재의 생산량을 감소시켜야 하므로 생산가능곡선은 우하향한다.
- 기회비용체증 법칙으로 인해 생산가능곡선은 원점에 대하여 오목한 형태이다.

2. 수요의 가격탄력성

- 의의 : 수요의 가격탄력성(Price Elasticity of Demand)은 상품가격의 변화율에 대한 수요량 변화율의 상대적 크기로 측정된다.
- 가격탄력성의 도출

$$\varepsilon_P = -\frac{(\text{수요량의 변화율})}{(\text{가격의 변화율})} = -\frac{\frac{\triangle Q_D}{Q_D}}{\frac{\triangle P}{P}} = -\frac{\triangle Q_D}{\triangle P} \cdot \frac{P}{Q_D}$$

3. 물품세 부과와 자원배분

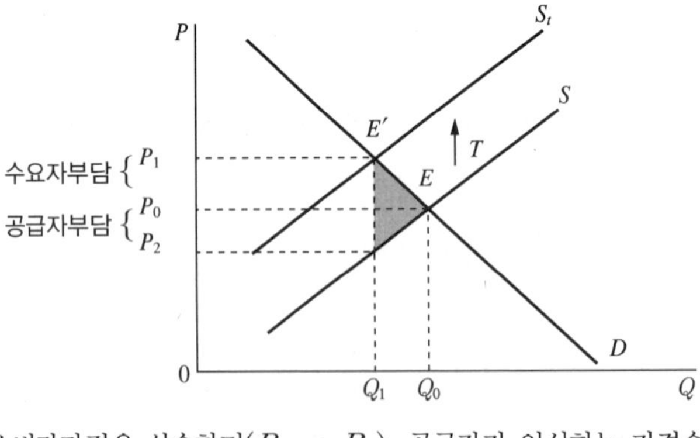

물품세 부과에 따라 소비자가격은 상승하며($P_0 \rightarrow P_1$), 공급자가 인식하는 가격수준은 하락한다($P_0 \rightarrow P_2$). 소비자가격의 상승분($\overline{P_1P_0}$)이 소비자부담에 해당하며, 공급자가 인식하는 가격수준의 하락폭($\overline{P_0P_2}$)이 공급자부담에 해당한다. 물품세 부과로 인하여 사회적으로 비효율이 발생하고 시장균형거래량은 감소한다.

4. 소비자 균형의 변화

구분	대체효과	보상수요곡선의 기울기	소득효과	가격효과	(마샬)수요곡선의 기울기
정상재	−	우하향	−	−	우하향
열등재	−	우하향	+	0, −, +	알 수 없음
기펜재	−	우하향	+	+	우상향

※ 가격변화 방향과 구입량변화 방향이 동일한 경우 (+), 반대일 경우 (−)로 표시한다.

5. 완전경쟁시장의 장기균형조건

$$P = AR = MR = LMC = LAC$$

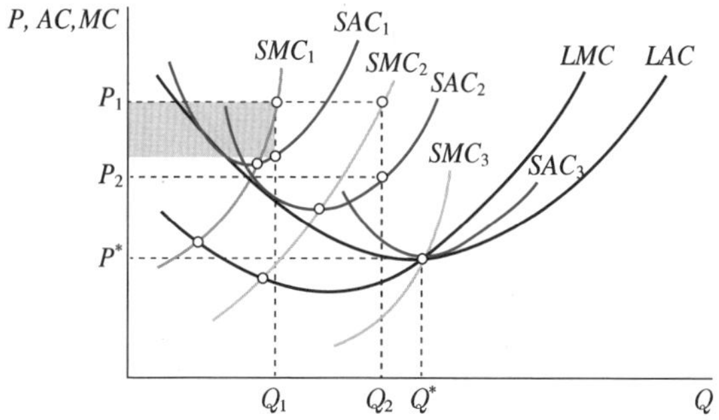

6. 독점의 규제

개념			이윤극대화 조건의 변화	효과	평가
가격규제		가격의 상한을 설정	• $P = MC$ 수준에서 가격상한을 설정	• 가격 하락 • 생산량 증가	• 자연독점의 경우 기업은 손실을 볼 수 있음
조세 부과	종량세	재화 1단위당 조세 부과	• 평균비용 상승, 한계비용 상승	• 가격 상승 • 생산량 감소 • 독점이윤 감소	• 자원배분왜곡에 따른 비효율 발생
	정액세	산출량과 관계없이 일정액을 부과	• 평균비용 상승, 한계비용 불변	• 가격 불변 • 생산량 불변 • 독점이윤 감소	• 자원배분상태는 불변이나 독점이윤을 제거하여 분배측면은 개선 가능
	이윤세	기업의 이윤에 조세 부과	• 이윤세의 부과는 기업의 이윤극대화 조건을 변화시키지 않음		

7. 쿠르노 모형

수요곡선이 직선인 경우 완전경쟁시장, 독점시장, 쿠르노 모형에서의 산출량 간에는 다음의 관계가 성립한다.

- (독점기업의 산출량)$=\frac{1}{2}\times$(완전경쟁기업의 산출량)
- (쿠르노 모형에서 각 기업의 산출량)$=\frac{1}{3}\times$(완전경쟁기업의 산출량)

8. 로렌츠 곡선(Lorenz Curve)

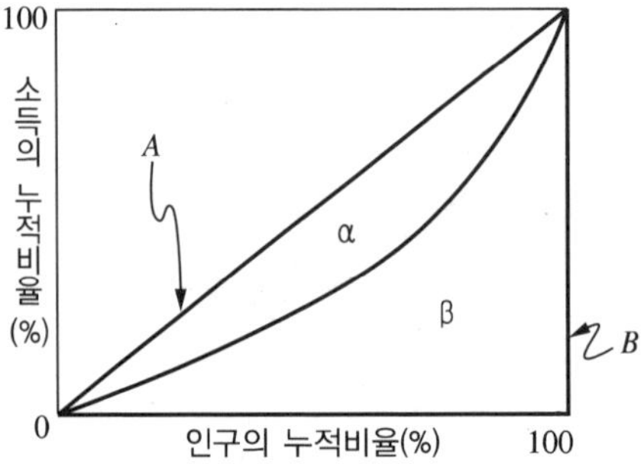

- 인구의 누적비율과 소득의 누적비율 사이의 관계를 나타낸 곡선이다.
- 완전평등 시 로렌츠 곡선 : A
- 완전불평등 시 로렌츠 곡선 : B
- Lorenz Curve의 장단점 : Lorenz Curve로 불평등도를 판단하는 방법은 최소한의 가치판단을 전제로 하고 있어서 높은 객관성이 유지되나 곡선 교차 시 평등도의 비교가 곤란하다. 아울러 서수적인 판단만이 가능하다.

9. 시장실패의 원인

- 공공재(Public Goods) : 비경합성과 배제불가능성을 지니는 공공재의 경우 과소공급과 무임승차의 문제가 발생한다.
- 외부성(Externality) : 소비의 외부성이 존재하는 경우 SMB와 PMB가 일치하지 않게 되며, 생산의 외부성이 존재하는 경우 SMC와 PMC가 일치하지 않게 되어 과소·과다소비, 과소·과다생산이 이루어지게 된다.
- 불확실성 : 불확실성이 존재하는 경우에는 시장실패가 일어나는 것이 일반적이나 완전한 조건부상품시장이 존재하는 경우에는 시장실패가 발생하지 않는다(K. Arrow).
- 불완전한 정보 : 역선택과 도덕적 해이가 발생한다.
- 완비되지 못한 시장 : 전쟁, 천재지변에 대한 보험시장이 존재하지 않는 경우이다.

10. 고전학파와 케인스학파의 비교

구분	고전학파	케인스학파
경제환경	19세기까지의 물물교환경제	20세기의 화폐경제
분석중심	초과수요경제	초과공급경제
기본가정	공급측	수요측
경제이론	모든 시장은 완전경쟁, 가격 변수의 신축성, 완전정보	가격변수의 경직성, 불완전정보, 불완전경쟁시장
경제의 안정 여부	자본주의 경제는 안정적이다.	자본주의 경제는 불안정적이다.
정책	자유방임정책	정부의 적극적 개입

11. IS곡선 기울기에 대한 학파별 견해

구분	고전학파	통화론자	케인스학파	케인스 단순모형
투자의 이자율탄력성	완전탄력적	탄력적	비탄력적	완전비탄력적
IS곡선의 기울기	수평	완만	가파른 형태	수직
재정정책의 유효성	무력	효과 적음 (구축효과가 크다)	효과 많음 (구축효과가 적다)	구축효과가 발생하지 않음

12. LM곡선 기울기에 대한 학파별 견해

구분	고전학파	통화론자	케인스학파	케인스 단순모형
화폐수요의 이자율탄력성	완전비탄력적	비탄력적	탄력적	탄력적 (유동성함정하 완전탄력적)
LM곡선의 기울기	수직	가파른 형태	완만	완만 (유동성함정하 수평)
금융정책의 유효성	고전적이분성, 효과 없음	유효	효과 적음	효과 적음 (유동성함정하 효과 없음)

13. 금융정책의 중간지표에 대한 학파별 견해

- 통화주의학파(주요지표 : 통화량)
  이자율지표는 매우 불완전한 정보를 제공하기 때문에 통화량을 금융지표로 사용해야 한다고 주장한다.
- 케인스학파(주요지표 : 이자율)
  통화량증감은 그 자체에 의미가 있는 것이 아니라 그것이 이자율을 변동시켜 투자수요(실물경제)에 영향을 미칠 때 그 의미가 있다고 주장한다.

14. 각 학파의 화폐수요함수 및 유통속도에 대한 견해

구분	고전적 화폐수량설	케인스의 유동성 선호설	프리드먼의 신화폐수량설
화폐의 기능	교환의 매개수단 강조	가치저장수단 강조	가치저장수단 강조
화폐수요 결정요인	명목국민소득(PY)	소득과 이자율 → 이자율 강조	소득과 이자율 → 항상소득(Y_P) 강조
화폐유통속도	일정 (외생적 결정 변수)	불안정적	안정적
화폐수요함수	$M^d = \frac{1}{V}PY$	$\frac{M^d}{P} = L_T(Y) + L_S(r)$	$\frac{M^d}{P} = k(r,\ \pi^e)\,Y_P$
화폐수요함수의 안정성	매우 안정적	불안정적	매우 안정적
화폐수요의 이자율탄력성	완전 비탄력적	탄력적	비탄력적
화폐수요의 소득탄력성	1(단위 탄력적)	매우 비탄력적	1에 가깝다.

15. 인플레이션의 발생원인

학파	수요견인 인플레이션	비용인상 인플레이션
고전학파	통화공급(M)의 증가	통화주의는 물가수준에 대한 적응적 기대를 하는 과정에서 생긴 현상으로 파악
통화주의학파		
케인스학파	정부지출 증가, 투자 증가 등 유효수요 증가와 통화량 증가	임금인상 등의 부정적 공급충격

16. 실업률의 측정

- 실업률(%) : $\frac{(\text{실업자})}{(\text{경제활동인구})} \times 100$
- 경제활동참가율(%) : $\frac{(\text{경제활동인구})}{(\text{15세 이상 인구})} \times 100$
- [생산가능인구(15세 이상 인구)] = (경제활동인구) + (비경제활동인구)
- (경제활동인구) = (실업자) + (취업자)
- 비경제활동인구는 주부, 학생, 환자, 실망노동자 등 취업할 의사가 없는 사람

17. 요소가격 균등화 정리

헥셔 – 오린모형에서 생산요소의 국가 간 이동은 불가능하다. 그러나 재화에 대한 자유무역이 발생하게 되면 양국 간 재화의 상대가격뿐만 아니라 절대가격이 동일하게 된다. 재화의 가격이 동일해짐에 따라 생산요소시장에서 생산요소의 수요의 변화와 산업 간 생산요소의 이동이 발생하고 이러한 변화에 기인하여 각국 간 생산요소의 절대가격과 상대가격이 동일하게 된다.

18. 환율제도

구분	고정환율제도	변동환율제도
국제수지 불균형의 조정	정부개입에 의한 해결(평가절하, 평가절상)과 역외국에 대해서는 독자관세 유지	시장에서 환율의 변화에 따라 자동적으로 조정
환위험	작음	환율의 변동성에 기인하여 환위험에 크게 노출되어 있음
환투기의 위험	작음	큼(이에 대해 프리드먼은 환투기는 환율을 오히려 안정시키는 효과가 존재한다고 주장)
해외교란요인의 파급 여부	국내로 쉽게 전파됨	환율의 변화가 해외교란요인의 전파를 차단(차단효과)
금융정책의 자율성 여부	자율성 상실(불가능성 정리)	자율성 유지
정책의 유효성	금융정책 무력	재정정책 무력

기출응용문제

정답 및 해설 p.039

Easy

01 다음 중 국내총생산(GDP)에 대한 설명으로 옳지 않은 것은?

① GDP에는 의복, 자동차 등 가시적인 재화 생산은 물론 보이지 않는 이발과 같은 서비스도 포함된다.

② GDP에는 합법이든 불법이든 한 경제에서 생산되어 시장에서 팔린 모든 품목을 포함하는 포괄적인 지표이다.

③ GDP에는 그해 생산된 재화와 서비스만 포함하며, 과거에 생산된 물건의 거래는 포함되지 않는다.

④ 생산된 중간재가 그해 사용되지 않고 장래의 판매나 생산을 위해 보관되는 경우에는 최종재로 간주되어 GDP에 포함된다.

⑤ GDP는 한 국가의 영토 내에서 일어난 생산활동의 가치를 측정하기 때문에 국내 기업이 해외공장에서 생산한 재화의 가치는 우리나라의 GDP에 포함되지 않는다.

02 다음 중 파레토효율성에 대한 설명으로 옳지 않은 것은?

① 어느 한 사람의 효용을 감소시키지 않고서는 다른 사람의 효용을 증가시킬 수 없는 상태를 파레토효율적이라고 한다.

② 일정한 조건이 충족될 때 완전경쟁시장에서의 일반균형은 파레토효율적이다.

③ 파레토효율적인 자원배분이 평등한 소득분배를 보장해주는 것은 아니다.

④ 파레토효율적인 자원배분하에서는 항상 사회후생이 극대화된다.

⑤ 파레토효율적인 자원배분은 일반적으로 무수히 많이 존재한다.

03 다음 중 레온티에프 함수에 대한 설명으로 옳지 않은 것은?

① 일차식의 형태로 표현된다.

② X와 Y는 완전 보완재 관계에 있다.

③ 소비하는 품목의 비율이 일정한 효용함수이다.

④ 변수의 계수에 반비례하여 소비량의 비율이 결정된다.

⑤ 레온티에프 생산함수는 노동과 자본에 대한 생산함수이다.

04 다음 〈보기〉 중 경제성장모형에 대한 설명으로 옳은 것을 모두 고르면?[단, Y는 총생산, A는 생산성수준을 나타내는 양(+)의 상수이고, K는 자본을 나타낸다]

보기

ㄱ. 다른 조건이 일정할 때 솔로우(Solow) 모형에서 기술진보는 장기적으로 일인당 산출량의 성장률을 증가시킨다.
ㄴ. 솔로우 모형에서 국가 간 일인당 소득수준이 수렴한다는 주장은 기본적으로 한계수확체감의 법칙에 기인한다.
ㄷ. 로머(P. Romer)는 기술진보를 내생화한 성장모형을 제시하였다.
ㄹ. 총생산함수가 Y=AK인 경우 K의 한계생산물은 일정하다.

① ㄱ, ㄴ
② ㄱ, ㄴ, ㄷ
③ ㄱ, ㄷ, ㄹ
④ ㄴ, ㄷ, ㄹ
⑤ ㄱ, ㄴ, ㄷ, ㄹ

PART 2

Hard

05 고정된 소득으로 X재와 Y재만을 소비하는 소비자를 가정하자. 어느 날 X재의 가격이 하락하여, 소비균형점이 a점에서 c점으로 이동했다고 할 때, 이에 대한 설명으로 옳지 않은 것은?

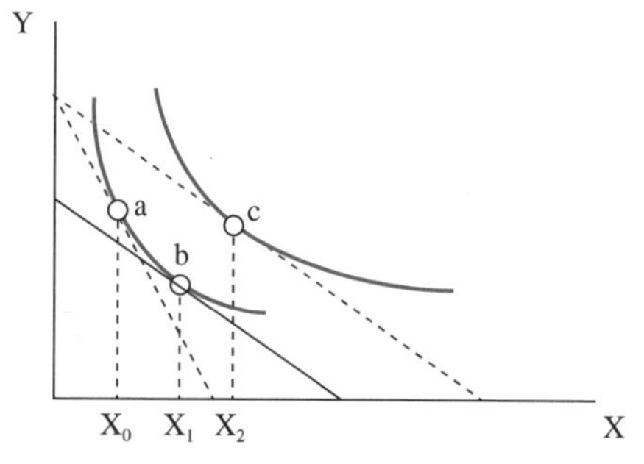

① 이 소비자의 효용은 증가하였다.
② X_0에서 X_1로의 이동은 대체효과를 의미한다.
③ X_1에서 X_2로의 이동은 소득효과를 의미한다.
④ a점과 b점을 연결하여 가격소비곡선(PCC)를 구할 수 있다.
⑤ b점과 c점을 연결하여 소득소비곡선(ICC)를 구할 수 있다.

Hard

06 다음 두 그래프 (가), (나)는 케인스 모형에서 정부지출의 증가(△G)로 인한 효과를 나타내고 있다. 이에 대한 〈보기〉의 설명 중 옳은 것을 모두 고르면?(단, 그림에서 C는 소비, I는 투자, G는 정부지출이다)

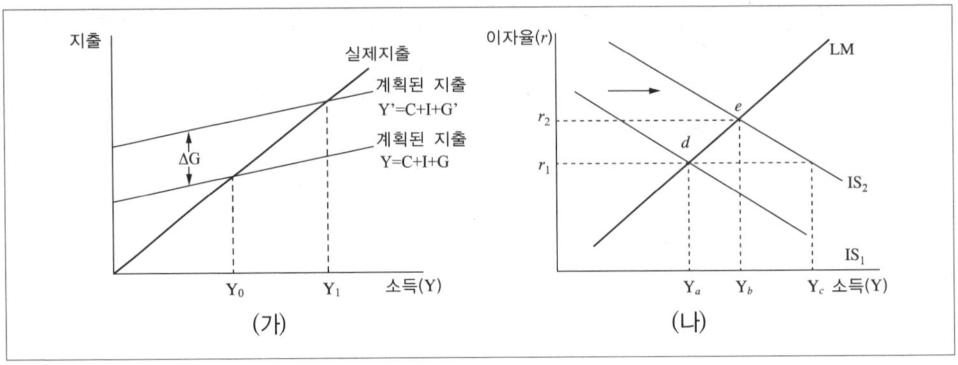

보기

ㄱ. (가)에서 $Y_0 \rightarrow Y_1$의 크기는 한계소비성향의 크기에 따라 달라진다.
ㄴ. (가)에서 $Y_0 \rightarrow Y_1$의 크기는 (나)에서 $Y_a \rightarrow Y_b$의 크기와 같다.
ㄷ. (나)의 새로운 균형점 e는 구축효과를 반영하고 있다.
ㄹ. (가)에서 정부지출의 증가는 재고의 예기치 않은 증가를 가져온다.

① ㄱ, ㄴ
② ㄱ, ㄷ
③ ㄴ, ㄷ
④ ㄴ, ㄹ
⑤ ㄷ, ㄹ

07 다음 빈칸에 들어갈 용어를 순서대로 바르게 나열한 것은?

기업들에 대한 투자세액공제가 확대되면, 대부자금에 대한 수요가 _____한다. 이렇게 되면 실질이자율이 _____하고 저축이 늘어난다. 그 결과 대부자금의 균형거래량은 _____한다(단, 실질이자율에 대하여 대부자금 수요곡선은 우하향하고, 대부자금 공급곡선은 우상향한다).

① 증가, 상승, 증가
② 증가, 하락, 증가
③ 증가, 상승, 감소
④ 감소, 하락, 증가
⑤ 감소, 하락, 감소

Easy

08 다음은 애덤 스미스의 『국부론』에 나오는 구절이다. 밑줄 친 ㉠이 나타내는 경제체제의 특징으로 옳지 않은 것은?

> 개인은 오직 자신의 이득을 추구함으로써 ㉠ <u>보이지 않는 손</u>에 이끌려 그가 전혀 의도하지 않았던 사회적 이득을 증진시키게 된다.

① 국민들의 정치·경제적 자유가 보장된다.
② 공급자와 수요자 모두 공급과 수요를 스스로 창출한다.
③ 사람들이 원하는 것을 되도록 싸고 충분하게 생산한다.
④ 의료와 복지 서비스는 국가에서 무상으로 제공한다.
⑤ '공유지의 비극'은 이 경제체제가 실패하는 사례이다.

PART 2

09 다음 〈보기〉에서 실업률을 하락시키는 변화를 모두 고르면?(단, 취업자 수와 실업자 수는 0보다 크다)

> 보기
> ㄱ. 취업자가 비경제활동인구로 전환
> ㄴ. 실업자가 비경제활동인구로 전환
> ㄷ. 비경제활동인구가 취업자로 전환
> ㄹ. 비경제활동인구가 실업자로 전환

① ㄱ, ㄴ
② ㄱ, ㄷ
③ ㄴ, ㄷ
④ ㄴ, ㄹ
⑤ ㄷ, ㄹ

10 효용을 극대화하는 소비자 A는 X재와 Y재 두 재화만 소비한다. 다른 조건이 일정하고 X재의 가격만 하락하였을 경우, A의 X재에 대한 수요량이 변하지 않았다. 이에 대한 〈보기〉의 설명 중 옳은 것을 모두 고르면?

> 보기
> ㄱ. 두 재화는 완전보완재이다.
> ㄴ. X재는 열등재이다.
> ㄷ. Y재는 정상재이다.
> ㄹ. X재의 소득효과와 대체효과가 서로 상쇄된다.

① ㄱ, ㄴ
② ㄱ, ㄴ, ㄷ
③ ㄱ, ㄷ, ㄹ
④ ㄴ, ㄷ, ㄹ
⑤ ㄱ, ㄴ, ㄷ, ㄹ

11 **다음 중 기업의 이윤 극대화 조건을 바르게 표현한 것은?(단, MR은 한계수입, MC는 한계비용, TR은 총수입, TC는 총비용이다)**

① MR=MC, TR>TC
② MR=MC, TR<TC
③ MR>MC, TR>TC
④ MR>MC, TR<TC
⑤ MR<MC, TR>TC

12 **다음 중 어떤 산업이 자연독점화되는 이유로 옳은 것은?**

① 고정비용의 크기가 작은 경우
② 최소효율규모의 수준이 매우 큰 경우
③ 다른 산업에 비해 규모의 경제가 작게 나타나는 경우
④ 생산량이 증가함에 따라 평균비용이 계속 늘어나는 경우
⑤ 기업 수가 증가할수록 산업의 평균 생산비용이 감소하는 경우

Hard

13 **S국가의 명목 GDP는 1,650조 원이고, 통화량은 2,500조 원이라고 하자. 이 국가의 물가수준은 2% 상승하고 실질 GDP는 3% 증가할 경우, 적정 통화공급 증가율은 얼마인가?(단, 유통속도 변화 $\triangle V=0.0033$이다)**

① 3.5%
② 4.0%
③ 4.5%
④ 5.0%
⑤ 5.5%

Easy

14 **다음 중 지니계수의 주요 원리로 볼 수 없는 것은?**

① 익명성　　② 객관성
③ 독립성　　④ 자립성
⑤ 이전성

15 **다음은 어느 나라의 조세수입 비중 변화와 소득분배 지표 변화를 나타낸 그래프이다. 이에 대한 〈보기〉의 설명 중 옳은 것을 모두 고르면?**

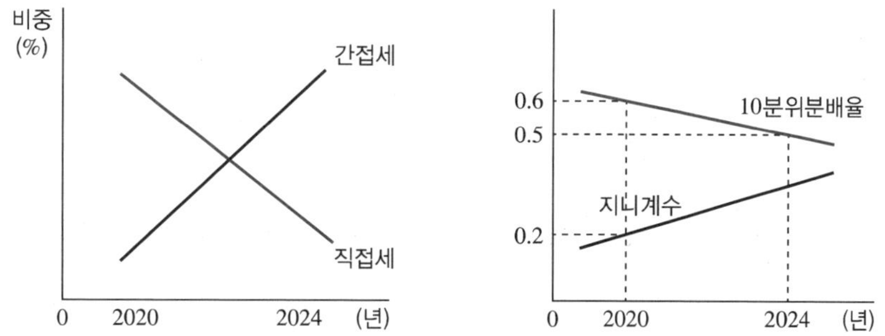

보기

ㄱ. 조세부담의 역진성은 점점 강화되고 있다.
ㄴ. 소득불평등 상태가 점점 심해지고 있다.
ㄷ. 2020년에는 상위 20% 계층의 소득이 하위 40% 계층 소득의 5배이다.
ㄹ. 2024년에는 상위 20% 계층의 소득이 하위 40% 계층 소득의 2배이다.
ㅁ. 조세수입 비중 변화는 소득분배 지표를 변화시키는 하나의 요인으로 작용한다.

① ㄱ, ㄴ, ㄹ　　② ㄴ, ㄷ, ㅁ
③ ㄴ, ㄹ, ㅁ　　④ ㄱ, ㄴ, ㄹ, ㅁ
⑤ ㄴ, ㄷ, ㄹ, ㅁ

16 다음 〈보기〉 중 수요공급곡선의 이동에 대한 설명으로 옳은 것을 모두 고르면?

> **보기**
> ㄱ. 생산비용이 줄어들거나 생산기술이 발전하면 공급곡선이 오른쪽으로 이동한다.
> ㄴ. 정상재의 경우 수입이 증가하면 수요곡선은 왼쪽으로 이동한다.
> ㄷ. A와 B가 대체재인 경우 A의 가격이 높아지면 B의 수요곡선은 오른쪽으로 이동한다.
> ㄹ. 상품의 가격이 높아질 것으로 예상되면 공급곡선은 오른쪽으로 이동한다.

① ㄱ, ㄴ
② ㄱ, ㄷ
③ ㄴ, ㄷ
④ ㄴ, ㄹ
⑤ ㄷ, ㄹ

17 다음 〈보기〉는 IS－LM 곡선에 대한 설명이다. 빈칸 ㄱ ~ ㄷ에 들어갈 내용을 순서대로 바르게 나열한 것은?

> **보기**
> • IS－LM 곡선은 거시경제에서의 이자율과 ___ㄱ___을 분석하는 모형이다.
> • 경제가 IS 곡선의 왼쪽에 있는 경우, 저축보다 투자가 많아지게 되어 ___ㄴ___이/가 발생한다.
> • LM 곡선은 ___ㄷ___의 균형이 달성되는 점들의 조합이다.

	ㄱ	ㄴ	ㄷ
①	총생산량	초과공급	상품시장
②	총생산량	초과수요	상품시장
③	국민소득	초과수요	화폐시장
④	국민소득	초과공급	화폐시장
⑤	국민소득	초과공급	상품시장

18 다음 중 빈칸에 들어갈 경제 용어를 바르게 나열한 것은?

> 구매력평가이론(Purchasing Power Parity Theory)은 모든 나라의 통화 한 단위의 구매력이 같도록 환율이 결정되어야 한다는 것이다. 구매력평가이론에 따르면 양국통화의 __(가)__ 환율은 양국의 __(나)__에 의해 결정되며, 구매력평가이론이 성립하면 __(다)__ 환율은 불변한다.

	(가)	(나)	(다)
①	실질	물가수준	명목
②	명목	경상수지	실질
③	실질	경상수지	명목
④	명목	물가수준	실질
⑤	실질	자본수지	명목

19 다음 중 인플레이션에 대한 설명으로 옳지 않은 것은?

① 통화가치가 하락한다.
② 경제활동을 하는 모든 사람들에게 부정적인 영향을 미친다.
③ 인플레이션이 발생했을 때 돈을 저축하면 기회비용이 증가한다.
④ 종합물가지수가 단위시간당 얼마나 변하는가에 따라 인플레이션이 결정된다.
⑤ 인플레이션은 수요의 증대, 상품의 생산 비용 증가, 환율 인상 등에 의해 발생한다.

20 다음 〈보기〉 중 원자재가격 상승과 기준금리 인상의 경제적 효과를 단기 총수요 – 총공급 모형을 이용하여 분석한 내용으로 옳은 것을 모두 고르면?

> **보기**
> ㄱ. 총수요곡선은 왼쪽으로 이동한다.
> ㄴ. 총공급곡선은 왼쪽으로 이동한다.
> ㄷ. 총생산량은 크게 감소한다.
> ㄹ. 물가는 크게 감소한다.

① ㄱ, ㄴ　② ㄴ, ㄷ
③ ㄱ, ㄴ, ㄷ　④ ㄴ, ㄷ, ㄹ
⑤ ㄱ, ㄴ, ㄷ, ㄹ

MEMO

PART 3

최종점검 모의고사

수협중앙회 필기전형			
영역	출제범위	문항 수	시험시간
NCS 직업기초능력평가	의사소통능력	30문항	100분
	문제해결능력	30문항	
	수리능력	20문항	
	자원관리능력	10문항	
	정보능력	10문항	
직무능력평가	(일반사무) 경영학, 경제학	50문항	50분

※ 본 모의고사의 문항 수 및 시험시간은 2024년 채용공고문을 참고하여 구성하였습니다.

※ 시험시간 종료 후 OMR 답안카드에 마킹하는 행동은 부정행위로 간주합니다.

모바일 OMR

최종점검 모의고사

문항 수 : 150문항 응시시간 : 150분

정답 및 해설 p.044

01 NCS 직업기초능력평가

01 다음 중 밑줄 친 단어의 쓰임이 옳은 것은?

① 김 팀장님, 여기 서류에 결제 부탁드립니다.
② 한국 남자 수영팀이 10년 만에 한국 신기록을 갱신했다.
③ 일제강점기 독립운동가들은 일제 경찰에게 갖은 곤혹을 당했다.
④ 재난 당국은 실종자들의 생사 유무를 파악 중이다.
⑤ 그녀는 솔직하고 담백하게 자신의 마음을 표현했다.

02 다음 중 ㉠~㉢에 들어갈 단어끼리 바르게 짝지어진 것은?

- 그는 부인에게 자신의 친구를 ㉠ 소개시켰다 / 소개했다.
- 이 소설은 실제 있었던 일을 바탕으로 ㉡ 쓰인 / 쓰여진 것이다.
- 자전거가 마주 오던 자동차와 ㉢ 부딪혔다 / 부딪쳤다.

	㉠	㉡	㉢
①	소개시켰다	쓰인	부딪혔다
②	소개시켰다	쓰여진	부딪혔다
③	소개했다	쓰인	부딪혔다
④	소개했다	쓰인	부딪쳤다
⑤	소개했다	쓰여진	부딪쳤다

Easy

03 다음 중 밑줄 친 부분의 띄어쓰기가 옳지 않은 것은?

① 지금보다 나은 미래를 위해서 책을 읽어야 해.
② 공부하려고 책을 펴자 잠이 쏟아졌다.
③ 쉽게 잃어버릴 수 있는 물건은 따로 챙겨야 해.
④ 대답을 하기는 커녕 땅만 쳐다봤다.
⑤ 그 문제는 너뿐만 아니라 나에게도 어려웠어.

04 다음 글의 내용과 가장 관련 있는 한자성어는?

우리가 사는 이 세계는 서로가 서로에게 의지하며 살아가는 '상호의존성'의 성질을 갖고 있다. 이 세계는 방송국에서도 존재한다. 제작, 편성, 송출, 광고 등 방송국 내에 여러 부문들은 서로 밀접하게 관련되어 있으며 각각 저마다 자신의 위치에서 그 역할을 다하고 있기 때문에 지금처럼 순탄한 과정이 이어지고 있는 것이다. 하지만 최근 일부 TV홈쇼핑 사업자들이 지역 케이블TV 방송사들을 상대로 송출 수수료를 놓고 접전하다 결국 채널 송출을 중단하겠다고 나섰다.
홈쇼핑과 케이블TV는 일종의 매장 임차인과 임대인의 관계와 같다. 홈쇼핑은 자신들의 상품을 판매하기 위해 일종의 매장 임대료와 같은 성격의 송출 수수료를 케이블TV에 지불하고 채널을 확보한다. 또한 목 좋은 위치의 매장의 임대료가 높듯 케이블TV에서도 드라마, 종편과 같은 시청률이 높은 채널의 옆자리 송출 수수료가 높게 책정되어진다. 이는 오랜 시간에 걸쳐 이어져 온 체계이다. 그런데 홈쇼핑들이 이러한 송출 수수료를 두고 케이블TV와 협상을 시도하다가 뜻대로 안 되자 더 이상 채널 송출을 하지 않겠다고 나선 것이다. 만일 홈쇼핑이 통상적인 매장이고 그들이 철수한다면 그들을 내보내고 다른 매장을 다시 구하면 된다. 하지만, 홈쇼핑 채널은 엄격한 규정을 통해 승인되는 채널이기 때문에, 그들이 철수한다면 케이블TV로서는 이를 대체할 자를 구할 수 없는 상황에 놓이게 되는 것이다.
이 상황은 홈쇼핑 입장에서도 악순환을 초래하는 행태이다. 이들이 당장의 송출 수수료를 이유로 채널 송출을 중단한다면, 그만큼 소비자에게 상품을 알릴 수 있는 기회가 줄어들 것이고, 매출 또한 줄어들게 될 수밖에 없는 구조이기 때문이다. 즉, 채널 송출을 중단하는 행위는 홈쇼핑과 케이블TV 쌍방 모두를 망하게 하는 지름길이 될 것이다.

① 간난신고(艱難辛苦)
② 견원지간(犬猿之間)
③ 난형난제(難兄難弟)
④ 순망치한(脣亡齒寒)
⑤ 오월동주(吳越同舟)

PART 3

05 **다음 글의 밑줄 친 ㉠~㉤을 수정한 내용으로 적절하지 않은 것은?**

> 적혈구는 일정한 수명을 가지고 있어서 그 수와 관계없이 총 적혈구의 약 0.8% 정도는 매일 몸 안에서 파괴된다. 파괴된 적혈구로부터 빌리루빈이라는 물질이 유리되고, 이 빌리루빈은 여러 생화학적 대사 과정을 통해 간과 소장에서 다른 물질로 변환된 후에 대변과 소변을 통해 배설된다. ㉠ 소변의 색깔을 통해 건강상태를 확인할 수 있다.
> 적혈구로부터 유리된 빌리루빈이라는 액체는 강한 지용성 물질이어서 혈액의 주요 구성물질인 물에 ㉡ 용해되지 않는다. 이런 빌리루빈을 비결합 빌리루빈이라고 하며, 혈액 내에서 비결합 빌리루빈은 알부민이라는 혈액 단백질에 부착된 상태로 혈류를 따라 간으로 이동한다. 간에서 비결합 빌리루빈은 담즙을 만드는 간세포에 흡수되고 글루쿠론산과 결합하여 물에 잘 녹는 수용성 물질인 결합 빌리루빈으로 바뀌게 된다. 결합 빌리루빈의 대부분은 간세포에서 만들어져 담관을 통해 ㉢ 분비돼는 담즙에 포함되어 소장으로 배출되지만, 일부는 다시 혈액으로 되돌려 보내져 혈액 내에서 알부민과 결합하지 않고 혈류를 따라 순환한다.
> 간세포에서 분비된 담즙을 통해 소장으로 들어온 결합 빌리루빈의 절반은 장세균의 작용에 의해 소장에서 흡수되어 혈액으로 이동하는 유로빌리노젠으로 전환된다. 나머지 절반의 결합 빌리루빈은 소장에서 흡수되지 않고 대변에 포함되어 배설된다. 혈액으로 이동한 유로빌리노젠의 일부분은 혈액이 신장을 통과할 때 혈액으로부터 여과되어 신장으로 이동한 후 소변으로 배설된다. 하지만 대부분의 혈액 내 유로빌리노젠은 간으로 이동하여 간세포에서 만든 담즙을 통해 소장으로 배출되어 대변을 통해 배설된다.
> 빌리루빈의 대사와 배설에 장애가 있을 때 여러 임상 증상이 나타날 수 있다. ㉣ 그러나 빌리루빈이나 빌리루빈 대사물의 양을 측정한 후, 그 값을 정상치와 비교하면 임상 증상을 일으키는 원인이 되는 질병이나 문제를 ㉤ 추측할수 있다.

① ㉠ : 글의 통일성을 해치고 있으므로 삭제한다.
② ㉡ : 문맥에 흐름을 고려하여 '융해되지'로 수정한다.
③ ㉢ : 맞춤법에 어긋나므로 '분비되는'으로 수정한다.
④ ㉣ : 문장을 자연스럽게 연결하기 위해 '따라서'로 고친다.
⑤ ㉤ : 띄어쓰기가 올바르지 않으므로 '추측할 수'로 수정한다.

06 다음 글에서 주장하는 정보화 사회의 문제점에 대한 반대 입장으로 적절하지 않은 것은?

> 정보화 사회에서 지식과 정보는 부가가치의 원천이다. 지식과 정보에 접근할 수 없는 사람들은 소득을 얻는 데 불리할 수밖에 없다. 고급 정보에 대한 접근이 용이한 사람들은 부를 쉽게 축적하고, 그 부를 바탕으로 고급 정보 획득에 많은 비용을 투입할 수 있다. 이렇게 벌어진 정보 격차는 시간이 갈수록 심화될 가능성이 높아지고 있다. 정보나 지식이 독점되거나 진입 장벽을 통해 이용이 배제되는 경우도 문제이다. 특히 정보가 상품화됨에 따라 정보를 둘러싼 불평등은 더욱 심화될 것이다.

① 정보 기기의 보편화로 인한 정보 격차 완화
② 인터넷이나 컴퓨터 유지비 측면에서의 격차 발생
③ 인터넷의 발달에 따라 전 계층의 고급 정보 접근 용이
④ 일방적 정보 전달에서 벗어나 상호작용의 의사소통 가능
⑤ 정보의 확산으로 기존의 자본주의에 의한 격차 완화 가능성

PART 3

07 다음 글이 비판의 대상으로 삼는 주장으로 가장 적절한 것은?

> 경제 문제는 대개 해결이 가능하다. 대부분의 경제 문제에는 몇 개의 해결책이 있다. 그러나 모든 해결책은 누군가가 상당한 손실을 반드시 감수해야 한다는 특징을 갖고 있다. 하지만 누구도 이 손실을 자발적으로 감수하고자 하지 않으며, 우리의 정치제도는 누구에게도 이 짐을 짊어지라고 강요할 수 없다. 우리의 정치적·경제적 구조로는 실질적으로 제로섬(Zero-sum)적인 요소를 지니는 경제 문제에 전혀 대처할 수 없기 때문이다.
> 대개의 경제적 해결책은 대규모의 제로섬적인 요소를 갖기 때문에 큰 손실을 수반한다. 모든 제로섬 게임에는 승자가 있다면 반드시 패자가 있으며, 패자가 존재해야만 승자가 존재할 수 있다. 경제적 이득이 경제적 손실을 초과할 수도 있지만, 손실의 주체에게 손실의 의미란 상당한 크기의 경제적 이득을 부정할 수 있을 만큼 매우 중요하다. 어떤 해결책으로 인해 평균적으로 사회는 더 잘살게 될 수도 있지만, 이 평균이 훨씬 더 잘살게 된 수많은 사람과 훨씬 더 못살게 된 수많은 사람을 감춘다. 만약 당신이 더 못살게 된 사람 중 하나라면 내 수입이 줄어든 것보다 다른 누군가의 수입이 더 많이 늘었다고 해서 위안을 얻지는 않을 것이다. 결국 우리는 우리 자신의 수입을 보호하기 위해 경제적 변화가 일어나는 것을 막거나 혹은 사회가 우리에게 손해를 입히는 공공정책이 강제로 시행되는 것을 막기 위해 싸울 것이다.

① 빈부격차를 해소하는 것만큼 중요한 정책은 없다.
② 사회의 총생산량이 많아지게 하는 정책이 좋은 정책이다.
③ 경제 문제에서 모두가 만족하는 해결책은 존재하지 않는다.
④ 경제적 변화에 대응하는 정치제도의 기능에는 한계가 존재한다.
⑤ 경제 정책의 효율성을 높이는 방법은 일관성을 유지하는 것이다.

08 다음 글의 내용으로 적절하지 않은 것은?

오픈뱅킹은 핀테크 기업이 금융서비스를 개발할 수 있도록 은행 등 금융서비스를 표준화하여 제공한 인프라로 크게 오픈 API와 테스트베드가 있다.
오픈 API(Application Programming Interface)는 핀테크 기업이 응용프로그램과 서비스를 개발할 수 있게 공개한 프로그램 도구로 서비스 API와 인증·관리 API를 제공하고, 테스트베드는 개발된 서비스 등이 금융전산망에서 작동하는 데 문제가 없는지 테스트할 수 있는 인프라이다. 이 두 가지를 통해 핀테크 기업은 기존의 금융서비스에 새로 IT 기술을 합쳐서 다양한 핀테크 서비스를 출시할 수 있다.
기존에는 핀테크 서비스를 출시하려면 모든 관련 은행과 개별적으로 협약을 맺어야 했고, 전산표준이 은행마다 다르기도 해서 어려움이 많았다. 이를 해결하기 위해 은행과 핀테크 기업이 서비스 개발 과정부터 서로 소통할 수 있는 오픈플랫폼을 구축하였으며, 은행뿐 아니라 제2금융권 참여 확대를 위해 오픈플랫폼을 오픈뱅킹공동업무 서비스로 전환하였다.
오픈뱅킹의 기대효과로 이용기관은 다양한 핀테크 서비스를 제공할 수 있고, 고객은 핀테크 서비스를 이용하여 더 쉽고 편하게 금융에 접근할 수 있게 되고, 참가기관은 신규 고객 등을 유치함으로써 수익기회를 얻을 수 있다.
금융서비스 중 제외되는 서비스는 출금대행과 납부서비스가 있으며, 이용대상에는 핀테크 사업자, 핀테크 산업 분류업종 기업, 전자금융업자, 오픈뱅킹 운영기관 인정기업, 일반고객 등이 있다.

① 일반 은행이 아닌 제2금융권은 참여할 수 없다.
② 일반고객뿐 아니라 금융업자도 참여할 수 있다.
③ 오픈뱅킹은 금융서비스를 개발하고 테스트하는 것을 모두 포함한다.
④ 오픈뱅킹을 이용하여 고객과 핀테크 기업, 참가기관 모두 이익을 얻을 수 있다.
⑤ 오픈뱅킹을 통하면 여러 은행과 개별적 협약 없이도 핀테크 서비스를 출시할 수 있다.

09 다음 글의 내용으로 가장 적절한 것은?

조선 후기의 대표적인 관료 선발 제도 개혁론인 유형원의 공거제 구상은 능력주의적, 결과주의적 인재 선발의 약점을 극복하려는 의도와 함께 신분적 세습의 문제점도 의식한 것이었다. 중국에서는 17세기 무렵 관료 선발에서 세습과 같은 봉건적인 요소를 부분적으로 재도입하려는 개혁론이 등장했다. 고염무는 관료제의 상층에는 능력주의적 제도를 유지하되, 지방관인 지현들은 어느 정도의 검증 기간을 거친 이후 그 지위를 평생 유지시켜 주고 세습의 길까지 열어 놓는 방안을 제안했다. 황종희는 지방의 관료가 자체적으로 관리를 초빙해서 시험한 후에 추천하는 '벽소'와 같은 옛 제도를 되살리는 방법으로 과거제를 보완하자고 주장했다.

이러한 개혁론은 갑작스럽게 등장한 것이 아니었다. 과거제를 시행했던 국가들에서는 수백 년에 걸쳐 과거제를 개선하라는 압력이 있었다. 시험 방식이 가져오는 부작용들은 과거제의 중요한 문제였으며 치열한 경쟁은 학문에 대한 깊이 있는 학습이 아니라 합격만을 목적으로 하는 형식적 학습을 하게 만들었다. 또한 많은 인재들이 수험 생활에 장기간 매달리면서 재능을 낭비하는 현상도 낳게 되었으며, 학습 능력 이외의 인성이나 실무 능력을 평가할 수 없기 때문에 서서히 과거제의 부족함이 드러나곤 했다.

과거제의 부작용에 대한 인식은 과거제를 통해 임용된 관리들의 활동에 대한 비판적 시각으로 연결되었다. 능력주의적 태도는 시험뿐 아니라 관리의 업무에 대한 평가에도 적용되었다. 세습적이지 않으면서 몇 년의 임기마다 다른 지역으로 이동하는 관리들은 승진을 위해 빨리 성과를 낼 필요가 있었기에, 지역 사회를 위해 장기적인 전망을 가지고 정책을 추진하기보다 가시적이고 단기적인 결과만을 중시하는 부작용을 가져왔다. 개인적 동기가 공공성과 상충되는 현상이 나타났던 것이다. 공동체 의식의 약화 역시 과거제의 부정적 결과로 인식되었다. 과거제 출신의 관리들이 공동체에 대한 소속감이 낮고 출세 지향적이기 때문에 세습 엘리트나 지역에서 천거된 관리에 비해 공동체에 대한 충성심이 약했던 것이다.

① 과거제 출신의 관리들은 공동체에 대한 소속감이 낮고 출세 지향적이었다.
② '벽소'는 과거제를 없애고자 등장한 새로운 제도이다.
③ 과거제를 통해 임용된 관리들은 지역 사회를 위해 장기적인 전망을 가지고 정책을 추진하였다.
④ 과거제는 학습 능력 이외의 인성이나 실무 능력까지 정확하게 평가할 수 있는 제도였다.
⑤ 고염무는 관료제의 상층에는 세습제를 실시하고, 지방관에게는 능력주의적 제도를 실시하자는 방안을 제안했다.

10 다음 글의 서술상 특징으로 가장 적절한 것은?

> 내가 감각하는 사물들이 정말로 존재하는가? 내가 지금 감각하고 있는 이 책상이 내가 보지 않을 때에도 여전히 존재하는지, 혹시 이것들이 상상의 산물은 아닌지, 내가 꿈을 꾸고 있는 것은 아닌지 어떻게 알 수 있는가? 내 감각을 넘어서 물리적 대상들이 독립적으로 존재한다는 것을 증명할 길은 없다. 데카르트가 방법적 회의를 통해서 보여 주었듯이, 인생이 하나의 긴 꿈에 불과하다는 '꿈의 가설'에서 어떤 논리적 모순도 나오지 않기 때문이다. 그러나 논리적 가능성이 진리를 보장하지는 않으므로, 꿈의 가설을 굳이 진리라고 생각해야 할 이유도 없다.
>
> 꿈의 가설보다는, 나의 감각들은 나와 독립적으로 존재하는 대상들이 나에게 작용하여 만들어 낸 것들이라는 '상식의 가설'이 우리가 경험하는 사실들을 더 잘 설명한다. 개 한 마리가 한순간 방 한 편에서 보였다가 잠시 후 방의 다른 곳에 나타났다고 해 보자. 이 경우에 그것이 처음 위치에서 일련의 중간 지점들을 차례로 통과하여 나중 위치로 연속적인 궤적을 따라서 이동하였다고 생각하는 것이 자연스럽다. 그러나 그 개가 감각들의 집합에 불과하다면 내게 보이지 않는 동안에는 그것은 존재할 수가 없다. 꿈의 가설에 따르면 그 개는 내가 보고 있지 않은 동안에 존재하지 않다가 새로운 위치에서 갑자기 생겨났다고 해야 한다.
>
> 그 개가 내게 보일 때나 보이지 않을 때나 마찬가지로 존재한다면, 내 경우에 미루어 그 개가 한 끼를 먹고 나서 다음 끼니 때까지 어떻게 차츰 배고픔을 느끼게 되는지 이해할 수 있다. 그러나 그 개가 내가 보고 있지 않을 때에 존재하지 않는다면, 그것이 존재하지 않는 동안에도 점점 더 배고픔을 느끼게 된다는 것은 이상해 보인다. 따라서 나의 변화하는 감각 경험은, 실재하는 개를 표상하는 것으로 간주하면 아주 자연스럽게 이해되지만, 단지 나에게 감각되는 색깔과 형태들의 변화에 지나지 않는다고 간주하면 전혀 설명할 길이 없다.
>
> 사람의 경우 문제는 더 분명하다. 사람들이 말하는 것을 들을 때 내가 듣는 소리가 어떤 생각, 즉 내가 그러한 소리를 낼 때에 갖는 생각과 비슷한 어떤 생각을 표현하는 것이 아니라고 여기기는 어렵다. 그러므로 '최선의 설명을 제공하는 가설을 택하라.'라는 원칙에 따르면 나 자신과 나의 감각 경험을 넘어서 나의 지각에 의존하지 않는 대상들이 정말로 존재한다는 상식의 가설을 택하는 것이 합당하다.
>
> – 러셀, 『철학의 문제들』

① 상반된 이론을 제시한 후 절충적 견해를 이끌어 내고 있다.
② 구체적인 사례를 통해 독자의 이해를 돕고 있다.
③ 권위 있는 학자의 주장을 인용하여 내용을 전개하고 있다.
④ 정의를 통해 새로운 개념을 소개하고 있다.
⑤ 객관적 자료를 활용하여 자신의 주장을 강화하고 있다.

11 다음 글의 빈칸에 들어갈 내용으로 가장 적절한 것은?

> 1979년 경찰관 출신이자 샌프란시스코 시의원이었던 댄 화이트는 시장과 시의원을 살해했다는 이유로 1급 살인죄로 기소되었다. 화이트의 변호인은 피고인이 스낵을 비롯해 컵케이크, 캔디 등을 과다 섭취해서 당분 과다로 뇌의 화학적 균형이 무너져 정신에 장애가 왔다고 주장하면서 책임 경감을 요구하였다. 재판부는 변호인의 주장을 인정하여 계획 살인죄보다 약한 일반 살인죄를 적용하여 7년 8개월의 금고형을 선고했다. 이 항변은 당시 미국에서 인기 있던 스낵의 이름을 따 '트윙키 항변'이라 불렸고, 사건의 사회성이나 의외의 소송 전개 때문에 큰 화제가 되었다.
> 이를 계기로 1982년 슈엔달러는 교정시설에 수용된 소년범 276명을 대상으로 섭식과 반사회 행동의 상관관계에 대해 실험하였다. 기존의 식단에서 각설탕을 꿀로 바꾸어 보고, 설탕이 들어간 음료수에서 천연 과일 주스를 주는 등의 변화를 주었다. 이처럼 정제한 당의 섭취를 원천적으로 차단한 결과 시설 내 폭행, 절도, 규율 위반, 패싸움 등이 실험 전에 비해 무려 45%나 감소했다는 것을 알게 되었다. 따라서 이 실험을 통해 ______________________________

① 과다한 영양 섭취가 범죄 발생에 영향을 미친다는 것을 알 수 있다.
② 과다한 정제당 섭취는 반사회적 행동을 유발할 수 있다는 것을 알 수 있다.
③ 가공 식품의 섭취가 일반적으로 폭력 행위를 증가시킨다는 것을 알 수 있다.
④ 정제당 첨가물로 인한 범죄 행위는 그 책임이 경감되어야 한다는 것을 알 수 있다.
⑤ 범죄 예방을 위해 교정시설 내에 정제당을 제공하지 말아야 한다는 것을 알 수 있다.

Hard

12 다음 글의 빈칸에 들어갈 단어로 가장 적절한 것은?

> 지난해 7월 이후 하락세를 보이던 소비자물가지수가 전기, 가스 등 공공요금 인상의 여파로 다시 상승세로 반전되고 있다.
> 이에 경기 하강 흐름 속에서 한풀 꺾이던 __________에 대한 우려도 다시 커지고 있다. 여기에 중국의 경제 활동 재개 여파로 국제 에너지 및 원자재 가격 역시 상승 흐름을 탈 가능성이 높아져 계속하여 5%대 고물가 상황이 지속될 전망을 보인다.
> 앞서 정부는 지난해 전기요금을 세 차례 가스요금을 네 차례에 걸쳐 인상하였는데, 이로 인해 올해 1월 소비자 물가 동향에서 나타난 전기·가스·수도 요금은 지난해보다 28.3% 급등한 것으로 분석되었고, 이로 인해 소비자 물가 역시 상승 폭이 커지고 있다.
> 이러한 물가 상승 폭의 확대에는 공공요금의 영향뿐만 아니라 농축산물과 가공식품의 영향도 있는데, 특히 강설 및 한파 등으로 인해 농축수산물의 가격이 상승하였고, 이에 더불어 지난해 말부터 식품업계 역시 제품 가격을 인상한 것이 이에 해당한다. 특히 구입 빈도가 높고 지출 비중이 높은 품목들이 이에 해당되어 그 상승세가 더 확대되고 있다.

① E플레이션
② 디플레이션
③ 인플레이션
④ 디스인플레이션
⑤ 스태그네이션

13 다음 문단을 논리적 순서대로 바르게 나열한 것은?

(가) '단어 연상법'은 프랜시스 골턴이 개발한 것으로, 지능의 종류를 구분하기 위한 것이었다. 이것은 피실험자에게 일련의 단어들을 또박또박 읽어주면서 각각의 단어를 듣는 순간 제일 먼저 떠오르는 단어를 말하게 하고, 실험자는 계시기를 들고 응답 시간, 즉 피실험자가 응답하는 데 걸리는 시간을 측정하여 차트에 기록하는 방법으로 진행한다. 실험은 대개 백 개가량의 단어들로 진행했다. 골턴은 응답 시간을 정확히 재기 위해 온갖 수단을 동원했지만, 그렇게 해서 얻은 정보의 양이 거의 없거나 지능의 수준을 평가하는 데 별로 중요하지 않은 경우가 많았다.

(나) 융이 그린 그래프들은 특정한 단어에 따르는 응답자의 심리 상태를 보여주었다. 이 결과를 통해 다음과 같은 두 가지 결론을 얻어낼 수 있었다. 첫째, 대답 과정에서 감정이 생겨난다. 둘째, 응답의 지연은 모종의 인식하지 못한 과정에 의해 자연 발생적으로 생겨난다. 하지만 이 기록을 토대로 결론을 내리거나 중요성을 따지기에는 너무 일렀다. 피실험자의 의식적 의도와는 별개로 작동하는 뭔가 알지 못하는 지연 행위가 있음이 분명했다.

(다) 당시에 성행했던 심리학 연구나 심리학을 정신의학에 응용하는 연구는 주로 의식에 초점이 맞춰져 있었다. 따라서 단어 연상법의 심리학에 대한 실험 연구도 의식을 바탕으로 해서 진행되었다. 하지만 융은 의식 또는 의지의 작용을 넘어서는 무엇인가가 있을 것이라고 생각했다. 여기서 그는 콤플렉스라는 개념을 끌어들인다. 융의 정의에 따르면 그것은 특수한 종류의 감정으로 이루어진 무의식 속의 관념 덩어리인데, 이것이 응답 시간을 지연시켰다는 것이다. 이후 여러 차례 실험을 거듭한 결과 그 결론은 사실임이 밝혀졌으며, 콤플렉스와 개인적 속성은 융의 사상 체계에서 핵심적인 요소가 되었다.

(라) 융의 연구 결과 단어 연상의 응답 시간은 피실험자의 정서에 큰 영향을 받으며, 그 실험법은 감춰진 정서를 찾아내는 데 더 유용하다는 점이 입증되었다. 정신적 연상의 연구를 통해 지능의 종류를 판단하고자 했던 단어 연상 실험이 오히려 그와는 다른 방향, 즉 무의식적인 감정이 빚어내는 효과를 드러내는 데 더 유용하다는 사실이 증명된 것이다. 그동안 골턴을 비롯하여 그 실험법을 수천 명의 사람들에게 실시했던 연구자들은 지연된 응답의 배후에 있는 피실험자의 정서에 주목하지 않았으며, 단지 응답의 지연을 피실험자가 반응하지 못한 것으로만 기록했던 것이다.

(마) 그런데 융은 이 실험에서 응답 시간이 늦어질 경우 피실험자에게 왜 응답을 망설이는지 물어보는 과정을 추가하였다. 그러자 놀랍게도 피실험자는 자신의 응답 시간이 늦어지는 것도 알지 못했을 뿐만 아니라, 그에 대해 아무런 설명도 하지 못했다. 융은 거기에 틀림없이 어떤 이유가 있으리라고 생각하고 구체적으로 파고들어 갔다. 한번은 말(馬)이라는 단어가 나왔는데 어떤 피실험자의 응답 시간이 무려 1분이 넘었다. 자세히 조사해 보니 그 피실험자는 과거에 사고로 말을 잃었던 아픈 기억을 지니고 있었다. 실험이 있기 전까지는 잊고 있었던 그 기억이 실험 과정에서 되살아난 것이다.

① (가) – (마) – (라) – (나) – (다)
② (가) – (마) – (라) – (다) – (나)
③ (나) – (다) – (가) – (마) – (라)
④ (다) – (가) – (마) – (라) – (나)
⑤ (다) – (나) – (가) – (마) – (라)

14 다음은 수산업협동조합법의 일부이다. 이에 대한 내용으로 적절하지 않은 것은?

〈수산업협동조합법〉

제1조(목적)
이 법은 어업인과 수산물가공업자의 자주적인 협동조직을 바탕으로 어업인과 수산물가공업자의 경제적 · 사회적 · 문화적 지위의 향상과 어업 및 수산물가공업의 경쟁력 강화를 도모함으로써 어업인과 수산물가공업자의 삶의 질을 높이고 국민경제의 균형 있는 발전에 이바지함을 목적으로 한다.

제2조(정의)
이 법에서 사용하는 용어의 뜻은 다음과 같다.
1. "수산업"이란 어업과 수산물가공업을 말한다.
2. "어업" 또는 "수산물가공업"이란 어업, 수산물가공업, 내수면어업, 양식업을 말한다.
3. "어업인" 또는 "수산물가공업자"란 어업인, 수산물가공업자, 내수면어업 관련 어업인 또는 양식업자를 말한다.
4. "조합"이란 이 법에 따라 설립된 지구별 수산업협동조합, 업종별 수산업협동조합 및 수산물가공 수산업협동조합을 말한다.
5. "중앙회"란 이 법에 따라 설립된 수산업협동조합중앙회를 말한다.

제3조(명칭)
① 조합 및 중앙회는 다음 각 호의 기준에 따라 명칭을 사용하여야 한다.
1. 지구별 수산업협동조합은 지구명을 붙인 수산업협동조합의 명칭을 사용할 것
2. 업종별 수산업협동조합은 업종명(양식방법을 포함한다) 또는 품종명을 붙인 수산업협동조합의 명칭을 사용할 것. 이 경우 주된 사무소의 소재지가 속한 지방자치단체의 명칭을 함께 사용할 수 있다.
3. 수산물가공 수산업협동조합은 수산물가공업명을 붙인 수산업협동조합의 명칭을 사용할 것
4. 중앙회는 수산업협동조합중앙회의 명칭을 사용할 것

② 이 법에 따라 설립된 조합과 중앙회가 아니면 제1항에 따른 명칭 또는 이와 유사한 명칭을 사용하지 못한다. 다만, 다음 각 호의 어느 하나에 해당하는 법인이 조합 또는 중앙회의 정관으로 정하는 바에 따라 승인을 받은 경우에는 제1항에 따른 명칭 또는 이와 유사한 명칭을 사용할 수 있다.
1. 조합 또는 중앙회가 출자하거나 출연한 법인
2. 그 밖에 중앙회가 필요하다고 인정하는 법인

제4조(법인격 등)
① 조합과 중앙회는 법인으로 한다.
② 조합과 중앙회의 주소는 그 주된 사무소의 소재지로 한다.

① 어업인과 수산물가공업자의 삶의 질 향상을 목적으로 한다.
② 어업과 수산물가공업은 수산업의 범주에 포함된다.
③ 내수면어업인, 양식업자 등을 어업인 또는 수산물가공업자라 일컫는다.
④ 업종별 수산업협동조합의 명칭에는 사무소의 소재지가 포함될 수 있다.
⑤ 수산업협동조합 및 중앙회는 법인 자격을 가질 수 없다.

15 다음 글의 밑줄 친 ㉠의 사례로 가장 적절한 것은?

> 화학 공정을 통하여 저렴하고 풍부한 원료로부터 원하는 물질을 제조하고자 할 때, 촉매는 활성화 에너지가 낮은 새로운 반응 경로를 제공하여 마치 마술처럼 원하는 반응이 쉽게 일어나도록 돕는다. 제1차 세계대전 직전에 식량 증산에 크게 기여하였던 철 촉매에서부터 최근 배기가스를 정화하는 데 사용되는 백금 촉매에 이르기까지 다양한 촉매가 여러 가지 문제 해결의 핵심 기술이 되고 있다. 그러나 전통적인 공업용 촉매 개발은 시행착오를 반복하다가 요행히 촉매를 발견하는 식이었다. 이러한 문제점을 해결하기 위해 촉매 설계 방법이 제안되었는데, 이는 표면 화학 기술과 촉매 공학의 발전으로 가능해졌다. 촉매 설계 방법은 ㉠ <u>회귀 경로를 통하여 오류를 최소 과정 내에서 통제할 수 있는 체계</u>로서 크게 세 단계로 이루어진다. 첫 번째 단계에서는 대상이 되는 반응을 선정하고, 열역학적 검토와 경제성 평가를 거쳐 목표치를 설정한다. 두 번째 단계에서는 반응물이 촉매 표면에 흡착되어 생성물로 전환되는 반응 경로 모델을 구상하며, 그다음에 반응의 진행을 쉽게 하는 활성 물질, 활성 물질의 기능을 증진시키는 증진제 그리고 반응에 적합한 촉매 형태를 유지시키는 지지체를 선정한다. 마지막 단계에서는 앞에서 선정된 조합으로 촉매 시료를 제조한 후 실험하고, 그 결과를 토대로 촉매의 활성·선택성·내구성을 평가한다. 여기서 결과가 목표치에 미달하면 다시 촉매 조합을 선정하는 단계로 돌아가며, 목표치를 달성하는 경우에도 설정된 경로 모델대로 반응이 진행되지 않았다면, 다시 경로 모델을 설정하는 단계로 회귀한다. 설정된 경로 모델에 따라 목표치에 도달하면 촉매 설계는 완료된다.
>
> 미래 사회에서는 에너지 자원의 효율적 사용과 환경 보존을 최우선시하여 다양한 촉매의 개발이 필요하게 될 것이다. 특히 반응 단계는 줄이면서도 효과적으로 원하는 물질을 생산하고, 낮은 온도에서 선택적으로 빠르게 반응을 진행시킬 수 있는 새로운 촉매가 필요하게 된다. 촉매 설계 방법은 환경 및 에너지 문제를 해결하는 마법의 돌을 만드는 체계적 접근법인 것이다.

① 민준이는 현관문 잠금 장치의 비밀번호를 잊어버려 여러 번호를 입력하다가 운 좋게 다섯 번 만에 문을 열었다.

② 승재는 고등학생 때 『목민심서』를 여러 번 읽었으나 잘 이해할 수 없었다. 그 후 대학생이 되어 다시 읽어 보니 내용을 보다 쉽게 이해할 수 있었다.

③ 수아는 좋은 시어를 찾기 위해 우리말 형용사 사전을 뒤졌으나 적절한 시어를 찾지 못했다. 그러던 어느 날 『토지』를 읽다가 적절한 시어를 찾아냈다.

④ 설아는 방송국 홈페이지에 글을 올리다가 우연히 경품 응모에 당첨되었다. 그 후 계속해서 글을 올렸고, 경품을 타는 횟수가 더욱 늘어났다.

⑤ 시안이는 설문지를 작성하여 설문 조사를 하던 중 설문지의 질문이 잘못된 것을 발견하여 설문지 작성 과정으로 돌아와 질문을 수정하였다.

Hard

16 다음은 금융통화위원회가 의결한 통화정책 방향이다. 이에 대해 추론한 내용으로 적절하지 않은 것은?

> 금융통화위원회는 다음 통화정책 방향 결정 시까지 한국은행 기준금리를 현 수준(1.50%)에서 유지하여 통화정책을 운용하기로 하였다.
> 세계경제는 성장세가 확대되는 움직임을 나타내었다. 국제금융시장은 주요국 통화정책 정상화 기대 등으로 국채금리가 상승하였으나 주가가 오름세를 이어가는 등 대체로 안정된 모습을 보였다. 앞으로 세계경제의 성장세는 주요국 통화정책 정상화 속도, 미국 정부 정책 방향, 보호무역주의 확산 움직임 등에 영향을 받을 것으로 보인다.
> 국내경제는 투자가 다소 둔화되었으나 수출이 호조를 지속하는 가운데 소비가 완만하게 개선되면서 견실한 성장세를 이어간 것으로 판단된다. 고용 상황은 서비스업 취업자 수 증가폭이 감소하는 등 개선세가 둔화되었다. 국내경제는 금년에도 3% 수준의 성장세를 나타낼 것으로 보인다. 투자가 둔화되겠으나 소비는 가계의 소득여건 개선 등으로 꾸준한 증가세를 이어가고, 수출도 세계경제의 호조에 힘입어 양호한 흐름을 지속할 것으로 예상된다.
> 소비자물가는 농축수산물 가격의 상승폭 축소, 도시가스요금 인하 등으로 1%대 중반으로 오름세가 둔화되었다. 근원인플레이션율(식료품 및 에너지 제외 지수)은 1%대 중반을 지속하였으며 일반인 기대인플레이션율은 2%대 중반을 유지하였다. 소비자물가 상승률은 당분간 1%대 초중반 수준을 보이다가 하반기 이후 오름세가 확대되면서 목표수준에 점차 근접하겠으며, 연간 전체로는 1%대 후반을 나타낼 것으로 전망된다. 근원인플레이션율도 완만하게 상승할 것으로 보인다.
> 금융시장은 장기시장금리가 주요국 금리 상승의 영향으로 오름세를 보였으나, 주가는 기업실적 개선 기대로 상승하는 등 대체로 안정된 모습을 나타내었다. 원/달러 환율은 미 달러화 약세 등으로 하락세를 지속하였다. 가계대출은 증가규모가 축소되었다. 주택가격은 전반적으로 낮은 오름세를 보였으나 수도권 일부 지역에서 상승세가 확대되었다.
> 금융통화위원회는 앞으로 성장세 회복이 이어지고 중기적 시계에서 물가상승률이 목표수준에서 안정될 수 있도록 하는 한편 금융안정에 유의하여 통화정책을 운용해 나갈 것이다. 국내경제가 견실한 성장세를 지속하는 가운데 당분간 수요 측면에서의 물가상승압력은 크지 않을 것으로 전망되므로 통화정책의 완화기조를 유지해 나갈 것이다. 이 과정에서 향후 성장과 물가의 흐름을 면밀히 점검하면서 완화정도의 추가 조정 여부를 신중히 판단해 나갈 것이다. 아울러 주요국 중앙은행의 통화정책 변화, 주요국과의 교역여건, 가계부채 증가세, 지정학적 리스크 등도 주의깊게 살펴볼 것이다.

① 세계경제는 최근 지속적으로 성장해 왔다.
② 국채금리는 주요국 통화정책의 영향을 받는다.
③ 현재 근원인플레이션율은 기대인플레이션율을 하회한다.
④ 주택가격과 금융시장은 전반적으로 오름세를 보이고 있다.
⑤ 국내 서비스업 취업자 수가 감소하였으나, 국내경제성장률은 큰 변동이 없을 것으로 예측된다.

Easy

17 다음 글의 주제로 가장 적절한 것은?

현재 우리나라의 진료비 지불제도 중 가장 주도적으로 시행되는 지불제도는 행위별수가제이다. 행위별수가제는 의료기관에서 의료인이 제공한 의료서비스(행위, 약제, 치료 재료 등)에 대해 서비스별로 가격(수가)을 정하여 사용량과 가격에 의해 진료비를 지불하는 제도로, 의료보험 도입 당시부터 채택하고 있는 지불제도이다. 그러나 최근 관련 전문가들로부터 이러한 지불제도를 개선해야 한다는 목소리가 많이 나오고 있다.

조사에 의하면 우리나라의 국민의료비를 증대시키는 주요 원인은 고령화로 인한 진료비 증가와 행위별수가제로 인한 비용의 무한 증식이다. 현재 우리나라의 국민의료비는 OECD 회원국 중 최상위를 기록하고 있으며 앞으로 더욱 심화될 것으로 예측된다. 특히 행위별수가제는 의료행위를 할수록 지불되는 진료비가 증가하므로 CT, MRI 등 영상검사를 중심으로 의료 남용이나 과다 이용 문제가 발생하고 있고, 병원의 이익 증대를 위하여 환자에게는 의료비 부담을, 의사에게는 업무 부담을, 건강보험에는 재정 부담을 증대시키고 있다.

이러한 행위별수가제의 문제점을 개선하기 위해 일부 질병군에서는 환자가 입원해서 퇴원할 때까지 발생하는 진료에 대하여 질병마다 미리 정해진 금액을 내는 제도인 포괄수가제를 시행 중이며, 요양병원, 보건기관에서는 입원 환자의 질병, 기능 상태에 따라 입원 1일당 정액수가를 적용하는 정액수가제를 병행하여 실시하고 있지만 비용 산정의 경직성, 의사 비용과 병원 비용의 비분리 등 여러 가지 문제점이 있어 현실적으로 효과를 내지 못하고 있다는 지적이 나오고 있다.

기획재정부와 보건복지부는 시간이 지날수록 건강보험 적자가 계속 증대되어 머지않아 고갈될 위기에 있다고 발표하였다. 당장 행위별수가제를 전면적으로 폐지할 수는 없으므로 기존의 다른 수가제의 문제점을 개선하여 확대하는 등 의료비 지불방식의 다변화가 구조적으로 진행되어야 할 것이다.

① 신포괄수가제의 정의
② 건강보험의 재정 상황
③ 행위별수가제의 한계점
④ 의료비 지불제도의 역할
⑤ 다양한 의료비 지불제도 소개

18 다음 글의 내용으로 가장 적절한 것은?

통증은 조직 손상이 일어나거나 일어나려고 할 때 의식적인 자각을 주는 방어적 작용으로 감각의 일종이다. 통증을 유발하는 자극에는 강한 물리적 충격에 의한 기계적 자극, 높은 온도에 의한 자극, 상처가 나거나 미생물에 감염되었을 때 세포에서 방출하는 화학 물질에 의한 화학적 자극 등이 있다. 이러한 자극은 온몸에 퍼져 있는 감각 신경의 말단에서 받아들이는데, 이 신경 말단을 통각 수용기라 한다. 통각 수용기는 피부에 가장 많아 피부에서 발생한 통증은 위치를 확인하기 쉽지만, 통각 수용기가 많지 않은 내장 부위에서 발생한 통증은 위치를 정확히 확인하기 어렵다. 후각이나 촉각 수용기 등에는 지속적인 자극에 대해 수용기의 반응이 감소되는 감각 적응 현상이 일어난다. 하지만 통각 수용기에는 지속적인 자극에 대해 감각 적응 현상이 거의 일어나지 않는다. 그래서 우리 몸은 위험한 상황에 대응할 수 있게 된다.

대표적인 통각 수용 신경 섬유에는 Aδ섬유와 C섬유가 있다. Aδ섬유에는 기계적 자극이나 높은 온도 자극에 반응하는 통각 수용기가 분포되어 있으며, C섬유에는 기계적 자극이나 높은 온도 자극뿐만 아니라 화학적 자극에도 반응하는 통각 수용기가 분포되어 있다. Aδ섬유를 따라 전도된 통증 신호가 대뇌 피질로 전달되면, 대뇌 피질에서는 날카롭고 쑤시는 듯한 짧은 초기 통증을 느끼고 통증이 일어난 위치를 파악한다. C섬유를 따라 전도된 통증 신호가 대뇌 피질로 전달되면, 대뇌 피질에서는 욱신거리고 둔한 지연 통증을 느낀다. 이는 두 신경 섬유의 특징과 관련이 있다. Aδ섬유는 직경이 크고 전도 속도가 빠르며, C섬유는 직경이 작고 전도 속도가 느리다.

① 기계적 자극이나 높은 온도에 반응하는 통각 수용기는 Aδ섬유에만 분포되어 있다.
② 통각 수용기는 수용기의 반응이 감소되는 감각 적응 현상이 거의 일어나지 않는다.
③ Aδ섬유는 C섬유보다 직경이 작고 전도 속도가 빠르다.
④ 통각 수용기가 적은 부위일수록 통증 위치를 확인하기 쉽다.
⑤ Aδ섬유를 따라 전도된 통증 신호가 대뇌 피질로 전달되면, 대뇌 피질에서는 욱신거리고 둔한 지연 통증을 느낀다.

PART 3

19 다음 문단을 논리적 순서대로 바르게 나열한 것은?

(가) 킬러 T세포는 혈액이나 림프액을 타고 몸속 곳곳을 순찰하는 일을 담당하는 림프 세포의 일종이다. 킬러 T세포는 감염된 세포를 직접 공격하는데, 세포 하나하나를 점검하여 바이러스에 감염된 세포를 찾아낸다. 이 과정에서 바이러스에 감염된 세포가 킬러 T세포에게 발각되면 죽게 된다. 그렇다면 킬러 T세포는 어떤 방법으로 바이러스에 감염된 세포를 파괴할까?

(나) 지금도 우리 몸의 이곳저곳에서는 비정상적인 세포분열이나 바이러스 감염이 계속되고 있다. 하지만 우리 몸에 있는 킬러 T세포가 병든 세포를 찾아내 파괴하는 메커니즘이 정상적으로 작동하고 있는 한 건강한 상태를 유지할 수 있다. 이렇듯 면역 시스템은 우리 몸을 지켜주는 수호신이다. 또한 우리 몸이 유기적으로 잘 짜인 구조임을 보여주는 좋은 예라고 할 수 있다.

(다) 그다음 킬러 T세포가 활동한다. 킬러 T세포는 자기 표면에 있는 TCR(T세포 수용체)을 통해 세포 밖으로 나온 MHC와 펩티드 조각이 결합해 이루어진 구조를 인식함으로써 바이러스 감염 여부를 판단한다. 만약 MHC와 결합된 펩티드가 바이러스 단백질의 것이라면 킬러 T세포는 활성화되면서 세포를 공격하는 단백질을 감염된 세포 속으로 보낸다. 이렇게 킬러 T세포의 공격을 받은 세포는 곧 죽게 되며 그 안의 바이러스 역시 죽음을 맞이하게 된다.

(라) 우리 몸은 자연적 치유의 기능을 가지고 있다. 자연적 치유는 우리 몸에 바이러스(항원)가 침투하더라도 외부의 도움 없이 이겨낼 수 있는 면역 시스템을 가지고 있다는 것을 의미한다. 그런데 이러한 면역 시스템에 관여하는 세포 중에서 매우 중요한 역할을 하는 세포가 있다. 그것은 바로 바이러스에 감염된 세포를 직접 찾아내 제거하는 킬러 T세포(Killer T Cells)이다.

(마) 면역 시스템에서 먼저 활동을 시작하는 것은 세포 표면에 있는 MHC(주요 조직 적합성 유전자 복합체)이다. MHC는 꽃게 집게발 모양의 단백질 분자로 세포 안에 있는 단백질 조각을 세포 표면으로 끌고 나오는 역할을 한다. 본래 세포 속에는 자기 단백질이 대부분이지만, 바이러스에 감염되면 원래 없던 바이러스 단백질이 세포 안에 만들어진다. 이렇게 만들어진 자기 단백질과 바이러스 단백질은 단백질 분해효소에 의해 펩티드 조각으로 분해되어 세포 속을 떠돌아다니다가 MHC와 결합해 세포 표면으로 배달되는 것이다.

① (가) – (나) – (마) – (라) – (다)
② (나) – (다) – (가) – (라) – (마)
③ (다) – (가) – (마) – (나) – (라)
④ (라) – (가) – (마) – (다) – (나)
⑤ (라) – (나) – (가) – (다) – (마)

20 다음 글의 제목으로 가장 적절한 것은?

> 대부분의 사람이 주식 투자를 하는 목적은 자산을 증식하는 것이지만, 항상 이익을 낼 수는 없으며 이익에 대한 기대에는 언제나 손해에 따른 위험이 동반된다. 이러한 위험을 줄이기 위해서 일반적으로 투자자는 포트폴리오를 구성하는데, 이때 전반적인 시장상황에 상관없이 나타나는 위험인 '비체계적 위험'과 시장 상황에 연관되어 나타나는 위험인 '체계적 위험' 두 가지를 동시에 고려해야 한다.
>
> 비체계적 위험이란 종업원의 파업, 경영 실패, 판매의 부진 등 개별 기업의 특수한 상황과 관련이 있는 것으로 '기업 고유 위험'이라고도 한다. 기업의 특수 사정으로 인한 위험은 예측하기 어려운 상황에서 돌발적으로 일어날 수 있는 것들로, 여러 주식에 분산 투자함으로써 제거할 수 있다. 반면에 체계적 위험은 시장의 전반적인 상황과 관련한 것으로, 예를 들면 경기 변동, 인플레이션, 이자율의 변화, 정치 사회적 환경 등 여러 기업들에 공통으로 영향을 주는 요인들에 기인한다. 체계적 위험은 주식 시장 전반에 관한 위험이기 때문에 비체계적 위험에 대응하는 분산투자의 방법으로도 감소시킬 수 없으므로 '분산 불능 위험'이라고도 한다.
>
> 그렇다면 체계적 위험에 대응할 방법은 없을까? '베타 계수'를 활용한 포트폴리오 구성으로 투자자는 체계적 위험에 대응할 수 있다. 베타 계수란 주식 시장 전체의 수익률 변동이 발생했을 때 이에 대해 개별 기업의 주가 수익률이 얼마나 민감하게 반응하는가를 측정하는 계수로, 종합주가지수의 수익률이 1% 변할 때 개별 주식의 수익률이 얼마나 변하는가를 나타내며, 수익률의 민감도로 설명할 수 있다. 따라서 투자자는 주식시장이 호황에 진입할 경우 베타 계수가 큰 종목의 투자 비율을 높이지만 불황이 예상되는 경우에는 베타 계수가 작은 종목의 투자 비율을 높여 위험을 최소화할 수 있다.

① 비체계적 위험과 체계적 위험의 사례 분석
② 비체계적 위험을 활용한 경기 변동의 예측 방법
③ 비체계적 위험과 체계적 위험을 고려한 투자 전략
④ 종합주가지수 변동에 민감한 비체계적 위험의 중요성
⑤ 주식 시장이 호황에 진입할 경우 바람직한 투자 방향

※ 다음 글을 읽고 이어지는 질문에 답하시오. [21~22]

(가) 인류가 바람을 에너지원으로 사용한 지 1만 년이 넘었고, 풍차는 수천 년 전부터 사용되었다. 풍력발전이 시작된 지도 100년이 넘었지만, 그동안 전력 생산비용이 저렴하고 사용하기 편리한 화력발전에 밀려 빛을 보지 못하다가 최근 온실가스 배출 등의 환경오염 문제를 해결하는 대안인 신재생 에너지로 주목받고 있다.

(나) 풍력발전은 바람의 운동에너지를 회전에너지로 변환하고, 발전기를 통해 전기에너지를 얻는 기술로, 공학자들은 계속적으로 높은 효율의 전기를 생산하기 위해 풍력발전시스템을 발전시켜 나가고 있다. 풍력발전시스템의 하나인 요우 시스템(Yaw System)은 바람에 따라 풍력발전기의 방향을 바꿔 회전날개가 항상 바람의 정면으로 향하게 하는 것이다. 또 다른 피치 시스템(Pitch System)은 비행기의 날개와 같이 바람에 따라 회전날개의 각도를 변화시킨다. 이 외에도 회전력을 잃지 않기 위해 직접 발전기에 연결하는 방식 등 다양한 방법을 활용한다. 또한 무게를 줄이면 높은 곳에 풍력발전기를 매달 수 있어 더욱 효율적인 발전이 가능해진다.

(다) 풍력발전기를 설치하는 위치도 중요하다. 풍력발전기의 출력은 풍속의 세제곱과 프로펠러 회전면적의 제곱에 비례한다. 풍속이 빠를수록, 프로펠러의 면적이 클수록 출력이 높아지는 것이다. 지상에서는 바람이 빠르지 않고, 바람도 일정하게 불지 않아 풍력발전의 출력을 높이는 데 한계가 있다. 따라서 풍력발전기는 최대 풍속이 아닌 최빈 풍속에 맞춰 설계된다. 이러한 한계를 극복하기 위해 고고도(High Altitude)의 하늘에 풍력발전기를 설치하려는 노력이 계속되고 있다.

(라) 그렇다면 어떻게 고고도풍(High Altitude Wind)을 이용할까? 방법은 비행선, 연 등에 발전기를 달아 하늘에 띄우는 것이다. 캐나다의 한 회사는 헬륨 가스 비행선에 발전기를 달아 공중에 떠 있는 발전기를 판매하고 있다. 이 발전기는 비행선에 있는 발전기가 바람에 의해 풍선이 회전하도록 만들어져 있으며, 회전하는 풍선이 발전기와 연결되어 있어 전기를 생산할 수 있다. 또 다른 회사는 이보다 작은 비행선 수십 대를 연결하여 바다 위에 띄우는 방식을 고안하고 있다. 서로 연결된 수십 대의 작은 비행선 앞에 풍차가 붙어 있어 발전할 수 있도록 되어 있다.

(마) 고고도풍을 이용한 풍력발전은 결국 대류권 상층부에 부는 초속 30m의 편서풍인 제트기류를 이용하게 될 것이다. 연구에 따르면 최대 초속 100m를 넘는 제트기류를 단 1%만 이용해도 미국에서 사용하는 전기에너지를 모두 충당할 수 있다고 한다. 우리나라 상공도 이 제트기류가 지나가기 때문에 이를 활용할 수 있다면 막대한 전기를 얻을 수 있을 것으로 전망된다.

21 다음 중 (가) 문단을 읽고 추론할 수 있는 내용으로 적절하지 않은 것은?

① 풍력에너지는 인류에서 가장 오래된 에너지원이다.
② 화력발전은 풍력발전보다 전력 생산비용이 낮다.
③ 신재생 에너지가 대두되면서 풍력발전이 새롭게 주목받고 있다.
④ 화력발전은 온실가스 배출 등 환경오염 문제를 일으킨다.
⑤ 신재생 에너지는 환경오염 등의 문제를 줄일 수 있다.

22 다음 중 (가)～(마) 문단에 대한 주제로 적절하지 않은 것은?

① (가) : 환경오염 문제의 새로운 대안인 풍력발전
② (나) : 바람 에너지를 이용한 다양한 풍력발전시스템
③ (다) : 풍력발전기 설치 위치의 중요성
④ (라) : 고고도풍을 이용하는 기술의 한계
⑤ (마) : 제트기류를 활용한 풍력발전의 가능성

PART 3

Easy

23 다음 글의 주제로 가장 적절한 것은?

빅데이터는 스마트팩토리 등 산업 현장 및 ICT 소프트웨어 설계 등에 주로 활용되어 왔다. 유통이나 물류 업계의 '콘텐츠가 대량으로 이동하는 현장'에서는 데이터가 발생하면, 이를 분석하고 활용하는 쪽으로 주로 사용됐다. 이제는 다양한 영역에서 빅데이터의 적용이 빨라지고 있다. 대표적인 사례가 금융권이다. 국내의 은행들은 빅데이터 스타트업 회사를 상대로 대규모 투자에 나서고 있다. 뉴스와 포털 등 현존하는 데이터를 확보하여 금융 키워드 분석에 활용하기 위해서이다. 의료업계도 마찬가지이다. 정부는 바이오헬스 산업의 혁신전략을 통해 연구개발 투자를 내년까지 4조 원 이상으로 확대하겠다고 밝혔으며, 빅데이터와 인공지능 등을 연계한 다양한 로드맵을 준비하고 있다. 벌써 의료 현장에 빅데이터 전략을 구사하고 있는 병원도 다수이다. 국세청도 빅데이터에 관심이 많다. 빅데이터 플랫폼 인프라 구축을 끝내는 한편, 50명 규모의 빅데이터 센터를 가동하기 시작했다. 조세 행정에서 빅데이터를 통해 탈세를 예방·적발하는 등 다양한 쓰임새를 고민하고 있다.

① 빅데이터의 한계
② 빅데이터의 종류
③ 빅데이터의 중요성
④ 빅데이터의 다양한 활용 방안
⑤ 빅데이터의 정의와 장·단점

※ 다음은 색채심리학을 소개하는 기사이다. 이어지는 질문에 답하시오. [24~25]

색채는 상징성과 이미지를 지니는 동시에 인간과 심리적 교감을 나눈다. 과거 노란색은 중국 황제를 상징했고, 보라색은 로마 황제의 색이었다. 또한 붉은색은 공산주의의 상징이었다. 백의민족이라 불린 우리 민족은 태양의 광명인 흰색을 숭상했던 것으로 보여진다. 이처럼 각 색채는 희망·열정·사랑·생명·죽음 등 다양한 상징을 갖고 있다. 여기에 각 색깔이 주는 독특한 자극은 인간의 감성과 심리에 큰 영향을 미치고 있으며, 이는 색채심리학이라는 학문의 등장으로 이어졌다.
색채심리학이란 색채와 관련된 인간의 행동(반응)을 연구하는 심리학을 말한다. 색채심리학에서는 색각(色覺)의 문제로부터, 색채가 가지는 인상·조화감 등에 이르는 여러 문제를 다룬다. 그뿐만 아니라 생리학·예술·디자인·건축 등과도 관계를 가진다. 특히 색채가 어떠하며, 우리 눈에 그것이 어떻게 보이고, 어떤 느낌을 주는지는 색채심리학이 다루는 연구대상 중 가장 주요한 부분이다.
우리는 보통 몇 가지의 색을 동시에 보게 된다. 이럴 경우 몇 가지의 색이 상호작용을 하므로, 한 가지의 색을 볼 때와는 다른 현상이 일어난다. 그 대표적인 것이 대비(對比) 현상이다. 색채의 대비는 2개 이상의 색을 동시에 보거나 계속해서 볼 때 일어나는 현상이다. 전자를 '동시 대비', 후자를 '계속 대비'라 한다. 이 때 제시되는 색은 서로 영향을 미치며, 각기 지니고 있는 색의 특성을 더욱 강조하는 경향이 생긴다.
이러한 색의 대비 현상을 살펴보면, 색에는 색상·명도(색의 밝기 정도)·채도(색의 선명도)의 3가지 속성이 있으며, 이에 따라 색상 대비·명도 대비·채도 대비의 3가지 대비를 볼 수 있다. 색상 대비는 색상이 다른 두 색을 동시에 이웃하여 놓았을 때 두 색이 서로의 영향으로 색상 차가 나는 현상이다. 다음으로 명도 대비는 명도가 다른 두 색을 이웃하거나 배색하였을 때 밝은 색은 더욱 밝게, 어두운 색은 더욱 어둡게 보이는 현상으로 볼 수 있다. 그리고 채도 대비는 채도가 다른 두 색을 인접시켰을 때 서로의 영향을 받아 채도가 높은 색은 더욱 높아 보이고 채도가 낮은 색은 더욱 낮아 보이는 현상을 말한다.
오늘날 색의 대비 현상은 일상생활에서 많이 활용되고 있다. 색채를 활용하여 먼 거리에서 더 잘 보이게 하거나 뚜렷하게 보이도록 해야 할 때가 있는데, 그럴 경우에는 배경과 그 앞에 놓이는 그림의 속성 차를 크게 해야 한다. 일반적으로 배경색과 그림색의 속성이 다르면 다를수록 그림은 명확하게 인지되고, 멀리서도 잘 보인다. 색의 대비 중 이와 같은 현상에 가장 영향을 미치는 것은 명도 대비이며 그다음이 색상 대비, 채도 대비의 순이다. 특히, 멀리서도 잘 보여야 하는 표지류 등은 대비량이 큰 색을 사용한다.
색이 우리 눈에 보이는 현상으로는 이 밖에도 잔상색·순응색 등이 있다. 흰 종이 위에 빨간 종이를 놓고 잠깐 동안 주시한 다음 빨간 종이를 없애면, 흰 종이 위에 빨간 청록색이 보인다. 이것이 이른바 보색잔상으로서 비교적 밝은 면에서 잔상을 관찰했을 때 나타나는 현상이다. 그러나 암흑 속이나 백광색의 자극을 받을 때는 매우 복잡한 양상을 띤다. 또 조명광이나 물체색(物體色)을 오랫동안 계속 쳐다보고 있으면, 그 색에 순응되어 색의 지각이 약해진다. 그래서 조명에 의해 물체색이 바뀌어도 자신이 알고 있는 고유의 색으로 보이게 되는데 이러한 현상을 '색순응'이라고 한다.

24 다음 중 기사를 읽고 이해한 내용으로 적절하지 않은 것은?

① 색채의 대비 중 2개 이상의 색을 계속 보는 경우를 '계속 대비'라 한다.
② 색을 계속 응시하면 색의 보이는 상태가 변화됨을 알 수 있다.
③ 색채심리학은 색채가 우리에게 어떤 느낌을 주는지도 연구한다.
④ 배경과 그림의 속성 차를 작게 할수록 뚜렷하게 보이는 효과가 있다.
⑤ 멀리서도 잘 보여야 하는 경우는 대비량이 큰 색을 사용한다.

25 다음 중 기사를 읽고 추론한 내용으로 가장 적절한 것은?

① 어두운 밝기의 회색이 검은색 바탕 위에 놓일 경우 밝아 보이는데 이는 채도 대비로 볼 수 있다.
② 연두색 배경 위에 놓인 노란색은 좀더 붉은 색을 띠게 되는데 이는 색상 대비로 볼 수 있다.
③ 무채색 위에 둔 유채색이 훨씬 선명하게 보이는 현상은 명도 대비로 볼 수 있다.
④ 색의 물체를 응시한 후 흰 벽으로 눈을 옮기면 전자의 색에 칠하여진 동형의 상을 볼 수 있는데 이는 색순응으로 볼 수 있다.
⑤ 파란색 선글라스를 통해 푸르게 보이던 것이 곧 익숙해져서 본래의 색으로 느끼는 것은 보색잔상으로 볼 수 있다.

26 다음 중 A의 주장에 대해 반박할 수 있는 내용으로 가장 적절한 것은?

> A : 우리나라의 장기 기증률은 선진국에 비해 너무 낮아. 이게 다 부모로부터 받은 신체를 함부로 훼손해서는 안 된다는 전통적 유교 사상 때문이야.
> B : 맞아. 그런데 장기 기증 희망자로 등록되어 있어도 유족들이 장기 기증을 반대하여 기증이 이뤄지지 않는 경우도 많아.
> A : 유족들도 결국 유교 사상으로 인해 신체 일부를 다른 사람에게 준다는 방식을 잘 이해하지 못하는 거야.
> B : 글쎄, 유족들이 동의해서 기증이 이뤄지더라도 보상금을 받고 '장기를 팔았다.'는 죄책감을 느끼는 유족들도 있다고 들었어. 또 아직은 장기 기증에 대한 생소함 때문일 수도 있어.

① 캠페인을 통해 장기 기증에 대한 사람들의 인식을 변화시켜야 한다.
② 유족에게 지급하는 보상금 액수가 증가하면 장기 기증률도 높아질 것이다.
③ 장기 기증 희망자는 반드시 가족들의 동의를 미리 받아야 한다.
④ 장기 기증률이 낮은 이유에는 유교 사상 외에도 여러 가지 원인이 있을 수 있다.
⑤ 제도 변화만으로는 장기 기증률을 높이기 어렵다.

※ 다음 글을 읽고 이어지는 질문에 답하시오. [27~28]

노량진수산시장 지하보도는 1975년 당시 '수산시장'과 '한국냉장'을 이용하는 시민의 통행을 돕기 위해 마련되었다. 이후 장기간 방치되어 시설 노후화로 인한 도시 미관 저해, 안전 문제 등이 꾸준히 제기되어 왔다. 이에 D구는 수협과 지하보도 관리를 위한 지속적인 협의를 진행하고, 유지 관리 주체를 명확히 하기 위한 업무 협약을 추진해 왔다.
그 결과 지난해 수협중앙회, 수협노량진수산(주)과 '노량진수산시장 지하보도 관리 협력을 위한 업무협약(MOU)'을 체결했으며, 노량진수산시장 지하보도 개선 사업에 착수하게 되었다. 이번 협약에 따라 D구와 수협은 이른 시일 내에 지하보도 안전진단을 시행한 후 시설 보수 및 현대화에 속도를 낼 방침이다. 또한 지역경제 활성화를 위해 차량 진입 동선 개선 등에도 힘쓸 예정이다. 수협중앙회장은 "D구와 함께 지하보도 개선을 추진하여 시민의 편의성과 접근성이 크게 좋아질 것"이라며 "노량진수산시장이 수산물 소비촉진의 랜드마크로 기능할 수 있도록 더욱 노력할 것"이라고 말했다.
이와 관련해 수협은 이달 말까지 '노량진수산물도매시장 랜드마크 설치 아이디어 및 역사 사진 공모전'을 진행해 시민들의 아이디어를 모을 예정이다. 연령 또는 거주 지역에 상관없이 누구나 지원 가능하며, 공모 기간은 8월 1일부터 3개월간이다. 이후 심사위원단이 창의력, 실현가능성, 전문성 등을 종합적으로 고려해 주제별 최우수상 1명, 우수상 1명, 장려상 1명을 선정하여 수상작을 발표할 예정이며, 자세한 결과 발표는 노량진수산시장 홈페이지를 통해 확인할 수 있다.
노량진수산시장을 운영하는 자회사인 수협노량진수산(주)에서 주관하는 이번 공모전은 시장 랜드마크 설치 아이디어(노량진수산시장 5층 하늘정원 공간을 활용해 국・내외 관광객을 유치할 수 있는 창의적인 디자인 조형물 설치 아이디어 제안), 시장 역사 사진 출품(노량진수산시장이 개장한 1927년부터 2016년 2월까지 운영된 구시장의 역사를 담은 사진) 두 부문으로 진행된다. 수협은 해당 공모전을 통해 얻은 아이디어와 자료들을 노량진수산시장 브랜딩에 적극 활용한다는 구상이다.

27 윗글을 읽고 이해한 내용으로 가장 적절한 것은?

① 노량진수산시장 지하보도는 약 50년간 방치되어 도시 미관 저해, 안전 문제 등이 있었다.
② D구와 수협은 노량진수산시장 지하보도 관리를 위해 지속적으로 협력해왔다.
③ 지하보도 시설 보수 및 차량 진입 동선 개선 후 시민 통행을 위해 안전진단을 시행할 예정이다.
④ 지하보도 시설 개선 후에는 시장 도매 상인들을 위한 물품 상하차 경로로 이용될 예정이다.
⑤ 공모전에 1927년 노량진수상시장 개장 당시 지하보도 사진을 출품할 수 있다.

28 S은행 직원 A씨는 '노량진수산물도매시장 랜드마크 설치 아이디어 및 역사 사진 공모전'을 진행하기 위한 홍보 포스터 제작 업무를 담당하게 되었다. 다음은 A씨가 제작한 포스터이다. 포스터에 포함된 내용 중 적절하지 않은 것은?

> **노량진수산물도매시장**
> **랜드마크 설치**
> **아이디어 및 역사 사진 공모전**
>
> • 공모 자격 : 제한 없음(연령 · 지역 무관)
> • 공모 기간 : 08.01 ~ 10.31
> • 결과 발표 : 11.21 이후(홈페이지 참고)
> • 접수 방법 : 우편 또는 이메일
> • 공모 주제
>   – 시장 랜드마크 설치 아이디어 부문
>   (5층 하늘정원 조형물 제안)
>   – 시장 역사 사진 출품 부문
>   (시장 개장부터 구시장까지)
>
> • 주최 : 수협노량진수산(주)

① 공모 자격
② 공모 기간
③ 결과 발표
④ 공모 주제
⑤ 주최

※ 다음 글을 읽고 이어지는 질문에 답하시오. [29~30]

4차 산업혁명 열풍은 제조업을 넘어, 농축산업, 식품, 유통, 의료 서비스 등 업종에 관계없이 모든 곳으로 퍼지고 있다. 에너지 분야도 4차 산업혁명을 통해 기술의 진보와 새로운 비즈니스 영역을 개척할 수 있을 것으로 기대하고 있다.
사실 에너지는 모든 벨류체인에서 4차 산업혁명에 가장 근접해 있다. 자원개발에선 초음파 등을 이용한 탐지기술과 지리정보 빅데이터를 이용한 분석, 설비 건설에서는 다양한 설계 및 시뮬레이션 툴이 동원된다. 자원 채광 설비와 발전소, 석유화학 플랜트에 들어가는 수만 개의 장비들은 센서를 부착하고 산업용 네트워크를 통해 중앙제어실과 실시간으로 소통한다.
원자력 발전소를 사례로 들어보면 원자력 발전소에는 수백 km에 달하는 배관과 수만 개의 밸브, 계량기, 펌프, 전기기기들이 있다. 그리고 그 어느 시설보다 안전이 중요한 만큼 기기 및 인명 안전 관련 센서들도 셀 수 없다. 이를 사람이 모두 관리하고 제어하는 것은 사실상 불가능하다. 원전 종사자들이 매일 현장 순찰을 돌고 이상이 있을 시 정지 등 조치를 취하지만, 대다수의 경우 설비에 이상신호가 발생하면 기기들은 스스로 판단해 작동을 멈춘다.
원전 사례에서 볼 수 있듯이 에너지 설비 운영 부문은 이미 다양한 4차 산업혁명 기술이 사용되고 있다. 그런데도 에너지 4차 산업혁명이 계속 언급되고 있는 것은 그 분야를 설비관리를 넘어 새로운 서비스 창출로까지 확대하기 위함이다.
나주 에너지밸리에서는 드론을 활용해 전신주 전선을 점검하는 모습이 시연됐다. 이 드론은 정부 사업인 '시장 창출형 로봇보급사업'으로 만들어진 것으로 드론과 광학기술을 접목해 산이나 하천 등 사람이 접근하기 힘든 곳의 전선 상태를 확인하기 위해 만들어졌다. 드론은 GPS 경로를 따라 전선 위를 자율비행하면서 고장부위를 찾는다.
전선 점검 이외에도 드론은 에너지 분야에서 매우 광범위하게 사용되는 아이템이다. 발전소의 굴뚝과 같은 고소설비와 위험지역, 사각지대 등 사람이 쉽게 접근할 수 없는 곳을 직접 확인하고, 고성능·열화상 카메라를 달아 고장 및 화재 위험을 미리 파악하는 등 다양한 활용사례가 개발되고 있다.
가상현실은 엔지니어 교육 분야에서 각광받는 기술이다. 에너지 분야는 중장비와 전기설비 및 화학약품 등을 가까이 하다 보니 항상 사상사고의 위험을 안고 있다. 이 때문에 현장 작업자 교육에선 첫째도 안전, 둘째도 안전을 강조한다. 최근에는 현장 작업 시뮬레이션을 3D 가상현실 기술로 수행하려는 시도가 진행되고 있다. 발전소, 변전소 등 현장의 모습을 그대로 3D 모델링한 가상현실 체험으로 복잡한 도면을 해석하거나 숙지할 필요가 없어 훨씬 직관적으로 업무를 할 수 있다. 작업자들은 작업에 앞서, 실제 현장에서 수행해야 할 일들을 미리 점검해 볼 수 있다.
에너지 4차 산업혁명은 큰 변화를 몰고 올 것으로 예상하고 있지만, 그 시작은 매우 사소한 일상생활의 아이디어에서 나올 수 있다. 지금 우리가 전기와 가스를 쓰면서 느끼는 불편함을 개선하려는 시도가 곧 4차 산업혁명의 시작이다.

Hard

29 **에너지신사업처에 근무하는 S대리는 사보에 실릴 4차 산업혁명에 대한 원고를 청탁받아 윗글을 작성하였다. 이에 대한 검수 과정 중 S대리가 받게 된 사보담당자의 피드백으로 적절하지 않은 것은?**

① 소제목을 이용해 문단을 구분해 줘도 좋을 것 같아요.

② 에너지 4차 산업혁명이 어떤 변화를 가져올지 좀더 구체적인 설명을 덧붙여 주세요.

③ 4차 산업혁명이 어떤 것인지 간단한 정의를 앞부분에 추가해 주세요.

④ 4차 산업혁명에 대한 긍정적인 입장만 있으니 반대로 이로 인해 야기되는 문제점도 언급해 주는 게 어떨까요?

⑤ 서비스 등 에너지와 엔지니어 분야를 제외한 업종에 대한 사례만 언급하고 있으니 관련된 사례를 주제에 맞게 추가해 주세요.

PART 3

30 **윗글은 사보 1면을 장식하고 회사 블로그에도 게재되었다. 이를 읽고 독자가 할 말로 적절하지 않은 것은?**

① 지금은 에너지 설비 운영 부문에 4차 산업혁명 기술이 도입되는 첫 단계군요.

② 드론을 이용해 사람이 접근하기 힘든 곳을 점검하는 등 많은 활용을 할 수 있겠어요.

③ 엔지니어 교육 분야에 4차 산업혁명을 적용하면 안전사고를 줄일 수 있겠어요.

④ 4차 산업혁명이 현장에 적용되면 직관적으로 업무 진행이 가능하겠어요.

⑤ 4차 산업혁명의 시작은 일상의 불편함을 해결하기 위한 시도군요.

31 S휴게소의 물품 보관함에는 자물쇠로 잠긴 채 오랫동안 방치된 보관함 네 개가 있다. 휴게소 관리 직원인 L씨는 보관함을 정리하기 위해 보유하고 있는 1 ~ 6번까지의 열쇠로 보관함 네 개의 자물쇠를 모두 열어 보았다. 그 결과가 다음 〈조건〉과 같을 때, 항상 참인 것은?(단, 하나의 자물쇠는 정해진 하나의 열쇠로만 열린다)

조건

- 첫 번째 자물쇠는 1번 또는 2번 열쇠로 열렸다.
- 두 번째 자물쇠와 네 번째 자물쇠는 3번 열쇠로 열리지 않았다.
- 6번 열쇠로는 어떤 자물쇠도 열지 못했다.
- 두 번째 또는 세 번째 자물쇠는 4번 열쇠로 열렸다.
- 세 번째 자물쇠는 4번 또는 5번 열쇠로 열렸다.

① 첫 번째 자물쇠는 반드시 1번 열쇠로 열린다.
② 두 번째 자물쇠가 2번 열쇠로 열리면, 세 번째 자물쇠는 5번 열쇠로 열린다.
③ 세 번째 자물쇠가 5번 열쇠로 열리면, 네 번째 자물쇠는 2번 열쇠로 열린다.
④ 네 번째 자물쇠가 5번 열쇠로 열리면, 두 번째 자물쇠는 2번 열쇠로 열린다.
⑤ 3번 열쇠로는 어떤 자물쇠도 열지 못한다.

32 다음 기사에 나타난 문제 유형에 대한 설명으로 옳은 것은?

> 도색이 완전히 벗겨진 차선과 지워지기 직전의 흐릿한 차선이 서울 강남의 도로 여기저기서 발견되고 있다. 알고 보니 규격 미달의 불량 도료 때문이었다. 시공 능력이 없는 업체들이 서울시가 발주한 도색 공사를 따낸 뒤 브로커를 통해 전문 업체에 공사를 넘겼고, 이 과정에서 수수료를 떼인 전문 업체들은 손해를 만회하기 위해 값싼 도료를 사용한 것이다. 차선용 도료에 값싼 일반용 도료를 섞다 보니 야간에 차선이 잘 보이도록 하는 유리알이 제대로 붙어 있지 못해 차선 마모는 더욱 심해졌다. 지난 4년간 서울 전역에서는 74건의 부실시공이 이뤄졌고, 공사 대금은 총 183억 원에 달하는 것으로 밝혀졌다.

① 발생형 문제로, 일탈 문제에 해당한다.
② 발생형 문제로, 미달 문제에 해당한다.
③ 탐색형 문제로, 잠재 문제에 해당한다.
④ 탐색형 문제로, 예측 문제에 해당한다.
⑤ 탐색형 문제로, 발견 문제에 해당한다.

Easy

33 다음 명제가 모두 참일 때, 반드시 참인 것은?

> • 속도에 관심 없는 사람은 디자인에도 관심이 없다.
> • 연비를 중시하는 사람은 내구성도 따진다.
> • 내구성을 따지지 않는 사람은 속도에도 관심이 없다.

① 디자인에 관심 없는 사람도 내구성은 따진다.
② 연비를 중시하지 않는 사람도 내구성은 따진다.
③ 연비를 중시하는 사람은 디자인에는 관심이 없다.
④ 속도에 관심이 있는 사람은 연비를 중시하지 않는다.
⑤ 내구성을 따지지 않는 사람은 디자인에도 관심이 없다.

34 다음은 S은행에서 취급하는 신용카드 5종에 대한 정보이다. 고객 A씨에 대한 정보에 따를 때, 할인혜택이 가장 많은 카드는?

〈신용카드 5종 정보〉

<table>
<tr><td rowspan="3">All드림</td><td>연회비</td><td>• 10,000원</td></tr>
<tr><td>기본혜택</td><td>• 커피 / 편의점 청구할인(전국 모든 커피 전문점, 편의점 포함. 단, 편의점 청구할인은 일 1건, 월 2회에 한함)
• 배달앱 청구할인 : B배달앱, Y배달앱, C배달앱 결제 시
• 이동통신요금 청구할인 : S통신, K통신, L통신, 알뜰폰 자동납부 시</td></tr>
<tr><td>상세혜택</td><td><table><tr><th>구분</th><th>커피 / 편의점</th><th>배달앱</th><th>이동통신요금</th></tr><tr><td>50만 원 이상</td><td>10% / 5천 원</td><td>10% / 1만 원</td><td>10% / 1만 원</td></tr></table></td></tr>
<tr><td rowspan="3">S1카드</td><td>연회비</td><td>• 10,000원</td></tr>
<tr><td>기본혜택</td><td>• 7개 업종 중 선택한 1개 업종에서 해당 카드 사용 시 7% 청구할인(주유 시 리터당 60원 청구할인)
※ 7개 업종 : 마트(전국 모든 마트, 슈퍼, 편의점), 외식(전국 모든 음식점, 커피 전문점, 제과점), 쇼핑(전국 모든 백화점, 면세점, 홈쇼핑, 온라인쇼핑), 여가(전국 모든 골프장, 골프연습장, 스포츠센터, 레포츠클럽), 교육(전국 모든 학원 포함. 단, 온라인강의 제외), 의료(전국 모든 병원 포함. 단, 동물병원 제외), 주유(전국 모든 주유소, 가스충전소)</td></tr>
<tr><td>상세혜택</td><td>• 전월 이용실적 제한 없음</td></tr>
<tr><td rowspan="3">락시
(樂SEA)</td><td>연회비</td><td>• 20,000원</td></tr>
<tr><td>기본혜택</td><td>• 승선비 · 낚시 용품 청구할인 : 제휴 가맹점 이용 시(아웃렛, 할인점 매장 제외)
• 주유소 청구할인 : 전국 모든 주유소 가맹점 이용 시(LPG 포함)
• 편의점 청구할인 : G편의점, C편의점, S편의점 가맹점 이용 시(일 1건, 월 2회에 한함)</td></tr>
<tr><td>상세혜택</td><td><table><tr><th>구분</th><th>승선비 · 낚시 용품</th><th>주유소</th><th>편의점</th></tr><tr><td>30만 원 이상</td><td>–</td><td>리터당 60원</td><td>1만 원 이상 시 최대 1천 원</td></tr></table></td></tr>
<tr><td rowspan="3">RealReal</td><td>연회비</td><td>• 15,000원</td></tr>
<tr><td>기본혜택</td><td>• 이동통신요금 청구할인 : S통신, K통신, L통신 자동납부 시(알뜰폰 통신사 제외)
• 디지털 정기결제 청구할인 : N플랫폼, Y플랫폼 회원권 정기결제 시(월 1건에 한함)</td></tr>
<tr><td>상세혜택</td><td><table><tr><th>구분</th><th>이동통신요금</th><th>디지털 정기결제</th></tr><tr><td>30만 원 이상</td><td>–</td><td>20% / 3천 원</td></tr><tr><td>50만 원 이상</td><td>20% / 1.5만 원</td><td>30% / 5천 원</td></tr></table></td></tr>
<tr><td rowspan="3">찐카드</td><td>연회비</td><td>• 15,000원</td></tr>
<tr><td>기본혜택</td><td>• 커피 청구할인 : S커피, P커피, T커피, A커피, E커피 이용 시
• 이동통신요금 청구할인 : S통신, K통신, L통신, 알뜰폰 자동납부 시
• 편의점 · 배달앱 청구할인 : C편의점, S편의점, B배달앱 결제 시</td></tr>
<tr><td>상세혜택</td><td><table><tr><th>구분</th><th>커피</th><th>이동통신요금</th><th>편의점 · 배달앱</th></tr><tr><td>30만 원 이상</td><td>10% / 5천 원</td><td>5% / 5천 원</td><td>5% / 5천 원</td></tr><tr><td>50만 원 이상</td><td>20% / 1만 원</td><td>10% / 1만 원</td><td>10% / 1만 원</td></tr></table></td></tr>
</table>

※ 상세혜택 : 전월 이용실적에 따른 할인율 및 대상 가맹점 월 통합 할인한도

※ – : 전월 이용실적 및 할인한도 해당 없음

〈고객 A씨 정보〉

- 연회비 15,000원 이하인 카드를 선호함
- 월 평균 이용금액은 30만 원 이상 50만 원 미만임
- 알뜰폰 통신요금을 해당 카드로 자동납부할 예정임
- 매일 T커피에 들러 하루 두 잔씩 커피를 마심

① All드림
② S1카드
③ 락시(樂SEA)
④ RealReal
⑤ 찐카드

35 **어느 날 밤 11시경 회사 사무실에 도둑이 들었다. CCTV를 확인해 보니 도둑은 1명이며, 수사 결과 용의자는 갑, 을, 병, 정, 무로 좁혀졌다. 이 중 2명은 거짓말을 하고 있으며, 그중 1명이 범인이다. 범인은 누구인가?**

- 갑 : 그날 밤 11시에 저는 을, 무하고 셋이서 함께 있었습니다.
- 을 : 갑은 그 시간에 무와 함께 타 지점에 출장을 가 있었어요.
- 병 : 갑의 진술은 참이고, 저도 회사에 있지 않았습니다.
- 정 : 을은 밤 11시에 저와 단둘이 있었습니다.
- 무 : 저는 사건이 일어났을 때 집에 있었습니다.

① 갑
② 을
③ 병
④ 정
⑤ 무

Easy

36 **S금융기업에 지원하여 최종 면접을 앞둔 K씨는 성공적인 PT 면접을 위해 회사에 대한 정보를 파악하고 그에 따른 효과적인 전략을 알아보고자 한다. K씨가 분석한 SWOT 결과가 다음과 같을 때, 분석 결과에 대응하기 위한 전략과 그 내용이 바르게 연결되지 않은 것은?**

〈SWOT 분석 결과〉

강점(Strength)	약점(Weakness)
• 우수한 역량의 인적자원 보유 • 글로벌 네트워크 보유 • 축적된 풍부한 거래 실적	• 고객 니즈 대응에 필요한 특정 분야별 전문성 미흡 • 신흥시장 진출 증가에 따른 경영 리스크
기회(Opportunity)	**위협(Threat)**
• 융·복합화를 통한 정부의 일자리 창출 사업 • 해외사업을 위한 협업 수요 확대 • 수요자 맞춤식 서비스 요구 증대	• 타사와의 경쟁 심화 • 정부의 예산 지원 감소 • 금융시장에 대한 일부 부정적 인식 존재

① SO전략 : 우수한 인적자원을 활용한 융·복합 사업 추진

② WO전략 : 분야별 전문 인력 충원을 통한 고객 맞춤형 서비스 제공 확대

③ ST전략 : 글로벌 네트워크를 통한 해외시장 진출

④ ST전략 : 풍부한 거래 실적을 바탕으로 시장에서의 경쟁력 확보

⑤ WT전략 : 리스크 관리를 통한 안정적 재무역량 확충

Hard

37 다음은 S은행 탄소Zero챌린지 적금 상품에 대한 설명이다. 이 상품에 가입하고자 하는 고객 A씨에 대한 정보에 따를 때, 옳지 않은 내용은?

〈탄소Zero챌린지 적금〉

- 대상과목 : 정기적금
- 가입방법 : 스마트뱅킹
- 가입금액(계좌당)
  - 초입금 : 1만 원 이상
  - 가입한도 : 월 10만 원, 연 120만 원 이하
  - 회차별 적립금 : 1만 원 이상 10만 원 이하
- 가입기간 : 12개월 만기(가입기간 연장 불가)
- 기본이율 : 신규 가입일의 정기적금 12개월 이율(세전 연 3.3%) 적용
- 우대이율
  - 최고 우대이율 : 0.25%p

우대조건	우대이율(세전)
1) 탄소Zero 생활실천 우대	0.1%p
2) 대중교통 이용 우대	0.2%p
3) 종이거래Zero 실천 우대	0.05%p

1) 탄소중립 생활실천 12개 항목 중 8개 이상의 항목에 '참여동의' 시 우대이율 적용
2) 본 적금 가입 후 만기전전월 말일까지 S은행 후불교통카드(신용 및 체크카드)로 대중교통(버스, 지하철) 이용 실적이 10회 이상일 때 우대이율 적용(단, 실물카드로 결제하는 경우에만 우대이율이 적용되며 각종 페이 및 결제앱 등의 비실물카드 이용실적은 미인정)
3) 본 적금 가입 후 만기일까지 종이통장 발급 이력이 없는 경우 우대이율 적용

- 이자지급방식 : 만기일시지급식
- 기타
  - 무통장거래 가능하며, 재예치 불가능
  - 분할해지 등의 중도인출은 불가능하며, 중도해지 시 보통예탁금 금리 적용

〈고객 A씨 정보〉

- A씨는 S은행 스마트뱅킹을 통해 탄소Zero챌린지 적금 상품에 가입하고자 한다.
- 2023년 9월 5일에 가입하여 10만 원을 초입금으로 하고, 월 9만 원을 납입하고자 한다.
- 가입 시 실물통장을 발급받고자 한다.
- 2023년 10월부터 2024년 6월까지 매월 5회 이상 S은행 후불교통카드를 이용할 것이다.
- 탄소중립 생활실천 12개 항목 중 5개 항목은 동의하지 않았다.

① A씨가 받을 수 있는 금리는 연 3.5%이다.
② A씨는 탄소Zero챌린지 적금 상품에 가입할 수 있다.
③ A씨는 재예치를 통해 2025년 9월을 만기로 할 수 있다.
④ A씨는 2024년 5월에 중도인출을 하고자 하더라도 인출할 수 없다.
⑤ A씨가 가입 신청 시 종이통장을 발급받지 않는다면 최고 우대이율을 적용받을 수 있다.

38 **한 프랜차이즈 식당의 A～D매니저는 이번에 서울, 인천, 과천, 세종 4개의 지점에서 각각 근무하게 되었다. 다음 〈조건〉을 참고할 때, 반드시 참인 것은?**

조건

- 한 번 근무했던 지점에서는 다시 근무하지 않는다.
- A와 C는 서울 지점에서 근무했었다.
- B와 D는 세종 지점에서 근무했었다.
- B는 이번에 과천 지점에서 일하게 되었다.

① A는 과천 지점에서 일한 적이 있다.
② C는 과천 지점에서 일한 적이 있다.
③ D는 인천 지점에서 일한 적이 있다.
④ A가 일하게 되는 곳은 세종일 수도 있다.
⑤ D는 인천 지점에서 일할 것이다.

39 **S은행의 팀장은 효율성을 높이기 위해 A～G 7가지 업무의 순서를 정해서 수행하려고 한다. 다음 〈조건〉을 참고하여 가장 먼저 해야 하는 업무가 B일 때, 세 번째로 해야 할 업무는 무엇인가?**

조건

- 중간에 수행하는 업무는 F이다.
- A는 F와 C 이후에 수행하는 업무이다.
- B 바로 다음에는 G를 수행한다.
- D와 E는 F 다음에 수행한다.
- E와 C 사이에 있는 업무는 두 가지이다.
- G와 F 사이에는 하나의 업무가 있다.
- D보다 나중에 하는 업무는 없다.

① A　② C
③ E　④ F
⑤ G

40 퇴직을 앞둔 회사원 S씨는 1년 뒤 샐러드 도시락 프랜차이즈 가게를 개업하고자 한다. 다음은 S씨가 회사 근처 샐러드 도시락 프랜차이즈 가게에 대해 SWOT 분석을 실시한 결과이다. 이에 따른 대응 전략으로 적절한 것을 〈보기〉에서 모두 고르면?

〈SWOT 분석 결과〉

강점(Strength)	약점(Weakness)
• 다양한 연령층을 고려한 메뉴 • 시즌별 새로운 메뉴 제공	• 부족한 할인 혜택 • 홍보 및 마케팅 전략의 부재
기회(Opportunity)	**위협(Threat)**
• 건강한 식단에 대한 관심 증가 • 회사원들의 간편식 점심 수요 증가	• 경기 침체로 인한 외식 소비 위축 • 주변 음식점과의 경쟁 심화

보기

ㄱ. 다양한 연령층이 이용할 수 있도록 새로운 한식 도시락을 출시한다.
ㄴ. 계절 채소를 이용한 샐러드 런치 메뉴를 출시한다.
ㄷ. 제품의 가격 상승을 유발하는 홍보 방안보다 먼저 품질 향상 방안을 마련해야 한다.
ㄹ. 주변 회사와 제휴하여 이용 고객에 대한 할인 서비스를 제공한다.

① ㄱ, ㄴ
② ㄱ, ㄷ
③ ㄴ, ㄷ
④ ㄴ, ㄹ
⑤ ㄷ, ㄹ

41 S사는 신제품의 품번을 다음과 같은 규칙에 따라 정한다고 한다. 제품에 설정된 임의의 영단어가 'INTELLECTUAL'일 때, 이 제품의 품번으로 옳은 것은?

〈규칙〉

• 1단계 : 알파벳 A ~ Z를 숫자 1, 2, 3, … 으로 변환하여 계산한다.
• 2단계 : 제품에 설정된 임의의 영단어를 숫자로 변환한 값의 합을 구한다.
• 3단계 : 임의의 영단어 속 자음의 합에서 모음의 합을 뺀 값의 절댓값을 구한다.
• 4단계 : 2단계와 3단계의 값을 더한 다음 4로 나누어 2단계의 값에 더한다.
• 5단계 : 4단계의 값이 정수가 아닐 경우에는 소수점 첫째 자리에서 버림한다.

① 120
② 140
③ 160
④ 180
⑤ 200

Hard

42 S사는 워크숍에서 팀을 나눠 배드민턴 게임을 하기로 했다. 배드민턴 규칙은 실제 복식 경기 방식을 따르기로 하고, 전략팀 직원 A, B와 총무팀 직원 C, D가 먼저 대결을 한다고 할 때, 다음과 같은 경기 상황에 이어질 서브 방향 및 선수 위치로 옳은 것은?

〈배드민턴 복식 경기 방식〉

- 점수를 획득한 팀이 서브권을 갖는다. 다만, 서브권이 상대팀으로 넘어가기 전까지는 팀 내에서 같은 선수가 연속해서 서브권을 갖는다.
- 서브하는 팀은 자신의 팀 점수가 0이거나 짝수인 경우는 우측에서, 점수가 홀수인 경우는 좌측에서 서브한다.
- 서브하는 선수로부터 코트의 대각선 위치에 선 선수가 서브를 받는다.
- 서브를 받는 팀은 자신의 팀으로 서브권이 넘어오기 전까지는 팀 내에서 선수끼리 서로 코트 위치를 바꾸지 않는다.
- 좌측, 우측은 각 팀이 네트를 바라보고 인식하는 좌, 우이다.

〈경기 상황〉

- 전략팀(A · B), 총무팀(C · D) 간 복식 경기 진행
- 3 : 3 동점 상황에서 A가 C에 서브하고 전략팀(A · B)이 1점 득점

점수	서브 방향 및 선수 위치	득점한 팀
3 : 3	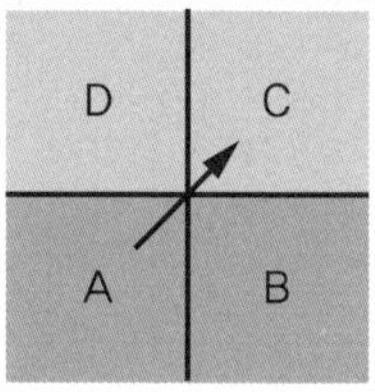	전략팀

①

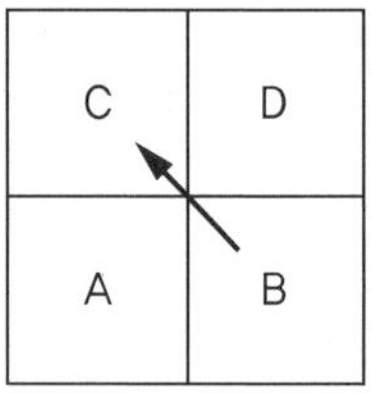

②

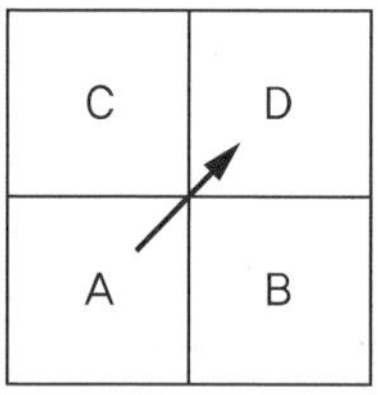

③

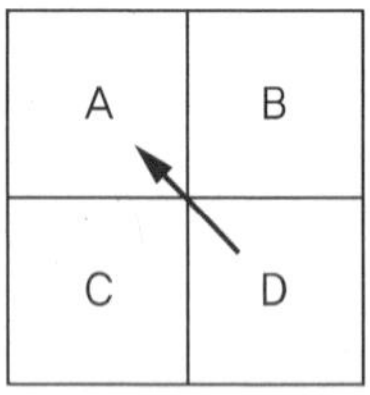

④

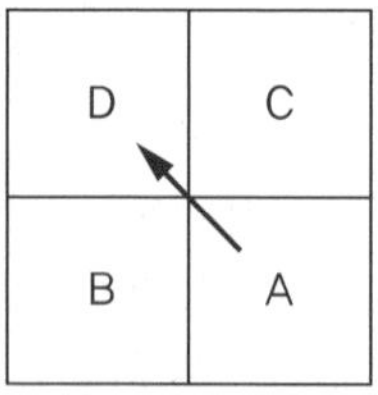

⑤

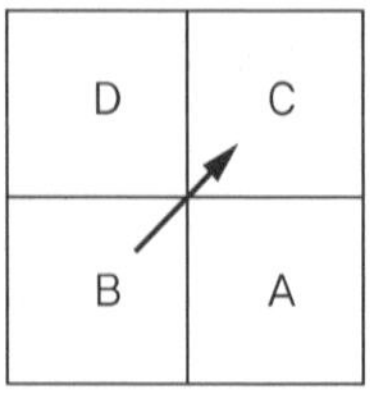

※ S아파트의 자전거 보관소에서는 입주민들의 자전거를 편리하게 관리하기 위해 다음과 같은 방법으로 자전거에 일련번호를 부여한다. 이어지는 질문에 답하시오. **[43~44]**

〈자전거 일련번호 부여 방식〉

• 일련번호 순서

A	L	1	1	1	0	1	–	1
종류	무게	동	호수				–	등록순서

• 자전거 종류 구분

일반 자전거			전기 자전거
성인용	아동용	산악용	
A	K	T	B

• 자전거 무게 구분

10kg 이하	10kg 초과 20kg 미만	20kg 이상
S	M	L

• 동 구분 : 101동부터 110동까지의 끝자리를 1자리 숫자로 기재(예 101동 – 1)
• 호수 : 4자리 숫자로 기재(예 1101호 – 1101)
• 등록순서 : 동일 세대주당 자전거 등록순서를 1자리로 기재

43 다음 중 자전거의 일련번호가 바르게 표기된 것은?

① MT1109–2
② AM2012–2
③ AB10121–1
④ KS90101–2
⑤ BL82002–01

44 다음 중 일련번호가 'TM41205–2'인 자전거에 대한 설명으로 옳은 것은?

① 전기 모터를 이용해 주행할 수 있다.
② 자전거의 무게는 10kg 이하이다.
③ 204동 1205호에 거주하는 입주민의 자전거이다.
④ 자전거를 2대 이상 등록한 입주민의 자전거이다.
⑤ 해당 자전거의 소유자는 더 이상 자전거를 등록할 수 없다.

45 S중학교 백일장에 참여한 A ~ E학생에게 다음 〈조건〉에 따라 점수를 부여할 때, 점수가 가장 높은 학생은?

〈S중학교 백일장 채점표〉

구분	오탈자(건)	글자 수(자)	주제의 적합성	글의 통일성	가독성
A학생	33	654	A등급	A등급	C등급
B학생	7	476	B등급	B등급	B등급
C학생	28	332	B등급	B등급	C등급
D학생	25	572	A등급	A등급	A등급
E학생	12	786	C등급	B등급	A등급

조건

- 기본 점수는 80점이다.
- 오탈자가 10건 이상일 때 1점을 감점하고, 5건이 추가될 때마다 1점을 추가로 감점한다.
- 전체 글자 수가 350자 미만일 때 10점을 감점하고, 600자 이상일 때 1점을 부여하며, 25자가 추가될 때마다 1점을 추가로 부여한다.
- 주제의 적합성, 글의 통일성, 가독성을 A, B, C등급으로 나누며, 등급 개수에 따라 추가점수를 부여한다.
  - A등급 3개 : 25점
  - A등급 2개, B등급 1개 : 20점
  - A등급 2개, C등급 1개 : 15점
  - A등급 1개, B등급 2개 또는 A, B, C등급 1개씩 : 10점
  - B등급 3개 : 5점

예 오탈자 46건, 전체 글자 수 626자, 주제의 적합성, 글의 통일성, 가독성이 각각 A, B, A등급일 때 점수는 80−8+2+20=94점이다.

① A학생
② B학생
③ C학생
④ D학생
⑤ E학생

46 **어떤 보안회사에서는 하루에 정확하게 7개의 상가 A ~ G의 보안점검을 실시한다. 다음과 같은 〈조건〉에 따라 E가 3번째로 점검을 받는다면, 반드시 은행인 곳은?**

조건

- 보안점검은 한 번에 한 상가만 실시하며, 하루에 같은 상가를 중복해서 점검하지 않는다.
- 7개의 상가는 은행 아니면 귀금속점이다.
- 귀금속점은 2회 이상 연속해서 점검하지 않는다.
- F는 B와 D를 점검하기 전에 점검한다.
- F를 점검하기 전에 점검하는 상가 가운데 정확히 두 곳은 귀금속점이다.
- A는 6번째로 점검받는다.
- G는 C를 점검하기 전에 점검한다.

① A
② B
③ C
④ D
⑤ E

47 **원형 테이블에 번호 순서대로 앉아 있는 5명의 여자 1 ~ 5 사이에 5명의 남자 A ~ E가 1명씩 앉아야 한다. 다음 〈조건〉에 따라 자리를 배치할 때, 옳지 않은 것은?**

조건

- A는 짝수번호의 여자 옆에 앉아야 하고, 5 옆에는 앉을 수 없다.
- B는 짝수번호의 여자 옆에 앉을 수 없다.
- C가 3 옆에 앉으면 D는 1 옆에 앉는다.
- E는 3 옆에 앉을 수 없다.

① A는 1과 2 사이에 앉을 수 없다.
② D는 4와 5 사이에 앉을 수 없다.
③ C가 2와 3 사이에 앉으면 A는 반드시 3과 4 사이에 앉는다.
④ E가 1과 2 사이에 앉으면 C는 반드시 4와 5 사이에 앉는다.
⑤ E가 4와 5 사이에 앉으면 A는 반드시 2와 3 사이에 앉는다.

PART 3

※ 다음은 음료의 메뉴판과 이번 주 일기예보이다. S사원은 그날의 날씨와 평균기온을 고려하여 〈조건〉에 따라 자신이 마실 음료를 고른다. 이어지는 질문에 답하시오. **[48~49]**

〈메뉴판〉

(단위 : 원)

커피류			차 및 에이드류		
구분	작은 컵	큰 컵	구분	작은 컵	큰 컵
아메리카노	3,900	4,300	자몽에이드	4,200	4,700
카페라테	4,400	4,800	레몬에이드	4,300	4,800
바닐라라테	4,600	5,000	자두에이드	4,500	4,900
카페모카	5,000	5,400	밀크티	4,300	4,800

〈이번 주 일기예보〉

구분	7월 22일 일요일	7월 23일 월요일	7월 24일 화요일	7월 25일 수요일	7월 26일 목요일	7월 27일 금요일	7월 28일 토요일
날씨	흐림	맑음	맑음	흐림	비	비	맑음
평균기온	24°C	26°C	28°C	27°C	27°C	25°C	26°C

조건

- S사원은 맑거나 흐린 날에는 차 및 에이드류를 마시고, 비가 오는 날에는 커피류를 마신다.
- 평균기온이 26°C 미만인 날에는 작은 컵으로, 26°C 이상인 날은 큰 컵으로 마신다.
- 커피를 마시는 날 중 평균기온이 25°C 미만인 날은 아메리카노를, 25°C 이상 27°C 미만인 날은 바닐라라테를, 27°C인 날은 카페라테를, 28°C 이상인 날은 카페모카를 마신다.
- 차 및 에이드류를 마시는 날 중 평균기온이 27°C 미만인 날은 자몽에이드를, 27°C 이상인 날은 자두에이드를 마신다. 단, 비가 오지 않는 화요일과 목요일에는 반드시 밀크티를 마신다.

48 오늘이 7월 25일이라고 할 때, 다음 중 S사원이 내일 마실 음료는?

① 아메리카노 큰 컵
② 카페라테 큰 컵
③ 바닐라라테 작은 컵
④ 카페모카 큰 컵
⑤ 자두에이드 작은 컵

49 7월 24일인 오늘, S사원은 직장동료인 B사원에게 음료를 사주고자 한다. B사원에게는 자신이 전날 마신 음료와 같은 종류의 음료를 사준다고 할 때, S사원이 음료 두 잔을 주문하며 지불할 금액은?

① 8,700원
② 9,000원
③ 9,200원
④ 9,500원
⑤ 9,700원

Hard

50 **다음 글과 상황을 근거로 판단할 때, 〈보기〉에서 옳은 것을 모두 고르면?**

S국 사람들은 아래와 같이 한 손으로 1부터 10까지의 숫자를 표현한다.

구분	1	2	3	4	5
펼친 손가락 개수	1개	2개	3개	4개	5개
펼친 손가락 모양					
구분	**6**	**7**	**8**	**9**	**10**
펼친 손가락 개수	2개	3개	2개	1개	2개
펼친 손가락 모양					

〈상황〉

S국에 출장을 간 갑은 S국의 언어를 하지 못하여 물건을 살 때 상인의 손가락을 보고 물건의 가격을 추측한다. S국 사람의 숫자 표현법을 제대로 이해하지 못한 갑은 상인이 금액을 표현하기 위해 펼친 손가락 1개당 1원씩 돈을 지불하려고 한다(단, 갑은 하나의 물건을 구매하며, 물건의 가격은 최소 1원부터 최대 10원까지라고 가정한다).

보기

ㄱ. 물건의 가격과 갑이 지불하려는 금액이 일치했다면, 물건의 가격은 5원 이하이다.
ㄴ. 상인이 손가락 3개를 펼쳤다면, 물건의 가격은 최대 7원이다.
ㄷ. 물건의 가격과 갑이 지불하려는 금액이 8원만큼 차이가 난다면, 물건의 가격은 9원이거나 10원이다.
ㄹ. 갑이 물건의 가격을 초과하는 금액을 지불하려는 경우가 발생할 수 있다.

① ㄱ, ㄴ
② ㄴ, ㄷ
③ ㄴ, ㄹ
④ ㄷ, ㄹ
⑤ ㄱ, ㄴ, ㄷ

Easy

51 **문제 해결을 위해 개인에게 요구되는 기본 요소를 다섯 가지로 나눌 수 있다. 다음 사례에서 문제 해결에 어려움을 겪고 있는 S씨에게 부족한 기본 요소는?**

> 스마트폰 앱을 개발하는 S씨는 관련 지식을 바탕으로 다양한 앱을 개발하기 위해 노력하고 있지만, 큰 성공을 거두지는 못하고 있다. S씨는 처음에 사용자 맞춤형 정보를 제공하는 앱을 개발하여 사용자들의 관심을 끌었으나, 사람들의 관심은 오래가지 못했다. 결국 S씨가 개발한 앱은 광고성 정보만 제공하는 플랫폼으로 전락하고 말았다. 광고비로 많은 수익을 얻은 경쟁사의 앱을 따라잡기 위해 처음 개발할 때의 목적과 비전을 쉽게 포기해 버렸기 때문이다. S씨가 최초의 비전을 끝까지 추구하지 못하고 중간에 경로를 변경해 실패한 경험은 이 외에도 많았다. S씨는 자신이 유연하고 변화에 개방된 자세를 견지하고 있다고 생각했지만, 사실은 자신의 아이디어에 대한 확신과 자신의 아이디어를 계속해서 추진할 수 있는 자세가 부족한 것이었다.

① 체계적인 교육훈련
② 문제 해결 방법에 대한 지식
③ 문제 관련 지식에 대한 가용성
④ 문제 해결자의 도전 의식과 끈기
⑤ 문제에 대한 체계적인 접근

52 **S사 개발 사업부에는 부장 1명, 과장 1명, 사원 2명, 대리 2명 총 6명이 근무하고 있다. 다음 〈조건〉에 따라 5주 동안 개발 사업부 전원이 여름휴가를 다녀오려고 한다. 휴가는 1번씩 2주 동안 다녀온다고 할 때, 일어날 수 없는 상황은 무엇인가?(단, 모든 휴가의 시작은 월요일, 끝은 일요일이다)**

> 조건
> - 부서에는 3명 이상이 근무해야 한다.
> - 같은 직급의 직원은 동시에 휴가 중일 수 없다.
> - 과장과 부장은 휴가가 겹칠 수 없다.
> - 1주 차에는 과장과 사원만 휴가를 갈 수 있다.

① 1주 차에 아무도 휴가를 가지 않는다.
② 대리는 혼자 휴가 중일 수 있다.
③ 부장은 4주 차에 휴가를 간다.
④ 5주 차에는 1명만 휴가 중일 수 있다.
⑤ 대리 중 1명은 3주 차에 휴가를 간다.

53 S사의 기획팀 B팀장은 C사원에게 S사에 대한 마케팅 전략 보고서를 요청하였다. C사원이 B팀장에게 제출한 SWOT 분석 결과가 다음과 같을 때, ㉠~㉤ 중 옳지 않은 것은?

〈SWOT 분석 결과〉

강점(Strength)	• 새롭고 혁신적인 서비스 • ㉠ 직원들에게 가치를 더하는 S사의 다양한 측면 • 특화된 마케팅 전문 지식
약점(Weakness)	• 낮은 품질의 서비스 • ㉡ 경쟁사의 시장 철수로 인한 시장 진입 가능성
기회(Opportunity)	• ㉢ 합작회사를 통한 전략적 협력 구축 가능성 • 글로벌 시장으로의 접근성 향상
위협(Threat)	• ㉣ 주력 시장에 나타난 신규 경쟁사 • ㉤ 경쟁 기업의 혁신적 서비스 개발 • 경쟁 기업과의 가격 전쟁

① ㉠
② ㉡
③ ㉢
④ ㉣
⑤ ㉤

54 다음의 교통수단별 특징을 고려할 때, 오전 9시에 회사에서 출발해 전주역까지 가장 먼저 도착하는 교통수단은?(단, 자료에 제시된 시간 이외는 고려하지 않는다)

〈회사 → 서울역 간 교통편〉

구분	소요 시간	출발 시간
A버스	24분	매시 20분, 40분
B버스	40분	매시 정각, 20분, 40분
지하철	20분	매시 30분

〈서울역 → 전주역 간 교통편〉

구분	소요 시간	출발 시간
새마을호	3시간	매시 정각부터 5분 간격
KTX	1시간 32분	9시 정각부터 45분 간격

① A버스 – 새마을호
② B버스 – KTX
③ B버스 – 새마을호
④ 지하철 – KTX
⑤ 지하철 – 새마을호

55 다음 〈조건〉과 8월 날씨를 근거로 판단할 때, 8월 8일과 16일의 날씨로 가능한 것은?

조건

• 날씨 예측 점수는 매일 다음과 같이 부여한다.

실제 \ 예측	맑음	흐림	눈·비
맑음	10점	6점	0점
흐림	4점	10점	6점
눈·비	0점	2점	10점

• 한 주의 주중(월 ~ 금요일) 날씨 예측 점수의 평균은 매주 5점 이상이다.

• 8월 1일부터 19일까지 요일별 날씨 예측 점수의 평균은 다음과 같다.

구분	월요일	화요일	수요일	목요일	금요일
날씨 예측 점수 평균	7점 이하	5점 이상	7점 이하	5점 이상	7점 이하

〈8월 날씨〉

구분	월요일	화요일	수요일	목요일	금요일	토요일	일요일
날짜			1	2	3	4	5
예측			맑음	흐림	맑음	눈·비	흐림
실제			맑음	맑음	흐림	흐림	맑음
날짜	6	7	8	9	10	11	12
예측	맑음	흐림	맑음	맑음	맑음	흐림	흐림
실제	흐림	흐림	?	맑음	흐림	눈·비	흐림
날짜	13	14	15	16	17	18	19
예측	눈·비	눈·비	맑음	눈·비	눈·비	흐림	흐림
실제	맑음	맑음	맑음	?	눈·비	흐림	눈·비

※ 위 달력의 같은 줄을 한 주로 함

	8월 8일	8월 16일
①	맑음	흐림
②	맑음	눈·비
③	눈·비	흐림
④	눈·비	맑음
⑤	흐림	흐림

56 S사는 직원들의 체력증진 및 건강개선을 위해 점심시간을 이용해 운동 프로그램을 운영하고자 한다. 해당 프로그램을 운영할 업체는 직원들의 사전조사 결과를 바탕으로 한 점수에 따라 결정된다. 다음 〈조건〉에 따라 업체를 선정할 때, 최종적으로 선정될 업체는?

〈후보 업체 사전조사 결과〉

(단위 : 점)

구분	프로그램	흥미 점수	건강증진 점수
A업체	집중GX	5	7
B업체	필라테스	7	6
C업체	자율 웨이트	5	5
D업체	근력운동 트레이닝	6	4
E업체	스피닝	4	8

조건

- S사는 전 직원들을 대상으로 후보 업체들에 대한 사전조사를 하였다. 후보 업체들에 대한 흥미 점수와 건강증진 점수는 전 직원들이 10점 만점으로 부여한 점수의 평균값이다.
- 흥미 점수와 건강증진 점수를 2 : 3의 가중치로 합산하여 1차 점수를 산정하고, 1차 점수가 높은 후보 업체 3개를 1차 선정한다.
- 직원들의 흥미가 더 중요하다고 생각되어 1차 선정된 후보 업체의 흥미 점수와 건강증진 점수를 3 : 3 가중치로 합산하여 2차 점수를 산정한다.
- 2차 점수가 가장 높은 1개의 업체를 최종적으로 선정한다. 만일 1차 선정된 후보 업체들의 2차 점수가 모두 동일한 경우, 건강증진 점수가 가장 높은 후보 업체를 선정한다.

① A업체
② B업체
③ C업체
④ D업체
⑤ E업체

57 다음 자료를 참고할 때, 〈보기〉의 주민등록번호의 빈칸에 해당하는 숫자로 옳은 것은?

우리나라에서 국민에게 발급하는 주민등록번호는 각각의 번호가 고유한 번호로, 13자리 숫자로 구성된다. 13자리 숫자는 생년, 월, 일, 성별, 출생신고지역, 접수번호, 검증번호로 구분된다.

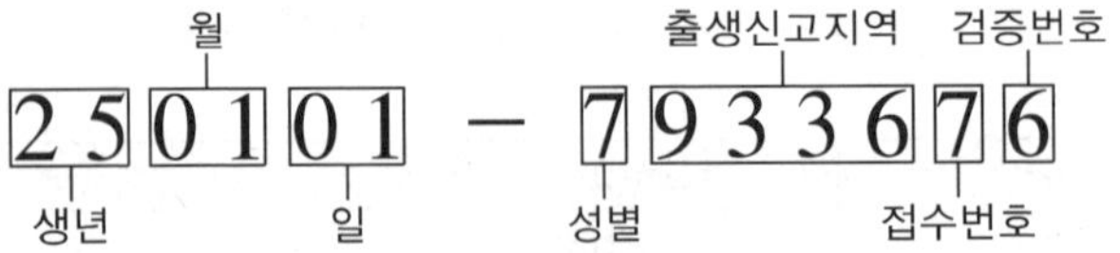

여기서 13번째 숫자의 검증번호는 주민등록번호의 정확성 여부를 검사하는 번호로, 앞의 12자리 숫자를 이용해서 설정되는데 계산법은 다음과 같다.

- 1단계 : 주민등록번호의 앞 12자리 숫자에 가중치 2, 3, 4, 5, 6, 7, 8, 9, 2, 3, 4, 5를 곱한다.
- 2단계 : 가중치를 곱한 값의 합을 계산한다.
- 3단계 : 가중치의 합을 11로 나눈 나머지를 구한다.
- 4단계 : 11에서 나머지를 뺀 수를 10으로 나눈 나머지가 검증번호가 된다.

보기

240202-803701_

① 4
② 5
③ 6
④ 7
⑤ 8

58 경찰관 또는 소방관이 직업인 A～D에 대해 다음 〈조건〉이 모두 참일 때, 반드시 참인 것은?

조건

- A～D 중에 직장 동료가 있다.
- A가 소방관이면 B가 소방관이거나 C가 경찰관이다.
- C가 경찰관이면 D는 소방관이다.
- D는 A의 상관이다.

① A, B의 직업은 다르다.
② A, C의 직업은 다르다.
③ B, C의 직업은 같다.
④ B, D의 직업은 다르다.
⑤ C, D의 직업은 같다.

59 S자동차 회사에 근무하는 D씨는 올해 새로 출시될 예정인 수소전기차 '럭스'에 대한 정보를 토대로 SWOT 분석을 진행하기로 하였다. (가)～(마) 중 옳지 않은 것은?

〈수소전기차 '럭스' 정보〉

- ▶ 럭스는 서울에서 부산을 달리고도 절반 가까이 남는 609km에 달하는 긴 주행거리와 5분에 불과한 짧은 충전시간이 강점이다.
- ▶ 수소전기차의 정부 보조금 지급 대상은 총 240대로, 생산량에 비해 보조금이 부족한 실정이다.
- ▶ 전기차의 경우 전기의 가격은 10～30원/km이며, 수소차의 경우 수소의 가격은 72.8원/km이다.
- ▶ 럭스의 가격은 정부와 지자체의 보조금을 통해 3천여 만 원에 구입이 가능하며, 이는 첨단 기술이 집약된 친환경차를 중형 SUV 가격에 구매한다는 점에서 매력적이지 않을 수 없다.
- ▶ 화석연료로 만든 전기를 충전해서 움직이는 전기차보다 물로 전기를 만들어서 움직이는 수소전기차가 더 친환경적이다.
- ▶ 수소를 충전할 수 있는 충전소는 전국 12개소에 불과하며, S자동차 회사는 올해 안에 10개소를 더 설치한다고 발표하였으나 모두 완공될지는 미지수이다.
- ▶ 현재 전 세계에서 친환경차의 인기는 뜨거우며, 저유가와 레저 문화의 확산으로 앞으로도 인기가 지속될 전망이다.

〈SWOT 분석 결과〉

강점(Strength)	약점(Weakness)
• (가) 보조금 지원으로 상대적으로 저렴한 가격 • 일반 전기차보다 깨끗한 수소전기차 • 짧은 충전시간과 긴 주행거리	• (나) 충전 인프라 부족 • (다) 전기보다 비싼 수소 가격
기회(Opportunity)	**위협(Threat)**
• (라) 친환경차에 대한 인기 • 레저 문화의 확산	• (마) 생산량에 비해 부족한 보조금

① (가) ② (나)
③ (다) ④ (라)
⑤ (마)

PART 3

60 다음 자료와 〈조건〉을 바탕으로 철수, 영희, 민수, 철호가 상품을 구입한 쇼핑몰을 바르게 짝지은 것은?

〈이용약관의 주요 내용〉

구분	주문 취소	환불	배송비	포인트 적립
A쇼핑몰	주문 후 7일 이내 취소 가능	10% 환불수수료, 송금수수료 차감	무료	구입 금액의 3%
B쇼핑몰	주문 후 10일 이내 취소 가능	환불수수료, 송금수수료 차감	20만 원 이상 무료	구입 금액의 5%
C쇼핑몰	주문 후 7일 이내 취소 가능	환불수수료, 송금수수료 차감	1회 이용 시 1만 원	없음
D쇼핑몰	주문 후 당일에만 취소 가능	환불수수료, 송금수수료 차감	5만 원 이상 무료	없음
E쇼핑몰	취소 불가능	고객 귀책 사유에 의한 환불 시에만 10% 환불수수료	1만 원 이상 무료	구입 금액의 10%
F쇼핑몰	취소 불가능	원칙적으로 환불 불가능 (사업자 귀책 사유일 때만 환불 가능)	100g당 2,500원	없음

조건

- 철수는 부모님의 선물로 등산 용품을 구입하였는데, 판매자의 업무 착오로 배송이 지연되어 판매자에게 전화로 환불을 요구하였다. 판매자는 판매금액 그대로를 통장에 입금해 주었고 구입 시 발생한 포인트도 유지하여 주었다.
- 영희는 옷을 구매할 때 배송료를 고려하여 한 가지씩 여러 번에 나누어 구매하기보다는 가능한 한 한꺼번에 주문하곤 하였다.
- 인터넷 사이트에서 영화티켓을 20,000원에 주문한 민수는 다음 날 같은 티켓을 18,000원에 파는 가게를 발견하고 전날 주문한 물건을 취소하려 했지만, 취소가 되지 않아 곤란을 겪은 적이 있다.
- 가방을 10만 원에 구매한 철호는 도착한 물건의 디자인이 마음에 들지 않아 환불 및 송금수수료와 배송료를 감수하는 손해를 보면서도 환불할 수밖에 없었다.

	철수	영희	민수	철호
①	E	B	C	D
②	F	E	D	B
③	E	D	F	C
④	F	C	E	B
⑤	E	C	B	D

61 50명의 남학생 중에서 24명, 30명의 여학생 중에서 16명이 뮤지컬을 좋아한다고 한다. 전체 80명의 학생 중에서 임의로 선택한 1명이 뮤지컬을 좋아하지 않는 학생이었을 때, 그 학생이 여학생일 확률은?

① $\frac{3}{20}$　② $\frac{1}{5}$
③ $\frac{1}{4}$　④ $\frac{3}{10}$
⑤ $\frac{7}{20}$

62 이자를 포함해 4년 후 2,000만 원을 갚기로 하고 돈을 빌리고자 한다. 연 이율 8%가 적용된다면 단리를 적용할 때와 연 복리를 적용할 때 빌릴 수 있는 금액의 차이는?(단, $1.08^4 = 1.36$으로 계산하고, 계산은 소수점 첫째 자리에서 반올림한다)

① 43만 원　② 44만 원
③ 45만 원　④ 46만 원
⑤ 47만 원

63 예선 경기에서 우승한 8명의 선수들이 본선 경기를 진행하려고 한다. 경기 방식은 토너먼트이고 작년에 우승한 $1 \sim 4$위까지의 선수들이 첫 경기에서 만나지 않도록 대진표를 정한다. 이때 가능한 대진표의 경우의 수는?

① 60가지　② 64가지
③ 68가지　④ 72가지
⑤ 76가지

64 다음은 S국의 최종에너지 소비량에 대한 자료이다. 이에 대한 〈보기〉의 설명 중 옳은 것을 모두 고르면?

〈2022 ~ 2024년 유형별 최종에너지 소비량 비중〉

(단위 : %)

구분	석탄		석유제품	도시가스	전력	기타
	무연탄	유연탄				
2022년	2.7	11.6	53.3	10.8	18.2	3.4
2023년	2.8	10.3	54.0	10.7	18.6	3.6
2024년	2.9	11.5	51.9	10.9	19.1	3.7

〈2024년 부문별 · 유형별 최종에너지 소비량〉

(단위 : 천 TOE)

구분	석탄		석유제품	도시가스	전력	기타	합계
	무연탄	유연탄					
산업	4,750	15,317	57,451	9,129	23,093	5,415	115,155
가정 · 상업	901	4,636	6,450	11,105	12,489	1,675	37,256
수송	0	0	35,438	188	1,312	0	36,938
기타	0	2,321	1,299	669	152	42	4,483
합계	5,651	22,274	100,638	21,091	37,046	7,132	193,832

보기

ㄱ. 2022 ~ 2024년 동안 전력 소비량은 매년 증가한다.

ㄴ. 2024년 산업부문의 최종에너지 소비량은 전체 최종에너지 소비량의 50% 이상을 차지한다.

ㄷ. 2022 ~ 2024년 동안 석유제품 소비량 대비 전력 소비량의 비율은 매년 증가한다.

ㄹ. 2024년에는 산업부문과 가정 · 상업부문에서 유연탄 소비량 대비 무연탄 소비량의 비율이 각각 25% 미만이다.

① ㄱ, ㄴ
② ㄱ, ㄹ
③ ㄴ, ㄷ
④ ㄴ, ㄹ
⑤ ㄷ, ㄹ

※ 다음은 2020 ~ 2024년 연도별 해양사고 발생 현황에 대한 그래프이다. 이어지는 질문에 답하시오. **[65~66]**

〈연도별 해양사고 발생 현황〉

(단위 : 건, 척, 명)

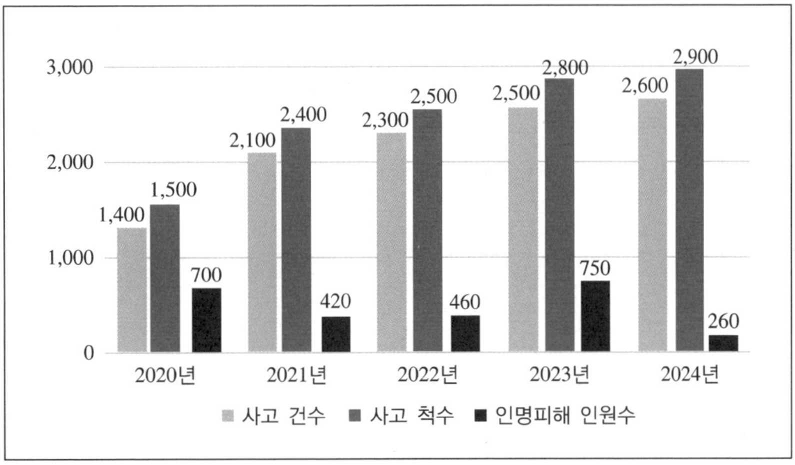

Easy

65 다음 중 2020년 대비 2021년 사고 척수의 증가율과 사고 건수의 증가율이 순서대로 나열된 것은?

① 40%, 45%
② 45%, 50%
③ 60%, 50%
④ 60%, 55%
⑤ 60%, 65%

66 다음 중 사고 건수당 인명피해의 인원수가 가장 많은 연도는?

① 2020년
② 2021년
③ 2022년
④ 2023년
⑤ 2024년

67 S공사에서는 전력 사업 확장과 동시에 신입사원을 채용하려 한다. 부서별 배정 인원이 다음과 같을 때, 전체 신입사원의 수는?(단, 부서는 인사, 총무, 연구, 마케팅의 4개 부서만 있다)

> 전체 신입사원 중 $\frac{1}{5}$은 인사부, $\frac{1}{4}$은 총무부, $\frac{1}{2}$의 인원은 연구부이며, 마케팅부에 배정할 인원은 100명이다.

① 1,000명
② 1,200명
③ 1,500명
④ 2,000명
⑤ 2,100명

68 미술 전시를 위해 정육면체 모양의 석고 조각의 각 면에 빨강, 주황, 노랑, 초록, 파랑, 검정으로 색을 칠하려고 한다. 가지고 있는 색깔은 남김없이 모두 사용해야 하고, 이웃하는 면에는 같은 색깔을 칠하지 않는다. 회전해서 같아지는 조각끼리는 서로 같은 정육면체라고 할 때, 만들 수 있는 서로 다른 정육면체는 모두 몇 가지인가?

① 6가지
② 15가지
③ 30가지
④ 60가지
⑤ 120가지

69 A와 B는 1.2km 떨어진 직선거리의 양 끝에서부터 12분 동안 마주 보고 달려 한 지점에서 만났다. B는 A보다 1.5배가 빠르다고 할 때, A의 속도는?

① 28m/분
② 37m/분
③ 40m/분
④ 48m/분
⑤ 53m/분

※ 다음은 S기업의 동호회 인원 구성 현황을 나타낸 자료이다. 이어지는 질문에 답하시오. **[70~71]**

〈동호회 인원 구성 현황〉

(단위 : 명)

구분	2021년	2022년	2023년	2024년
축구	77	92	100	120
농구	75	70	98	117
야구	73	67	93	113
배구	72	63	88	105
족구	35	65	87	103
등산	18	42	44	77
여행	10	21	40	65
합계	360	420	550	700

70 전년 대비 2024년의 축구 동호회 인원 증가율이 다음 해에도 유지된다고 가정할 때, 2025년 축구 동호회의 인원은?

① 140명
② 142명
③ 144명
④ 146명
⑤ 148명

71 다음 중 위 자료에 대한 설명으로 옳은 것은?

① 동호회 인원이 많은 순서로 나열할 때, 매년 그 순위는 변화가 없다.
② 2022 ~ 2024년 동호회 인원 전체에서 등산이 차지하는 비중은 전년 대비 매년 증가하였다.
③ 2022 ~ 2024년 동호회 인원 전체에서 배구가 차지하는 비중은 전년 대비 매년 감소하였다.
④ 2022년 족구 동호회 인원은 2022년 전체 동호회의 평균 인원보다 많다.
⑤ 2021 ~ 2024년 매년 등산과 여행 동호회 인원의 합은 축구 동호회 인원보다 적다.

72 S통신회사는 이동전화의 통화시간에 따라 월 2시간까지는 기본요금이 부과되고, 2시간 초과 3시간까지는 분당 a원, 3시간 초과부터는 $2a$원을 부과한다. 다음과 같이 요금이 청구되었을 때, a의 값을 구하면?

〈휴대전화 이용요금〉

구분	통화시간	요금
8월	3시간 30분	21,600원
9월	2시간 20분	13,600원

① 50
② 80
③ 100
④ 120
⑤ 150

73 다음은 어느 해 개최된 올림픽에 참가한 6개국의 성적이다. 이에 대한 설명으로 옳지 않은 것은?

〈올림픽 참가 6개국 메달 현황〉

(단위 : 명, 개)

구분	참가선수	금메달	은메달	동메달	메달 합계
A국가	240	4	28	57	89
B국가	261	2	35	68	105
C국가	323	0	41	108	149
D국가	274	1	37	74	112
E국가	248	3	32	64	99
F국가	229	5	19	60	84

① 획득한 금메달 수가 많은 국가일수록 은메달 수는 적었다.
② 금메달을 획득하지 못한 국가가 가장 많은 메달을 획득했다.
③ 참가선수의 수가 많은 국가일수록 획득한 동메달 수도 많았다.
④ 획득한 메달의 합계가 큰 국가일수록 참가선수의 수도 많았다.
⑤ 참가선수가 가장 적은 국가의 메달 합계는 전체 6위이다.

※ 다음은 2020 ~ 2024년 우리나라의 분야별 재정지출 추이를 나타낸 자료이다. 이어지는 질문에 답하시오. [74~75]

〈우리나라의 분야별 재정지출 추이〉

(단위 : 조 원, %)

구분	2020년	2021년	2022년	2023년	2024년	연평균 증가율
예산	137.3	147.5	153.7	165.5	182.8	7.4
기금	59.0	61.2	70.4	72.9	74.5	6.0
교육	24.5	27.6	28.8	31.4	35.7	9.9
사회복지 · 보건	32.4	49.6	56.0	61.4	67.5	20.1
R&D	7.1	7.8	8.9	9.8	10.9	11.3
SOC	27.1	18.3	18.4	18.4	18.9	−8.6
농림 · 해양 · 수산	12.3	14.1	15.5	15.9	16.5	7.6
산업 · 중소기업	11.4	11.9	12.4	12.6	12.6	2.5
환경	3.5	3.6	3.8	4.0	4.4	5.9
국방비	18.1	21.1	22.5	24.5	26.7	10.2
통일 · 외교	1.4	2.0	2.6	2.4	2.6	16.7
문화 · 관광	2.3	2.6	2.8	2.9	3.1	7.7
공공질서 · 안전	7.6	9.4	11.0	10.9	11.6	11.2
균형발전	5.0	5.5	6.3	7.2	8.1	12.8
기타	43.6	35.2	35.1	37.0	38.7	−2.9
총지출	196.3	208.7	224.1	238.4	257.3	7.0

※ (총지출)=(예산)+(기금)

Hard

74 위 자료에 대한 설명으로 옳은 것은?

① 교육 분야의 전년 대비 재정지출 증가율이 가장 높은 해는 2021년이다.
② 재정지출액이 전년 대비 증가하지 않은 해가 있는 분야는 5개이다.
③ 사회복지 · 보건 분야가 예산에서 차지하고 있는 비율은 언제나 가장 높다.
④ 기금의 연평균 증가율보다 낮은 연평균 증가율을 보이는 분야는 3개이다.
⑤ 통일 · 외교 분야와 기타 분야의 2020 ~ 2024년 재정지출 증감 추이는 동일하다.

75 2023년 사회복지 · 보건 분야와 공공질서 · 안전 분야 재정지출의 2022년 대비 증감률의 차이를 구하면?(단, 소수점 둘째 자리에서 반올림한다)

① 9.4%p
② 10.5%p
③ 11.2%p
④ 12.6%p
⑤ 13.2%p

※ 다음은 5개 도시의 출산율과 사망률을 나타낸 자료이다. 이어지는 질문에 답하시오. **[76~77]**

〈2022년 5개 도시의 출산율 및 사망률〉

(단위 : %)

구분	2021년 인구수	출산율	사망률
A도시	1,800만 명	12	8
B도시	1,450만 명	21	12
C도시	1,680만 명	16	9
D도시	1,250만 명	9	2
E도시	880만 명	26	11

〈2023년 5개 도시의 출산율과 사망률〉

(단위 : %)

구분	출산율	사망률
A도시	8	3
B도시	16	8
C도시	18	9
D도시	14	5
E도시	11	7

〈2024년 5개 도시의 출산율과 사망률〉

(단위 : %)

구분	출산율	사망률
A도시	15	4
B도시	18	8
C도시	12	2
D도시	18	6
E도시	21	11

※ 출산은 단태아를 기준으로 함. 예를 들어 인구가 100명일 때, 출산율이 20%라면 총인구수는 120명임

※ (당해 인구수)=(작년 인구수)×[1+(출산율)−(사망률)]

76 위 자료에 대한 〈보기〉의 설명 중 옳은 것을 모두 고르면?(단, 인구수는 천의 자리에서 버림한다)

보기

ㄱ. 2024년 5개 도시의 총인구수는 8,900만 명 이상이다.
ㄴ. 2024년 인구수가 2,000만 명을 넘은 도시는 두 곳뿐이다.
ㄷ. 2021년 인구수 대비 2024년 인구수가 가장 많이 증가한 도시는 A도시이다.
ㄹ. 2021년 인구수 대비 2024년 인구수의 증가율이 가장 높은 도시는 C도시이다.

① ㄱ, ㄴ
② ㄱ, ㄷ
③ ㄴ, ㄷ
④ ㄴ, ㄹ
⑤ ㄷ, ㄹ

Hard

77 다음 〈조건〉을 참고하여 2025년 예상 인구수가 많은 순서대로 1 ~ 5위인 도시를 바르게 나열한 것은?

조건

- 2025년 A도시의 인구수는 2024년보다 (2024년 인구수)−(2022년 인구수)의 3배만큼 증가할 것이다.
- 2025년 B도시의 출산율과 사망률은 2024년과 같을 것이다.
- 2025년 C도시의 출산율은 2024년과 같고, 사망자 수는 출산자 수의 2배일 것이다.
- 2025년 D도시의 출생자 수와 사망자 수는 각각 2024년 인구수의 30%, 10%일 것이다.
- 2025년 E도시의 출산율은 2022년과 같고, 사망률은 1%일 것이다.

① A도시 − B도시 − C도시 − D도시 − E도시
② A도시 − B도시 − C도시 − E도시 − D도시
③ A도시 − B도시 − D도시 − C도시 − E도시
④ A도시 − C도시 − B도시 − D도시 − E도시
⑤ A도시 − C도시 − B도시 − E도시 − D도시

78 S사의 감사팀은 과장 2명, 대리 3명, 사원 3명으로 구성되어 있다. A～D지역의 지사로 2명씩 나눠서 출장을 간다고 할 때, 각 출장 지역에 대리급 이상이 1명 이상 포함되어 있어야 하고 과장 2명이 각각 다른 지역으로 가야 한다. 과장과 대리가 한 조로 출장에 갈 확률은?

① $\frac{1}{2}$ ② $\frac{1}{3}$

③ $\frac{2}{3}$ ④ $\frac{3}{4}$

⑤ $\frac{3}{8}$

79 농도가 30%인 설탕물을 창가에 두고 물 50g을 증발시켜 농도가 35%인 설탕물을 만들었다. 여기에 설탕을 더 넣어 40%의 설탕물을 만든다면 몇 g의 설탕을 넣어야 하는가?

① 20g ② 25g

③ 30g ④ 35g

⑤ 40g

Easy

80 A～G의 7명의 사람이 일렬로 설 때, A와 G는 서로 맨 끝에 서고, C, D, E는 서로 이웃하여 서는 경우의 수는?

① 24가지 ② 36가지

③ 48가지 ④ 60가지

⑤ 72가지

Easy

81 A씨는 여행을 가기 위해 S자동차를 대여하려 한다. 다음 〈조건〉을 바탕으로 A씨가 S자동차를 대여할 수 없는 요일은?

〈2월 달력〉

일	월	화	수	목	금	토
	1	2	3	4	5	6
7	8	9	10	11 설 연휴	12 설 연휴	13 설 연휴
14	15	16	17	18	19	20
21	22	23	24	25	26	27
28						

조건

- 2월에 주말을 포함하여 3일 동안 연속으로 대여한다.
- 설 연휴에는 대여하지 않는다.
- 설 연휴가 끝난 다음 주 월, 화에 출장이 있다(단, 출장 중에 대여하지 않는다).
- S자동차는 첫째 주 짝수 날에는 점검이 있어 대여할 수 없다.
- S자동차는 24일부터 3일간 B가 대여를 예약해 두었다.
- 설 연휴가 있는 주의 화요일과 수요일은 업무를 마쳐야 하므로 대여하지 않는다.

① 수요일
② 목요일
③ 금요일
④ 토요일
⑤ 일요일

82 다음은 S기업의 팀별 성과급 지급 기준 및 영업팀의 분기별 평가표이다. 영업팀에 지급되는 성과급의 1년 총액은?(단, 성과평가등급이 A등급이면 직전 분기 차감액의 50%를 가산하여 지급한다)

〈성과급 지급 기준〉

구분	성과평가 등급	분기별 성과급 지급액
9.0점 이상	A	100만 원
8.0 ~ 8.9점	B	90만 원(10만 원 차감)
7.0 ~ 7.9점	C	80만 원(20만 원 차감)
6.9점 이하	D	40만 원(60만 원 차감)

〈영업팀 평가표〉

구분	1/4분기	2/4분기	3/4분기	4/4분기
유용성	8	8	10	8
안정성	8	6	8	8
서비스 만족도	6	8	10	8

※ (성과평가 점수)=[(유용성)×0.4]+[(안정성)×0.4]+[(서비스 만족도)×0.2]

① 350만 원
② 360만 원
③ 370만 원
④ 380만 원
⑤ 390만 원

Easy

83 S사는 해외지사와 1시간 동안 화상 회의를 하기로 하였다. 모든 지사의 업무시간은 오전 9시부터 오후 6시까지이며, 점심시간은 낮 12시부터 오후 1시까지이다. 〈조건〉이 다음과 같을 때, 회의가 가능한 시간은 언제인가?(단, 회의가 가능한 시간은 서울 기준이다)

조건

- 헝가리는 서울보다 7시간 느리고, 현지시간으로 오전 10시부터 2시간 동안 외부출장이 있다.
- 호주는 서울보다 1시간 빠르고, 현지시간으로 오후 2시부터 3시간 동안 회의가 있다.
- 베이징은 서울보다 1시간 느리다.
- 헝가리와 호주는 서머타임 +1시간을 적용한다.

① 오전 10 ~ 11시
② 오전 11시 ~ 낮 12시
③ 오후 1 ~ 2시
④ 오후 2 ~ 3시
⑤ 오후 3 ~ 4시

※ S베이커리 사장은 새로운 직원을 채용하기 위해 아르바이트 공고문을 게재하였고, 지원자 명단은 다음과 같다. 이어지는 질문에 답하시오. **[84~85]**

■ 아르바이트 공고문

- 업체명 : S베이커리
- 업무내용 : 고객응대 및 매장관리
- 지원자격 : 경력, 성별, 학력 무관 / 나이 : 20 ~ 40세
- 근무조건 : 6개월 / 월 ~ 금요일 / 08:00 ~ 20:00(협의 가능)
- 급여 : 희망 임금
- 연락처 : 010-1234-1234

■ 아르바이트 지원자 명단

구분	성별	나이	근무가능시간	희망 임금	기타
김갑주	여성	28	08:00 ~ 16:00	시급 8,000원	• 1일 1회 출근만 가능함 • 최소 2시간 이상 연속 근무하여야 함
강을미	여성	29	15:00 ~ 20:00	시급 7,000원	
조병수	남성	25	12:00 ~ 20:00	시급 7,500원	
박정현	여성	36	08:00 ~ 14:00	시급 8,500원	
최강현	남성	28	14:00 ~ 20:00	시급 8,500원	
채미나	여성	24	16:00 ~ 20:00	시급 7,500원	
한수미	여성	25	10:00 ~ 16:00	시급 8,000원	

※ 근무시간은 지원자가 희망하는 근무시간대 내에서 조절 가능함

Hard

84 S베이커리 사장은 최소비용으로 가능한 한 최대인원을 채용하고자 한다. 매장에는 항상 2명의 직원이 상주하고 있어야 하며, 기존 직원 1명은 오전 8시부터 오후 3시까지 근무를 하고 있다. 지원자 명단을 참고하였을 때, 누구를 채용하겠는가?

① 김갑주, 강을미, 조병수

② 김갑주, 강을미, 박정현, 채미나

③ 김갑주, 강을미, 조병수, 채미나, 한수미

④ 강을미, 조병수, 박정현, 최강현, 채미나

⑤ 강을미, 조병수, 박정현, 최강현, 채미나, 한수미

85 84번에서 결정한 인원을 채용했을 때, 급여를 한 주 단위로 지급한다면 사장이 지급해야 하는 임금은?(단, 기존 직원의 시급은 8,000원으로 계산하며 주휴수당은 고려하지 않는다)

① 805,000원

② 855,000원

③ 890,000원

④ 915,000원

⑤ 1,000,000원

Hard

86 S는 인천에서 런던으로 가고자 한다. 다음은 인천과 런던을 잇는 항공 노선 목록이다. S는 노선 지수가 낮은 노선을 선호한다고 할 때, S가 선택할 노선으로 옳은 것은?(단, 노선 지수는 인천에서 런던까지의 각 요소의 총량의 합을 기준으로 계산한다)

〈노선 목록〉

구분	거리	시간	요금	마일리지	기타사항
인천 – 베이징	937km	1시간	50만 원	104	잠정 폐쇄
인천 – 하노이	2,717km	5시간	30만 원	302	–
인천 – 방콕	3,700km	5시간	50만 원	411	–
인천 – 델리	4,666km	6시간	55만 원	518	–
인천 – 두바이	6,769km	8시간	65만 원	752	–
인천 – 카이로	8,479km	8시간	70만 원	942	–
인천 – 상하이	843km	1시간	45만 원	94	–
베이징 – 런던	8,147km	9시간	100만 원	905	–
하노이 – 런던	9,244km	10시간	90만 원	1,027	–
방콕 – 런던	9,542km	11시간	55만 원	1,060	잠정 폐쇄
델리 – 런던	6,718km	7시간	55만 원	746	–
두바이 – 런던	5,479km	6시간	50만 원	609	–
카이로 – 런던	3,514km	4시간	55만 원	390	–
상하이 – 런던	9,208km	10시간	90만 원	1,023	–

※ (노선 지수)=[(총거리 순위)×0.8)]+[(총시간 순위)×0.7)]+[(총요금 순위)×0.2]
※ 마일리지를 제외한 모든 요소는 값이 작을수록 순위가 높음
※ 폐쇄노선은 현재 사용이 불가능함

① 인천 – 상하이 – 런던
② 인천 – 베이징 – 런던
③ 인천 – 카이로 – 런던
④ 인천 – 하노이 – 런던
⑤ 인천 – 두바이 – 런던

87 S과장은 월요일에 사천연수원에서 진행될 세미나에 참석해야 한다. 세미나는 월요일 낮 12시부터 시작이며, 수요일 오후 6시까지 진행된다. 갈 때는 세미나에 늦지 않게만 도착하면 되지만, 올 때는 목요일 회의 준비를 위해 최대한 일찍 서울로 올라와야 한다. 가능한 한 적은 비용으로 세미나 참석을 원할 때, 교통비는 얼마인가?(단, 제시된 정보만 고려한다)

〈KTX〉

구분	월요일		수요일		가격
서울 – 사천	08:00 ~ 11:00	09:00 ~ 12:00	08:00 ~ 11:00	09:00 ~ 12:00	65,200원
사천 – 서울	16:00 ~ 19:00	20:00 ~ 23:00	16:00 ~ 19:00	20:00 ~ 23:00	66,200원 (10% 할인 가능)

※ 사천역에서 사천연수원까지 택시비는 22,200원이며, 30분이 걸림(사천연수원에서 사천역까지의 비용과 시간도 동일임)

〈비행기〉

구분	월요일		수요일		가격
서울 – 사천	08:00 ~ 09:00	09:00 ~ 10:00	08:00 ~ 09:00	09:00 ~ 10:00	105,200원
사천 – 서울	19:00 ~ 20:00	20:00 ~ 21:00	19:00 ~ 20:00	20:00 ~ 21:00	93,200원 (10% 할인 가능)

※ 사천공항에서 사천연수원까지 택시비는 21,500원이며, 30분이 걸림(사천연수원에서 사천공항까지의 비용과 시간도 동일함)

① 168,280원
② 178,580원
③ 192,780원
④ 215,380원
⑤ 232,080원

88 **물류회사에서 근무 중인 S사원에게 화물 운송기사 두 명이 찾아와 운송시간에 대한 질문을 하였다. 주요 도시 간 이동시간 자료를 참고했을 때, 두 기사에게 안내해야 할 시간은?(단, S사원과 두 기사는 A도시에 위치하고 있다)**

R기사 : 저는 여기서 화물을 싣고 E도시로 운송한 후에 C도시로 가서 다시 화물을 싣고 여기로 돌아와야 하는데 시간이 얼마나 걸릴까요? 최대한 빨리 마무리 지었으면 좋겠는데….

P기사 : 저는 여기서 출발해서 모든 도시를 한 번씩 거쳐 다시 여기로 돌아와야 해요. 만약에 가장 짧은 이동시간으로 다녀오면 얼마나 걸릴까요?

〈주요 도시 간 이동시간〉

(단위 : 시간)

출발도시 \ 도착도시	A	B	C	D	E
A	–	1.0	0.5	–	–
B	–	–	–	1.0	0.5
C	0.5	2.0	–	–	–
D	1.5	–	–	–	0.5
E	–	–	2.5	0.5	–

※ 화물을 싣고 내리기 위해 각 도시에서 정차하는 시간은 고려하지 않음

※ – : 이동이 불가능한 구간을 의미함

	R기사	P기사
①	4시간	4시간
②	4.5시간	5시간
③	4.5시간	5.5시간
④	5.5시간	5시간
⑤	5.5시간	5.5시간

※ S사에서는 임직원 해외연수를 추진하고 있다. 이어지는 질문에 답하시오. **[89~90]**

〈2025년 임직원 해외연수 공지사항〉

- 해외연수 국가 : 네덜란드, 독일
- 해외연수 일정 : 2025년 2월 11 ~ 20일(10일간)
- 해외연수 인원 : 나라별 2명씩 총 4명
- 해외연수 인원 선발 방법 : 2024년 하반기 업무평가 항목 평균 점수 상위 4명 선발

〈2024년 하반기 업무평가〉

(단위 : 점)

구분	직급	조직기여	대외협력	기획
유시진	팀장	58	68	83
최은서	팀장	79	98	96
양현종	과장	84	72	86
오선진	대리	55	91	75
이진영	대리	90	84	97
장수원	대리	78	95	85
김태균	주임	97	76	72
류현진	주임	69	78	54
강백호	사원	77	83	66
최재훈	사원	80	94	92

89 다음 중 해외연수 대상자가 될 수 있는 직원을 바르게 짝지은 것은?

① 유시진, 최은서
② 양현종, 오선진
③ 이진영, 장수원
④ 김태균, 류현진
⑤ 강백호, 최재훈

90 S사는 2025년 임직원 해외연수 인원을 나라별로 1명씩 늘려 총 6명으로 확대하려고 한다. 해외연수 대상자가 될 수 없는 직원은?

① 양현종
② 오선진
③ 이진영
④ 김태균
⑤ 최재훈

91 **다음 〈보기〉 중 개인정보의 분류에 대한 내용으로 옳지 않은 것을 모두 고르면?**

> **보기**
>
> ㄱ. 소득 정보 : 대부상황, 저당, 신용카드, 담보설정 여부 등
> ㄴ. 의료 정보 : 가족병력기록, 과거 의료기록, 신체장애, 혈액형 등
> ㄷ. 조직 정보 : 고용주, 회사주소, 상관의 이름, 직무수행 평가 기록, 훈련기록, 상벌기록 등
> ㄹ. 법적 정보 : 전과기록, 구속기록, 이혼기록 등

① ㄱ, ㄴ
② ㄱ, ㄷ
③ ㄴ, ㄷ
④ ㄴ, ㄹ
⑤ ㄷ, ㄹ

Easy

92 **다음 글을 읽고 정보관리의 3원칙 중 밑줄 친 ㉠~㉢에 해당하는 내용을 바르게 짝지은 것은?**

> '구슬이 서말이라도 꿰어야 보배'라는 속담처럼 여러 가지 채널과 같은 노력 끝에 입수한 정보가 우리가 필요한 시점에 즉시 활용되기 위해서는 모든 정보가 차곡차곡 정리되어 있어야 한다. 이처럼 정보의 관리란 수집된 다양한 형태의 정보를 어떤 문제해결이나 결론도출에 사용하기 쉬운 형태로 바꾸는 일이다. 정보를 관리할 때에는 특히 ㉠ 정보에 대한 사용목표가 명확해야 하며, ㉡ 정보를 쉽게 작업할 수 있어야 하고, ㉢ 즉시 사용할 수 있어야 한다.

	㉠	㉡	㉢
①	목적성	용이성	유용성
②	다양성	용이성	통일성
③	용이성	통일성	다양성
④	통일성	목적성	유용성
⑤	통일성	목적성	용이성

93 다음은 S은행에 지원한 지원자들의 PT면접 점수를 정리한 자료이며, 각 사원들의 점수로 면접 결과를 정리하고자 한다. 이를 위해 [F3] 셀에 〈보기〉와 같은 함수식을 입력하고, 채우기 핸들을 이용하여 [F6] 셀까지 드래그했을 경우, [F3]~[F6] 셀에 나타나는 결괏값으로 옳은 것은?

	A	B	C	D	E	F
1						(단위 : 점)
2	이름	발표내용	발표시간	억양	자료준비	결과
3	조재영	85	92	75	80	
4	박슬기	93	83	82	90	
5	김현진	92	95	86	91	
6	최승호	95	93	92	90	

보기

=IF(AVERAGE(B3:E3)>=90,"합격","불합격")

	[F3]	[F4]	[F5]	[F6]
①	불합격	불합격	합격	합격
②	합격	합격	불합격	불합격
③	합격	불합격	합격	불합격
④	불합격	합격	불합격	합격
⑤	불합격	불합격	불합격	합격

94 다음에서 설명하는 컴퓨터 시스템의 구성요소는?

- Main Memory이다.
- CPU 가까이에 위치하며, 반도체 기억장치 칩들로 고속 액세스 가능을 담당한다.
- 가격이 높고 면적을 많이 차지한다.
- 저장 능력이 없으므로 프로그램 실행 중 일시적으로 사용된다.

① 중앙처리장치
② 주기억장치
③ 보조저장장치
④ 입출력장치
⑤ LAN

95 다음 프로그램의 실행 결과가 33이 되기 위해 빈칸에 들어가야 하는 값은?

```
#include <stdio.h>

int main()
{
int num1;
int num2=3;

num1=14-num2;
num1*=________;

printf("%d₩n",num1);

return 0;
}
```

① 1　② 2
③ 3　④ 4
⑤ 5

96 다음 중 스프레드 시트의 메모에 대한 설명으로 옳지 않은 것은?

① 메모가 삽입된 셀을 이동하면 메모의 위치도 셀과 함께 변경된다.
② [서식 지우기] 기능을 이용하여 셀의 서식을 지우면 설정된 메모도 함께 삭제된다.
③ 메모를 삭제하려면 메모가 삽입된 셀을 선택한 후 [검토] 탭 [메모]그룹의 [삭제]를 선택한다.
④ 삽입된 메모가 메모 표시 상태로 있다면 보이는 메모의 텍스트를 클릭하여 바로 편집할 수 있다.
⑤ 작성된 메모의 내용을 수정하려면 메모가 삽입된 셀의 바로 가기 메뉴에서 [메모편집]을 선택한다.

97 다음 시트에서 [B9] 셀에 [B2:C8] 영역의 평균을 계산하고 자리 올림을 하여 천의 자리까지 표시하는 함수식으로 옳은 것은?

	A	B	C
1	1분기	2분기	3분기
2	91,000	91,000	91,000
3	81,000	82,000	83,000
4	71,000	72,000	73,000
5	61,000	62,000	63,000
6	51,000	52,000	53,000
7	41,000	42,000	43,000
8	91,000	91,000	91,000
9			

① =ROUNDUP(AVERAGE(B2:C8), −3)

② =ROUNDUP(AVERAGE(B2:C8), 3)

③ =ROUND(AVERAGE(B2:C8), −3)

④ =ROUND(AVERAGE(B2:C8), 3)

⑤ =ROUND(AVERAGE(B2:C8), −1)

Hard

98 다음 C언어 프로그램을 실행하였을 때 출력되는 값은?

```
#include <stdio.h>
int power(int x, int y);
int main(void)
{    int a, b;
     a=6;
     b=4;
     printf("%d",power(a,b));
     return 0;
}int power(int x, int y)
{    if(y==0)
     return 1;
     return x*power(x,y-1);
}
```

① 24

② 64

③ 1,296

④ 6,543

⑤ 6,666

99 다음 시트의 [B9] 셀에 「=DSUM(A1:C7,C1,A9:A10)」 함수를 입력했을 때, 결괏값은?

	A	B	C
1	이름	직급	상여금
2	장기동	과장	1,200,000
3	이승연	대리	900,000
4	김영신	차장	1,300,000
5	공경호	대리	850,000
6	표나리	사원	750,000
7	한미연	과장	950,000
8			
9	상여금		
10	>=1,000,000		

① 1,950,000
② 2,500,000
③ 2,800,000
④ 3,450,000
⑤ 3,500,000

100 다음 중 함수식에 대한 결괏값으로 옳지 않은 것은?

	함수식	결괏값
①	=ODD(12)	13
②	=EVEN(17)	18
③	=MOD(40, −6)	−2
④	=POWER(6,3)	18
⑤	=QUOTIENT(19,6)	3

02 직무능력평가(경영학 · 경제학)

01 **다음 중 기업이 임직원에게 자기회사의 주식을 일정 수량, 일정 가격으로 매수할 수 있는 권리를 부여하는 제도는?**

① 사이드카(Side Car)
② 스톡옵션(Stock Option)
③ 트레이딩칼라(Trading Collar)
④ 서킷브레이커(Circuit Breaker)
⑤ 스캘핑(Scalping)

02 **다음 중 회사에 대한 용어와 그 개념이 옳지 않은 것은?**

① 주식회사 : 주식을 소유하고 있는 주주가 그 회사의 주인이 되는 형태이다.
② 협동조합 : 경제활동으로 지역사회에 이바지하기 위해 설립된 단체이다.
③ 합명회사 : 무한책임사원으로 이루어지는 회사로, 무한책임사원이 경영하고 사업으로부터 생기는 이익의 분배에 참여한다.
④ 합자회사 : 유한책임사원과 무한책임사원으로 이루어지는 회사로, 유한책임사원이 사업을 경영하고 집행하며, 양도 시 유한책임사원의 동의가 필요하다.
⑤ 유한회사 : 유한회사의 주인은 사원으로, 이때 사원은 출자액의 한도 내에서만 회사의 채무에 대해 변제책임을 진다.

03 **다음 중 자본구조이론에 대한 설명으로 옳지 않은 것은?**

① 법인세가 없는 경우 자본구조와 기업가치는 무관하다.
② 기업의 총자본 중 자기자본과 타인자본의 비율을 분석한다.
③ 법인세가 있는 경우 부채를 많이 사용할수록 기업가치가 감소한다.
④ 기업가치를 극대화시키는 자본 구성비율을 최적자본구조라고 한다.
⑤ 법인세가 있는 경우 부채비율이 높아질수록 가중평균자본비용은 감소한다.

04 다음 중 적대적 M&A에 대한 사전 방어 전략에 해당하지 않는 것은?

① 황금주
② 그린메일(Green Mail)
③ 황금낙하산
④ 포이즌 필(Poison Pill)
⑤ 포이즌 풋(Poison Put)

Hard

05 다음 중 공매도가 미치는 영향으로 옳지 않은 것은?

① 공매도에 따른 채무불이행 리스크가 발생할 수 있다.
② 매도물량이 시장에 공급됨에 따라 시장 유동성이 증대된다.
③ 하락장에서도 수익을 낼 수 있어 수익의 변동성을 조정할 수 있다.
④ 공매도를 통해 기대수익과 기대손실을 자산 가격 내에서 운용할 수 있다.
⑤ 주가가 고평가되어 있다고 생각하는 투자자의 의견도 반영할 수 있어 효율성이 증대된다.

06 다음 중 주식과 채권에 대한 설명으로 옳지 않은 것은?

① 주식의 투자위험이 채권보다 더 높다.
② 주식은 영구증권이고, 채권은 기한부증권이다.
③ 채권 값이 오르면 주식 값은 대체로 하락하는 경향이 있다.
④ 주식은 배당을 받을 권리가, 채권은 확정이자를 받을 권리가 있다.
⑤ 후순위채권은 일반 채권보다 변제 순위에서 뒤지지만 우선주나 보통주보다는 우선한다.

07 다음 중 통합적 마케팅 커뮤니케이션 전략(IMC)의 기대효과로 옳은 것은?

① IMC는 더 많은 광고주를 확보하고 유지하고 증가시키는 데 도움이 된다.
② IMC는 하나의 커뮤니케이션 방법을 일관성 있게 추진하는 마케팅 전략이다.
③ IMC의 내용 측면 마케팅 커뮤니케이션은 회사 내부의 조직 간 조정 노력을 의미한다.
④ IMC를 통해 브랜드 가치 확대, 소비자 충성도 제고 등 무형자산의 가치를 증대시킬 수 있다.
⑤ IMC의 과정 측면 마케팅 커뮤니케이션은 브랜드를 소비자에게 알리고 설득시키는 것을 의미한다.

08 다음 중 목표설정이론 및 목표관리(MBO)에 대한 설명으로 옳지 않은 것은?

① 목표를 설정하는 과정에 부하직원이 함께 참여한다.
② 조직의 목표를 구체적인 부서별 목표로 전환하게 된다.
③ 성과는 경영진이 평가하여 부하직원 개개인에게 통보한다.
④ 목표는 구체적이고 도전적으로 설정하는 것이 바람직하다.
⑤ 목표는 지시적 목표, 자기설정 목표, 참여적 목표로 구분된다.

09 다음 중 앨더퍼(Alderfer)의 ERG 이론에 대한 설명으로 옳지 않은 것은?

① 인간의 욕구를 존재욕구, 관계욕구, 성장욕구로 나누었다.
② 하위욕구가 충족될수록 상위욕구에 대한 욕망이 커진다고 주장하였다.
③ 상위욕구의 행위에 영향을 미치기 전에 하위욕구가 먼저 충족되어야만 한다.
④ 매슬로(Maslow)의 욕구단계 이론의 한계점을 극복하고자 제시되었다.
⑤ 한 가지 이상의 욕구가 동시에 작용될 수도 있다고 주장한 욕구단계 이론이다.

PART 3

Easy

10 다음 중 홉스테드(G. Hofstede)의 국가 간 문화차이연구에서 문화차원(Cultural Dimensions)에 해당하지 않는 것은?

① 권력의 거리(Power Distance)
② 불확실성 회피성(Uncertainty Avoidance)
③ 남성성 – 여성성(Masculinity – Femininity)
④ 민주주의 – 독재주의(Democracy – Autocracy)
⑤ 개인주의 – 집단주의(Individualism – Collectivism)

11 다음 수요예측기법 중 성격이 다른 하나는?

① 델파이 기법
② 역사적 유추법
③ 시계열 분석 방법
④ 시장조사법
⑤ 라이프사이클 유추법

12 **다음 중 동종 또는 유사업종의 기업들이 법적, 경제적 독립성을 유지하면서 협정을 통해 수평적으로 결합하는 형태는?**

① 지주회사(Holding Company)
② 카르텔(Cartel)
③ 컨글로머리트(Conglomerate)
④ 트러스트(Trust)
⑤ 콘체른(Konzern)

13 **다음 중 자재소요계획(MRP)에 대한 설명으로 옳은 것은?**

① MRP는 필요할 때마다 요청해서 생산하는 방식이다.
② 자재명세서의 부품별 계획 주문 발주시기를 근거로 MRP를 수립한다.
③ MRP는 독립수요를 갖는 부품들의 생산수량과 생산시기를 결정하는 방법이다.
④ MRP는 풀 생산방식(Pull System)에 속하며 시장 수요가 생산을 촉발시키는 시스템이다.
⑤ 생산 일정계획의 완제품 생산일정(MPS), 자재명세서(BOM), 재고기록철(IR)에 대한 정보를 근거로 MRP를 수립한다.

14 **다음 중 재고자산에 대한 설명으로 옳은 것은?(단, 재고자산감모손실 및 재고자산평가손실은 없다)**

① 재고자산 매입 시 부담한 매입운임은 운반비로 구분하여 비용처리한다.
② 재고자산을 순실현가능가치로 감액한 평가손실과 모든 감모손실은 감액이나 감모가 발생한 다음 기간에 매출원가로 인식한다.
③ 선입선출법 적용 시 물가가 지속적으로 상승한다면, 계속기록법에 의한 기말재고자산금액이 실지재고조사법에 의한 기말재고자산 금액보다 작다.
④ 선입선출법 적용 시 물가가 지속적으로 상승한다면, 계속기록법에 의한 기말재고자산금액이 실지재고조사법에 의한 기말재고자산 금액보다 크다.
⑤ 부동산 매매기업이 정상적인 영업과정에서 판매를 목적으로 보유하는 건물은 재고자산으로 구분한다.

Hard

15 다음은 S기업의 손익계산서 내용이다. S기업의 당기순이익을 구하면?

- 매출액 : 10억 원
- 영업외이익 : 1억 원
- 영업외비용 : 0.4억 원
- 법인세비용 : 0.2억 원
- 매출원가 : 6.5억 원
- 특별이익 : 0.4억 원
- 특별손실 : 0.6억 원
- 판관비 : 0.5억 원

① 2.2억 원
② 2.4억 원
③ 2.8억 원
④ 3.2억 원
⑤ 3.6억 원

16 다음 중 재무제표에 대한 설명으로 옳지 않은 것은?

① 재무제표는 적어도 1년에 한 번은 작성한다.
② 현금흐름에 대한 정보를 제외하고는 발생기준의 가정에 작성한다.
③ 재무제표 요소의 측정기준은 역사적원가와 현행가치 등으로 구분된다.
④ 재무제표는 재무상태표, 포괄손익계산서, 자본변동표, 현금흐름표, 주석으로 구성된다.
⑤ 기업이 경영활동을 청산 또는 중단할 의도가 있더라도, 재무제표는 계속기업의 가정에 작성한다.

17 A회사는 B회사와 다음과 같은 기계장치를 상호 교환하였다. 교환과정에서 A회사는 B회사에게 현금을 지급하고, 기계장치 취득원가 470,000원, 처분손실 10,000원을 인식하였다고 할 때, 교환과정에서 A회사가 지급한 현금은?(단, 교환거래에 상업적 실질이 있고 각 기계장치의 공정가치는 신뢰성 있게 측정된다)

(단위 : 원)

구분	A회사	B회사
취득원가	800,000	600,000
감가상각누계액	340,000	100,000
공정가치	450,000	480,000

① 10,000원
② 20,000원
③ 30,000원
④ 40,000원
⑤ 50,000원

18 다음 중 성과배분에 대한 설명으로 옳지 않은 것은?

① 프렌치 시스템은 총투입액, 기대총산출액, 총산출액을 기준으로 하여 절약액의 성과를 계산한다.
② 성과표준치는 스캔런 플랜이 생산물 판매가액 대비 인건비를 사용하는데 반해 러커 플랜은 부가가치 대비 인건비를 사용한다.
③ 스캔런 플랜과 러커 플랜이 노무비 절감에 중점을 두는 데 반해 프렌치 시스템은 모든 비용의 절감을 목표로 한다.
④ 스캔런 플랜에서는 발생한 이득 모두를 사원에게 배분하는 데 반해 러커 플랜은 발생한 이들을 사전 합의된 비율에 따라 회사와 사원에게 배분한다.
⑤ 생산성 향상의 성과가 뚜렷할 때 성과배분의 의미를 갖는다고 볼 수 있다.

19 다음 중 옵션거래에서 콜옵션에 대한 설명으로 옳지 않은 것은?

① 콜옵션의 매입자는 옵션의 만기 내에 약속된 가격으로 구매할 권리를 갖는다.
② 구입할 수 있는 자산의 종류에는 제한이 없다.
③ 콜옵션은 가격이 내릴 때 거래하는 것이다.
④ 콜옵션의 매도자는 매입자에게 기초자산을 인도해야 할 의무를 가진다.
⑤ 콜옵션 매수자는 만기일에 기초가 되는 상품이나 증권의 시장가격이 미리 정한 행사가격보다 높을 경우 옵션을 행사해 그 차액만큼 이익을 볼 수 있다

20 다음 중 재무레버리지에 대한 설명으로 옳은 것은?

① 재무고정비에는 부채뿐만 아니라 보통주배당도 포함된다.
② 재무고정비로 인한 영업이익의 변동률에 따른 주당순자산(BPS)의 변동폭은 확대되어 나타난다.
③ 재무레버리지란 자산을 획득하기 위해 조달한 자금 중 재무고정비를 수반하는 자기자본이 차지하는 비율이다.
④ 다른 조건이 동일하다면 재무고정비가 클수록 영업이익의 변동에 따른 주당이익의 변동폭은 그만큼 더 작게 된다.
⑤ 재무레버리지도(DFL; Degree of Financial Leverage)는 영업이익의 변동에 따른 주당이익(EPS)에 미치는 영향을 분석한 것이다.

Easy

21 다음 중 고압적 마케팅과 저압적 마케팅을 비교한 내용으로 옳지 않은 것은?

구분	고압적 마케팅	저압적 마케팅
① 마케팅 대상	판매자	소비자
② 마케팅 개념	선형	순환적
③ 마케팅 목적	제품 판매	소비자 만족
④ 마케팅 방법	판매, 촉진	조사, 계획
⑤ 마케팅 노력	선행적	후행적

22 다음 〈보기〉 중 품질기능전개(QFD)에 대한 설명으로 옳은 것을 모두 고르면?

보기

ㄱ. 미국에서 처음으로 사용된 제품개발 방식이다.
ㄴ. 관련 부서 간 긴밀한 협조가 필수적이다.
ㄷ. 품질의 집을 구성하여 설계단계, 부품단계, 공정단계, 생산단계로 나눈다.
ㄹ. 설계부터 생산까지 시간이 많이 소요되는 단점이 있다.

① ㄱ, ㄴ
② ㄱ, ㄷ
③ ㄴ, ㄷ
④ ㄴ, ㄹ
⑤ ㄷ, ㄹ

23 다음 중 과학적 경영 전략에 대한 설명으로 옳지 않은 것은?

① 호손실험은 생산성에 비공식적 조직이 영향을 미친다는 사실을 밝혀낸 연구이다.
② 포드 시스템은 노동자의 이동경로를 최소화하며 물품을 생산하거나, 고정된 생산라인에서 노동자가 계속해서 생산하는 방식을 통하여 불필요한 절차와 행동 요소들을 없애 생산성을 향상하였다.
③ 테일러의 과학적 관리론은 시간연구와 동작연구를 통해 노동자의 심리상태와 보상심리를 적용한 효과적인 과학적 경영 전략을 제시하였다.
④ 목표설정이론은 인간이 합리적으로 행동한다는 기본적인 가정에 기초하여, 개인이 의식적으로 얻으려고 설정한 목표가 동기와 행동에 영향을 미친다는 이론이다.
⑤ 직무특성이론은 기술된 핵심 직무 특성이 종업원의 주요 심리 상태에 영향을 미치며, 이것이 다시 종업원의 직무 성과에 영향을 미친다고 주장한다.

24 다음 중 기업합병에 대한 설명으로 옳지 않은 것은?

① 기업합병이란 두 독립된 기업이 법률적, 실질적으로 하나의 기업실체로 통합되는 것이다.
② 기업인수는 한 기업이 다른 기업의 지배권을 획득하기 위하여 주식이나 자산을 취득하는 것이다.
③ 기업매각은 사업부문 중의 일부를 분할한 후 매각하는 것으로, 기업의 구조를 재편성하는 것이다.
④ 기업합병에는 흡수합병과 신설합병이 있으며 흡수합병의 경우 한 회사는 존속하고 다른 회사의 주식은 소멸한다.
⑤ 수평적 합병은 기업의 생산이나 판매과정 전후에 있는 기업 간의 합병으로, 주로 원자재 공급의 안정성 등을 목적으로 한다.

25 다음 〈보기〉 중 맥그리거(McMgregor)의 XY이론에서 X이론적 인간관과 동기부여 전략에 해당하는 것을 모두 고르면?

보기

ㄱ. 천성적 나태	ㄴ. 변화지향적
ㄷ. 자율적 활동	ㄹ. 민주적 관리
ㅁ. 어리석은 존재	ㅂ. 타율적 관리
ㅅ. 변화에 저항적	ㅇ. 높은 책임감

① ㄱ, ㄴ, ㄷ, ㄹ
② ㄱ, ㄴ, ㄹ, ㅁ
③ ㄱ, ㅁ, ㅂ, ㅅ
④ ㄴ, ㄷ, ㄹ, ㅇ
⑤ ㄴ, ㅁ, ㅂ, ㅅ

26 다음 중 경기변동에 대한 설명으로 옳지 않은 것은?

① 투자는 소비에 비해 GDP 대비 변동성이 크므로 경기변동의 주요 원인이 된다.
② 실물적 경기변동은 경기변동을 자연실업률 자체가 변화하여 일어난다고 생각한다.
③ 기간 간 고른 소비가 어려운 저소득계층이 늘어나면 이전에 비해 경기변동이 심해진다.
④ 실질임금과 고용량은 단기적으로 양의 상관관계를 가지나, 장기적으로는 서로 관계가 없다.
⑤ 총공급 – 총수요 모형에서 총수요의 변동이 경기변동의 요인이라고 본다면 물가는 경기와 반대로 움직인다.

27 **다음 중 복숭아 시장에서 제시된 그래프와 같은 변화를 가져올 수 있는 요인으로 옳지 않은 것은?**

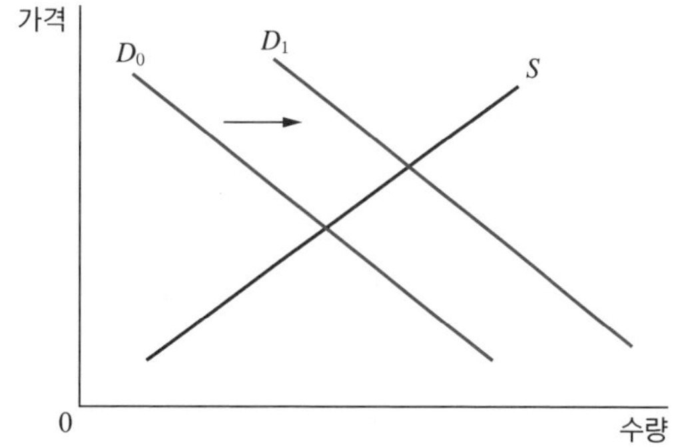

① 복숭아 가격의 하락
② 복숭아가 정상재인 경우 소비자의 소득 증가
③ 복숭아가 위장기능을 개선시킨다는 연구결과 발표
④ 복숭아 가격이 점점 상승할 것이라는 소비자들의 예상
⑤ 황도 복숭아와 대체관계에 있는 천도 복숭아 가격의 상승

PART 3

28 **다음 중 다른 조건이 일정할 때, 국내통화 가치를 하락시키는 요인으로 옳은 것은?**

① 해외여행에 대한 수요가 급감한다.
② 한국은행이 기준금리 인상을 실시한다.
③ 외국 투자자들이 국내 주식을 매수한다.
④ 수입 가전제품에 대한 관세가 인상된다.
⑤ 국내기업이 해외에 생산 공장을 건설한다.

Easy

29 **대학 졸업 후 구직활동을 꾸준히 해온 30대 초반의 주희는 당분간 구직활동을 포기하기로 하였다. 주희와 같이 구직활동을 포기하는 사람이 많아지면 실업률과 고용률에 어떠한 변화가 생기는가?**

① 실업률 상승, 고용률 하락
② 실업률 상승, 고용률 불변
③ 실업률 하락, 고용률 하락
④ 실업률 하락, 고용률 불변
⑤ 실업률 불변, 고용률 하락

30 다음 〈조건〉을 참고할 때, 2024년의 실질 GDP를 계산하면 얼마인가?(단, 기준연도는 2023년이다)

조건

- 2023년 : 가격 50만 원, 생산량 10대
- 2024년 : 가격 60만 원, 생산량 15대
- 2025년 : 가격 70만 원, 생산량 20대

① 4,500,000원
② 6,000,000원
③ 7,500,000원
④ 9,000,000원
⑤ 10,500,000원

Hard

31 다음과 같은 상황에서 실질이자율을 계산하면 얼마인가?

- S는 2년 만기 복리 상품에 연이자율 5%로 은행에 100만 원을 예금하였다.
- S가 사려고 한 제품의 가격이 2년 동안 50만 원에서 53만 원으로 인상되었다.

① 4.25%
② 5.5%
③ 6.35%
④ 8.5%
⑤ 10.5%

32 다음에서 설명하는 무차별곡선으로 옳은 것은?

- 원점에 볼록하며, 절편을 가지지 않는다.
- 효용함수는 $U(X,\ Y)=aX\times bY$(단, a, b는 0보다 크다)로 표시한다.
- 우하향하는 모습을 나타내며, 원점에서 멀수록 더 높은 효용을 나타낸다.

① 선형 무차별곡선
② 준 선형 무차별곡선
③ 레온티에프형 무차별곡선
④ 콥 – 더글러스형 무차별곡선
⑤ X재가 비재화인 무차별곡선

33 다음 〈보기〉 중 독점기업의 제3급 가격차별에 대한 설명으로 옳지 않은 것을 모두 고르면?

보기

ㄱ. 가격차별을 하기 위해서는 시장분리비용이 시장분리에 따른 이윤증가분보다 작아야 한다.
ㄴ. 상품의 소비자 간 재판매가 가능해야 가격차별이 가능하다.
ㄷ. 생산량에 관계없이 한계비용이 일정할 경우, 독점기업이 이윤극대화를 위해서는 차별화된 각 시장에서의 한계수입이 동일하도록 판매량을 결정해야 한다.
ㄹ. 제3급 가격차별의 경우 수요의 가격탄력성이 높은 집단에게 높은 가격을, 가격탄력성이 낮은 집단에게 낮은 가격을 설정해야 한다.

① ㄱ, ㄴ
② ㄱ, ㄷ
③ ㄴ, ㄷ
④ ㄴ, ㄹ
⑤ ㄷ, ㄹ

PART 3

34 다음 중 정부가 재정적자를 국채의 발행으로 조달할 경우 국채의 발행이 채권가격의 하락으로 이어져 시장이자율이 상승하여 투자에 부정적인 영향을 주는 것은?

① 피셔방정식
② 구축효과
③ 유동성함정
④ 오쿤의 법칙
⑤ 화폐수량설

35 다음 사례에서 설명하는 임금결정이론은?

기업이 직원채용 시 월 300만 원을 지급하여 10명을 채용할 경우 B등급의 인재가 100명 지원하고, A등급의 인재는 5명 지원한다고 가정하자. 합리적인 면접을 통하더라도 A등급 인재를 최대 5명밖에 수용하지 못할 것이다. 그러나 만약 급여를 월 400만 원으로 인상하여 지원자 수가 B등급 200명, A등급 50명으로 증가한다고 가정하면, A등급 50명 중에서 채용인원 10명을 모두 수용할 수 있다.

① 노동가치이론
② 효율성임금이론
③ 한계생산성이론
④ 임금생존비이론
⑤ 보상적 임금격차이론

Hard

36 **어느 경제의 로렌츠 곡선이 다음과 같이 주어져 있을 때, 이에 대한 설명으로 옳은 것은?**

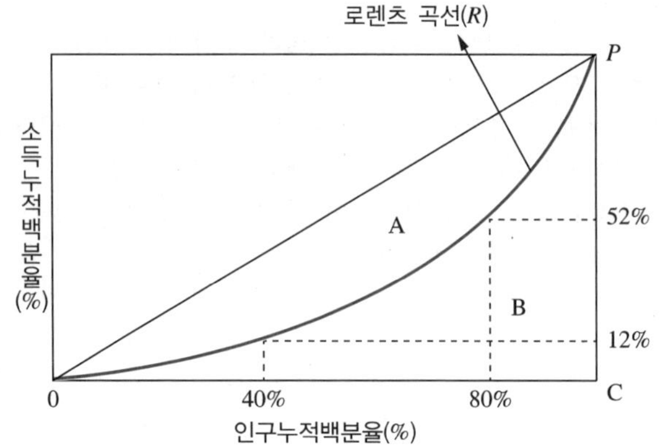

① 10분위분배율의 값은 4이다.

② 지니계수는 삼각형 OCP 면적을 면적 A로 나눈 값으로 산출한다.

③ 중산층 붕괴현상이 발생하면 A의 면적은 감소하고, B의 면적은 증가한다.

④ 미국의 서브프라임모기지 사태는 로렌츠 곡선을 대각선에 가깝도록 이동시킨다.

⑤ 불경기로 인해 저소득층의 소득이 상대적으로 크게 감소하면 A의 면적이 커진다.

37 **다음 중 소비자잉여와 생산자잉여에 대한 설명으로 옳지 않은 것은?**

① 소비자잉여는 소비자의 선호 체계에 의존한다.

② 완전경쟁일 때보다 기업이 가격차별을 실시할 경우 소비자잉여가 줄어든다.

③ 완전경쟁시장에서는 소비자잉여와 생산자잉여의 합인 사회적 잉여가 극대화된다.

④ 독점시장의 시장가격은 완전경쟁시장의 가격보다 높게 형성되지만 소비자잉여는 줄어들지 않는다.

⑤ 소비자잉여는 어떤 상품에 소비자가 최대한으로 지급할 용의가 있는 가격에서 실제 지급한 가격을 차감한 차액이다.

Hard

38 X재는 다음과 같이 우하향하는 수요곡선과 수직의 공급곡선을 갖는다. X재 한 단위당 5만큼의 세금이 부과될 때, 나타나는 변화로 옳은 것은?

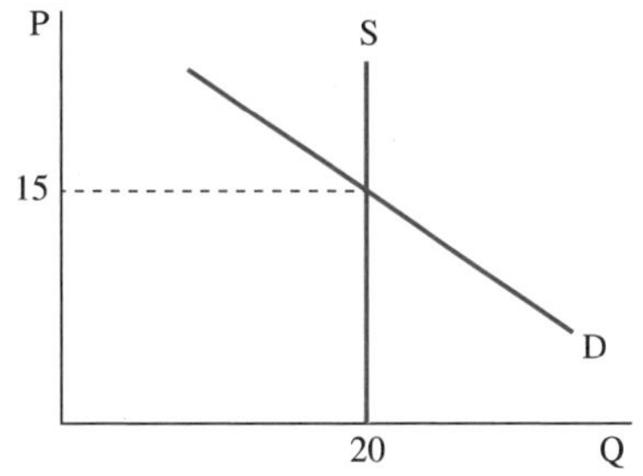

조건

- S기업의 초기 이윤은 $\pi_0=100$이다.
- S기업의 이윤은 매년 $g=5\%$씩 성장할 것으로 기대된다.
- S기업이 자금을 차입할 경우, 금융시장에서는 $i=10\%$의 이자율을 적용한다.

① 생산자잉여가 감소한다.
② 초과부담(사중손실)이 발생한다.
③ 정부의 조세수입은 100보다 작다.
④ 소비자가 지불하는 가격이 상승한다.
⑤ 소비자와 공급자가 조세를 3 : 4 비율로 나누어 부담한다

39 다음 중 여러 관점에서의 소득재분배에 대한 설명으로 옳지 않은 것은?

① 공리주의는 최대다수의 최대행복이라는 사상으로 대표된다.
② 공리주의 관점에서 가장 바람직한 소득분배상태는 사회구성원 전체의 효용의 곱이 최대가 되는 것이다.
③ 평등주의는 소득재분배 과정에서 저소득계층에게 보다 높은 가중치를 부여한다.
④ 자유주의는 소득재분배문제에서 정당한 권리의 원칙을 주장한다.
⑤ 롤스(J. Rawls)의 관점에서는 저소득계층의 경제적 상태를 진전시키지 않고는 사회후생의 증가를 기대할 수 없다고 평가한다.

PART 3

40 **다음 중 무차별곡선이론에 대한 설명으로 옳지 않은 것은?**

① 효용의 주관적 측정가능성을 전제한다.
② 무차별곡선의 기울기는 한계기술대체율이다.
③ 모든 점은 그 점을 지나는 하나의 무차별곡선을 가진다.
④ 무차별곡선은 우하향하며 원점에 대해 볼록(Convex)하다.
⑤ 무차별곡선과 예산제약선을 이용하여 소비자균형을 설명한다.

41 **다음 중 과점시장의 굴절수요곡선 이론에 대한 설명으로 옳지 않은 것은?**

① 한계수입곡선에는 불연속한 부분이 있다.
② 굴절수요곡선은 원점에 대해 볼록한 모양을 갖는다.
③ 한 기업이 가격을 내리면 나머지 기업들도 같이 내리려 한다.
④ 한 기업이 가격을 올리더라도 나머지 기업들은 따라서 올리려 하지 않는다.
⑤ 기업은 한계비용이 일정 범위 내에서 변해도 가격과 수량을 쉽게 바꾸려 하지 않는다.

42 **다음 중 기대가 부가된 필립스 곡선(Expectation–augmented Phillips curve)에 대한 설명으로 옳지 않은 것은?**

① 중동전쟁으로 원유가격이 급등하면 필립스 곡선이 이동한다.
② 1970년대 스태그플레이션(Stagflation)을 설명하는 데 유용하다.
③ 오쿤의 법칙(Okun's Law)과 결합하여 총공급곡선을 도출할 수 있다.
④ 다른 조건이 일정하다면 필립스 곡선의 기울기가 가파를수록 희생비율(Sacrifice Ratio)이 크다.
⑤ 기대 물가상승률이 합리적 기대에 따라 결정되면 예상된 통화정책은 실업률에 영향을 미치지 않는다.

43 다음은 초콜릿과 커피의 수요를 분석한 결과이다. 이에 대한 〈보기〉의 설명 중 옳지 않은 것을 모두 고르면?

구분	수요의 소득탄력성	수요의 교차탄력성
초콜릿	−0.4	−1.5
커피	1.2	−0.9

보기

ㄱ. 초콜릿은 정상재이다.
ㄴ. 커피는 사치재이다.
ㄷ. 초콜릿과 커피는 독립재이다.
ㄹ. 초콜릿과 커피는 보완재이다.

① ㄱ, ㄴ
② ㄱ, ㄷ
③ ㄴ, ㄷ
④ ㄴ, ㄹ
⑤ ㄷ, ㄹ

44 자본이동 및 무역거래가 완전히 자유롭고 변동환율제도를 채택하고 있는 소규모 개방경제인 S국에서 확대재정정책이 실시되는 경우, IS-LM 모형에 의하면 최종 균형에서 국민소득과 환율은 정책 실시 이전의 최초 균형에 비해 어떻게 변하는가?(단, 물가는 고정되어 있다고 가정한다)

	국민소득	환율
①	불변	S국 통화 강세
②	증가	S국 통화 강세
③	감소	S국 통화 강세
④	증가	S국 통화 약세
⑤	감소	S국 통화 약세

45 **다음 〈보기〉 중 솔로우(R. Solow) 경제성장모형에서 균제상태(Steady State)의 1인당 산출량을 증가시키는 요인으로 옳은 것을 모두 고르면?(단, 다른 조건이 일정하다고 가정한다)**

> **보기**
> ㄱ. 저축률의 증가
> ㄴ. 인구증가율의 증가
> ㄷ. 감가상각률의 하락

① ㄱ
② ㄱ, ㄴ
③ ㄱ, ㄷ
④ ㄴ, ㄷ
⑤ ㄱ, ㄴ, ㄷ

46 **A재와 B재는 서로 수요 측면에서 대체관계에 있다고 한다. B재의 공급이 감소하여 B재의 가격이 상승했다고 할 때, 다음 중 A재의 가격과 거래량에 대한 설명으로 옳은 것은?**

① A재의 가격이 상승하고 거래량이 증가한다.
② A재의 가격이 하락하고 거래량은 감소한다.
③ A재의 가격이 상승하나 거래량은 감소한다.
④ A재의 가격이 하락하나 거래량은 증가한다.
⑤ A재의 가격은 불변하지만 거래량은 증가한다.

47 **다음 〈보기〉 중 기업생산이론에 대한 설명으로 옳은 것을 모두 고르면?**

> **보기**
> ㄱ. 장기(Long-run)에는 모든 생산요소가 가변적이다.
> ㄴ. 다른 생산요소가 고정인 상태에서 생산요소 투입 증가에 따라 한계생산이 줄어드는 현상이 한계생산 체감의 법칙이다.
> ㄷ. 등량곡선이 원점에 대해 볼록하면 한계기술대체율 체감의 법칙이 성립한다.
> ㄹ. 비용극소화는 이윤극대화의 필요충분조건이다.

① ㄱ, ㄴ
② ㄷ, ㄹ
③ ㄱ, ㄴ, ㄷ
④ ㄴ, ㄷ, ㄹ
⑤ ㄱ, ㄴ, ㄷ, ㄹ

48 다음 두 사례에 공통으로 나타난 현상으로 옳은 것은?

〈사례 1〉

1970년대 중동 국가들이 석유를 자원무기화하면서 석유 공급을 줄였고 이로 인해 원유가격이 급등하였다. 석유 가격이 급등하자 소비가 줄어 경제가 침체국면에 빠졌는데도, 물가는 급격히 상승하는 현상이 나타났다.

〈사례 2〉

2020년 발생한 코로나19로 인해 경기는 계속 침체되고 있는데, 반대로 물가는 계속 상승하고 있어 소상공인은 물론 일반 시민들까지 어려움을 토로하고 있는 상황이다.

① 슬럼프플레이션(Slumpflation)
② 스크루플레이션(Screwflation)
③ 스테그데이션(Stagdation)
④ 스태그플레이션(Stagflation)
⑤ 에코플레이션(Ecoplation)

49 다음 중 한국은행의 통화정책 수단과 제도에 대한 설명으로 옳지 않은 것은?

① 재할인율 조정을 통한 통화량 관리
② 국채 매입・매각을 통한 통화량 관리
③ 법정지급준비율 변화를 통한 통화량 관리
④ 고용증진 목표 달성을 위한 물가안정목표제 시행
⑤ 금융통화위원회는 한국은행 통화정책에 관한 사항을 심의・의결

Easy

50 다음 중 정보의 비대칭하에서 발생하는 현상에 대한 설명으로 옳지 않은 것은?

① 기업이 우수한 인재를 채용하기 위해서 입사 시험을 치른다.
② 성과급 제도가 없는 회사의 경우 일부 직원들이 태만하게 근무한다.
③ 기업의 주주들이 CEO에게 스톡옵션을 보상으로 제공해 일할 의욕을 고취시킨다.
④ 은행이 대출이자율을 높이면 위험한 사업에 투자하는 기업들이 자금을 차입하려고 한다.
⑤ 정보를 많이 갖고 있는 사람은 정보를 덜 갖고 있는 사람에 비해 항상 피해의 규모가 작다.

시대에듀

M E M O

PART 4

인성검사

PART 4

인성검사

01 인성검사의 개요

1. 인성검사의 의의

인성검사는 1943년 미국 미네소타 대학교의 임상심리학자 Hathaway 박사와 정신과 의사 Mckinley 박사가 제작한 MMPI(Minnesota Multiphasic Personality Inventory)를 원형으로 한 다면적 인성검사를 말한다. 다면적이라 불리는 것은 여러 가지 정신적인 증상들을 동시에 측정할 수 있도록 고안되어 있기 때문이다. 풀이하자면, 개인이 가지고 있는 다면적인 성격을 많은 문항 수의 질문을 통해 수치로 나타내는 것이다.
그렇다면 성격이란 무엇인가? 성격은 일반적으로 개인 내부에 있는 특징적인 행동과 생각을 결정해 주는 정신적·신체적 체제의 역동적 조직이라고 말할 수 있으며, 환경에 적응하게 하는 개인적인 여러 가지 특징과 행동양식의 잣대라고 정의할 수 있다. 다시 말하면, 성격이란 한 개인이 환경적 변화에 적응하는 특징적인 행동 및 사고유형이라고 할 수 있으며, 인성검사란 그 개인의 행동 및 사고유형을 서면을 통해 수치적·언어적으로 기술하거나 예언해 주는 도구라 할 수 있다.
신규채용 또는 평가에 활용하는 인성검사로 MMPI 원형을 그대로 사용하는 기업도 있지만, 대부분의 기업에서는 MMPI 원형을 기준으로 연구, 조사, 정보수집, 개정 등의 과정을 통해서 자체 개발한 유형을 사용하고 있다.
인성검사의 구성은 여러 가지 하위 척도로 구성되어 있는데, MMPI 다면적 인성검사의 척도를 살펴보면 기본 척도가 8개 문항으로 구성되어 있고, 2개의 임상 척도와 4개의 타당성 척도를 포함, 총 14개 척도로 구성되어 있다.
캘리포니아 심리검사(CPI; California Psychological Inventory)의 경우는 48개 문항, 18개의 척도로 구성되어 있다.

2. 인성검사의 해석단계

해석단계는 첫 번째, 각 타당성 및 임상 척도에 대한 피검사자의 점수를 검토하는 방법으로 척도마다 피검사자의 점수가 정해진 범위에 속하는지 여부를 검토하게 된다.
두 번째, 척도별 연관성에 대한 분석으로 각 척도에서의 점수범위가 의미하는 것과 그것들이 나타낼 가설들을 종합하고, 어느 특정 척도의 점수를 근거로 하여 다른 척도들에 대한 예측을 시도하게 된다.

세 번째, 척도 간의 응집 또는 분산을 찾아보고 그에 따른 해석적 가설을 형성하는 과정으로 두 개 척도 간의 관계만을 가지고 해석하게 된다.
네 번째, 매우 낮은 임상 척도에 대한 검토로서, 일부 척도에서 낮은 점수가 특별히 의미 있는 경우가 있기 때문에 신중히 다뤄지게 된다.
다섯 번째, 타당성 및 임상 척도에 대한 형태적 분석으로서 타당성 척도들과 임상 척도들 전체의 형태적 분석이다. 주로 척도들의 상승도와 기울기 및 굴곡을 해석해서 피검사자에 대한 종합적이고 총체적인 추론적 해석을 하게 된다.

02 척도구성

1. MMPI 척도구성

(1) 타당성 척도

타당성 척도는 피검사자가 검사에 올바른 태도를 보였는지, 또 피검사자가 응답한 검사문항들의 결론이 신뢰할 수 있는 결론인가를 알아보는 라이스케일(허위척도)이라 할 수 있다. 타당성 4개 척도는 잘못된 검사태도를 탐지하게 할 뿐만 아니라, 임상 척도와 더불어 검사 이외의 행동에 대하여 유추할 수 있는 자료를 제공해 줌으로써, 의미 있는 인성 요인을 밝혀주기도 한다.

〈타당성 4개 척도구성〉

무응답 척도 (?)	무응답 척도는 피검사자가 응답하지 않은 문항과 '그렇다'와 '아니다'에 모두 답한 문항들의 총합이다. 척도점수의 크기는 다른 척도점수에 영향을 미치게 되므로, 빠뜨린 문항의 수를 최소로 줄이는 것이 중요하다.
허구 척도 (L)	L 척도는 피검사자가 자신을 좋은 인상으로 나타내 보이기 위해 하는 고의적이고 부정직하며 세련되지 못한 시도를 측정하는 허구 척도이다. L 척도의 문항들은 정직하지 못하거나 결점들을 고의적으로 감춰 자신을 좋게 보이려는 사람들의 장점마저도 부인하게 된다.
신뢰성 척도 (F)	F 척도는 검사 문항에 빗나간 방식의 답변을 응답하는 경향을 평가하기 위한 척도로 정상적인 집단의 10% 이하가 응답한 내용을 기준으로 일반 대중의 생각이나 경험과 다른 정도를 측정한다.
교정 척도 (K)	K 척도는 분명한 정신적인 장애를 지니면서도 정상적인 프로파일을 보이는 사람들을 식별하기 위한 것이다. K 척도는 L 척도와 유사하게 거짓 답안을 확인하지만 L 척도보다 더 미세하고 효과적으로 측정한다.

(2) 임상 척도

임상 척도는 검사의 주된 내용으로써 비정상 행동의 종류를 측정하는 10가지 척도로 되어 있다. 임상 척도의 수치는 높은 것이 좋다고 해석하는 경우도 있지만, 개별 척도별로 해석을 참고하는 경우가 대부분이다.

건강염려증(Hs) Hypochondriasis	개인이 말하는 신체적 증상과 이러한 증상들이 다른 사람을 조정하는 데 사용되고 있지는 않은지 여부를 측정하는 척도로서, 측정 내용은 신체의 기능에 대한 과도한 집착 및 이와 관련된 질환이나 비정상적인 상태에 대한 불안감 등이다.
우울증(D) Depression	개인의 비관 및 슬픔의 정도를 나타내는 기분 상태의 척도로서, 자신에 대한 태도와 타인과의 관계에 대한 태도, 절망감, 희망의 상실, 무력감 등을 원인으로 나타나는 활동에 대한 흥미의 결여, 불면증과 같은 신체적 증상 및 과도한 민감성 등을 표현한다.
히스테리(Hy) Hysteria	현실에 직면한 어려움이나 갈등을 회피하는 방법인 부인 기제를 사용하는 경향 정도를 진단하려는 것으로서 특정한 신체적 증상을 나타내는 문항들과 아무런 심리적·정서적 장애도 가지고 있지 않다고 주장하는 것을 나타내는 문항들의 두 가지 다른 유형으로 구성되어 있다.
반사회성(Pd) Psychopathic Deviate	가정이나 일반사회에 대한 불만, 자신 및 사회와의 격리, 권태 등을 주로 측정하는 것으로서 반사회적 성격, 비도덕적인 성격 경향 정도를 알아보기 위한 척도이다.
남성-여성특성(Mf) Masculinity-Femininity	직업에 관한 관심, 취미, 종교적 취향, 능동·수동성, 대인감수성 등의 내용을 담고 있으며, 흥미형태의 남성특성과 여성특성을 측정하고 진단하는 검사이다.
편집증(Pa) Paranoia	편집증을 평가하기 위한 것으로서 정신병적인 행동과 과대의심, 관계망상, 피해망상, 과대망상, 과민함, 비사교적 행동, 타인에 대한 불만감 같은 내용의 문항들로 구성되어 있다.
강박증(Pt) Psychasthenia	병적인 공포, 불안감, 과대근심, 강박관념, 자기 비판적 행동, 집중력 곤란, 죄책감 등을 검사하는 내용으로 구성되어 있으며, 주로 오랫동안 지속된 만성적인 불안을 측정한다.
정신분열증(Sc) Schizophrenia	정신적 혼란을 측정하는 척도로서 가장 많은 문항에 내포하고 있다. 이 척도는 별난 사고방식이나 행동양식을 지닌 사람을 판별하는 것으로서 사회적 고립, 가족관계의 문제, 성적 관심, 충동억제불능, 두려움, 불만족 등의 내용으로 구성되어 있다.
경조증(Ma) Hypomania	정신적 에너지를 측정하는 것으로서 사고의 다양성과 과장성, 행동영역의 불안정성, 흥분성, 민감성 등을 나타낸다. 이 척도가 높으면 무엇인가를 하지 않고는 못 견디는 정력적인 사람이다.
내향성(Si) Social Introversion	피검사자의 내향성과 외향성을 측정하기 위한 척도로서, 개인의 사회적 접촉 회피, 대인관계의 기피, 비사회성 등의 인성 요인을 측정한다. 이 척도의 내향성과 외향성은 어느 하나가 좋고 나쁨을 나타내는 것이 아니라, 피검사자가 어떤 성향의 사람인가를 알아내는 것이다.

2. CPI 척도구성

〈18 척도〉

지배성 척도 (Do)	강력하고 지배적이며, 리더십이 강하고 대인관계에서 주도권을 잡는 지배적인 사람을 변별하고자 하는 척도이다.
지위능력 척도 (Cs)	현재의 개인 자신의 지위를 측정하는 것이 아니라, 개인의 내부에 잠재되어 있어 어떤 지위에 도달하게끔 하는 자기 확신, 야심, 자신감 등을 평가하기 위한 척도이다.
사교성 척도 (Sy)	사교적이고 활달하며 참여기질이 좋은 사람과, 사회적으로 자신을 나타내기 싫어하고 참여기질이 좋지 않은 사람을 변별하고자 하는 척도이다.
사회적 태도 척도 (Sp)	사회생활에서의 안정감, 활력, 자발성, 자신감 등을 평가하기 위한 척도로서, 사교성과 밀접한 관계가 있다. 고득점자는 타인 앞에 나서기를 좋아하고, 타인의 방어기제를 공격하여 즐거움을 얻고자 하는 성격을 가지고 있다.
자기수용 척도 (Sa)	자신에 대한 믿음, 자신의 생각을 수용하는 자기확신감을 가지고 있는 사람을 변별하기 위한 척도이다.
행복감 척도 (Wb)	근본 목적은 행복감을 느끼는 사람과 그렇지 않은 사람을 변별해 내는 척도 검사이지만, 긍정적인 성격으로 가장하기 위해서 반응한 사람을 변별해 내는 타당성 척도로서의 목적도 가지고 있다.
책임감 척도 (Re)	법과 질서에 대해서 철저하고 양심적이며 책임감이 강해 신뢰할 수 있는 사람과 인생은 이성에 의해서 지배되어야 한다고 믿는 사람을 변별하기 위한 척도이다.
사회성 척도 (So)	사회생활에서 이탈된 행동이나 범죄의 가능성이 있는 사람을 변별하기 위한 척도로서 범죄자 유형의 사람은 정상인보다 매우 낮은 점수를 나타낸다.
자기통제 척도 (Sc)	자기통제의 유무, 충동, 자기중심에서 벗어날 수 있는 통제의 적절성, 규율과 규칙에 동의하는 정도를 측정하는 척도로서, 점수가 높은 사람은 지나치게 자신을 통제하려 하며, 낮은 사람은 자기 통제가 잘 안되므로 충동적이 된다.
관용성 척도 (To)	침묵을 지키고 어떤 사실에 대하여 성급하게 판단하기를 삼가고 다양한 관점을 수용하려는 사회적 신념과 태도를 재려는 척도이다.
좋은 인상 척도 (Gi)	타인이 자신에 대해 어떻게 반응하는가, 타인에게 좋은 인상을 주었는가에 흥미를 느끼는 사람을 변별하고, 자신을 긍정적으로 보이기 위해 솔직하지 못한 반응을 하는 사람을 찾아내기 위한 타당성 척도이다.
추종성 척도 (Cm)	사회에 대한 보수적인 태도와 생각을 측정하는 척도검사이다. 아무렇게나 적당히 반응한 피검사자를 찾아내는 타당성 척도로서의 목적도 있다.
순응을 위한 성취 척도 (Ac)	강한 성취욕구를 측정하기 위한 척도로서 학업성취에 관련된 동기요인과 성격요인을 측정하기 위해서 만들어졌다.
독립성을 통한 성취 척도 (Ai)	독립적인 사고, 창조력, 자기실현을 위한 성취능력의 정도를 측정하는 척도이다.
지적 능률 척도 (Ie)	지적 능률성을 측정하기 위한 척도이며, 지능과 의미 있는 상관관계를 가지고 있는 성격특성을 나타내는 항목을 제공한다.
심리적 예민성 척도 (Py)	동기, 내적 욕구, 타인의 경험에 공명하고 흥미를 느끼는 정도를 재는 척도이다.
유연성 척도 (Fx)	개인의 사고와 사회적 행동에 대한 유연성, 순응성 정도를 나타내는 척도이다.
여향성 척도 (Fe)	흥미의 남향성과 여향성을 측정하기 위한 척도이다.

03 인성검사 시 유의사항

(1) 충분한 휴식으로 불안을 없애고 정서적인 안정을 취한다. 심신이 안정되어야 자신의 마음을 표현할 수 있다.

(2) 생각나는 대로 솔직하게 응답한다. 자신을 너무 과대포장하지도, 너무 비하하지 않도록 한다. 답변을 꾸며서 하면 앞뒤가 맞지 않게끔 구성돼 있어 불리한 평가를 받게 되므로 솔직하게 답하도록 한다.

(3) 검사문항에 대해 지나치게 골똘히 생각해서는 안 된다. 지나치게 몰두하면 엉뚱한 답변이 나올 수 있으므로 불필요한 생각은 삼간다.

(4) 인성검사는 대개 문항 수가 많기에 자칫 건너뛰는 경우가 있는데, 가능한 모든 문항에 답해야 한다. 응답하지 않은 문항이 많을 경우 평가자가 정확한 평가를 내리지 못해 불리한 평가를 받을 수 있기 때문이다.

04 인성검사 모의연습

※ 인성검사는 정답이 따로 없는 유형의 검사이므로 결과지를 제공하지 않습니다.

※ 다음 문항을 읽고 '예' 또는 '아니요'에 O표 하시오. [1~300]

번호	문항	응답	
01	필요 이상으로 고민하지 않는 편이다.	예	아니요
02	다른 사람을 가르치는 일을 좋아한다.	예	아니요
03	특이한 일을 하는 것이 좋고 착장도 독창적이다.	예	아니요
04	주변 사람들의 평가에 신경이 쓰인다.	예	아니요
05	견문을 간략한 문장으로 정리해 표현하는 것을 좋아한다.	예	아니요
06	우산 없이 외출해도 비나 눈이 올까봐 불안하지 않다.	예	아니요
07	많은 사람들과 함께 있으면 쉽게 피곤을 느낀다.	예	아니요
08	활자가 많은 기사나 도서를 집중해서 읽는 편이다.	예	아니요
09	단체 관광할 기회가 생긴다면 기쁘게 참여할 것이다.	예	아니요
10	거래 내역 계산, 출납부 기록·정리 등이 귀찮지 않다.	예	아니요
11	온종일 책상 앞에만 있어도 우울하지 않은 편이다.	예	아니요
12	학창 시절에 도서부장보다는 체육부장을 선호했다.	예	아니요
13	감각이 민감하고 감성도 날카로운 편이다.	예	아니요

14	주변 사람들과 함께 고민할 때 보람을 느낀다.	예	아니요
15	여행을 위해 계획을 짜는 것을 좋아한다.	예	아니요
16	일이 실패한 원인을 찾아내지 못하면 스트레스를 받는다.	예	아니요
17	파티에서 장기자랑을 하는 것에 거리낌이 없는 편이다.	예	아니요
18	미적 감각을 활용해 좋은 소설을 쓸 수 있을 것 같다.	예	아니요
19	남에게 보이는 것을 중시하고 경쟁에서 꼭 이겨야 한다.	예	아니요
20	자료를 종류대로 정리하고 통계를 작성하는 일이 싫지 않다.	예	아니요
21	노심초사하거나 애태우는 일이 별로 없다.	예	아니요
22	타인들에게 지시를 하며 그들을 통솔하고 싶다.	예	아니요
23	기행문 등을 창작하는 것을 좋아한다.	예	아니요
24	남을 위해 선물을 사는 일이 성가시게 느껴진다.	예	아니요
25	제품 설명회에서 홍보하는 일도 잘할 자신이 있다.	예	아니요
26	타인의 비판을 받아도 여간해서 스트레스를 받지 않는다.	예	아니요
27	대중에게 신상품을 홍보하는 일에 활력과 열정을 느낀다.	예	아니요
28	나의 먼 미래에 대해 상상할 때가 자주 있다.	예	아니요
29	나 자신의 이익을 꼭 지키려는 편이다.	예	아니요
30	발전이 적고 많이 노력해야 하는 일도 잘할 자신이 있다.	예	아니요
31	장래의 일을 생각하면 불안해질 때가 종종 있다.	예	아니요
32	홀로 지내는 일에 능숙한 편이다.	예	아니요
33	연극배우나 탤런트가 되고 싶다는 꿈을 꾼 적이 있다.	예	아니요
34	타인과 싸움을 한 적이 별로 없다.	예	아니요
35	항공기 시간표에 늦지 않고 도착할 자신이 있다.	예	아니요
36	소외감을 느낄 때가 있다.	예	아니요
37	자신을 둘러싼 주위의 여건에 흡족하고 즐거울 때가 많다.	예	아니요
38	제품 구입 시에 색상, 디자인처럼 미적 요소를 중시한다.	예	아니요
39	다른 사람의 충고를 기분 좋게 듣는 편이다.	예	아니요
40	언행이 조심스러운 편이다.	예	아니요
41	어떠한 경우에도 희망이 있다는 낙관론자이다.	예	아니요
42	고객을 끌어모으기 위해 호객 행위도 잘할 자신이 있다.	예	아니요
43	학창 시절에는 미술과 음악 시간을 좋아했다.	예	아니요
44	다른 사람에게 의존적일 때가 많다.	예	아니요
45	남에게 설명할 때 이해하기 쉽게 핵심을 간추려 말한다.	예	아니요

46	병이 아닌지 걱정이 들 때가 많다.	예	아니요
47	소수의 사적인 모임에서 총무를 하는 것을 좋아하는 편이다.	예	아니요
48	예쁜 인테리어 소품이나 장신구 등에 흥미를 느낀다.	예	아니요
49	다른 사람이 내가 하는 일에 참견하는 게 몹시 싫다.	예	아니요
50	어떤 일에 얽매여 융통성을 잃을 때가 종종 있다.	예	아니요
51	자의식 과잉이라는 생각이 들 때가 있다.	예	아니요
52	자연 속에서 혼자 명상하는 것을 좋아한다.	예	아니요
53	발명품 전시회에 큰 흥미를 느낀다.	예	아니요
54	'모난 돌이 정 맞는다.'는 핀잔을 들을 때가 종종 있다.	예	아니요
55	연습하면 복잡한 기계 조작도 잘할 자신이 있다.	예	아니요
56	희망이 보이지 않을 때도 낙담한 적이 별로 없다.	예	아니요
57	모임에서 가능한 한 많은 사람들과 인사를 나누는 편이다.	예	아니요
58	전통 공예품을 판매하는 새로운 방법을 궁리하곤 한다.	예	아니요
59	단순한 게임이라도 이기지 못하면 의욕을 잃는 편이다.	예	아니요
60	잘못이나 실수를 하지 않으려고 매우 신중한 편이다.	예	아니요
61	필요 이상으로 걱정할 때가 종종 있다.	예	아니요
62	온종일 돌아다녀도 별로 피로를 느끼지 않는다.	예	아니요
63	시계태엽 등 기계의 작동 원리를 궁금해한 적이 많다.	예	아니요
64	타인의 욕구를 알아채는 감각이 날카로운 편이다.	예	아니요
65	어떤 일을 대할 때 심사숙고하는 편이다.	예	아니요
66	매사에 얽매인다.	예	아니요
67	공동 작업보다는 혼자서 일하는 것이 더 재미있다.	예	아니요
68	창의적으로 혁신적인 신상품을 만드는 일에 흥미를 느낀다.	예	아니요
69	토론에서 이겨야 직성이 풀린다.	예	아니요
70	포기하지 않고 착실하게 노력하는 것이 가장 중요하다.	예	아니요
71	쉽게 침울해한다.	예	아니요
72	몸가짐이 민첩한 편이라고 생각한다.	예	아니요
73	능숙하지 않은 일도 마다하지 않고 끝까지 하는 편이다.	예	아니요
74	다른 사람들의 험담을 하는 것을 꺼리지 않는다.	예	아니요
75	일주일 단위의 단기 목표를 세우는 것을 좋아한다.	예	아니요
76	권태를 쉽게 느끼는 편이다.	예	아니요
77	의견이나 생각을 당당하고 강하게 주장하는 편이다.	예	아니요

78	새로운 환경으로 옮겨가는 것을 싫어한다.	예	아니요
79	다른 사람의 일에 관심이 없다.	예	아니요
80	눈에 보이지 않는 노력보다는 가시적인 결과가 중요하다.	예	아니요
81	불만 때문에 화를 낸 적이 별로 없다.	예	아니요
82	사람들을 떠나 혼자 여행을 가고 싶을 때가 많다.	예	아니요
83	옷을 고르는 취향이 여간해서 변하지 않는다.	예	아니요
84	다른 사람으로부터 지적받는 것이 몹시 싫다.	예	아니요
85	융통성이 부족해 신속하게 판단을 하지 못할 때가 많다.	예	아니요
86	모든 일에 여유롭고 침착하게 대처하려고 노력한다.	예	아니요
87	대인관계가 성가시게 느껴질 때가 있다.	예	아니요
88	슬픈 내용의 소설을 읽으면 눈물이 잘 나는 편이다.	예	아니요
89	타인이 나에게 왜 화를 내는지 모를 때가 많다.	예	아니요
90	어떤 취미 활동을 장기간 유지하는 편이다.	예	아니요
91	어려운 상황에서도 평정심을 지키며 직접 맞서는 편이다.	예	아니요
92	타인에게 나의 의사를 잘 내세우지 못하는 편이다.	예	아니요
93	1년 후에는 현재보다 변화된 다른 삶을 살고 싶다.	예	아니요
94	타인에게 위해를 가할 것 같은 기분이 들 때가 있다.	예	아니요
95	일단 시작한 일은 끝까지 해내려고 애쓰는 편이다.	예	아니요
96	당황하면 갑자기 땀이 나서 신경 쓰일 때가 있다.	예	아니요
97	친구들과 수다 떠는 것을 좋아한다.	예	아니요
98	항상 새로운 흥미를 추구하며 개성적이고 싶다.	예	아니요
99	진정으로 마음을 허락할 수 있는 사람은 거의 없다.	예	아니요
100	결심한 것을 실천하는 데 시간이 다소 걸리는 편이다.	예	아니요
101	감정적으로 될 때가 많다.	예	아니요
102	주변 사람들은 내가 활동적인 사람이라고 평가하곤 한다.	예	아니요
103	타인의 설득을 수용해 나의 생각을 바꿀 때가 많다.	예	아니요
104	줏대가 없고 너무 의존적이라는 말을 들을 때가 많다.	예	아니요
105	나는 타인들이 불가능하다고 생각하는 일을 하고 싶다.	예	아니요
106	친구들은 나를 진지한 사람이라고 생각하고 있다.	예	아니요
107	나는 성공해서 대중의 주목을 끌고 싶다.	예	아니요
108	나의 성향은 보수보다는 진보에 가깝다고 생각한다.	예	아니요
109	갈등 상황에서 갈등을 해소하기보다는 기피하곤 한다.	예	아니요

110	반드시 해야 하는 일은 먼저 빨리 마무리하려 한다.	예	아니요
111	지루하면 마구 떠들고 싶어진다.	예	아니요
112	옆에 사람이 있으면 성가심을 느껴 피하게 된다.	예	아니요
113	낯선 음식에 도전하기보다는 좋아하는 음식만 먹는 편이다.	예	아니요
114	타인의 기분을 배려하려고 주의를 기울이는 편이다.	예	아니요
115	막무가내라는 말을 들을 때가 많다.	예	아니요
116	괴로움이나 어려움을 잘 참고 견디는 편이다.	예	아니요
117	집에서 아무것도 하지 않고 있으면 마음이 답답해진다.	예	아니요
118	예술 작품에 대한 새로운 해석에 더 큰 관심이 간다.	예	아니요
119	남들은 내가 남을 염려하는 마음씨가 있다고 평가한다.	예	아니요
120	사물과 현상을 꿰뚫어보는 능력이 있다고 자부한다.	예	아니요
121	천재지변을 당하지 않을까 항상 걱정하고 있다.	예	아니요
122	권력자가 되기를 바라지 않는 사람은 없다고 생각한다.	예	아니요
123	조직의 분위기 쇄신에 빨리 적응하지 못하는 편이다.	예	아니요
124	남들이 내 생각에 찬성하지 않아도 내 생각을 고수한다.	예	아니요
125	좋은 생각도 실행하기 전에 여러 방면으로 따져본다.	예	아니요
126	곤란한 상황에서도 담대하게 행동하는 편이다.	예	아니요
127	윗사람에게 자신의 감정을 표현한 적이 한 번도 없다.	예	아니요
128	새로운 사고방식과 참신한 생각에 민감하게 반응한다.	예	아니요
129	누구와도 편하게 이야기할 수 있다.	예	아니요
130	잘 아는 일이라도 세심하게 주의를 기울이는 편이다.	예	아니요
131	후회할 때가 자주 있다.	예	아니요
132	겉으로 드러내기보다는 마음속으로만 생각하는 편이다.	예	아니요
133	고졸 채용의 확산 등 학력 파괴는 매우 좋은 제도이다.	예	아니요
134	다른 사람을 싫어한 적이 한 번도 없다.	예	아니요
135	전망에 따라 행동할 때가 많다.	예	아니요
136	어떤 사람이나 일을 기다리다가 역정이 날 때가 많다.	예	아니요
137	행동거지에 거침이 없고 활발한 편이다.	예	아니요
138	새로운 제도의 도입에 방해되는 것은 얼마든지 폐지할 수 있다.	예	아니요
139	별다른 까닭 없이 타인과 마찰을 겪을 때가 있다.	예	아니요
140	규범의 엄수보다는 기대한 결과를 얻는 것이 중요하다.	예	아니요
141	불안 때문에 침착함을 유지하기 어려울 때가 많다.	예	아니요

142	대인관계가 닫혀있다는 말을 종종 듣는다.	예	아니요
143	현재의 시류에 맞지 않는 전통적 제도는 시급히 폐지해야 한다고 생각한다.	예	아니요
144	타인의 일에는 별로 관여하고 싶지 않다.	예	아니요
145	모든 일에 진중하며 세심한 편이라고 생각한다.	예	아니요
146	가만히 있지 못할 정도로 침착하지 못할 때가 있다.	예	아니요
147	잠자리에서 일어나는 즉시 외출할 준비를 시작한다.	예	아니요
148	지금까지 감정적이 된 적은 거의 없다.	예	아니요
149	나의 존재를 남들보다 크게 나타내어 보이고 싶다.	예	아니요
150	일을 하다가 장해를 만나도 이겨내기 위해 매진한다.	예	아니요
151	내 성격이 온순하고 얌전하다는 평가를 자주 받는다.	예	아니요
152	지도자로서 긍정적인 평가를 받고 싶다.	예	아니요
153	때로는 다수보다 소수의 의견이 최선에 가깝다고 생각한다.	예	아니요
154	자신의 우쭐대는 언행을 뉘우치는 일이 별로 없다.	예	아니요
155	일을 실제로 수행하기 전에 거듭해서 확인하는 편이다.	예	아니요
156	사소한 일로 우는 일이 많다.	예	아니요
157	조직 내에서 다른 사람의 주도에 따라 행동할 때가 많다.	예	아니요
158	'악법도 법'이라는 말에 전적으로 동의한다.	예	아니요
159	나에 대한 집단의 평가를 긍정적으로 이해한다.	예	아니요
160	일을 추진할 때는 항상 의지를 갖고 정성을 들인다.	예	아니요
161	자신감이 부족해 좌절을 느낄 때가 종종 있다.	예	아니요
162	선망의 대상이 되는 유명한 사람이 되고 싶은 적이 있다.	예	아니요
163	타인의 주장에서 '사실'과 '의견'을 꼼꼼히 구분한다.	예	아니요
164	친구와 갈등을 빚을 때 친구를 원망할 때가 많다.	예	아니요
165	과제 수행을 위해 자주 깊은 생각에 잠긴다.	예	아니요
166	자신이 무기력하다고 느껴질 때가 종종 있다.	예	아니요
167	휴일에는 외출해 등산 같은 야외 활동을 즐긴다.	예	아니요
168	부탁을 받으면 내가 하던 일을 즉시 멈추고 그를 돕는다.	예	아니요
169	다른 사람의 의견을 긍정적인 방향으로 받아들인다.	예	아니요
170	사람들이 꺼려하는 일도 혼자서 열심히 할 자신이 있다.	예	아니요
171	타인이 나에게 상처를 주면 몹시 화가 난다.	예	아니요
172	사람을 많이 만나는 것을 좋아한다.	예	아니요
173	디자인을 다듬는 것보다는 실용성을 높이는 것이 중요하다고 생각한다.	예	아니요

174	어떤 경우에도 다른 사람의 생각을 고려하지 않는다.	예	아니요
175	그날그날의 구체적 수행 목표에 따라 생활하려 노력한다.	예	아니요
176	사전 계획에 없는 지출을 하고 나면 불안해진다.	예	아니요
177	주변 사람들은 내가 말수가 적다고 평가한다.	예	아니요
178	익숙하지 않은 일을 할 때 새로운 자극을 느낀다.	예	아니요
179	여성 할당제 등 상대적 약자를 위한 제도는 반드시 필요하다.	예	아니요
180	자신이 남들보다 무능력하다고 느껴질 때가 많다.	예	아니요
181	환경에 따라 감정이 잘 바뀌는 편이다.	예	아니요
182	소수의 사람들하고만 사귀는 편이다.	예	아니요
183	낭만적인 소설보다는 현실적인 소설에서 감동을 받는다.	예	아니요
184	상호 신뢰와 조화가 반드시 최우선이라고 생각한다.	예	아니요
185	무슨 일이든 일단 시도를 해야 이룰 수 있다고 생각한다.	예	아니요
186	내가 가지고 있는 물건은 남의 것보다 나빠 보인다.	예	아니요
187	내가 먼저 친구에게 말을 거는 편이다.	예	아니요
188	부모님의 권위를 존중해 그분들의 의견에 거의 반대하지 않는다.	예	아니요
189	다른 사람의 마음에 상처를 준 일이 별로 없다.	예	아니요
190	게으름 부리는 것을 몹시 싫어한다.	예	아니요
191	유명인이 입은 옷을 보면 그 옷을 꼭 사고 싶어진다.	예	아니요
192	친구만 있어도 행복할 수 있다고 생각한다.	예	아니요
193	감상자와 시대에 따라 음악의 의미는 변한다고 생각한다.	예	아니요
194	일사일촌(一社一村) 운동은 사회에 매우 필요하다고 생각한다.	예	아니요
195	복잡한 문제가 생기면 뒤로 미루는 편이다.	예	아니요
196	세상과 인생에는 희망적인 면이 더 많다고 생각한다.	예	아니요
197	여러 사람 앞에서 발표하는 것에 능숙하지 않다.	예	아니요
198	모험적인 것보다는 현실적인 가능성에 관심이 더 끌린다.	예	아니요
199	금융 소외 계층을 위한 개인 회생 제도는 반드시 필요하다고 생각한다.	예	아니요
200	자신을 유능하지 못한 인간이라고 생각할 때가 있다.	예	아니요
201	걱정거리가 있어도 대수롭지 않게 생각한다.	예	아니요
202	송년회 같은 소모임에서 자주 책임을 맡는다.	예	아니요
203	세상에 불변하는 가치는 하나도 없다고 생각한다.	예	아니요
204	조직을 위해 자신을 희생할 수 있다.	예	아니요
205	다른 사람의 능력을 부러워한 적이 거의 없다.	예	아니요

206	어려운 일에 낙담하지 않고 자신감을 가지고 행동한다.	예	아니요
207	누구와도 허물없이 가까이 지낼 수 있다.	예	아니요
208	단조로운 추상화는 몹시 따분하게 느껴진다.	예	아니요
209	다수의 반대가 있더라도 자신의 생각대로 행동한다.	예	아니요
210	다른 사람보다 자신이 더 잘한다고 느낄 때가 많다.	예	아니요
211	소심한 탓에 작은 소리도 신경 쓰는 편이다.	예	아니요
212	에스컬레이터에서는 걷지 않고 가만히 있는 편이다.	예	아니요
213	슬픈 드라마를 보아도 감정이 무딘 편이다.	예	아니요
214	전통 시장이 생존하려면 대형마트의 주말 강제 휴무가 필요하다고 생각한다.	예	아니요
215	경솔하게 속이 훤히 보이는 거짓말을 한 적이 거의 없다.	예	아니요
216	자질구레한 걱정이 많다.	예	아니요
217	다른 사람과 동떨어져 있는 것이 편안하다.	예	아니요
218	과제 완수를 위해서는 전문가들의 의견만 확인하면 된다.	예	아니요
219	다른 사람보다 쉽게 우쭐해진다.	예	아니요
220	다른 사람보다 뛰어나다고 생각한다.	예	아니요
221	이유 없이 화가 치밀 때가 있다.	예	아니요
222	유명인과 서로 아는 사람이 되고 싶다.	예	아니요
223	실종자 찾기 전단지를 볼 때 내 일처럼 느껴진다.	예	아니요
224	다른 사람을 의심한 적이 거의 없다.	예	아니요
225	경솔한 행동을 할 때가 많다.	예	아니요
226	다른 사람을 부러워한 적이 거의 없다.	예	아니요
227	다른 사람보다 기가 센 편이다.	예	아니요
228	정해진 용도 외에 무엇을 할 수 있을지 궁리하곤 한다.	예	아니요
229	남과 다투면 관계를 끊고 싶을 때가 종종 있다.	예	아니요
230	약속을 어긴 적이 거의 없다.	예	아니요
231	침울해지면 아무것도 손에 잡히지 않는다.	예	아니요
232	아는 사람을 발견해도 피해버릴 때가 있다.	예	아니요
233	새로운 지식을 쌓는 것은 언제나 즐겁다.	예	아니요
234	다른 사람과 교섭을 잘하지 못한다.	예	아니요
235	나는 자신을 신뢰하고 있다.	예	아니요
236	성격이 대담하며 낙천적이라는 말을 듣곤 한다.	예	아니요
237	자극적인 것을 좋아한다.	예	아니요

238	이미 검증된 것과 보편적인 것을 선호하는 편이다.	예	아니요
239	너그럽다는 말을 자주 듣는다.	예	아니요
240	정돈을 잘해 물건을 잃어버린 적이 거의 없다.	예	아니요
241	문제를 만나면 타인에게 의지하지 않고 대범하게 행동한다.	예	아니요
242	혼자 있는 것이 여럿이 있는 것보다 마음이 편하다.	예	아니요
243	전통과 권위에 대한 존중은 사회를 규제하는 제1의 원칙이라고 생각한다.	예	아니요
244	타인이 불순한 의도로 내게 접근했는지 의심할 때가 있다.	예	아니요
245	융통성이 없다고 비판 받더라도 완벽주의자가 되고 싶다.	예	아니요
246	자제력을 잃고 행동이 산만해질 때가 많다.	예	아니요
247	농담으로 다른 사람에게 즐거움을 줄 때가 많다.	예	아니요
248	판타지 영화의 특수 효과는 비현실적이라서 싫다.	예	아니요
249	주위 사람에게 정이 떨어질 때가 많다.	예	아니요
250	일에서 동기를 찾지 못할 때 나태해지는 경향이 있다.	예	아니요
251	매일 자신을 위협하는 일이 자주 일어나는 것 같다.	예	아니요
252	다른 사람을 설득해 내 주장을 따르게 할 자신이 있다.	예	아니요
253	밤하늘을 보면서 공상에 잠길 때가 종종 있다.	예	아니요
254	다른 사람에게 훈계를 듣는 것이 싫다.	예	아니요
255	어질러진 내 방에서 필요한 물건을 찾느라 시간을 허비할 때가 종종 있다.	예	아니요
256	아무 이유 없이 물건을 부수고 싶어진다.	예	아니요
257	다른 사람과 교제하는 것이 귀찮다.	예	아니요
258	감정보다는 이성적·객관적 사고에 따라 행동하는 편이다.	예	아니요
259	중요한 일을 할 때 남들을 믿지 못해 혼자 해결하려 한다.	예	아니요
260	시험기간에도 공부하기보다는 한가하게 보낼 때가 많았다.	예	아니요
261	사람들 앞에서 얼굴이 붉어지지 않는지 자주 걱정한다.	예	아니요
262	때로는 고독한 것도 나쁘지 않다고 생각한다.	예	아니요
263	상상력은 내 삶을 풍요롭게 하는 원동력이라고 생각한다.	예	아니요
264	다른 사람에게 친절한 편이다.	예	아니요
265	준비가 부족해 일을 그르치고 회피할 때가 종종 있다.	예	아니요
266	이유 없이 소리 지르고 떠들고 싶어질 때가 있다.	예	아니요
267	나를 따르는 사람이 많은 편이다.	예	아니요
268	내면의 목소리와 감정에 충실하게 행동하는 편이다.	예	아니요
269	타인을 원망하거나 미워한 적이 별로 없다.	예	아니요

270	목표 완수를 위해 자신을 채찍질하는 편이다.	예	아니요
271	우울해질 때가 많다.	예	아니요
272	화려하며 다소 자극적인 복장을 좋아한다.	예	아니요
273	이미 결정된 사안도 언제든 재검토해야 한다고 생각한다.	예	아니요
274	자존심이 세다는 말을 들을 때가 많다.	예	아니요
275	남들로부터 책임감이 높다는 평가를 받을 때가 많다.	예	아니요
276	사건을 지나치게 비관적으로 해석할 때가 자주 있다.	예	아니요
277	혼자 있으면 마음이 뒤숭숭해진다.	예	아니요
278	단조롭더라도 익숙한 길로 가는 것을 선호한다.	예	아니요
279	타인에게 결점을 지적받으면 계속해서 짜증이 난다.	예	아니요
280	다소 경솔한 행동 때문에 자신을 책망할 때가 종종 있다.	예	아니요
281	친구들로부터 싫증을 잘 낸다는 말을 듣는다.	예	아니요
282	주위로부터 주목을 받으면 기분이 좋다.	예	아니요
283	한 종류의 꽃다발보다는 여러 가지 꽃을 묶은 부케를 사겠다.	예	아니요
284	비록 다른 사람이 이해해 주지 않아도 상관없다.	예	아니요
285	일의 진행 단계마다 질서 있게 정리하고 다음 단계로 넘어가는 편이다.	예	아니요
286	잠이 잘 오지 않아서 힘들 때가 많다.	예	아니요
287	자기주장이 강하고 지배적인 편이다.	예	아니요
288	남들보다 감정을 강렬하게 느끼는 편이다.	예	아니요
289	의견이 대립되었을 때 조정을 잘한다.	예	아니요
290	이루기 힘들수록 더 큰 흥미를 느껴 열의를 갖는 편이다.	예	아니요
291	사물을 불리한 쪽으로 생각할 때가 많다.	예	아니요
292	언제나 주변의 시선을 끌고 싶은 마음이 있다.	예	아니요
293	밝게 타오르는 촛불을 보면 감정이 북받칠 때가 있다.	예	아니요
294	타사와 경쟁할 때는 자사의 이익을 지키는 것이 최우선이다.	예	아니요
295	자신을 통제하지 못해 소란을 일으킨 적이 많다.	예	아니요
296	내 맘대로 지내고 싶다고 생각할 때가 있다.	예	아니요
297	떠들썩한 연회를 좋아한다.	예	아니요
298	친숙한 것을 선호하고 새로운 것에 흥미가 적은 편이다.	예	아니요
299	나는 비유적이기보다는 단도직입적으로 말하는 편이다.	예	아니요
300	자신이 무엇을 잘할 수 있는지 잘 알고 있다고 생각한다.	예	아니요

PART 4

M E M O

PART 5

면접

CHAPTER

01 면접 유형 및 실전 대책

01 면접 주요사항

면접의 사전적 정의는 면접관이 지원자를 직접 만나보고 인품(人品)이나 언행(言行) 따위를 시험하는 일로, 흔히 필기시험 후에 최종적으로 심사하는 방법이다.

최근 주요 기업의 인사담당자들을 대상으로 채용 시 면접이 차지하는 비중을 설문조사했을 때, 50～80% 이상이라고 답한 사람이 전체 응답자의 80%를 넘었다. 이와 대조적으로 지원자들을 대상으로 취업 시험에서 면접을 준비하는 기간을 물었을 때, 대부분의 응답자가 2～3일 정도라고 대답했다.

지원자가 일정 수준의 스펙을 갖추기 위해 자격증 시험과 토익을 치르고 이력서와 자기소개서까지 쓰다 보면 면접까지 챙길 여유가 없는 것이 사실이다. 그리고 서류전형과 인적성검사를 통과해야만 면접을 볼 수 있기 때문에 자연스럽게 면접은 취업시험 과정에서 그 비중이 작아질 수밖에 없다. 하지만 아이러니하게도 실제 채용 과정에서 면접이 차지하는 비중은 절대적이라고 해도 과언이 아니다.

기업들은 채용 과정에서 토론 면접, 인성 면접, 프레젠테이션 면접, 역량 면접 등의 다양한 면접을 실시한다. 1차 커트라인이라고 할 수 있는 서류전형을 통과한 지원자들의 스펙이나 능력은 서로 엇비슷하다고 판단되기 때문에 서류상 보이는 자격증이나 토익 성적보다는 지원자의 인성을 파악하기 위해 면접을 더욱 강화하는 것이다. 일부 기업은 의도적으로 압박 면접을 실시하기도 한다. 지원자가 당황할 수 있는 질문을 던져서 그것에 대한 지원자의 반응을 살펴보는 것이다.

면접은 다르게 생각한다면 '나는 누구인가'에 대한 물음에 해답을 줄 수 있는 가장 현실적이고 미래적인 경험이 될 수 있다. 취업난 속에서 자격증을 취득하고 토익 성적을 올리기 위해 앞만 보고 달려온 지원자들은 자신에 대해서 고민하고 탐구할 수 있는 시간을 평소 쉽게 가질 수 없었을 것이다. 자신을 잘 알고 있어야 자신에 대해서 자신감 있게 말할 수 있다. 대체로 사람들은 자신에게 관대한 편이기 때문에 자신에 대해서 어떤 기대와 환상을 가지고 있는 경우가 많다. 하지만 면접은 제삼자에 의해 개인의 능력을 객관적으로 평가받는 시험이다. 어떤 지원자들은 다른 사람에게 자신을 표현하는 것을 어려워한다. 평소에 잘 사용하지 않는 용어를 내뱉으면서 거창하게 자신을 포장하는 지원자도 많다. 면접에서 가장 기본은 자기 자신을 면접관에게 알기 쉽게 표현하는 것이다.

이러한 표현을 바탕으로 자신이 앞으로 하고자 하는 것과 그에 대한 이유를 설명해야 한다. 최근에는 자신감을 향상시키거나 말하는 능력을 높이는 학원도 많기 때문에 얼마든지 자신의 단점을 극복할 수 있다.

1. 자기소개의 기술

자기소개를 시키는 이유는 면접자가 지원자의 자기소개서를 압축해서 듣고, 지원자의 첫인상을 평가할 시간을 가질 수 있기 때문이다. 면접을 위한 워밍업이라고 할 수 있으며, 첫인상을 결정하는 과정이므로 매우 중요한 순간이다.

(1) 정해진 시간에 자기소개를 마쳐야 한다.

쉬워 보이지만 의외로 지원자들이 정해진 시간을 넘기거나 혹은 빨리 끝내서 면접관에게 지적을 받는 경우가 많다. 본인이 면접을 받는 마지막 지원자가 아닌 이상, 정해진 시간을 지키지 않는 것은 수많은 지원자를 상대하기에 바쁜 면접관과 대기 시간에 지친 다른 지원자들에게 불쾌감을 줄 수 있다.

또한 회사에서 시간관념은 절대적인 것이므로 반드시 자기소개 시간을 지켜야 한다. 말하기는 1분에 200자 원고지 2장 분량의 글을 읽는 만큼의 속도가 가장 적당하다. 이를 A4 용지에 10point 글자 크기로 작성하면 반 장 분량이 된다.

(2) 간단하지만 신선한 문구로 자기소개를 시작하자.

요즈음 많은 지원자가 이 방법을 사용하고 있기 때문에 웬만한 소재의 문구가 아니면 면접관의 관심을 받을 수 없다. 이러한 문구는 시대적으로 유행하는 광고 카피를 패러디하는 경우와 격언 등을 인용하는 경우, 그리고 지원한 회사의 IC나 경영이념, 인재상 등을 사용하는 경우 등이 있다. 지원자는 이러한 여러 문구 중에 자신의 첫인상을 북돋아 줄 수 있는 것을 선택해서 말해야 한다. 자신의 이름을 문구 속에 적절하게 넣어서 말한다면 좀 더 효과적인 자기소개가 될 것이다.

(3) 무엇을 먼저 말할 것인지 고민하자.

면접관이 많이 던지는 질문 중 하나가 지원동기이다. 그래서 성장기를 바로 건너뛰고, 지원한 회사에 들어오기 위해 대학에서 어떻게 준비했는지를 설명하는 자기소개가 대세이다.

(4) 면접관의 호기심을 자극해 관심을 불러일으킬 수 있게 말하라.

면접관에게 질문을 많이 받는 지원자의 합격률이 반드시 높은 것은 아니지만, 질문을 전혀 안 받는 것보다는 좋은 평가를 기대할 수 있다. 질문을 받기 위해 면접관의 호기심을 자극할 수 있는 가장 좋은 방법은 대학생활을 이야기하면서 자신의 장기를 잠깐 넣는 것이다. 물론 장기자랑에 자신감이 있어야 한다(최근에는 장기자랑을 개인별로 시키는 곳이 많아졌다).

지원한 분야와 관련된 수상 경력이나 프로젝트 등을 말하는 것도 좋다. 이는 지원자의 업무 능력과 직접 연결되는 것이므로 효과적인 자기 홍보가 될 수 있다. 일부 지원자들은 자신만의 특별한 경험을 이야기하는데, 이때는 그 경험이 보편적으로 사람들의 공감대를 얻을 수 있는 것인지 다시 생각해 봐야 한다.

(5) 마지막 고개를 넘기가 가장 힘들다.

첫 단추도 중요하지만, 마지막 단추도 중요하다. 하지만 왠지 격식을 따지는 인사말은 지나가는 인사말 같고, 다르게 하자니 예의에 어긋나는 것 같은 기분이 든다. 이때는 처음에 했던 자신만의 문구를 다시 한 번 말하는 것도 좋은 방법이다. 자연스러운 끝맺음이 될 수 있도록 적절한 연습이 필요하다.

2. 1분 자기소개 시 주의사항

(1) 자기소개서와 자기소개가 똑같다면 감점일까?

아무리 자기소개서를 외워서 말한다 해도 자기소개가 자기소개서와 완전히 똑같을 수는 없다. 자기소개서의 분량이 더 많고 회사마다 요구하는 필수 항목들이 있기 때문에 굳이 고민할 필요는 없다. 오히려 자기소개서의 내용을 잘 정리한 자기소개가 더 좋은 결과를 만들 수 있다. 하지만 자기소개서와 상반된 내용을 말하는 것은 적절하지 않다. 지원자의 신뢰성이 떨어진다는 것은 곧 불합격을 의미하기 때문이다.

(2) 말하는 자세를 바르게 익혀라.

지원자가 자기소개를 하는 동안 면접관은 지원자의 동작 하나하나를 관찰한다. 그렇기 때문에 바른 자세가 중요하다는 것은 우리가 익히 알고 있다. 하지만 문제는 무의식적으로 나오는 습관 때문에 자세가 흐트러져 나쁜 인상을 줄 수 있다는 것이다. 이러한 습관을 고칠 수 있는 가장 좋은 방법은 캠코더 등으로 자신의 모습을 담는 것이다. 거울을 사용할 경우에는 시선이 자꾸 자기 눈과 마주치기 때문에 집중하기 힘들다. 하지만 촬영된 동영상은 제삼자의 입장에서 자신을 볼 수 있기 때문에 많은 도움이 된다.

(3) 정확한 발음과 억양으로 자신 있게 말하라.

지원자의 모양새가 아무리 뛰어나도, 목소리가 작고 발음이 부정확하면 큰 감점을 받는다. 이러한 모습은 지원자의 좋은 점에까지 악영향을 끼칠 수 있다. 직장을 흔히 사회생활의 시작이라고 말하는 시대적 정서에서 사람들과 의사소통을 하는 데 문제가 있다고 판단되는 지원자는 부적절한 인재로 평가될 수밖에 없다.

3. 대화법

전문가들이 말하는 대화법의 핵심은 '상대방을 배려하면서 이야기하라.'는 것이다. 대화는 나와 다른 사람의 소통이다. 내용에 대한 공감이나 이해가 없다면 대화는 더 진전되지 않는다.

『카네기 인간관계론』이라는 베스트셀러의 작가인 철학자 카네기가 말하는 최상의 대화법은 자신의 경험을 토대로 이야기하는 것이다. 즉, 살아오면서 직접 겪은 경험이 상대방의 관심을 끌 수 있는 가장 좋은 이야깃거리인 것이다. 특히, 어떤 일을 이루기 위해 노력하는 과정에서 겪은 실패나 희망에 대해 진솔하게 얘기한다면 상대방은 어느새 당신의 편에 서서 그 이야기에 동조할 것이다.

독일의 사업가이자, 동기부여 트레이너인 위르겐 힐러의 연설법 중 가장 유명한 것은 '시즐(Sizzle)'을 잡는 것이다. 시즐이란, 새우튀김이나 돈가스가 기름에서 지글지글 튀겨질 때 나는 소리이다. 즉, 자신의 말을 듣고 시즐처럼 반응하는 상대방의 감정에 적절하게 대응하라는 것이다.

말을 시작한 지 10 ~ 15초 안에 상대방의 '시즐'을 알아차려야 한다. 자신의 이야기에 대한 상대방의 첫 반응에 따라 말하기 전략도 달라져야 한다. 첫 이야기의 반응이 미지근하다면 가능한 한 그 이야기를 빨리 마무리하고 새로운 이야깃거리를 생각해 내야 한다. 길지 않은 면접 시간 내에 몇 번 오지 않는 대답의 기회를 살리기 위해서 보다 전략적이고 냉철해야 하는 것이다.

4. 차림새

(1) 구두

면접에 어떤 옷을 입어야 할지를 며칠 동안 고민하면서 정작 구두는 면접 보는 날 현관을 나서면서 즉흥적으로 신고 가는 지원자들이 많다. 특히, 남자 지원자들이 이러한 실수를 많이 한다. 구두를 보면 그 사람의 됨됨이를 알 수 있다고 한다. 면접관 역시 이러한 것을 놓치지 않기 때문에 지원자는 자신의 구두에 더욱 신경을 써야 한다. 스타일의 마무리는 발끝에서 이루어지는 것이다. 아무리 멋진 옷을 입고 있어도 구두가 어울리지 않는다면 전체 스타일이 흐트러지기 때문이다.

정장용 구두는 디자인이 깔끔하고, 에나멜 가공처리를 하여 광택이 도는 페이턴트 가죽 소재 제품이 무난하다. 검정 계열 구두는 회색과 감색 정장에, 브라운 계열의 구두는 베이지나 갈색 정장에 어울린다. 참고로 구두는 오전에 사는 것보다 발이 충분히 부은 상태인 저녁에 사는 것이 좋다. 마지막으로 당연한 일이지만 반드시 면접을 보는 전날 구두 뒤축이 닳지는 않았는지 확인하고 구두에 광을 내둔다.

(2) 양말

양말은 정장과 구두의 색상을 비교해서 골라야 한다. 특히 검정이나 감색의 진한 색상의 바지에 흰 양말을 신는 것은 시대에 뒤처지는 일이다. 일반적으로 양말의 색깔은 바지의 색깔과 같아야 한다. 또한 양말의 길이도 신경 써야 한다. 남성의 경우에 의자에 바르게 앉거나 다리를 꼬아서 앉을 때 다리털이 보여서는 안 된다. 반드시 긴 정장 양말을 신어야 한다.

(3) 정장

지원자는 평소에 정장을 입을 기회가 많지 않기 때문에 면접을 볼 때 본인 스스로도 옷을 어색하게 느끼는 경우가 많다. 옷을 불편하게 느끼기 때문에 자세마저 불안정한 지원자도 볼 수 있다. 그러므로 면접 전에 정장을 입고 생활해 보는 것도 나쁘지는 않다.

일반적으로 면접을 볼 때는 상대방에게 신뢰감을 줄 수 있는 남색 계열의 옷이나 어떤 계절이든 무난하고 깔끔해 보이는 회색 계열의 정장을 많이 입는다. 정장은 유행에 따라서 재킷의 디자인이나 버튼의 개수가 바뀌기 때문에 특히 남성 지원자의 경우, 너무 오래된 옷을 입어서 아버지 옷을 빌려 입고 나온 듯한 인상을 주어서는 안 된다.

(4) 헤어스타일과 메이크업

헤어스타일에 자신이 없다면 미용실에 다녀오는 것도 좋은 방법이다. 그리고 여성 지원자의 경우에는 자신에게 어울리는 메이크업을 하는 것도 괜찮다. 메이크업은 상대에 대한 예의를 갖추는 것이므로 지나치게 화려한 메이크업이 아니라면 보다 준비된 지원자처럼 보일 수 있다.

5. 첫인상

취업을 위해 성형수술을 받는 사람들에 대한 이야기는 더 이상 뉴스거리가 되지 않는다. 그만큼 많은 사람이 좁은 취업문을 뚫기 위해 이미지 향상에 신경을 쓰고 있다. 이는 면접관에게 좋은 첫인상을 주기 위한 것으로, 지원서에 올리는 증명사진을 이미지 프로그램을 통해 수정하는 이른바 '사이버 성형'이 유행하는 것과 같은 맥락이다. 실제로 외모가 채용 과정에서 영향을 끼치는가에 대한 설문조사에서도 60% 이상의 인사담당자들이 그렇다고 답변했다.

하지만 외모와 첫인상을 절대적인 관계로 이해하는 것은 잘못된 판단이다. 외모가 첫인상에서 많은 부분을 차지하지만, 외모 외에 다른 결점이 발견된다면 그로 인해 장점들이 가려질 수도 있다. 이러한 현상은 아래에서 다시 논하겠다.

첫인상은 말 그대로 한 번밖에 기회가 주어지지 않으며 몇 초 안에 결정된다. 첫인상을 결정짓는 요소 중 시각적인 요소가 80% 이상을 차지한다. 첫눈에 들어오는 생김새나 복장, 표정 등에 의해서 결정되는 것이다. 면접을 시작할 때 자기소개를 시키는 것도 지원자별로 첫인상을 평가하기 위해서이다. 첫인상이 중요한 이유는 만약 첫인상이 부정적으로 인지될 경우, 지원자의 다른 좋은 면까지 거부당하기 때문이다. 이러한 현상을 심리학에서는 초두효과(Primacy Effect)라고 한다.

한 번 형성된 첫인상은 여간해서 바꾸기 힘들다. 이는 첫인상이 나중에 들어오는 정보까지 영향을 주기 때문이다. 첫인상의 정보가 나중에 들어오는 정보 처리의 지침이 되는 것을 심리학에서는 맥락효과(Context Effect)라고 한다. 따라서 평소에 첫인상을 좋게 만들기 위한 노력을 꾸준히 해야만 하는 것이다.

좋은 첫인상이 반드시 외모에만 집중되는 것은 아니다. 오히려 깔끔한 옷차림과 부드러운 표정 그리고 말과 행동 등에 의해 전반적인 이미지가 만들어진다. 누구나 이러한 것 중에 한두 가지 단점을 가지고 있다. 요즈음은 이미지 컨설팅을 통해서 자신의 단점들을 보완하는 지원자도 있다. 특히 표정이 밝지 않은 지원자는 평소 웃는 연습을 의식적으로 하여 면접을 받는 동안 계속해서 여유 있는 표정을 짓는 것이 중요하다. 성공한 사람들은 인상이 좋다는 것을 명심하자.

02 면접의 유형 및 실전 대책

1. 면접의 유형

과거 천편일률적인 일대일 면접과 달리 면접에는 다양한 유형이 도입되어 현재는 "면접은 이렇게 보는 것이다."라고 말할 수 있는 정해진 유형이 없어졌다. 그러나 전국수협 면접에서는 현재까지는 다대일 면접이 진행되고 있으므로 어느 정도 유형을 파악하여 사전에 대비가 가능하다. 면접의 기본인 단독 면접부터, 다대일 면접, 집단 면접의 유형과 그 대책에 대해 알아보자.

(1) 단독 면접

단독 면접이란 응시자와 면접관이 1대1로 마주하는 형식을 말한다. 면접위원 한 사람과 응시자 한 사람이 마주 앉아 자유로운 화제를 가지고 질의응답을 되풀이하는 방식이다. 이 방식은 면접의 가장 기본적인 방법으로 소요 시간은 10～20분 정도가 일반적이다.

① 장점

필기시험 등으로 판단할 수 없는 성품이나 능력을 알아내는 데 가장 적합하다고 평가받아 온 면접방식으로 응시자 한 사람 한 사람에 대해 여러 면에서 비교적 폭넓게 파악할 수 있다. 응시자의 입장에서는 한 사람의 면접관만을 대하는 것이므로 상대방에게 집중할 수 있으며, 긴장감도 다른 면접방식에 비해서는 적은 편이다.

② 단점

면접관의 주관이 강하게 작용해 객관성을 저해할 소지가 있으며, 면접 평가표를 활용한다 하더라도 일면적인 평가에 그칠 가능성을 배제할 수 없다. 또한 시간이 많이 소요되는 것도 단점이다.

단독 면접 준비 Point

단독 면접에 대비하기 위해서는 평소 1대1로 논리 정연하게 대화를 나눌 수 있는 능력을 기르는 것이 중요하다. 그리고 면접장에서는 면접관을 선배나 선생님 혹은 아버지를 대하는 기분으로 면접에 임하는 것이 부담도 훨씬 적고 실력을 발휘할 수 있는 방법이 될 것이다.

(2) 다대일 면접

다대일 면접은 일반적으로 가장 많이 사용되는 면접방법으로 보통 2～5명의 면접관이 1명의 응시자에게 질문하는 형태의 면접방법이다. 면접관이 여러 명이므로 다각도에서 질문을 하여 응시자에 대한 정보를 많이 알아낼 수 있다는 점 때문에 선호하는 면접방법이다.

하지만 응시자의 입장에서는 질문도 면접관에 따라 각양각색이고 동료 응시자가 없으므로 숨 돌릴 틈도 없게 느껴진다. 또한 관찰하는 눈도 많아서 조그만 실수라도 지나치는 법이 없기 때문에 정신적 압박과 긴장감이 높은 면접방법이다. 따라서 응시자는 긴장을 풀고 한 시험관이 묻더라도 면접관 전원을 향해 대답한다는 느낌으로 또박또박 대답하는 자세가 필요하다.

① 장점

면접관이 집중적인 질문과 다양한 관찰을 통해 응시자가 과연 조직에 필요한 인물인가를 완벽히 검증할 수 있다.

② 단점

면접시간이 보통 10 ~ 30분 정도로 좀 긴 편이고 응시자에게 지나친 긴장감을 조성하는 면접방법이다.

다대일 면접 준비 Point

질문을 들을 때 시선은 면접위원을 향하고 다른 데로 돌리지 말아야 하며, 대답할 때에도 고개를 숙이거나 입속에서 우물거리는 소극적인 태도는 피하도록 한다. 면접위원과 대등하다는 마음가짐으로 편안한 태도를 유지하면 대답도 자연스러운 상태에서 좀 더 충실히 할 수 있고, 이에 따라 면접위원이 받는 인상도 달라진다.

(3) 집단 면접

집단 면접은 다수의 면접관이 여러 명의 응시자를 한꺼번에 평가하는 방식으로 짧은 시간에 능률적으로 면접을 진행할 수 있다. 각 응시자에 대한 질문내용, 질문횟수, 시간배분이 똑같지는 않으며 모두에게 같은 질문이 주어지기도 하고, 각각 다른 질문을 받기도 한다.

또한 어떤 응시자가 한 대답에 대한 의견을 묻는 등 그때그때의 분위기나 면접관의 의향에 따라 변수가 많다. 집단 면접은 응시자의 입장에서는 개별 면접에 비해 긴장감은 다소 덜한 반면에 다른 응시자들과의 비교가 확실하게 나타나므로 응시자는 몸가짐이나 표현력·논리성 등이 결여되지 않도록 자신의 생각이나 의견을 솔직하게 발표하여 집단 속에 묻히거나 밀려나지 않도록 주의해야 한다.

① 장점

집단 면접의 장점은 면접관이 응시자 한 사람에 대한 관찰시간이 상대적으로 길고, 비교 평가가 가능하기 때문에 결과적으로 평가의 객관성과 신뢰성을 높일 수 있다는 점이며, 응시자는 동료들과 함께 면접을 받기 때문에 긴장감이 다소 덜하다는 것을 들 수 있다. 또한 동료가 답변하는 것을 들으며, 자신의 답변 방식이나 자세를 조정할 수 있다는 것도 큰 이점이다.

② 단점

응답하는 순서에 따라 응시자마다 유리하고 불리한 점이 있고, 면접위원의 입장에서는 각각의 개인적인 문제를 깊게 다루기가 곤란하다는 것이 단점이다.

집단 면접 준비 Point

너무 자기 과시를 하지 않는 것이 좋다. 대답은 자신이 말하고 싶은 내용을 간단명료하게 말해야 한다. 내용이 없는 발언을 한다거나 대답을 질질 끄는 태도는 좋지 않다. 또 말하는 중에 내용이 주제에서 벗어나거나 자기중심적으로만 말하는 것도 피해야 한다. 집단 면접에 대비하기 위해서는 평소에 설득력을 지닌 자신의 논리력을 계발하는 데 힘써야 하며, 다른 사람 앞에서 자신의 의견을 조리 있게 개진할 수 있는 발표력을 갖추는 데에도 많은 노력을 기울여야 한다.

- 실력에는 큰 차이가 없다는 것을 기억하라.
- 동료 응시자들과 서로 협조하라.
- 답변하지 않을 때의 자세가 중요하다.
- 개성 표현은 좋지만 튀는 것은 위험하다.

(4) 집단 토론식 면접

집단 토론식 면접은 집단 면접과 형태는 유사하지만 질의응답이 아니라 응시자들끼리의 토론이 중심이 되는 면접방법으로 최근 들어 급증세를 보이고 있다. 이는 공통의 주제에 대해 다양한 견해들이 개진되고 결론을 도출하는 과정, 즉 토론을 통해 응시자의 다양한 면에 대한 평가가 가능하다는 집단 토론식 면접의 장점이 널리 확산된 데 따른 것으로 보인다. 사실 집단 토론식 면접을 활용하면 주제와 관련된 지식 정도와 이해력, 판단력, 설득력, 협동성은 물론 리더십, 조직 적응력, 적극성과 대인관계 능력 등을 쉽게 파악할 수 있다.

토론식 면접에서는 자신의 의견을 명확히 제시하면서도 상대방의 의견을 경청하는 토론의 기본자세가 필수적이며, 지나친 경쟁심이나 자기 과시욕은 접어두는 것이 좋다. 또한 집단 토론의 목적이 결론을 도출해 나가는 과정에 있다는 것을 감안하여 무리하게 자신의 주장을 관철시키기보다 오히려 토론의 질을 높이는 데 기여하는 것이 좋은 인상을 줄 수 있다는 점을 알아야 한다. 취업 희망자들은 토론식 면접이 급속도로 확산되는 추세임을 감안해 특히 철저한 준비를 해야 한다. 평소에 신문의 사설이나 매스컴 등의 토론 프로그램을 주의 깊게 보면서 논리 전개방식을 비롯한 토론 과정을 익히도록 하고, 친구들과 함께 간단한 주제를 놓고 토론을 진행해 볼 필요가 있다. 또한 사회・시사문제에 대해 자기 나름대로의 관점을 정립해두는 것도 꼭 필요하다.

(5) PT 면접

PT 면접, 즉 프레젠테이션 면접은 최근 들어 집단 토론 면접과 더불어 그 활용도가 점차 커지고 있다. PT 면접은 기업마다 특성이 다르고 인재상이 다른 만큼 인성 면접만으로는 알 수 없는 지원자의 문제해결 능력, 전문성, 창의성, 기본 실무능력, 논리성 등을 관찰하는 데 중점을 두는 면접으로, 지원자 간의 변별력이 높아 대부분의 기업에서 적용하고 있으며, 확산되는 추세이다.

면접 시간은 기업별로 차이가 있지만, 전문지식, 시사성 관련 주제를 제시한 다음, 보통 20 ~ 50분 정도 준비하여 5분가량 발표할 시간을 준다. 면접관과 지원자의 단순한 질의응답식이 아닌, 주제에 대해 일정 시간 동안 지원자의 발언과 발표하는 모습 등을 관찰하게 된다. 정확한 답이나 지식보다는 논리적 사고와 의사표현력이 더 중시되기 때문에 자신의 생각을 어떻게 설명하느냐가 매우 중요하다.

PT 면접에서 같은 주제라도 직무별로 평가요소가 달리 나타난다. 예를 들어, 영업직은 설득력과 의사소통 능력에 중점을 둘 수 있겠고, 관리직은 신뢰성과 창의성 등을 더 중요하게 평가한다.

PT 면접 준비 Point

- 면접관의 관심과 주의를 집중시키고, 발표 태도에 유의한다.
- 모의 면접이나 거울 면접으로 미리 점검한다.
- PT 내용은 세 가지 정도로 정리해서 말한다.
- PT 내용에는 자신의 생각이 담겨 있어야 한다.
- PT 중간에 자문자답 방식을 활용한다.
- 평소 지원하는 업계의 동향이나 직무에 대한 전문지식을 쌓아둔다.
- 부적절한 용어 사용이나 무리한 주장 등은 하지 않는다.

(6) 합숙 면접

합숙 면접은 대체로 1박 2일이나 2박 3일 동안 해당 기업의 연수원이나 수련원 등에서 이루어지는 면접으로, 평가 항목으로는 PT 면접, 토론 면접, 인성 면접 등을 기본으로 새벽등산, 레크리에이션, 게임 등 다양한 형태로 진행된다. 경쟁자들과 함께 생활하고 협동해야 하는 만큼 스트레스도 많이 받는 경우가 허다하다.

모든 지원자를 하루 동안 평가하게 되므로 지원자 1명을 평가하는 데 걸리는 시간은 짧게는 5분에서 길게는 1시간 이상 정도인데, 이 시간으로는 지원자를 제대로 평가하기에는 한계가 있다. 합숙 면접은 24시간 이상을 지원자와 면접관이 함께 생활하면서 다양한 프로그램을 통해 지원자의 역량을 폭넓게 평가할 수 있기 때문에 기업에서는 합숙 면접을 선호한다. 대체로 은행, 증권 등 금융권에서 합숙 면접을 통해 지원자의 의도되고 꾸며진 모습 외에 창의력, 의사소통 능력, 협동심, 책임감, 리더십 등 다양한 모습을 평가하였지만, 최근에는 기업에서도 많이 실시되고 있다.

합숙 면접에서 좋은 점수를 얻기 위해서는 무엇보다 팀워크를 중시하는 모습을 보여야 한다. 합숙 면접은 일반 면접과는 달리 개인보다는 그룹별로 과제가 주어지고 해결해야 하므로 조원 또는 동료와 얼마나 잘 어울리느냐가 중요한 평가기준이 된다. 장시간에 걸쳐 평가하기 때문에 힘든 부분도 있지만, 지원자들이 지쳐 있거나 당황하고 있는 사이에도 면접관들은 지원자들의 조직 적응력, 적극성, 사회성, 친화력 등을 꼼꼼하게 체크하기 때문에 잠시도 긴장을 늦춰서는 안 된다.

2. 면접의 실전 대책

(1) 면접 대비사항

① 지원 회사에 대한 사전지식을 충분히 준비한다.

필기시험에서 합격 또는 서류전형에서의 합격통지가 온 후 면접시험 날짜가 정해지는 것이 보통이다. 이때 수험자는 면접시험을 대비해 사전에 자기가 지원한 계열사 또는 부서에 대해 폭넓은 지식을 준비할 필요가 있다.

지원 회사에 대해 알아두어야 할 사항

- 회사의 연혁
- 회장 또는 사장의 이름, 출신학교, 관심사
- 회장 또는 사장이 요구하는 신입사원의 인재상
- 회사의 사훈, 사시, 경영이념, 창업정신
- 회사의 대표적 상품, 특색
- 업종별 계열회사의 수
- 해외지사의 수와 그 위치
- 신 개발품에 대한 기획 여부
- 자기가 생각하는 회사의 장단점
- 회사의 잠재적 능력개발에 대한 제언

② 충분한 수면을 취한다.

충분한 수면으로 안정감을 유지하고 첫 출발의 상쾌한 마음가짐을 갖는다.

③ 얼굴을 생기 있게 한다.

첫인상은 면접에 있어서 가장 결정적인 당락요인이다. 면접관에게 좋은 인상을 줄 수 있도록 화장하는 것도 필요하다. 면접관들이 가장 좋아하는 인상은 얼굴에 생기가 있고 눈동자가 살아 있는 사람, 즉 기가 살아 있는 사람이다.

④ 아침에 인터넷 뉴스를 읽고 간다.

그날의 뉴스가 질문 대상에 오를 수가 있다. 특히 경제면, 정치면, 문화면 등을 유의해서 볼 필요가 있다.

출발 전 확인할 사항

이력서, 자기소개서, 지갑, 신분증(주민등록증), 손수건, 휴지, 노트, 볼펜, 예비스타킹 등을 준비하자.

(2) 면접 시 옷차림

면접에서 옷차림은 간결하고 단정한 느낌을 주는 것이 가장 중요하다. 색상과 디자인 면에서 지나치게 화려한 색상이나, 노출이 심한 디자인은 자칫 면접관의 눈살을 찌푸리게 할 수 있다. 단정한 차림을 유지하면서 자신만의 독특한 멋을 연출하는 것, 지원하는 회사의 분위기를 파악했다는 센스를 보여주는 것 또한 코디네이션의 포인트이다.

복장 점검

- 구두는 잘 닦여 있는가?
- 옷은 깨끗이 다려져 있으며 스커트 길이는 적당한가?
- 손톱은 길지 않고 깨끗한가?
- 머리는 흐트러짐 없이 단정한가?

(3) 면접요령

① 첫인상을 중요시한다.

상대에게 인상을 좋게 주지 않으면 어떠한 얘기를 해도 이쪽의 기분이 충분히 전달되지 않을 수 있다. 예를 들어, '저 친구는 표정이 없고 무엇을 생각하고 있는지 전혀 알 길이 없다.'처럼 생각되면 최악의 상태이다. 우선 청결한 복장, 바른 자세로 침착하게 들어가야 한다. 건강하고 신선한 이미지를 주어야 하기 때문이다.

② 좋은 표정을 짓는다.

얘기를 할 때의 표정은 중요한 사항의 하나다. 거울 앞에서 웃는 연습을 해본다. 웃는 얼굴은 상대를 편안하게 하고, 특히 면접 등 긴박한 분위기에서는 천금의 값이 있다 할 것이다. 그렇다고 하여 항상 웃고만 있어서는 안 된다. 자기의 할 얘기를 진정으로 전하고 싶을 때는 진지한 얼굴로 상대의 눈을 바라보며 얘기한다. 면접을 볼 때 눈을 감고 있으면 마이너스 이미지를 주게 된다.

③ 결론부터 이야기한다.

자기의 의사나 생각을 상대에게 정확하게 전달하기 위해서 먼저 무엇을 말하고자 하는가를 명확히 결정해 두어야 한다. 대답을 할 경우에는 결론을 먼저 이야기하고 나서 그에 따른 설명과 이유를 덧붙이면 논지(論旨)가 명확해지고 이야기가 깔끔하게 정리된다.

한 가지 사실을 이야기하거나 설명하는 데는 3분이면 충분하다. 복잡한 이야기라도 어느 정도의 길이로 요약해서 이야기하면 상대도 이해하기 쉽고 자기도 정리할 수 있다. 긴 이야기는 오히려 상대를 불쾌하게 할 수가 있다.

④ 질문의 요지를 파악한다.

면접 때의 이야기는 간결성만으로는 부족하다. 상대의 질문이나 이야기에 대해 적절하고 필요한 대답을 하지 않으면 대화는 끊어지고 자기의 생각도 제대로 표현하지 못하여 면접자로 하여금 수험생의 인품이나 사고방식 등을 명확히 파악할 수 없게 한다. 무엇을 묻고 있는지, 무슨 이야기를 하고 있는지 그 요점을 정확히 알아내야 한다.

면접에서 고득점을 받을 수 있는 성공요령

1. 자기 자신을 겸허하게 판단하라.
2. 지원한 회사에 대해 100% 이해하라.
3. 실전과 같은 연습으로 감각을 익히라.
4. 단답형 답변보다는 구체적으로 이야기를 풀어나가라.
5. 거짓말을 하지 말라.
6. 면접하는 동안 대화의 흐름을 유지하라.
7. 친밀감과 신뢰를 구축하라.
8. 상대방의 말을 성실하게 들으라.
9. 근로조건에 대한 이야기를 풀어나갈 준비를 하라.
10. 끝까지 긴장을 풀지 말라.

CHAPTER 02

수협중앙회 실제 면접

01 1차 면접

1. 토론 면접

사회적 이슈 및 시사를 기반으로 한 다대다 그룹 토론 면접이다. 5명의 실무진 면접관이 평가하며, 지원자 7명이 한 조가 되어 면접을 치르게 된다. 또한 자료 제공 후 30분 동안 찬성과 반대 측 모두 개인별로 준비해야 한다.

[기출 질문]
- 재택근무 실효성에 대한 찬성과 반대 의견을 말해 보시오.
- 동물 대상 임상 실험에 대한 찬성과 반대 의견을 말해 보시오.
- 비대면 약 배송에 대한 찬성과 반대 의견을 말해 보시오.

2. 인성 / 직무 면접

자기소개서를 기반으로 한 다대다 인성 및 직무역량 면접이다. 5명의 면접관이 평가하며, 지원자 7명이 한 조가 되어 면접을 치르게 된다.

[기출 질문]
- 수협중앙회에 지원하게 된 동기를 말해 보시오.
- 수협중앙회 입사를 위해 어떤 준비를 했는지 말해 보시오.
- 수협중앙회에서 관심 있는 사업이 무엇인지 말해 보시오.
- 수협중앙회 인재상 중 본인과 부합하다고 생각하는 것이 무엇인지 말해 보시오.
- 본인 성격의 장점과 단점에 대해서 말해 보시오.
- 본인의 학창시절은 어떤 편이었는지 말해 보시오.
- 입사 후 자신이 회사를 위해 기여할 수 있는 것이 무엇인지 말해 보시오.
- 입사 후 1년 이내에 달성해 보고 싶은 것이 무엇인지 말해 보시오.
- 지원한 직무와 본인의 전공이 어떤 관련성이 있는지 말해 보시오.
- 지원 직무 관련 역량 중 필요하다고 생각하는 역량과 보완해야 할 역량에 대해서 말해 보시오.
- 본인이 실패한 경험과 그로 인해 배운 것이 있다면 말해 보시오.
- 스트레스를 해소하는 방법이 있다면 무엇인지 말해 보시오.
- 협업하여 좋은 성과를 만들었던 경험이 있다면 말해 보시오.
- 타인을 설득하여 좋은 성과를 만들었던 경험이 있다면 말해 보시오.
- 책임감을 느끼며 업무를 해결했던 경험이 있다면 말해 보시오.

- 조직 생활 중에 갈등을 주도적으로 처리했던 경험이 있다면 말해 보시오.
- 상사와 의견 충돌로 갈등이 생겼을 때의 대처방안에 대해서 말해 보시오.
- 희망하는 부서로 배정받지 못했을 때의 대처방안에 대해서 말해 보시오.
- 고객에게 악성 민원이 들어왔을 때의 대처방안에 대해서 말해 보시오.

02 2차 면접

1. 임원 면접

자기소개서를 기반으로 한 다대다 및 직무역량 면접이다. 6명의 면접관이 평가하며, 지원자 5명이 한 조가 되어 면접을 치르게 된다.

[기출 질문]

- 수협중앙회와 수협은행의 차이점에 대해서 말해 보시오.
- 수산 업계의 최근 트렌드를 아는 대로 말해 보시오.
- 최근 뉴스에서 본 시사 중 가장 기억에 남는 소식은 무엇인지 말해 보시오.
- 금리변동이 은행권에 미치는 영향에 대해서 말해 보시오.
- 수협의 디지털화 전략에 대해서 어떻게 생각하는지 말해 보시오.
- 어촌의 고령화 현상에 대한 해결 방안을 말해 보시오.
- 국내 수산업의 문제점과 수협의 역할에 대한 본인의 생각을 말해 보시오.
- 지역사회 발전을 위한 수협중앙회의 기여 방안에 대해 말해 보시오.
- 수산물 유통구조 개선을 위해 추진할 수 있는 방안에 대해 말해 보시오.
- 지속 가능한 수산업을 위한 수협중앙회의 전략에 대해 말해 보시오.

답안채점 • 성적분석 서비스

모바일 OMR

도서 내 모의고사 우측 상단에 위치한 QR코드 찍기 → 로그인 하기 → '시작하기' 클릭 → '응시하기' 클릭 → 나의 답안을 모바일 OMR 카드에 입력 → '성적분석 & 채점결과' 클릭 → 현재 내 실력 확인하기

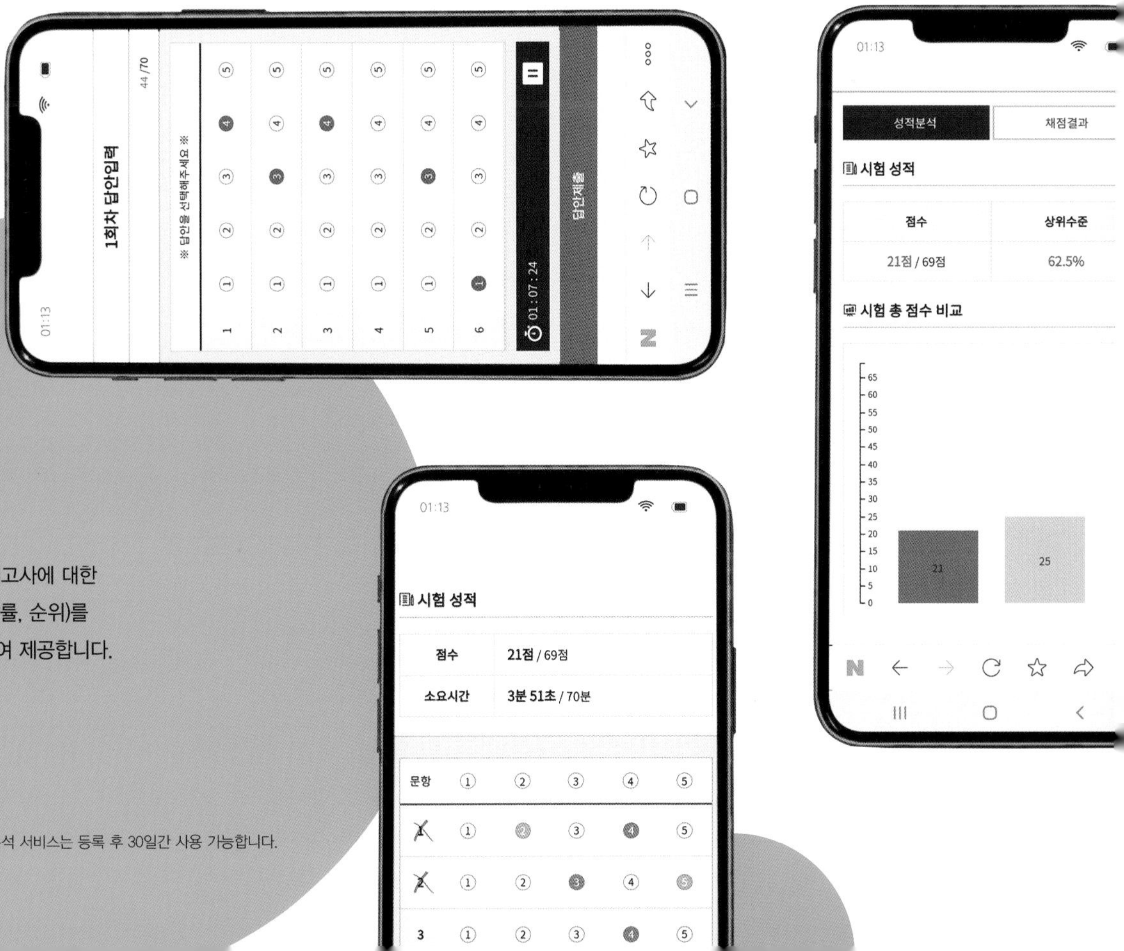

도서에 수록된 모의고사에 대한
객관적인 결과(정답률, 순위)를
종합적으로 분석하여 제공합니다.

※OMR 답안채점 / 성적분석 서비스는 등록 후 30일간 사용 가능합니다.

최신판

| 모바일 OMR 답안채점 / 성적분석 서비스 · NCS 핵심이론 및 대표유형 무료 PDF · 온라인 모의고사 무료쿠폰

통합기본서

수협중앙회

정답 및 해설

편저 | SDC(Sidae Data Center)

SDC

SDC는 시대에듀 데이터 센터의 약자로 약 30만 개의 NCS · 적성 문제 데이터를 바탕으로 최신 출제경향을 반영하여 문제를 출제합니다.

최신기출유형 + 모의고사 4회 + 무료 NCS 특강

대표기출유형 및 기출응용문제로 필기전형 대비!

2024년 필기전형 최신 출제경향 완벽 반영!

시대에듀

PART 1

NCS 직업기초능력평가

CHAPTER

01 의사소통능력

대표기출유형 01 기출응용문제

01

정답 ③

'어찌 된'의 뜻을 나타내는 관형사는 '웬'이므로, '어찌 된 일로'라는 함의를 가진 '웬일'이 옳은 표기이다.

오답분석

① 메다 : 어떤 감정이 북받쳐 목소리가 잘 나지 않음
② 치다꺼리 : 남의 자잘한 일을 보살펴서 도와줌
④ 베다 : 날이 있는 연장 따위로 무엇을 끊거나 자르거나 가름
⑤ 지그시 : 슬며시 힘을 주는 모양

02

정답 ②

㉡의 '데'는 '일'이나 '것'의 뜻을 나타내는 의존 명사로 사용되었으므로 '수행하는 데'와 같이 띄어 쓴다.

오답분석

㉠ 만하다 : 어떤 대상이 앞말이 뜻하는 행동을 할 타당한 이유를 가질 정도로 가치가 있음을 나타내는 보조 형용사이다. 보조 용언은 띄어 씀을 원칙으로 하나, ㉠과 같은 경우 붙여 씀도 허용하므로 앞말에 붙여 쓸 수 있다.
㉢ -만 : 다른 것으로부터 제한하여 어느 것을 한정함을 나타내는 보조사로 사용되었으므로 앞말에 붙여 쓴다.

03

정답 ③

- 고객에게 불편을 <u>초례한</u> 경우… → 초래한
- 즉시 <u>계선</u>·시정하고… → 개선
- 이를 <u>성실이</u> 준수할 것을… → 성실히

대표기출유형 02 기출응용문제

01

정답 ④

多文化[많을 다(多), 글월 문(文), 될 화(化)] 다문화란 한 사회 안에 여러 민족이나 여러 국가의 문화가 혼재하는 것을 이르는 말이다.

02

정답 ②

읍참마속(泣斬馬謖)은 '큰 목적을 위하여 자기가 아끼는 사람을 버림'을 이르는 말로, 중국 촉나라 제갈량이 군령을 어기어 전투에서 패한 마속을 눈물을 머금고 참형에 처하였다는 데서 유래하였다.

오답분석

① 일패도지(一敗塗地) : 싸움에 한 번 패하여 땅바닥에 떨어진다는 뜻으로, 여지없이 패하여 다시 일어날 수 없게 되는 지경에 이름을 이르는 말
③ 도청도설(道聽塗說) : 길에서 듣고 길에서 말한다는 뜻으로, 길거리에 퍼져 돌아다니는 뜬소문을 이르는 말
④ 원교근공(遠交近攻) : 먼 나라와 친교를 맺고 가까운 나라를 공격함
⑤ 신상필벌(信賞必罰) : 상을 줄 만한 훈공이 있는 자에게 반드시 상을 주고 벌할 죄가 있는 자에게는 반드시 벌을 준다는 뜻으로, 상벌(賞罰)을 공정(公正)·엄중(嚴重)히 하는 일을 말함

03

정답 ④

'마디가 있어야 새순이 난다.'는 '나무의 마디는 새순이 나는 곳이다.'라는 뜻이다. 따라서 마디는 성장하기 위한 디딤돌이자 발판이 되므로 어떤 일의 과정에서 생기는 역경이 오히려 일의 결과에 좋은 영향을 미침을 비유하는 의미이다.

오답분석

① 쫓아가서 벼락 맞는다 : 피해야 할 화를 괜히 나서서 당한다.
② 곤장 메고 매품 팔러 간다 : 공연한 일을 하여 스스로 화를 자초한다.
③ 고기도 저 놀던 물이 좋다 : 평소에 낯익은 제 고향이나 익숙한 환경이 좋다.
⑤ 대추나무에 연 걸리듯 하다 : 여기저기에 빚을 많이 진 것을 뜻한다.

대표기출유형 03 기출응용문제

01

정답 ③

보기의 문장은 미첼이 찾아낸 '탈출 속도'의 계산법과 공식에 대한 것이다. 따라서 탈출 속도에 대한 언급이 제시문의 어디서 시작되는지 살펴봐야 한다. 제시문의 경우 (가) 영국의 자연 철학자 존 미첼이 제시한 이론에 대한 소개, (나) 해당 이론에 대한 가정과 탈출 속도의 소개, (다) '임계 둘레'에 대한 소개와 사고 실험, (라) 앞선 임계 둘레 사고 실험의 결과, (마) 사고 실험을 통한 미첼의 추측 순으로 쓰여 있으므로 보기의 문장은 탈출 속도가 언급된 (나)의 다음이자 탈출 속도를 바탕으로 임계 둘레를 추론해낸 (다)의 앞에 위치하는 것이 가장 적절하다.

02

정답 ②

세 번째 문단에서 설명하는 수정주의는 미국이 시장을 얻기 위해 세계를 개방 경제 체제로 만들려는 과정에서 소련과의 냉전이 비롯됐다며 냉전의 발생 원인을 보기에서 언급한 것처럼 (정치적) 이념 때문이 아닌 미국의 경제적 동기에서 찾고 있다. 따라서 보기의 문장은 (나)에 들어가는 것이 가장 적절하다.

03

정답 ④

㉠ : ㉠에서 '민간화'와 '경영화'의 두 가지 방법으로써 지역 주민의 요구를 수용하려는 이유는 첫 번째 문단의 내용처럼 전문적인 행정 담당자 중심의 정책 결정으로 인해 정책이 지역 주민의 의사와 무관하거나 배치되는 문제를 개선하기 위한 것이다. 또한 (나)의 바로 뒤에 있는 문장의 '이 둘'은 '민간화'와 '경영화'를 가리킨다. 따라서 ㉠의 위치는 (나)가 가장 적절하다.

㉡ : 마지막 문단 첫 문장의 '이러한 한계'는 ㉡에서 말하는 '행정 담당자들이 기존의 관행에 따라 업무를 처리하는 경향'을 가리키므로 ㉡은 마지막 문단의 바로 앞에 있어야 하며, 마지막 문단에서는 앞선 문단에서 지적한 문제의 개선 방안을 제시하고 있다. 따라서 ㉡의 위치는 (라)가 가장 적절하다.

대표기출유형 04 기출응용문제

01

정답 ⑤

제시문은 절차의 정당성을 근거로 한 과도한 권력, 즉 무제한적 민주주의에 대해 비판하는 글이다. 따라서 빈칸에는 무제한적 민주주의의 문제점을 보완할 수 있는 해결책에 대한 내용이 들어가는 것이 적절하다.

02

정답 ④

알려지지 않은 것에서는 불안정, 걱정, 공포감이 뒤따라 나오기 때문에 우리 마음의 불안한 상태를 없애고자 한다면, 알려지지 않은 것을 알려진 것으로 바꿔야 한다. 이러한 환원은 우리의 마음을 편하게 해주고 만족하게 한다. 이 때문에 우리는 이미 알려진 것, 체험한 것, 기억에 각인된 것을 원인으로 설정하게 되고, 낯설고 체험하지 않았다는 느낌을 빠르게 제거해 버려 특정 유형의 설명만이 남아 우리의 사고방식을 지배하게 만든다. 따라서 빈칸에는 '이것은 낯설고 체험하지 않았다는 느낌을 가장 빠르고 가장 쉽게 제거해 버린다.'는 내용이 들어가는 것이 가장 적절하다.

03

정답 ①

증거를 표현할 때 포함될 수밖에 없는 발룽엔의 의미는 본질적으로 불명료하기 때문에 그 의미를 정확하고 엄밀하게 규정할 수 없다. 한편, 증거와 가설의 논리적 관계를 판단하기 위해서는 증거의 의미 파악이 선행되어야 한다. 그러나 이미 발룽엔이 포함된 증거는 그 의미를 명확하게 규정하기 어렵다. 따라서 증거의 의미가 정확하게 파악되지 않는다면, 과학적 가설과 증거의 논리적 관계 역시 정확하게 판단할 수 없다.

오답분석

② 과학적 이론이나 가설을 검사하는 과정에는 물리학적 언어 외에 감각적 경험을 표현하는 일상적 언어도 사용될 수밖에 없다.
③ 과학적 이론이나 가설을 검사하는 과정에 사용되는 일상적 언어에는 발룽엔이 포함되므로 발룽엔은 증거를 표현할 때 포함될 수밖에 없다.
④ 과학적 가설을 표현하는 데에는 물리학적 언어가 사용되며, 발룽엔은 과학적 가설을 검사하는 과정에서 개입된다.
⑤ 증거를 표현할 때 발룽엔이 포함되므로, 증거가 의미하는 것이 무엇인지 정확히 파악할 수 없다.

대표기출유형 05 기출응용문제

01

정답 ③

'에너지 하베스팅은 열, 빛, 운동, 바람, 진동, 전자기 등 주변에서 버려지는 에너지를 모아 전기를 얻는 기술을 의미한다.'라는 내용을 통해 버려진 에너지를 전기라는 에너지로 다시 만든다는 것을 알 수 있다.

오답분석

① 무체물인 에너지도 재활용이 가능하다고 했으므로 적절하지 않은 내용이다.
② 태양광을 이용하는 광 에너지 하베스팅, 폐열을 이용하는 열에너지 하베스팅이라고 구분하여 언급한 것을 통해 다른 에너지원에 속한다는 것을 알 수 있다.
④ 에너지 하베스팅은 열, 빛, 운동, 바람, 진동, 전자기 등 주변에서 버려지는 에너지를 모아 전기를 얻는 기술이라고 하였을 뿐 전기 외 다른 에너지에 대한 언급은 없으므로 적절하지 않은 내용이다.
⑤ '사람이 많이 다니는 인도 위에 버튼식 패드를 설치하여 사람이 밟을 때마다 전기가 생산되도록 하는 것이다.'라고 했으므로 사람의 체온을 이용한 신체 에너지 하베스팅 기술이라기보다 진동이나 압력을 가해 이용하는 진동 에너지 하베스팅이 적절하다.

02

정답 ③

경제활동에 참여하는 여성의 증가와 출산율의 상관관계는 알 수 없으며, 제시문은 신혼부부의 주거안정을 위해서는 여성의 경제활동을 지원해야 하고 이를 위해 육아·보육지원 정책의 확대·강화가 필요하다고 주장하고 있으므로 ③의 내용은 적절하지 않다.

03

정답 ④

약관의 제7항을 살펴보면 '변경 기준일로부터 1개월간'이라고 제시되어 있다. 따라서 바르게 이해하지 못한 직원은 D주임이다.

대표기출유형 06 기출응용문제

01

정답 ②

제시문은 가격을 결정하는 요인과 이를 통해 일반적으로 할 수 있는 예상을 언급하고, 현실적인 여러 요인으로 인해 '거품 현상'이 나타나기도 하며 거품 현상이란 구체적으로 무엇인지 설명하는 글이다. 따라서 (가) 수요와 공급에 의해 결정되는 가격 – (마) 상품의 가격에 대한 일반적인 예상 – (다) 현실적인 가격 결정 요인 – (나) 이로 인해 예상치 못하게 나타나는 거품 현상 – (라) 거품 현상에 대한 구체적인 설명 순으로 나열하는 것이 적절하다.

02

정답 ②

제시문은 강이 붉게 물들고 산성으로 변화하는 이유인 티오바실러스와 강이 붉어지는 것을 막기 위한 방법에 대하여 설명하고 있다. 따라서 (가) 철2가 이온(Fe^{2+})과 철3가 이온(Fe^{3+})의 용해도가 침전물 생성에 중요한 역할을 함 – (라) 티오바실러스가 철2가 이온(Fe^{2+})을 산화시켜 만든 철3가 이온(Fe^{3+})이 붉은 침전물을 만듦 – (나) 티오바실러스는 이황화철(FeS_2)을 산화시켜 철2가 이온(Fe^{2+})이 철3가 이온(Fe^{3+})을 얻음 – (다) 티오바실러스에 의한 이황화철(FeS_2)의 가속적인 산화를 막기 위해서는 광산의 밀폐가 필요함 순으로 나열하는 것이 적절하다.

03

정답 ③

첫 단락에서는 경기적 실업에 대한 고전학파의 입장을 설명하고 있으며, (나)의 '이들'은 바로 이 고전학파를 지시하고 있다. 따라서 제시된 글 바로 다음에 (나)가 와야 함을 알 수 있다. 다음으로 (가)의 '이렇게 실질임금이 상승하게 되면'을 통해 실질임금 상승에 대해 언급하는 (나) 뒤에 (가)가 와야 함을 알 수 있다. 마지막으로 정부의 역할에 반대하는 고전학파의 주장을 강조하는 (다)는 결론에 해당하므로, (나) – (가) – (다) 순으로 나열하는 것이 가장 적절하다.

대표기출유형 07 기출응용문제

01

정답 ②

제시문에서는 종합지급결제사업자 제도가 등장한 배경에 더하여 해당 제도를 통해 얻을 수 있는 이익 우려되는 상황에 대해 다루고 있다. 따라서 ②가 가장 적절한 주제이다.

오답분석

① 제시문에서는 은행의 과점체제 해소를 위한 여러 방안 중 금융당국 판단하에 가장 큰 효과가 기대되는 종합지급결제사업자 제도에 대해서만 언급하고 있으므로 지나치게 포괄적인 주제이다.
③ 제시문은 비은행 업계가 은행의 권리를 침해한다기보다는 은행의 과점체제인 현 상황을 개선하기 위해 은행 업무 중 일부를 비은행 기관이 같이 하게 된 배경과 그로 인해 발생하는 장점과 단점을 다루고 있다. 따라서 제시문의 주제로 적절하지 않다.
④ 제시문은 종합지급결제사업자 제도의 도입으로 인한 은행과 비은행의 경쟁과 그로 인해 발생할 수 있는 장점과 단점을 다루고 있으며, 이는 소비자의 실익에만 국한되어 있지 않기 때문에 주제로 적절하지 않다.
⑤ 제시문의 마지막 문단에서 비은행권 관련 문제점들이 제기되었지만, 글 전체를 포괄하는 주제로는 적절하지 않다.

02

정답 ⑤

제시문에서는 현대 사회의 소비 패턴이 '보이지 않는 손' 아래의 합리적 소비에서 벗어나 과시 소비가 중심이 되었으며, 그 이면에는 소비를 통해 자신의 물질적 부를 표현함으로써 신분을 과시하려는 욕구가 있다고 설명하고 있다. 따라서 제목으로 ⑤가 가장 적절하다.

03

정답 ④

(라) 문단에서는 부패를 개선하기 위한 정부의 제도적 노력에도 불구하고 반부패정책 대부분이 효과가 없었음을 이야기하고 있다. 따라서 '정부의 부패인식지수 개선에 대한 노력의 실패'가 (라) 문단의 주제로 적절하다.

대표기출유형 08 기출응용문제

01

정답 ⑤

제시문의 핵심 내용은 4차 산업혁명의 신기술로 인해 금융의 종말이 올 것임을 예상하는 것이다. 따라서 앞으로도 기술 발전은 금융업의 본질을 바꾸지 못할 것임을 나타내는 ⑤가 비판 내용으로 가장 적절하다.

02

정답 ⑤

제시문에서는 인간에게 사회성과 반사회성이 공존하고 있다고 설명하고 있으며, 이 중 반사회성이 없다면 재능을 꽃피울 수 없다고 하였으므로 사회성만으로도 자신의 재능을 키울 수 있다는 주장인 ⑤가 반론이 될 수 있다.

오답분석

② 반사회성이 재능을 계발한다는 주장을 포함하는 동시에 반사회성을 포함한 다른 어떤 요소가 있어야 한다는 주장이므로 제시문에 대한 직접적인 반론이 될 수 없다.

03

정답 ②

제시문의 '나'는 세상의 사물이나 현상을 선입견에 사로잡히지 말고 본질을 제대로 파악하여 이해해야 한다고 말하고 있다. 따라서 ㄱ·ㄷ·ㄹ은 '나'의 비판을 받을 수 있다.

대표기출유형 09 기출응용문제

01

정답 ⑤

두 번째 문단에서 맷 스폰하이머와 줄리아 리소프의 연구는 오스트랄로피테쿠스가 육식을 하였음을 증명하였으므로, 육식 여부로 오스트랄로피테쿠스와 사람을 구분하던 과거의 방법이 잘못되었음을 증명한 것이라 볼 수 있다.

오답분석

① 두 번째 문단 마지막 문장에서 오스트랄로피테쿠스의 식단에서 풀을 먹는 동물이 큰 부분을 차지했다는 결론을 내렸다고 했을 뿐, 풀을 전혀 먹지 않았는지는 알 수 없다.
② 첫 번째 문단에서 단일 식품을 섭취하는 것이 위험하다고 했을 뿐, 단일 식품을 섭취하는 동물이 없다고 보기는 어렵다.
③ 마지막 문단에서 동물 뼈에 이로 씹은 흔적 위에 도구로 자른 흔적이 겹쳐있고 무기를 가진 인간의 흔적이라고 한 것으로 보아 무기로 사냥을 했음을 알 수 있다.
④ 제시문에서 오스트랄로피테쿠스의 진화과정과 육식의 관계를 알 수 있을 만한 부분은 없다.

02

정답 ③

핵융합발전은 원자력발전에 비해 같은 양의 원료로 $3 \sim 4$배의 전기를 생산할 수 있다고 하였으나, 핵융합발전은 수소의 동위원소를 원료로 사용하는 반면 원자력발전은 우라늄을 원료로 사용한다. 따라서 전력 생산에 서로 다른 원료를 사용하므로 생산된 전력량으로 연료비를 서로 비교할 수 없다.

오답분석

① 핵융합 에너지는 화력발전을 통해 생산되는 전력 공급량을 대체하기 어려운 태양광에 대한 대안이 될 수 있으므로 핵융합발전이 태양열발전보다 더 많은 양의 전기를 생산할 수 있음을 추론할 수 있다.
② 원자력발전은 원자핵이 분열하면서 방출되는 에너지를 이용하며, 핵융합발전은 수소 원자핵이 융합해 헬륨 원자핵으로 바뀌는 과정에서 방출되는 에너지를 이용해 전기를 생산한다. 따라서 원자의 핵을 다르게 이용한다는 것을 알 수 있다.
④ 미세먼지와 대기오염을 일으키는 오염물질은 전혀 나오지 않고 헬륨만 배출된다는 내용을 통해 헬륨은 대기오염을 일으키는 오염물질에 해당하지 않음을 알 수 있다.
⑤ 발전장치가 꺼지지 않도록 정밀하게 제어하는 것이 중요하다는 내용을 통해 추론할 수 있다.

03

정답 ⑤

화폐 통용을 위해서는 화폐가 유통될 수 있는 시장이 성장해야 하고, 농업생산력이 발전해야 한다. 그러나 서민들은 물품화폐를 더 선호하였고, 일부 계층에서만 화폐가 유통되어 광범위한 동전 유통이 실패한 것이다. 화폐수요량에 따른 공급은 화폐가 유통된 이후의 조선 후기에 해당하는 내용이다.

CHAPTER

02 문제해결능력

대표기출유형 01 기출응용문제

01

정답 ⑤

'세미나에 참여한 사람'을 A, '봉사활동 지원자'를 B, '신입사원'을 C라고 하면 첫 번째 명제에 따라 A는 B에 포함된다. 또한, 두 번째 명제에 따라 C는 A와 겹치지 않지만 B와는 겹칠 가능성이 있다. 이를 벤 다이어그램으로 나타내면 다음과 같다.

• 첫 번째 명제

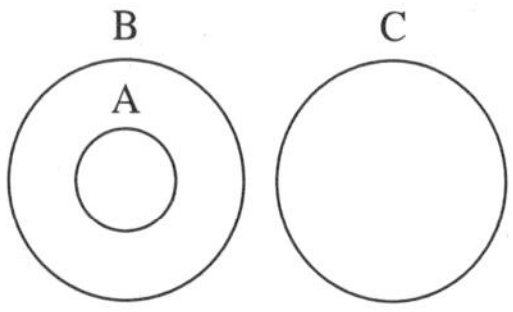

• 두 번째 명제

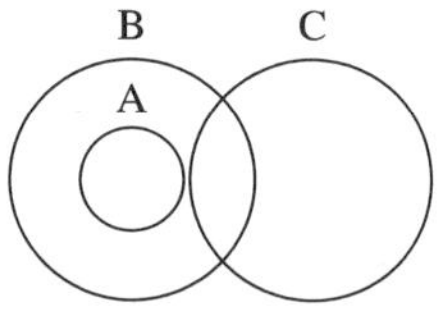

따라서 빈칸에 들어갈 명제는 '신입사원은 봉사활동에 지원하였을 수도, 하지 않았을 수도 있다.'이다.

02

정답 ③

'날씨가 좋다.'를 A, '야외활동을 한다.'를 B, '행복하다.'를 C라고 하면 첫 번째 명제는 A → B, 두 번째 명제는 ~A → ~C이다. 또한, 두 번째 명제의 대우는 C → A이므로 C → A → B가 성립하여 마지막 명제는 C → B나 ~B → ~C이다. 따라서 빈칸에 들어갈 명제는 '야외활동을 하지 않으면 행복하지 않다.'이다.

03

정답 ①

제시된 명제를 정리하면 '어떤 마케팅팀 사원 → 산을 좋아함 → 여행 동아리 → 솔로'이므로, '어떤 마케팅팀 사원 → 솔로'가 성립한다. 따라서 반드시 참인 명제는 ①이다.

04

정답 ⑤

B와 C가 초콜릿 과자를 먹고 D와 E 중 1명 역시 초콜릿 과자를 먹으므로 C가 초콜릿 과자 1개를 먹었음을 알 수 있다. 남은 커피 과자 3개는 A, D, E가 나눠 먹게 된다. 이때 A가 커피 과자 1개를 먹었다면 D와 E 중 1명은 초콜릿 과자 1개와 커피 과자 1개를 먹고, 나머지 1명은 커피 과자 1개를 먹는다. 따라서 A와 D가 커피 과자를 1개씩 먹었다면, E는 초콜릿과 커피 두 종류의 과자를 하나씩 먹게 된다.

05

정답 ③

A씨는 2020년 상반기에 입사하였으므로 A씨의 사원번호 중 앞의 두 자리는 20이다. 또한 A씨의 사원번호는 세 번째와 여섯 번째 자리의 수가 같다고 하였으므로 세 번째와 여섯 번째 자리의 수를 x, 나머지 네 번째, 다섯 번째 자리의 수는 차례로 y, z라고 하면 다음과 같다.

구분	첫 번째	두 번째	세 번째	네 번째	다섯 번째	여섯 번째
사원번호	2	0	x	y	z	x

사원번호 여섯 자리의 합은 9이므로 $2+0+x+y+z+x=9$이다. 이를 정리하면 $2x+y+z=7$이다.
A씨의 사원번호 자리의 수는 세 번째와 여섯 번째 자리의 수를 제외하고 모두 다르다는 것을 주의하며 1부터 대입해 보면 다음과 같다.

구분	x	y	z	구분	x	y	z
경우 1	1	2	3	경우 2	1	3	2
경우 3	2	0	3	경우 4	2	3	0
경우 5	3	0	1	경우 6	3	1	0

네 번째 조건에 따라 y와 z자리에는 0이 올 수 없으므로 경우 1, 경우 2만 성립하며, A씨의 사원번호는 '201231'이거나 '201321'이다. 따라서 세 번째 자리의 수는 '1'이다.

오답분석

① '201321'은 가능한 사원번호이지만 문제에서 항상 참인 것을 고르라고 하였으므로 답이 될 수 없다.
② A씨의 사원번호는 '201231'이거나 '201321'이다.
④ 사원번호 여섯 자리의 합이 9가 되어야 하므로 A씨의 사원번호는 '211231'이 될 수 없다.
⑤ A씨의 사원번호 네 번째 자리의 수가 다섯 번째 자리의 수보다 작다면 '201231'과 '201321' 중 A씨의 사원번호로 적절한 것은 '201231'이다.

06

정답 ⑤

월요일부터 토요일까지 각 팀의 회의 진행 횟수가 같으므로 6일 동안 6개 팀은 각각 두 번씩 회의를 진행해야 한다.
주어진 조건에 따라 A～F팀의 회의 진행 요일을 정리하면 다음과 같다.

<table>
<tr><th>월</th><th>화</th><th>수</th><th>목</th><th>금</th><th>토</th></tr>
<tr><td rowspan="2">C, B</td><td rowspan="2">B, D</td><td>C, E</td><td rowspan="2">A, F</td><td rowspan="2">A, F</td><td>D, E</td></tr>
<tr><td>D, E</td><td>C, E</td></tr>
</table>

따라서 'F팀은 목요일과 금요일에 회의를 진행한다.'는 반드시 참이다.

오답분석

① E팀은 수요일과 토요일에 모두 회의를 진행한다.
② 화요일에 회의를 진행한 팀은 B팀과 D팀이다.
③ C팀과 E팀은 수요일과 토요일 중 하루는 함께 회의를 진행한다.
④ C팀은 월요일에 한 번 회의를 진행하였고, 수요일 또는 토요일 중 하루만 회의를 진행한다.

대표기출유형 02 기출응용문제

01

정답 ⑤

A와 B는 하나가 참이면 하나가 거짓인 명제이다. 문제에서 1명이 거짓말을 한다고 하였으므로, A가 거짓말을 했을 경우와 B가 거짓말을 했을 경우로 나눌 수 있다.

i) A가 거짓말을 했을 경우

1층	2층	3층	4층	5층
C	D	B	A	E

ii) B가 거짓말을 했을 경우

1층	2층	3층	4층	5층
B	D	C	A	E

따라서 2가지 경우를 고려했을 때, A는 항상 D보다 높은 층에서 내린다.

02

정답 ③

을과 정은 상반된 이야기를 하고 있다. 만일 을이 참이고 정이 거짓이라면 합격자는 병, 정이 되는데 합격자는 1명이어야 하므로 모순이다. 따라서 을은 거짓이고 합격자는 병이다.

03

정답 ⑤

A가 참을 말하는 경우와 A가 거짓을 말하는 경우로 나눌 수 있는데, 만약 A가 거짓이라면 B와 C가 모두 범인인 경우와 모두 범인이 아닌 경우로 나눌 수 있고, A가 참이라면 B가 범인인 경우와 C가 범인인 경우로 나눌 수 있다.

i) A가 거짓이고 B와 C가 모두 범인인 경우
B, C, D, E의 진술이 모두 거짓이 되어 5명이 모두 거짓말을 한 것이 되므로 조건에 모순된다.

ii) A가 거짓이고 B와 C가 모두 범인이 아닌 경우
B가 참이 되므로 C, D, E 중 1명만 거짓, 나머지는 참이 되어야 한다. C가 참이면 E도 반드시 참, C가 거짓이면 E도 반드시 거짓이므로 D가 거짓, C, E가 참을 말하는 것이 되어야 한다. 따라서 이 경우 D와 E가 범인이 된다.

iii) A가 참이고 B가 범인인 경우
B가 거짓이 되기 때문에 C, D, E 중 1명만 거짓, 나머지는 참이 되어야 하므로 C, E가 참, D가 거짓이 된다. 따라서 이 경우 B와 E가 범인이 된다.

iv) A가 참이고 C가 범인인 경우
B가 참이 되기 때문에 C, D, E 중 1명만 참, 나머지는 거짓이 되어야 하므로 C, E가 거짓, D가 참이 된다. 따라서 범인은 A와 C가 된다.

따라서 선택지 중 ⑤만 동시에 범인이 될 수 있다.

04

정답 ⑤

i) A의 말이 거짓인 경우

구분	A(원료 분류)	B(제품 성형)	C(제품 색칠)	D(포장)
실수	○		×	○

실수는 한 곳에서만 발생했으므로 A의 말은 진실이다.

ii) B의 말이 거짓인 경우

구분	A(원료 분류)	B(제품 성형)	C(제품 색칠)	D(포장)
실수	× / ○		×	×

A와 D 두 사람 말이 모두 진실일 때 모순이 발생하므로 B의 말은 진실이다.

iii) C의 말이 거짓인 경우

구분	A(원료 분류)	B(제품 성형)	C(제품 색칠)	D(포장)
실수	× / ○		○	○

A와 D 두 사람 말이 모두 진실일 때 모순이 발생하며 실수는 한 곳에서만 발생했으므로 C의 말은 진실이다.

iv) D의 말이 거짓인 경우

구분	A(원료 분류)	B(제품 성형)	C(제품 색칠)	D(포장)
실수	×		×	○

D가 거짓을 말했을 때 조건이 성립한다.

따라서 거짓을 말한 사람은 D이며, 실수가 발생한 단계는 포장 단계이다.

05

정답 ④

작품상을 p, 감독상을 q, 각본상을 r, 편집상을 s라고 한다면 심사위원의 진술은 다음과 같이 도식화할 수 있다.

• A : $\sim s \rightarrow \sim q$ and $\sim s \rightarrow r$

• B : $p \rightarrow q$

• C : $\sim q \rightarrow \sim s$

• D : $\sim s$ and $\sim r$

이때, D의 진술에 따라 편집상과 각본상을 모두 받지 못한다면, 편집상을 받지 못한다면 대신 각본상을 받을 것이라는 A의 진술이 성립하지 않으므로 A와 D의 진술 중 하나는 반드시 거짓임을 알 수 있다.

i) D의 진술이 참인 경우

편집상과 각본상을 모두 받지 못하며, 최대 개수를 구하기 위해 작품상을 받는다고 가정하면 B의 진술에 따라 감독상도 받을 수 있다. 그러므로 최대 2개의 상을 수상할 수 있다.

ii) D의 진술이 거짓인 경우

편집상과 각본상을 모두 받으며, 최대 개수를 구하기 위해 작품상을 받는다고 가정하면 감독상도 받을 수 있다. 그러므로 최대 4개의 상을 수상할 수 있다.

따라서 해당 작품이 수상할 수 있는 상의 최대 개수는 4개이다.

06

정답 ⑤

심리상담사 A～E의 진술에 따르면 B와 D의 진술은 반드시 동시에 참이나 거짓이 되어야 하며, A와 B의 진술 역시 동시에 참이나 거짓이 되어야 한다. 이때 B의 진술이 거짓일 경우, A와 D의 진술 모두 거짓이 되므로 2명이 거짓을 말한다는 조건에 어긋난다. 따라서 진실을 말하고 있는 심리상담사는 A, B, D이며, 거짓을 말하고 있는 심리상담사는 C와 E이다. 한편 진실을 말하고 있는 B와 D의 진술에 따라 근무시간에 자리를 비운 사람은 C가 된다.

대표기출유형 03 기출응용문제

01

정답 ④

주어진 조건을 정리하면 E → B → F → G → D → C → A의 순서로 계약이 체결됐다. 따라서 다섯 번째로 채결한 계약은 D이다.

02

정답 ⑤

오른쪽 끝자리에는 30대 남성이, 왼쪽에서 두 번째 자리에는 40대 남성이 앉으므로 네 번째 조건에 따라 30대 여성은 왼쪽에서 네 번째 자리에 앉아야 한다. 이때, 40대 여성은 왼쪽에서 첫 번째 자리에 앉아야 하므로 남은 자리에 20대 남녀가 앉을 수 있다.

i) 경우 1

40대 여성	40대 남성	20대 여성	30대 여성	20대 남성	30대 남성

ii) 경우 2

40대 여성	40대 남성	20대 남성	30대 여성	20대 여성	30대 남성

따라서 항상 옳은 것은 ⑤이다.

03

정답 ③

세 번째 조건에 따라 D는 6명 중 두 번째로 키가 크므로 1팀에 배치되는 것을 알 수 있다, 또한 두 번째 조건에 따라 B는 2팀에 배치되므로 한 팀에 배치되어야 하는 E와 F는 아무도 배치되지 않은 3팀에 배치되는 것을 알 수 있다. 마지막으로 네 번째 조건에 따라 B보다 키가 큰 A는 2팀에 배치되므로 결국 A ~ F는 다음과 같이 배치된다.

1팀	2팀	3팀
C > D	A > B	E, F

따라서 키가 가장 큰 사람은 C이다.

04

정답 ⑤

먼저 거짓말은 1명만 하는데 진희와 희정의 말이 서로 다르므로, 2명 중 1명이 거짓말을 하고 있음을 알 수 있다. 이때, 반드시 진실인 아름의 말에 따라 진희의 말은 진실이 되므로 결국 희정이가 거짓말을 하고 있음을 알 수 있다. 따라서 영화관에 아름 – 진희 – 민지 – 희정 – 세영 순서로 도착하였으므로, 가장 마지막으로 영화관에 도착한 사람은 세영이다.

05

정답 ③

두 번째 조건에 따라 회장실의 위치를 기준으로 각 팀의 위치를 정리하면 다음과 같다.

i) A에 회장실이 있을 때
세 번째 조건에 따라 회장실 맞은편인 E는 응접실이다. 네 번째 조건에 따라 B는 재무회계팀이고, F는 홍보팀이다. 다섯 번째 조건에 따라 G는 법무팀이고 마지막 조건에 따라 C는 탕비실이다. 또한 여섯 번째 조건에 따라 H는 연구개발팀이므로 남은 D가 인사팀이다.

ii) E에 회장실이 있을 때
세 번째 조건에 따라 회장실 맞은편인 A는 응접실이다. 네 번째 조건에 따라 F는 재무회계팀이고, B는 홍보팀이다. 다섯 번째 조건에 따라 C는 법무팀이고 마지막 조건에 따라 G는 탕비실이다. 여섯 번째 조건에 따라 H는 연구개발팀이므로 남은 D가 인사팀이다.

따라서 인사팀의 위치는 D이다.

대표기출유형 04 기출응용문제

01

정답 ④

D씨는 NICE신용점수가 기준 NICE신용점수인 500점을 넘었고, 기준 사업 운영기간인 4개월을 넘게 운영한 사업자이다. 따라서 사업자의 기준 연 소득은 600만 원이고, D씨의 연 소득은 1,200만 원이므로 D씨는 사잇돌2 대출 상품을 이용할 수 있다.

오답분석

① A씨의 NICE신용점수는 기준 NICE신용점수인 500점 미만이다.
② B씨의 재직 기간은 근로자 기준 재직 기간인 5개월 미만이다.
③ C씨의 연 소득은 기준 사업자 연 소득인 600만 원 미만이다.
⑤ E씨의 연 소득은 기준 연금수령자 연 소득인 600만 원 미만이다.

02

정답 ③

주어진 내용을 정리하면 다음과 같다.

구분	1인당 비용(원)	총무팀	영업팀	개발팀	홍보팀	공장1	공장2	합계
A상품	500,000	2	1	2	0	15	6	26
B상품	750,000	1	2	1	1	20	5	30
C상품	600,000	3	1	0	1	10	4	19
D상품	1,000,000	3	4	2	1	30	10	50
E상품	850,000	1	2	0	2	5	5	15
합계		10	10	5	5	80	30	140

ㄱ. 가장 인기 높은 상품은 D이지만 공장1의 고려사항은 회사에 손해를 줄 수 있으므로, 2박 3일 상품이 아닌 1박 2일 상품 중 가장 인기 있는 B상품이 선택된다. 따라서 750,000×140=105,000,000원이 필요하므로 옳다.

ㄷ. 공장1의 A, B 투표 결과가 바뀐다면 여행 상품 A, B의 투표수가 각각 31, 25표가 되어 선택되는 여행 상품이 A로 변경된다.

오답분석

ㄴ. 가장 인기가 좋은 상품은 D이다.

03

정답 ③

• 부서배치
 - 성과급 평균은 48만 원이므로, A는 영업부 또는 인사부에서 일한다.
 - B와 D는 비서실, 총무부, 홍보부 중에서 일한다.
 - C는 인사부에서 일한다.
 - D는 비서실에서 일한다.
 따라서 A – 영업부, B – 총무부, C – 인사부, D – 비서실, E – 홍보부에서 일한다.

• 휴가
 - A는 D보다 휴가를 늦게 간다.
 따라서 C – D – B – A 또는 D – A – B – C 순으로 휴가를 간다.

• 성과급
 - D : 60만 원
 - C : 40만 원
 따라서 D의 성과급이 C보다 많다.

오답분석

① A의 3개월 치 성과급은 20×3=60만 원, C의 2개월 치 성과급은 40×2=80만 원으로 A가 더 적다.
② C가 제일 먼저 휴가를 갈 경우, A가 제일 마지막으로 휴가를 가게 된다.
④ 휴가를 가지 않은 E는 두 배의 성과급을 받기 때문에 총 120만 원의 성과급을 받게 되고, D의 성과급은 60만 원이기 때문에 두 사람의 성과급 차이는 두 배이다.
⑤ C가 제일 마지막에 휴가를 갈 경우, B는 A보다 늦게 출발한다.

04

정답 ④

• 1 Set
프랑스 와인인 B와인이 반드시 포함된다(B와인 : 60,000원).
인지도와 풍미가 가장 높은 와인은 영국 와인이지만 영국 와인은 65,000원이므로 포장비를 포함하면 135,000원이 되어 세트를 구성할 수 없다. 가격이 되는 한도에서 인지도와 풍미가 가장 높은 와인은 이탈리아 와인이다.
• 2 Set
이탈리아 와인인 A와인이 반드시 포함된다(A와인 : 50,000원).
모든 와인이 가격 조건에 해당하고, 와인 중 당도가 가장 높은 와인은 포르투갈 와인이다.

따라서 세트 가격을 한도로 하여 구매할 수 있는 와인 세트의 국가는 '2 Set : 이탈리아, 포르투갈'이다.

대표기출유형 05 기출응용문제

01

정답 ②

수준 높은 금융서비스를 통해 글로벌 경쟁에서 우위를 차지하는 것은 강점을 이용해 글로벌 금융사와의 경쟁 심화라는 위협을 극복하는 ST전략이다.

오답분석

① 해외 비즈니스TF팀을 신설해 해외 금융시장 진출을 대비하는 것은 글로벌 경쟁력이 낮다는 약점을 극복하고 해외 금융시장 진출 확대라는 기회를 활용하는 WO전략이다.
③ 탄탄한 국내 시장점유율이 국내 금융그룹의 핀테크 사업 진출의 기반이 되는 것은 강점을 통해 기회를 살리는 SO전략이다.
④ 우수한 자산건전성 지표를 홍보하여 고객 신뢰를 회복하는 것은 강점으로 위협을 극복하는 ST전략이다.
⑤ 외화 자금 조달 리스크가 약점이므로 기회를 통해 약점을 보완하는 WO전략이다.

02

정답 ③

연착륙이란 경기가 과열될 기미가 있을 때, 경제 성장률을 적정한 수준으로 낮추어 불황을 방지하는 일을 뜻하며, 부실여신 비율의 상승을 초래할 수 있는 금융 당국의 보수적인 정책은 조직 외부로부터 비롯되는 요인으로서, 조직의 목표 달성에 방해가 되는 위협(T)에 해당한다.

오답분석

① 디지털 전환(DT)의 안정적인 진행은 조직의 내부로부터 비롯되는 요인으로서, 조직의 목표 달성에 활용할 수 있는 강점(S)에 해당한다.
② 수익 구조의 편중성은 조직의 내부로부터 비롯되는 요인으로서, 조직의 목표 달성에 방해가 될 수 있는 약점(W)에 해당한다.
④ 다른 기업과의 제휴 등 협업은 조직 외부로부터 비롯되는 요인으로서, 조직의 목표 달성에 활용할 수 있는 기회(O)에 해당한다.
⑤ 인터넷전문은행의 영업 확대 등에 따른 경쟁은 조직 외부로부터 비롯되는 요인으로서, 조직의 목표 달성에 방해가 되는 위협(T)에 해당한다.

03

정답 ④

ㄴ. 특허를 통한 기술 독점은 기업의 내부환경으로 볼 수 있으므로 내부환경의 강점(Strength) 사례이다.
ㄷ. 점점 증가하는 유전자 의뢰는 기업의 외부환경(고객)으로 볼 수 있으므로 외부환경에서 비롯된 기회(Opportunity) 사례이다.

오답분석

ㄱ. 투자 유치의 어려움은 기업의 외부환경(거시적 환경)으로 볼 수 있으므로 외부환경에서 비롯된 위협(Threat) 사례이다.
ㄹ. 높은 실험 비용은 기업의 내부환경으로 볼 수 있으므로 내부환경의 약점(Weakness) 사례이다.

04

정답 ②

국내 금융기관에 대한 SWOT 분석 결과는 다음과 같다.

강점(Strength)	약점(Weakness)
• 높은 국내 시장 지배력 • 우수한 자산건전성 • 뛰어난 위기관리 역량	• 은행과 이자수익에 편중된 수익구조 • 취약한 해외 비즈니스와 글로벌 경쟁력
기회(Opportunity)	**위협(Threat)**
• 해외 금융시장 진출 확대 • 기술 발달에 따른 핀테크의 등장 • IT 인프라를 활용한 새로운 수익 창출	• 새로운 금융 서비스의 등장 • 글로벌 금융기관과의 경쟁 심화

ㄱ. SO전략은 강점을 살려 기회를 포착하는 전략으로, 강점인 국내 시장 점유율을 기반으로 핀테크 사업에 진출하려는 ㄱ은 SO전략으로 적절하다.
ㄷ. ST전략은 강점을 살려 위협을 회피하는 전략으로, 강점인 우수한 자산건전성을 강조하여 글로벌 금융기관과의 경쟁에서 우위를 차지하려는 ㄷ은 ST전략으로 적절하다.

오답분석

ㄴ. WO전략은 약점을 강화하여 기회를 포착하는 전략이다. 그러나 위기관리 역량은 국내 금융기관이 지니고 있는 강점에 해당하므로 WO전략으로 적절하지 않다.
ㄹ. 해외 비즈니스 역량을 강화하여 해외 금융시장에 진출하는 것은 약점을 보완하여 기회를 포착하는 WO전략에 해당한다.

CHAPTER

03 수리능력

대표기출유형 01 기출응용문제

01

정답 ③

B회사에서 S회사까지의 거리를 $x$km라고 하면 다음과 같은 식이 성립한다.

$$\frac{1+1+x}{3}=\frac{5}{3}$$

따라서 B회사에서 S회사까지의 거리는 3km이다.

02

정답 ③

• 출발지로부터 20분 동안 30m/min로 간 거리 : 20×30=600m
• 도착지까지 남은 거리 : 2,000−600=1,400m
• 1시간 중 남은 시간 : 60−20=40분

따라서 20분 후에는 1,400÷40=35m/min의 속력으로 가야 한다.

03

정답 ④

5곳의 배송지에 배달할 때, 첫 배송지와 마지막 배송지 사이에는 4번의 이동이 있다.
총 80분(=1시간 20분)이 걸렸으므로 1번 이동 시에 평균적으로 20분이 걸린다.
따라서 12곳에 배달을 하려면 11번의 이동을 해야 하므로 20×11=220분=3시간 40분이 걸린다.

대표기출유형 02 기출응용문제

01

정답 ①

농도가 14%인 A설탕물 300g과 18%인 B설탕물 200g을 합친 후 100g의 물을 더 넣으면 600g의 설탕물이 되고, 이 설탕물에 녹아 있는 설탕의 양은 300×0.14+200×0.18=78g이다.
여기에 C설탕물을 합치면 600+150=750g의 설탕물이 되고, 이 설탕물에 녹아 있는 설탕의 양은 78+150×0.12=96g이다.
따라서 합친 후 200g에 녹아 있는 설탕의 질량은 $200\times\frac{96}{750}=200\times0.128=25.6$g이다.

02

정답 ④

증발하기 전 농도가 15%인 소금물의 양을 xg이라고 하자.

이 소금물의 소금의 양은 $0.15x$g이고, 5% 증발했으므로 증발한 후의 소금물의 양은 $0.95x$g이다.

또한, 농도가 30%인 소금물의 소금의 양은 $200\times0.3=60$g이다.

$\frac{0.15x+60}{0.95x+200}\times100=20$

→ $0.15x+60=0.2(0.95x+200)$

→ $0.15x+60=0.19x+40$

→ $0.04x=20$

∴ $x=500$

따라서 증발 전 농도가 15%인 소금물의 양은 500g이다.

03

정답 ②

코코아 분말의 양을 xg이라고 하자.

$\frac{x}{700}\times100=25$

→ $x=\frac{25}{100}\times700$

∴ $x=175$

따라서 코코아 분말의 양은 175g이다.

대표기출유형 03 기출응용문제

01

정답 ①

두 사람이 함께 일을 하는 데 걸리는 기간을 x일이라고 하고 전체 일의 양을 1이라고 하자.

대리가 하루에 진행하는 업무의 양은 $\frac{1}{16}$, 사원이 하루에 진행하는 업무의 양은 $\frac{1}{48}$이므로 다음과 같은 식이 성립한다.

$\left(\frac{1}{16}+\frac{1}{48}\right)x=1$

∴ $x=12$

따라서 두 사람이 함께 일을 하는 데 걸리는 기간은 12일이다.

02

정답 ②

갑과 을이 1시간 동안 만들 수 있는 곰인형의 수는 각각 $\frac{100}{4}=25$개, $\frac{25}{10}=2.5$개이다.

갑과 을이 함께 곰인형 132개를 만드는 데 걸린 시간을 x시간이라고 하자.

$(25+2.5)\times0.8\times x=132$

→ $27.5x=165$

∴ $x=6$

따라서 갑과 을이 함께 곰인형 132개를 만드는 데 걸린 시간은 6시간이다.

03

정답 ②

초콜릿 한 상자를 완성하는 일의 양을 1이라고 하면, 명훈이와 우진이가 1시간 동안 만들 수 있는 초콜릿 양은 각각 $\frac{1}{30}$, $\frac{1}{20}$이다.

명훈이와 우진이가 같이 초콜릿을 만드는 시간을 x시간이라고 하자.

$\frac{1}{30}\times3+\frac{1}{20}\times5+\left(\frac{1}{30}+\frac{1}{20}\right)\times x=1$

$\rightarrow \frac{1}{12}x=\frac{13}{20}$

$\therefore x=\frac{39}{5}$

따라서 명훈이와 우진이는 $\frac{39}{5}$시간 동안 함께 초콜릿을 만든다.

대표기출유형 04 기출응용문제

01

정답 ④

- 아이스크림 1개당 정가 : $a\left(1+\frac{20}{100}\right)=1.2a$원
- 아이스크림 1개당 할인 판매가 : $(1.2a-500)$원
- 아이스크림 1개당 이익 : $(1.2a-500)-a=700$

$\rightarrow 0.2a=1,200$

$\therefore a=6,000$

따라서 아이스크림 1개당 정가는 6,000원이다.

02

정답 ③

A가 첫 번째로 낸 금액을 a원, B가 첫 번째로 낸 금액을 b원이라고 하자.

$(a+0.5a)+(b+1.5b)=32,000 \rightarrow 1.5a+2.5b=32,000 \cdots$ ㉠

$(a+0.5a)+5,000=(b+1.5b) \rightarrow 1.5a=2.5b-5,000 \cdots$ ㉡

㉠과 ㉡을 연립하면 다음과 같다.

$\therefore a=9,000,\ b=7,400$

따라서 A가 첫 번째로 낸 금액은 9,000원이다.

03

정답 ④

S가 매년 갚아야 할 금액을 a원이라고 하자.

$(1.8\times10^7)\times(1+0.01)^6=\frac{a(1.01^6-1)}{1.01-1}$

$\rightarrow (1.8\times10^7)\times1.06=\frac{a(1.06-1)}{0.01}$

$\therefore a=3.18\times10^6$

따라서 매년 318만 원씩 갚아야 한다.

대표기출유형 05 기출응용문제

01

정답 ④

A, B, C의 청소 주기 6, 8, 9일의 최소공배수는 $2\times3\times4\times3=72$이다.
따라서 9월은 30일, 10월은 31일까지 있으므로 9월 10일에 청소를 한 다음 72일 이후인 11월 21일에 3명이 같이 청소하게 된다.

02

정답 ③

휴일이 5일, 7일 간격이기 때문에 각각 6번째 날과 8번째 날이 휴일이 된다.
두 회사 휴일의 최소공배수는 24이므로 두 회사는 24일마다 함께 휴일을 맞는다.
4번째로 함께 하는 휴일은 $24\times4=96$이므로 $96\div7=13\cdots5$이다.
따라서 금요일이 4번째로 함께하는 휴일이다.

03

정답 ②

365일은 52주+1일이므로 평년인 해에 1월 1일과 12월 31일은 같은 요일이다. 그러므로 평년인 해에 1월 1일이 월, 화, 수, 목, 금요일 중 하나라면 휴일 수는 $52\times2=104$일이고, 1월 1일이 토, 일요일 중 하나라면 휴일 수는 $52\times2+1=105$일이다.
재작년을 0년도로 두고 1월 1일이 토, 일요일인 경우로 조건을 따져보면 다음과 같다.

i) 1월 1일이 토요일인 경우

구분	1월 1일	12월 31일	휴일 수
0년도(평년)	토	토	105일
1년도(윤년)	일	월	105일
2년도(평년)	화	화	104일

ii) 1월 1일이 일요일인 경우

구분	1월 1일	12월 31일	휴일 수
0년도(평년)	일	일	105일
1년도(윤년)	월	화	104일
2년도(평년)	수	수	104일

따라서 올해 1월 1일은 평일이고, 휴일 수는 104일이다.

대표기출유형 06 기출응용문제

01

정답 ②

2명씩 짝을 지어 한 그룹으로 보고 원탁에 앉는 경우의 수를 구하기 위해서 원순열 공식 $(n-1)!$을 이용한다.
2명씩 3그룹이므로 $(3-1)!=2\times1=2$가지이다. 또한 그룹 내에서 2명이 자리를 바꿔 앉을 수 있는 경우는 2가지씩이다.
따라서 6명이 원탁에 앉을 수 있는 경우의 수는 $2\times2\times2\times2=16$가지이다.

02

정답 ③

6개의 숫자로 여섯 자릿수를 만드는 경우는 $6!$가지이다.
그중 1이 3개, 2가 2개씩 중복되므로 $3!\times2!$의 경우가 겹친다.
따라서 가능한 경우의 수는 $\frac{6!}{3!\times2!}=60$가지이다.

03

정답 ③

그림을 통해 최단 경로를 나타내면 다음과 같다.

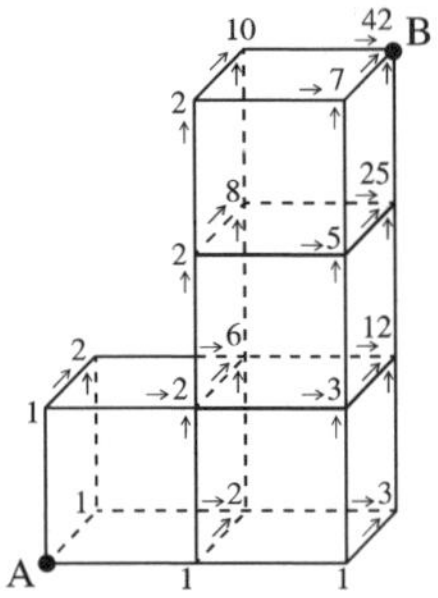

따라서 A점에서 B점으로 가는 최단 경로의 수는 42가지이다.

대표기출유형 07 기출응용문제

01

정답 ③

신입사원일 사건을 A, 남자일 사건을 B라고 하면, 다음과 같은 식이 성립한다.
$P(A)=0.8$, $P(A\cap B)=0.8\times0.4=0.32$
$\rightarrow P(B|A)=\frac{P(A\cap B)}{P(A)}=\frac{0.32}{0.8}=0.4$
따라서 신입사원을 뽑았을 때, 남자일 확률은 40%이다.

02

정답 ③

A과목과 B과목을 선택한 학생의 비율이 각각 전체의 40%, 60%이고,
A과목을 선택한 학생 중 여학생은 30%, B과목을 선택한 학생 중 여학생은 40%이므로 비율은 다음과 같다.
- A과목을 선택한 여학생의 비율 : $0.4\times0.3=0.12$
- B과목을 선택한 여학생의 비율 : $0.6\times0.4=0.24$

따라서 구하고자 하는 확률은 $\frac{0.24}{0.12+0.24}=\frac{2}{3}$이다.

03

정답 ②

탁구공 12개 중에서 4개를 꺼내는 경우의 수는 ${}_{12}C_4=495$가지이다.

흰색 탁구공이 노란색 탁구공보다 많은 경우는 흰색 탁구공 3개, 노란색 탁구공 1개 또는 흰색 탁구공 4개를 꺼내는 경우이다.

i) 흰색 탁구공 3개, 노란색 탁구공 1개를 꺼내는 경우의 수 : ${}_7C_3 \times {}_5C_1 = 35 \times 5 = 175$가지

ii) 흰색 탁구공 4개를 꺼내는 경우의 수 : ${}_7C_4=35$가지

따라서 구하고자 하는 확률은 $\frac{175+35}{495}=\frac{210}{495}=\frac{14}{33}$이다.

대표기출유형 08 기출응용문제

01

정답 ③

외국환거래 계산서의 '거래명'을 살펴보면 외국 지폐를 사는 목적으로 발행된 것을 알 수 있다. 그리고 통화명에 'JPY'라고 표시되어 있으므로 S고객은 엔화를 구매하였음을 알 수 있다. 따라서 구매한 외화총액은 50,000엔으로 원화는 547,865원을 지불하였고, 환율은 두 통화의 비율이므로 547,865원÷50,000엔=1,095.73원/100엔이 적용된 환율이다.

02

정답 ⑤

각국 통화로 표시된 생산단가를 달러를 기준으로 환산하면 다음과 같다.

구분	미국	일본	중국	호주	프랑스
생산단가(A)	90 USD	10,100 JPY	580 CNY	130 AUD	80 EUR
1달러당 교환비율(B)	1	110	6.5	1.4	0.9
(A)÷(B)	90	91.8	89.2	92.9	88.9

따라서 가장 가격경쟁력이 있는 통화의 국가는 프랑스이다.

03

정답 ②

파운드화를 유로화로 환전할 때 이중환전을 해야 하므로 파운드화에서 원화, 원화에서 유로화로 두 번 환전해야 한다.

- 파운드화를 원화로 환전 : 1,400파운드×1,500원/파운드=2,100,000원
- 원화를 유로화로 환전 : 2,100,000원÷1,200원/유로=1,750유로

따라서 K씨가 환전한 유로화는 1,750유로이다.

대표기출유형 09 기출응용문제

01

정답 ③

적립식 예금의 단리이자를 구하는 식은 다음과 같다(n : 개월 수, r : 이자율).

(단리이자)=(월 납입금)$\times \frac{n(n+1)}{2} \times \frac{r}{12}$

B고객이 만기 시 수령하는 이자액을 구하면 다음과 같다.

$150,000 \times \frac{36 \times 37}{2} \times \frac{0.022}{12} = 183,150$원

B고객이 가입기간 동안 납입한 적립 원금은 $150,000 \times 36 = 5,400,000$원이다.
따라서 B고객에게 만기환급금으로 A사원이 안내할 금액은 $5,400,000 + 183,150 = 5,583,150$원이다.

02

정답 ④

(만기 시 수령하는 이자액)$= 200,000 \times \left(\frac{24 \times 25}{2}\right) \times \left(\frac{0.02}{12}\right) = 100,000$원

따라서 만기 시 원리금 수령액은 $200,000 \times 24 + 100,000 = 4,900,000$원이다.

03

정답 ③

목표 수익률은 원금의 10%인 2,000만 원$\times 0.1 = 200$만 원이다.
현재 2,000만 원$\times 0.04 = 80$만 원의 수익을 얻었고, 앞으로 6개월 동안 120만 원의 수익을 더 내야 한다.
따라서 현재부터 6개월까지 누적 수익률은 2,000만 원 중 120만 원이므로 6%이다.

04

정답 ③

연단리와 연복리 예금의 만기환급금을 계산하는 문제가 나왔을 때는 다음 식을 사용한다(원금 : a원, 연이율 : r%, 예치기간 : n개월).

- (연단리 예금 만기환급금)$= a\left(1 + \frac{r}{12}n\right)$
- (연복리 예금 만기환급금)$= a(1+r)^{\frac{n}{12}}$

단리 예금상품의 만기환급금은 $4,000 + 4,000 \times 0.07 \times 3 = 4,840$만 원이고,
복리 예금상품의 만기환급금은 $4,000 \times (1+0.1)^3 = 4,000 \times 1.331 = 5,324$만 원이다.
따라서 두 예금상품의 만기 시 수령액 차이는 $5,324 - 4,840 = 484$만 원임을 알 수 있다.

05

정답 ③

기본이율과 앱 가입 시 이율일 때의 단리 예금상품의 금액 차이는 두 경우 모두 원금이 동일하기 때문에 이자금액의 차이와 같다.
따라서 $4,000 \times (0.09 \times 3 - 0.07 \times 3) = 240$만 원임을 알 수 있다.

대표기출유형 10 기출응용문제

01

정답 ②

매년 A, B, C 각 학과의 입학자와 졸업자의 차이는 13명으로 일정하다.
따라서 빈칸에 들어갈 값은 $58-13=45$이다.

02

정답 ③

주어진 자료를 바탕으로 지점 수를 정리하면 다음과 같다. 증감표의 부호를 반대로 하여 2024년 지점 수에 대입하면 쉽게 계산이 가능하다.

(단위 : 개)

구분	2021년 지점 수	2022년 지점 수	2023년 지점 수	2024년 지점 수
서울	15	17	19	17
경기	13	15	16	14
인천	14	13	15	10
부산	13	11	7	10

따라서 2021년에 지점 수가 두 번째로 많은 지역은 인천이며, 지점 수는 14개이다.

03

정답 ③

2024년 전체 실적은 $45+50+48+42=185$억 원이며, 1 ~ 2분기와 3 ~ 4분기가 차지하는 비율을 구하면 다음과 같다.

- 1 ~ 2분기 : $\frac{45+50}{185}\times100≒51.4\%$
- 3 ~ 4분기 : $\frac{48+42}{185}\times100≒48.6\%$

따라서 바르게 연결한 것은 ③이다.

04

정답 ④

(단위 : 명)

구분	2024년 하반기 입사자 수	2025년 상반기 입사자 수
마케팅	50	100
영업	a	$a+30$
상품기획	100	$100\times(1-0.2)=80$
인사	b	$50\times2=100$
합계	320	$320\times(1+0.25)=400$

- 2025년 상반기 입사자 수의 합 : $400=100+(a+30)+80+100$ → $a=90$
- 2024년 하반기 입사자 수의 합 : $320=50+90+100+b$ → $b=80$

따라서 2024년 하반기 대비 2025년 상반기 인사팀 입사자 수의 증감률은 $\frac{100-80}{80}\times100=25\%$이다.

05

정답 ②

미술과 수학을 신청한 학생의 비율 차이는 $16-14=2\%$p이고, 신청한 전체 학생은 200명이다.
따라서 수학을 선택한 학생 수는 미술을 선택한 학생 수보다 $200\times0.02=4$명 더 적다.

01

정답 ⑤

영국의 2023년 1분기 고용률은 2022년보다 하락했고, 2023년 2분기에는 1분기의 고용률이 유지되었다.

오답분석

① · ③ 제시된 자료를 통해 확인할 수 있다.

② 2024년 1분기 고용률이 가장 높은 국가는 독일이고, 가장 낮은 국가는 프랑스이다. 따라서 두 국가의 고용률의 차이는 $74-64=10$%p이다.

④ • 2023년 2분기 OECD 전체 고용률 : 65.0%
• 2024년 2분기 OECD 전체 고용률 : 66.3%

따라서 2024년 2분기 OECD 전체 고용률의 전년 동분기 대비 증가율은 $\frac{66.3-65}{65}\times100=2\%$이다.

02

정답 ④

ㄴ. 미국 크루즈 방한객 수 대비 미국의 한국발 크루즈 탑승객 수의 비율은 $\frac{14,376}{15,462}\times100 ≒ 93.0\%$이므로 옳은 설명이다.

ㄹ. 영국의 한국발 크루즈 탑승객 수는 일본의 한국발 크루즈 탑승객 수의 $\frac{7,976}{54,273}\times100 ≒ 14.7\%$이므로 옳은 설명이다.

오답분석

ㄱ. 기타를 제외한 전체 크루즈 방한객 수의 순위는 중국, 필리핀, 일본 순서이지만, 한국발 크루즈 탑승객 수의 국가별 순위는 중국, 일본, 미국 순서이므로 다르다.

ㄷ. 필리핀의 한국발 크루즈 탑승객 수는 기타로 분류되어 있다. 따라서 최대일 때의 인원은 7,976명인 영국보다 1명이 적은 7,975명이다. 그러므로 필리핀의 크루즈 방한객 수는 필리핀의 한국발 크루즈 탑승객 수의 최소 $\frac{60,861}{7,975} ≒ 7.63$배이다. 필리핀의 한국발 크루즈 탑승객 수가 7,975명보다 작을수록 그 배수는 더 높아질 것이므로, 최소 7.63배 이상임을 알 수 있다.

03

정답 ③

연도별 공정자산총액과 부채총액의 차를 순서대로 나열하면 952억 원, 1,067억 원, 1,383억 원, 1,127억 원, 1,864억 원, 1,908억 원이다. 따라서 2024년이 가장 크다.

오답분석

① 2022년에는 자본총액이 전년 대비 감소했다.

② 총액 규모가 가장 큰 것은 공정자산총액이다.

④ 2019년과 2020년을 비교하면 분모 증가율은 $\frac{1,067-952}{952}=\frac{115}{952} ≒ \frac{1}{8}$이고, 분자 증가율은 $\frac{481-464}{464}=\frac{17}{464} ≒ \frac{1}{27}$이다.

따라서 2020년에는 비중이 감소했다.

⑤ 직전 해에 비해 당기순이익이 가장 많이 증가한 해는 2023년이다.

04

정답 ②

생산이 증가한 해에는 수출과 내수 모두 증가했다.

오답분석

① 수출이 증가한 해는 2020년, 2023년, 2024년으로 내수와 생산 모두 증가했다.
③ 표에서 ▽는 감소 수치를 나타내고 있으나 2020년에는 없으므로 옳은 설명이다.
④ 2022년이 이에 해당한다.
⑤ 내수가 가장 큰 폭으로 증가한 해는 2022년으로 생산과 수출 모두 감소했다.

05

정답 ⑤

ㄴ. 보험금 지급 부문에서 지원된 금융 구조조정 자금 중 저축은행이 지원받은 금액의 비중은 $\frac{72,892}{303,125}\times 100 \fallingdotseq 24.0\%$로, 20%를 초과한다.

ㄷ. 제2금융에서 지원받은 금융 구조조정 자금 중 보험금 지급 부문으로 지원받은 금액이 차지하는 비중은 $\frac{182,718}{217,080}\times 100 \fallingdotseq 84.2\%$로, 80% 이상이다.

ㄹ. 부실자산 매입 부문에서 지원된 금융 구조조정 자금 중 은행이 지급받은 금액의 비중은 $\frac{81,064}{105,798}\times 100 \fallingdotseq 76.6\%$로, 보험사가 지급받은 금액의 비중의 20배인 $\frac{3,495}{105,798}\times 100\times 20 \fallingdotseq 66.1\%$ 이상이다.

오답분석

ㄱ. 출자 부문에서 은행이 지원받은 금융 구조조정 자금은 222,039억 원으로, 증권사가 지원받은 금융 구조조정 자금의 3배인 $99,769\times 3=299,307$억 원보다 작다.

대표기출유형 12 기출응용문제

01

정답 ②

변환된 그래프의 단위는 백만 주이고, 주어진 자료에는 주식 수의 단위가 억 주이므로 이를 주의하여 종목당 평균 주식 수를 구하면 다음과 같다.

구분	2014년	2015년	2016년	2017년	2018년	2019년	2020년	2021년	2022년	2023년	2024년
종목당 평균 주식 수 (백만 주)	9.39	12.32	21.07	21.73	22.17	30.78	27.69	27.73	27.04	28.25	31.13

이를 토대로 전년 대비 증감 추이를 나타내면 다음과 같다.

구분	2014년	2015년	2016년	2017년	2018년	2019년	2020년	2021년	2022년	2023년	2024년
전년 대비 변동 추이	–	증가	증가	증가	증가	증가	감소	증가	감소	증가	증가

이와 동일한 추이를 보이는 그래프는 ②이다.

02

정답 ①

2023년 11월과 12월에 가입금액이 자료보다 낮다.

03

정답 ①

ㄱ. 연도별 층간소음 분쟁은 2021년 430건, 2022년 520건, 2023년 860건, 2024년 1,280건이다.

ㄴ. 2022년 전체 분쟁신고에서 각 항목이 차지하는 비중을 구하면 다음과 같다.

- 2022년 전체 분쟁신고 건수 : 280+60+20+10+110+520=1,000건
- 관리비 회계 분쟁 : $\frac{280}{1,000}\times100=28\%$
- 입주자대표회의 운영 분쟁 : $\frac{60}{1,000}\times100=6\%$
- 정보공개 관련 분쟁 : $\frac{20}{1,000}\times100=2\%$
- 하자처리 분쟁 : $\frac{10}{1,000}\times100=1\%$
- 여름철 누수 분쟁 : $\frac{110}{1,000}\times100=11\%$
- 층간소음 분쟁 : $\frac{520}{1,000}\times100=52\%$

오답분석

ㄷ. 연도별 분쟁신고 건수를 구하면 다음과 같다.

- 2021년 : 220+40+10+20+80+430=800건
- 2022년 : 280+60+20+10+110+520=1,000건
- 2023년 : 340+100+10+10+180+860=1,500건
- 2024년 : 350+120+30+20+200+1,280=2,000건

전년 대비 아파트 분쟁신고 증가율이 잘못 입력되어 있어, 바르게 구하면 다음과 같다.

- 2022년 : $\frac{1,000-800}{800}\times100=25\%$
- 2023년 : $\frac{1,500-1,000}{1,000}\times100=50\%$
- 2024년 : $\frac{2,000-1,500}{1,500}\times100\fallingdotseq33\%$

ㄹ. 2022년 아파트 분쟁신고 현황이 2021년 값으로 잘못 입력되어 있다.

CHAPTER

04 자원관리능력

PART 1

대표기출유형 01 기출응용문제

01

정답 ⑤

ㄴ. 시간계획을 하는 데 있어서 가장 중요한 것은 그 계획을 따르는 것이지만, 너무 계획에 얽매여서는 안 된다. 이를 방지하기 위해 융통성 있는 시간계획을 세워야 한다.
ㄷ. 시간계획을 세우더라도 실제 행동할 때는 차이가 발생하기 마련이다. 자신은 뜻하지 않았지만 다른 일을 해야 할 상황이 발생할 수 있기 때문이다. 따라서 이를 염두하고 시간계획을 세우는 것이 중요하다.
ㄹ. 이동시간이나 기다리는 시간 등 자유로운 여유시간도 시간계획에 포함하여 활용해야 한다.

02

정답 ①

주어진 조건에 따라 A～D비행기의 정보를 정리하면 다음과 같다.

구분	A비행기	B비행기	C비행기	D비행기
한국과의 시차	3－9＝－6	0	－8－9＝－17	－8－9＝－17
비행시간	9시간	2시간 10분	13시간	11시간 15분
출발시각 기준 현지 도착시간	＋3시간	＋2시간 10분	－4시간	－5시간 45분

C비행기와 A비행기는 출발시각 기준으로 현지 도착시간이 7시간 차이가 난다. 그러나 두 번째 조건에서 두 비행기가 도착 시 현지 시각이 같다고 했으므로, A비행기는 C비행기보다 7시간 빨리 출발한다. 또한 세 번째 조건에 따라, B비행기는 A비행기보다 6시간 늦게 출발한다. 네 번째 조건에 따라, D비행기는 C비행기보다 15분 빨리 출발하므로 A비행기보다 6시간 45분 늦게 출발한다. 따라서 비행기는 A－B－D－C 순서로 출발하므로 출발시각이 가장 빠른 비행기는 A비행기이다.

대표기출유형 02 기출응용문제

01

정답 ③

정규시간 외에 초과근무가 있는 날의 시간외근무시간을 구하면 다음과 같다.

구분	초과근무시간			1시간 공제
	출근	야근	합계	
1 ~ 15일	–	–	–	770분
18(월)	–	70분	70분	10분
20(수)	60분	20분	80분	20분
21(목)	30분	70분	100분	40분
25(월)	60분	90분	150분	90분
26(화)	30분	160분	190분	130분
27(수)	30분	100분	130분	70분
합계	–	–	–	1,130분

∴ 1,130분=18시간 50분

따라서 1시간 미만은 절사하므로 7,000원×18시간=126,000원이다.

02

정답 ④

먼저 통화 내역을 통해 국내통화인지 국제통화인지 구분하면 다음과 같다.

- 국내통화 : 3/5(화), 3/6(수), 3/8(금) → 10+30+30=70분
- 국제통화 : 3/7(목) → 60분

따라서 S대리가 사용한 통화요금은 총 (70분×15)+(60분×40)=3,450원이다.

대표기출유형 03 기출응용문제

01

정답 ①

S씨 가족은 4명이므로 4인용 이상의 자동차를 택해야 한다. 그러므로 2인용인 B자동차를 제외한 나머지 4종류 자동차의 주행거리에 따른 연료비용은 다음과 같다.

- A자동차 : $\frac{140}{25}\times 1,640 \fallingdotseq 9,180$원
- C자동차 : $\frac{140}{19}\times 1,870 \fallingdotseq 13,780$원
- D자동차 : $\frac{140}{20}\times 1,640 = 11,480$원
- E자동차 : $\frac{140}{22}\times 1,870 \fallingdotseq 11,900$원

따라서 S씨 가족은 A자동차를 이용하는 것이 가장 비용이 적게 든다.

02

정답 ①

두 번째 조건에서 총구매금액이 30만 원 이상이면 총금액에서 5% 할인을 해주므로, 한 벌당 가격이 300,000÷50=6,000원 이상인 품목은 할인 적용이 들어간다. '업체별 품목 금액'을 보면 모든 품목이 6,000원 이상이므로 5% 할인 적용대상이다. 그러므로 모든 품목에 할인 조건이 적용되어 정가로 비교가 가능하다.
마지막 조건에서 차순위 품목이 1순위 품목보다 총금액이 20% 이상 저렴한 경우 차순위를 선택하므로, 한 벌당 가격으로 계산하면 1순위인 카라 티셔츠의 20% 할인된 가격은 8,000×0.8=6,400원이다. 따라서 정가가 6,400원 이하인 품목은 A업체의 티셔츠이므로 팀장은 1순위 카라 티셔츠보다 2순위인 A업체의 티셔츠를 구입할 것이다.

03

정답 ④

핸드폰은 총 3가지 공정을 순차적으로 거치는데, A ~ D생산라인에서 각 공정을 맡는다면 라인별 공정현황을 고려해 총 8가지의 경우의 수가 나온다. 또한 앞선 공정에서 생산된 재공품(불량품 제외)이 다음 공정의 재료가 되며 완성품이 될 때까지 기본 3시간이 소요된다.
이를 참고하여 각 공정의 경우마다 3시간 후 처음으로 완성되는 제품의 개수는 다음과 같이 제3공정의 개수를 보면 알 수 있다.

구분	제1공정	제2공정	제3공정
경우 1	A	B	C
	100×(1−0.2)=80개	80×(1−0.1)=72개	70×(1−0.2)=56개
경우 2	A	B	D
	100×(1−0.2)=80개	80×(1−0.1)=72개	60×(1−0.1)=54개
경우 3	A	C	D
	100×(1−0.2)=80개	70×(1−0.1)=63개	60×(1−0.1)=54개
경우 4	A	D	C
	100×(1−0.2)=80개	80×(1−0.1)=72개	70×(1−0.2)=56개
경우 5	B	A	C
	90×(1−0.1)=81개	80×(1−0.2)=64개	64×(1−0.2)≒51개
경우 6	B	A	D
	90×(1−0.1)=81개	80×(1−0.2)=64개	60×(1−0.1)=54개
경우 7	B	C	D
	90×(1−0.1)=81개	70×(1−0.1)=63개	60×(1−0.1)=54개
경우 8	B	D	C
	90×(1−0.1)=81개	80×(1−0.1)=72개	70×(1−0.2)=56개

완성품이 될 때까지 3시간이 소요되므로 5시간 동안 생산할 수 있는 완제품은 제3공정의 개수에 3배를 해주어야 한다.
따라서 5시간 동안 생산할 때, 가장 효율적인 생산구조의 완성품 생산량은 56×3=168개임을 알 수 있다.

대표기출유형 04 기출응용문제

01

정답 ③

오답분석

- A지원자 : 9월에 복학 예정이기 때문에 인턴 기간이 연장될 경우 근무할 수 없으므로 부적합하다.
- B지원자 : 경력사항이 없으므로 부적합하다.
- D지원자 : 근무시간(9시~18시) 이후에 업무가 불가능하므로 부적합하다.
- E지원자 : 포토샵을 활용할 수 없으므로 부적합하다.

02

정답 ③

ㄱ. 각 팀장이 매긴 순위에 대한 가중치는 모두 동일하다고 했으므로 1, 2, 3, 4순위의 가중치를 각각 4, 3, 2, 1점으로 정해 4명의 면접점수를 산정하면 다음과 같다.

- 갑 : 2+4+1+2=9점
- 을 : 4+3+4+1=12점
- 병 : 1+1+3+4=9점
- 정 : 3+2+2+3=10점

면접점수가 높은 을, 정 중 1명이 입사를 포기하면 갑, 병 중 1명이 채용된다. 갑과 병의 면접점수는 9점으로 동점이지만 조건에 따라 인사팀장이 부여한 순위가 높은 갑을 채용하게 된다.

ㄷ. 경영학관리팀장이 갑과 병의 순위를 바꿨을 때, 4명의 면접점수를 산정하면 다음과 같다.

- 갑 : 2+1+1+2=6점
- 을 : 4+3+4+1=12점
- 병 : 1+4+3+4=12점
- 정 : 3+2+2+3=10점

따라서 을과 병이 채용되므로 정은 채용되지 못한다.

오답분석

ㄴ. 인사팀장이 을과 정의 순위를 바꿨을 때, 4명의 면접점수를 산정하면 다음과 같다.

- 갑 : 2+4+1+2=9점
- 을 : 3+3+4+1=11점
- 병 : 1+1+3+4=9점
- 정 : 4+2+2+3=11점

따라서 을과 정이 채용되므로 갑은 채용되지 못한다.

03

정답 ④

성과급 기준표를 토대로 A~E교사에 대한 성과급 배점을 정리하면 다음과 같다.

(단위 : 점)

구분	주당 수업시간	수업 공개 유무	담임 유무	업무 곤란도	호봉	합계
A교사	14	–	10	20	30	74
B교사	20	–	5	20	30	75
C교사	18	5	5	30	20	78
D교사	14	10	10	30	15	79
E교사	16	10	5	20	25	76

따라서 D교사가 가장 높은 배점을 받게 된다.

CHAPTER

05 정보능력

대표기출유형 01 기출응용문제

01

정답 ②

호환성(Compatibility)이란 하드웨어 장치나 소프트웨어 프로그램이 여러 가지 다른 기종의 컴퓨터에서도 사용되거나 수행될 수 있는 성질을 말한다.

02

정답 ④

데이터베이스 설계 단계는 '요구조건 분석 → 개념적 설계 → 논리적 설계 → 물리적 설계 → 구현' 순이다.

03

정답 ③

구조적 질의어(SQL; Structured Query Language)의 DROP TABLE 명령문을 사용한 RESTRICT는 제거할 요소가 다른 개체에 참조되지 않은 경우에만 삭제한다.

대표기출유형 02 기출응용문제

01

정답 ②

INDEX 함수는 「=INDEX(배열로 입력된 셀의 범위, 배열이나 참조의 행 번호, 배열이나 참조의 열 번호)」로, MATCH 함수는 「=MATCH(찾으려고 하는 값, 연속된 셀 범위, 되돌릴 값을 표시하는 숫자)」로 표시되기 때문에 「=INDEX(E2:E9, MATCH(0, D2:D9, 0))」를 입력하면 근무연수가 0인 사람의 근무월수가 셀에 표시된다. 따라서 결괏값은 2이다.

02

정답 ②

지정한 범위 내에서 주어진 조건에 맞는 셀의 개수를 추출하는 COUNTIF 함수를 사용해야 한다. ○ 한 개당 20점이므로 ○의 개수를 구한 뒤 그 값에 20을 곱해야 한다. 따라서 [H2] 셀에 입력할 함수식으로 「=COUNTIF(C2:G2, "○")*20」가 옳다.

대표기출유형 03 기출응용문제

01

정답 ②

i가 0부터 10 미만일 때까지 sum에 더하는 코드이다.
1부터 9까지의 합은 45이다.

02

정답 ①

c의 초기값이 0이기 때문에 몇 번을 곱해도 c는 0이다.

PART 2

직무능력평가

CHAPTER 01 경영학

기출응용문제

01	02	03	04	05	06	07	08	09	10	11	12	13	14	15	16	17	18	19	20
②	③	⑤	③	①	②	④	①	④	②	③	①	⑤	①	③	①	①	③	④	⑤

01

정답 ②

마이클 포터(Michael E. Porter)의 본원적 경쟁전략

- 원가우위 전략 : 원가절감을 통해 해당 산업에서 우위를 점하는 전략으로, 이를 위해서는 대량생산을 통해 단위 원가를 낮추거나 새로운 생산기술을 개발할 필요가 있다. 1970년대 우리나라의 섬유업체나 신발업체, 가발업체 등이 미국시장에 진출할 때 취한 전략이 여기에 해당한다.
- 차별화 전략 : 조직이 생산품이나 서비스를 차별화하여 고객에게 가치가 있고 독특하게 인식되도록 하는 전략이다. 이를 위해서는 연구개발이나 광고를 통하여 기술, 품질, 서비스, 브랜드 이미지를 개선할 필요가 있다.
- 집중화 전략 : 특정 시장이나 고객에게 한정된 전략으로, 원가우위나 차별화 전략이 산업 전체를 대상으로 하는 데 비해 집중화 전략은 특정 산업을 대상으로 한다. 즉, 경쟁조직들이 소홀히 하고 있는 한정된 시장을 원가우위나 차별화 전략을 써서 집중적으로 공략하는 방법이다.

오답분석

① 집중화 전략에 대한 설명이다.
③·⑤ 원가우위 전략에 대한 설명이다.
④ 차별화 전략에 대한 설명이다.

02

정답 ③

O2O 마케팅(Online To Offline)은 모바일 서비스를 기반으로 한 오프라인 매장의 마케팅 방법이다. 따라서 온라인을 통해 오프라인 매장에 대한 정보를 습득하고 매장에서 이용할 수 있는 공동구매나 쿠폰 등을 온라인에서 얻는 것을 말한다.

03

정답 ⑤

오답분석

① 데이터베이스관리시스템은 데이터의 중복성을 최소화하면서 조직에서의 다양한 정보요구를 충족시킬 수 있도록 상호 관련된 데이터를 모아놓은 데이터의 통합된 집합체이다.
② 전문가시스템은 특정 전문분야에서 전문가의 축적된 경험과 전문지식을 시스템화하여 의사결정을 지원하거나 자동화하는 정보시스템이다.
③ 전사적 자원관리시스템은 구매, 생산, 판매, 회계, 인사 등 기업의 모든 인적·물적 자원을 효율적으로 관리하여 기업의 경쟁력을 강화시켜주는 통합정보시스템이다.
④ 의사결정지원시스템은 경영학관리자의 의사결정을 도와주는 시스템이다.

04

정답 ③

- ODM(Original Development Manufacturing) : '제조자 개발생산', '제조자 설계생산', '생산자 주도 방식'이라고 하며, 주문자가 만들어준 설계도에 따라 생산하는 단순 하청생산 방식인 OEM과 달리 제조업체가 주도적으로 제품을 생산한다.

• SCM(Supply Chain Management) : 부품 공급업체와 생산업체 그리고 고객에 이르기까지 거래 관계에 있는 기업들이 IT를 이용해 실시간으로 정보를 공유하고, 이를 통해 시장 및 수요자의 요구에 기민하게 대응할 수 있도록 지원한다.

오답분석

• OEM(Original Equipment Manufacturing) : '주문자 위탁 생산', '주문자 상표 부착 생산'이라고 하며, 주문자가 요구하는 제품과 상표명으로 완제품을 생산하는 것을 말한다. 즉, 유통망을 구축하고 있는 주문자가 생산력을 가진 제조업체에 상품의 제조만을 위탁하여 완성된 상품을 주문자의 브랜드로 판매하는 방식이다.
• CRM(Customer Relationship Management) : '고객관계관리'라고 하며, 현재 고객과 잠재 고객에 대한 정보를 정리 · 분석하여 마케팅 정보로 변환함으로써 고객의 구매 관련 행동을 지수화하고, 이를 토대로 마케팅 프로그램을 개발 · 실현 · 수정하는 고객 중심의 경영학 기법을 말한다.
• PRM(Partner Relationship Management) : '파트너관계관리'라고 하며, CRM의 한 영역으로 주 관리 대상을 대리점이나 총판 등 파트너 부문에 초점을 맞추는 것이 특징이다.

05

정답 ①

동기부여의 내용이론

• 매슬로의 욕구단계설 : 매슬로의 주장은 인간의 다양하고도 복잡한 욕구가 사람의 행동을 이끄는 주된 원동력이라는 것이다.
• 알더퍼의 ERG 이론 : 알더퍼는 인간욕구의 단계성을 인정하는 것은 매슬로와 같지만 존재욕구, 관계욕구, 성장욕구를 구분함으로써 하위단계에서 상위단계로의 진행과 상위단계 욕구가 만족되지 않을 경우 하위단계 욕구가 더 커진다는 이론을 제시했다.
• 허즈버그의 2요인 이론 : 허즈버그는 개인에게 만족감을 주는 요인과 불만족을 주는 요인이 전혀 다를 수 있다는 이론을 제시했다. 그에 따르면 동기요인(성취감, 상사로부터의 인정, 성장과 발전 등)은 직무동기를 유발하고 만족도를 증진시키나, 위생요인(회사의 정책, 관리규정, 임금, 관리행위, 작업조건 등)은 직무불만족을 유발한다.
• 맥클랜드의 성취동기이론 : 맥클랜드는 개인의 성격을 크게 3가지 욕구의 구성체로 간주하고, 그중 성취욕구가 높은 사람이 강한 수준의 동기를 갖고 직무를 수행한다는 이론을 제시했다.

06

정답 ②

시계열분석은 과거의 수요를 분석하여 시간에 따른 수요의 패턴을 파악하고, 이의 연장선상에서 미래의 수요를 예측하는 방법으로 정량적 예측기법이다.

오답분석

① 델파이법 : 설계된 절차의 앞부분에서 어떤 일치된 의견으로부터 얻어지는 정보와 의견의 피드백을 중간에 삽입하여 연속적으로 질문을 적용하는 기법을 말한다.
③ 전문가패널법 : 전문가들이 의견을 자유롭게 교환하여 일치된 예측결과를 얻는 기법을 말한다.
④ 자료유추법 : 유사한 기존제품의 과거자료를 기초로 하여 예측하는 방법을 말한다.
⑤ 패널동의법 : 개인보다는 집단의 의견이 더 나은 예측을 한다는 가정으로 경영학자, 판매원, 소비자 등으로 패널을 구성하여 예측치를 구하는 방법을 말한다.

07

정답 ④

직무기술서는 직무요건을 중심으로 직무수행과 관련된 과업 및 직무행동을 기술한 양식이다.

구분	직무기술서	직무명세서
개념	직무요건을 중심으로 직무수행과 관련된 과업 및 직무 행동을 기술한 양식	인적요건을 중심으로 특정 직무를 수행하기 위해 요구되는 지식, 기능, 육체적 정신적 능력 등을 기술한 양식
포함 내용	• 직무 명칭, 직무코드, 소속 직군, 직렬 • 직급(직무등급), 직무의 책임과 권한 • 직무를 이루고 있는 구체적 과업의 종류 및 내용 등	• 요구되는 교육 수준 • 요구되는 지식, 기능, 기술, 경험 • 요구되는 정신적, 육체적 능력 • 인정 및 적성, 가치, 태도 등
작성 요건	명확성, 단순성, 완전성, 일관성	

08

정답 ①

포트폴리오의 분산은 각 구성자산과 포트폴리오 간의 공분산을 각 자산의 투자비율로 가중평균하여 계산한다.

자본예산기법

자본예산이란 투자효과가 장기적으로 나타나는 투자의 총괄적인 계획으로서 투자대상에 대한 각종 현금흐름을 예측하고 투자안의 경제성분석을 통해 최적 투자결정을 내리는 것을 말한다.

자본예산의 기법에는 회수기간법, 회계적이익률법, 수익성지수법, 순현가법, 내부수익률법 등이 주로 활용된다.

- 회수기간법 : 투자시점에서 발생한 비용을 회수하는 데 걸리는 기간을 기준으로 투자안을 선택하는 자본예산기법이다.
  - 상호독립적 투자안 : 회수기간<목표회수기간 → 채택
  - 상호배타적 투자안 : 회수기간이 가장 짧은 투자안 채택
- 회계적이익률법 : 투자를 원인으로 나타나는 장부상의 연평균 순이익을 연평균 투자액으로 나누어 회계적 이익률을 계산하고 이를 이용하여 투자안을 평가하는 방법이다.
  - 상호독립적 투자안 : 투자안의 ARR>목표ARR → 채택
  - 상호배타적 투자안 : ARR이 가장 큰 투자안 채택
- 순현가법 : 투자로 인하여 발생할 미래의 모든 현금흐름을 적절한 할인율로 할인한 현가로 나타내어서 투자결정에 이용하는 방법이다.
  - 상호독립적 투자안 : NPV>0 → 채택
  - 상호배타적 투자안 : NPV가 가장 큰 투자안 채택
- 내부수익률법 : 미래 현금유입의 현가와 현금유출의 현가를 같게 만드는 할인율인 내부수익률을 기준으로 투자안을 평가하는 방법이다.
  - 상호독립적 투자안 : IRR>자본비용 → 채택
  - 상호배타적 투자안 : IRR이 가장 큰 투자안 채택

09

정답 ④

기업가 정신이란 기업의 본질인 이윤 추구와 사회적 책임의 수행을 위해 기업가가 마땅히 갖추어야 할 자세나 정신을 말한다. 미국의 경제학자 슘페터(Joseph A. Schumpeter)는 기업 이윤의 원천을 기업가의 혁신, 즉 기업가 정신을 통한 기업 이윤 추구에 있다고 보았다. 따라서 기업가는 혁신, 창조적 파괴, 새로운 결합, 남다른 발상, 남다른 눈을 지니고 있어야 하며 새로운 생산기술과 창조적 파괴를 통하여 혁신을 일으킬 줄 아는 사람이어야 한다고 주장하였다. 아울러 혁신의 요소로 새로운 시장의 개척, 새로운 생산 방식의 도입, 새로운 제품의 개발, 새로운 원료 공급원의 개발 내지 확보, 새로운 산업 조직의 창출 등을 강조하였다.

10

정답 ②

오답분석

① 횡축은 상대적 시장점유율, 종축은 시장성장률이다.
③ 별 영역은 시장성장률이 높고, 상대적 시장점유율도 높다.
④ 자금젖소 영역은 상대적 시장점유율이 높아 자금투자보다 자금산출이 많다.
⑤ 개 영역은 시장성장률과 상대적 시장점유율이 낮은 쇠퇴기에 접어든 경우이다.

11

정답 ③

순현가법에서는 내용연수 동안에 발생할 모든 현금흐름을 통해 현가를 비교한다.

오답분석

① 순현가는 현금유입의 현가를 현금유출의 현가로 나눈 것이다.
② 순현가법은 개별 투자안들 간 상호관계를 고려할 수 없는 한계가 있다.
④ 최대한 큰 할인율이 아니라 적절한 할인율로 할인한다.
⑤ 투자의 결과 발생하는 현금유입이 투자안의 내부수익률로 재투자될 수 있다고 가정하는 것은 내부수익률법이다.

12

정답 ①

오답분석

② 스캔런 플랜 : 생산의 판매가치에 대한 인건비 비율이 사전에 정한 표준 이하의 경우 종업원에게 보너스를 주는 제도이다.
③ 메리크식 복률성과급 : 표준생산량을 83% 이하, 83 ~ 100% 그리고 100% 이상으로 나누어 상이한 임금률을 적용하는 방식이다.
④ 테일러식 차별성과급 : 근로자의 하루 표준 작업량을 시간연구 및 동작연구에 의해 과학적으로 설정하고 이를 기준으로 하여 고·저 두 종류의 임금률을 적용하는 제도이다.
⑤ 러커 플랜 : 조직이 창출한 부가가치 생산액을 구성원 인건비를 기준으로 배분하는 제도이다.

13

정답 ⑤

글로벌 경쟁이 심화될수록 해당 사업에 경쟁력이 낮아지며, 다각화 전략보다 집중화 현상이 심해진다.

다각화(Diversification)
한 기업이 다른 여러 산업에 참여하는 것으로, 두 가지로 구분된다.
- 관련다각화 : 제품이나 판매지역 측면에서 관련된 산업에 집중
- 비관련다각화 : 서로 연관되지 않은 사업에 참여하여 영위하는 전략(한국식 재벌기업형태)

14

정답 ①

델파이 기법은 예측하려는 현상에 대하여 관련 있는 전문가나 담당자들로 위원회를 구성하고, 개별적 질의를 통해 의견을 수집하여 종합·분석·정리하여 의견이 일치될 때까지 개별적 질의 과정을 되풀이하는 예측기법이다.

15

정답 ③

균형성과표(BSC)는 재무관점, 고객관점, 내부 프로세스관점, 학습 및 성장관점 등의 4가지로 성과를 측정한다.

16

정답 ①

ㄱ. 변혁적 리더십은 거래적 리더십에 대한 비판으로 현상 탈피, 변화 지향성, 내재적 보상의 강조, 장기적 관점이 특징이다.
ㄷ. 카리스마 리더십은 부하에게 높은 자신감을 보이며 매력적인 비전을 제시한다.

오답분석

ㄴ. 거래적 리더십은 전통적 리더십 이론으로 현상 유지, 안정 지향성, 즉각적이고 가시적인 보상체계, 단기적 관점이 특징이다.
ㄹ. 슈퍼 리더는 부하들이 역량을 최대한 발휘하여 셀프 리더가 될 수 있도록 환경을 조성해 주고 동기부여를 할 줄 아는 리더이다.

17

정답 ①

신제품 수용자 유형
- 혁신자(Innovators) : 신제품 도입 초기에 제품을 수용하는 소비자로, 모험적이며 새로운 경험 추구
- 조기 수용자(Early Adopters) : 혁신자 다음으로 수용하는 소비자로, 의견선도자 역할
- 조기 다수자(Early Majority) : 대부분의 일반 소비자로, 신중한 편
- 후기 다수자(Late Majority) : 대부분의 일반 소비자로, 신제품 수용에 의심 많음
- 최후 수용자(Laggards) : 변화를 싫어하고 전통을 중시함

18

정답 ③

매트릭스 조직

조직의 구성원이 원래 속해 있던 종적계열과 함께 횡적계열이나 프로젝트 팀의 일원으로 속해 동시에 임무를 수행하는 조직형태로, 결국 한 구성원이 동시에 두 개의 팀에 속하게 된다. 특징은 계층원리와 명령일원화 원리의 비적용, 라인・스태프 구조의 불일치, 프로젝트 임무 완수 후 원래 속한 조직업무로의 복귀 등이 있다.

- 장점 : 지식공유가 일어나는 속도가 빠르므로 프로젝트를 통해 얻은 지식과 경험을 다른 프로젝트에 활용하기 쉽고, 프로젝트 또는 제품별 조직과 기능식 조직 간에 상호 견제가 이루어지므로 관리의 일관성을 꾀할 수 있으며 인적자원 관리도 유연하게 할 수 있다. 또한 시장의 요구에 즉각적으로 대응할 수 있으며 경영학진에게도 빠르게 정보를 전달할 수 있다.
- 단점 : 조직의 특성상 구성원은 자신의 위치에 대해 불안감을 가질 수 있고, 이것이 조직에 대한 몰입도나 충성심 저하의 원인이 될 수 있다. 또한 관리비용의 증가 문제 역시 발생할 수 있다.

19

정답 ④

브룸(Vroom)은 개인의 동기화 정도가 기대, 수단, 유인가에 따라 결정된다고 보았다. 개인의 노력은 노력의 결과 성과가 주어질 것이라는 신념, 즉 기대에 의해 좌우된다는 것이다. 따라서 노력에 대한 성과가 주어지지 않는다면 그 행동에 대한 동기가 작용하지 않으므로 사람들은 더 이상 노력하지 않게 된다. 또한 브룸은 사람마다 성과에 대한 선호가 다르므로 어떤 보상이 주어지느냐에 따라 동기화 정도도 달라진다고 주장했다.

20

정답 ⑤

GE 매트릭스는 기업이 그리드에서의 위치에 따라 제품 라인이나 비즈니스 유닛을 전략적으로 선택하는 데 사용하는 다중 요인 포트폴리오 매트릭스라고도 부른다.

CHAPTER

02 경제학 기출응용문제

01	02	03	04	05	06	07	08	09	10	11	12	13	14	15	16	17	18	19	20
②	④	①	④	④	②	①	④	③	④	①	②	③	②	④	②	③	④	②	③

01

정답 ②

국내총생산(GDP)은 일정기간 한 나라 국경 안에서 생산된 모든 최종 재화와 서비스의 시장가치의 합으로 계산되기 때문에 지하경제에서 불법적으로 거래되는 마약 밀매, 성매매, 도박 등은 GDP의 계산에서 제외된다.

02

정답 ④

사회후생의 극대화는 자원배분의 파레토효율성이 달성되는 효용가능경계와 사회무차별곡선이 접하는 점에서 이루어진다. 따라서 파레토효율적인 자원배분하에서는 항상 사회후생이 극대화되는 것은 아니며, 사회후생 극대화는 무수히 많은 파레토효율적인 점들 중의 한 점에서 달성된다.

03

정답 ①

일차식의 형태로 표현되는 것은 선형 효용함수이므로 옳지 않은 설명이다.

04

정답 ④

오답분석

ㄱ. 솔로우 모형에서 총요소 생산성의 증가, 인구성장율의 증가, 감가상각율의 변화는 성장률의 항구적인 변화를 낳는다. 따라서 체화된 기술진보는 균형성장에서 일인당 국민소득증가율이 양이 되게 하고, 지속적인 성장은 지속적인 기술진보에 의해서 가능하다.

05

정답 ④

가격소비곡선(PCC)이란, 특정 재화의 가격변화에 따른 소비균형점의 변화를 연결한 곡선이다. 소비자 균형은 예산선과 무차별곡선이 접하는 지점에서 형성된다. 제시된 그래프에서 X재의 당초 예산선과 가격 하락 후 예산선이 각각 무차별곡선과 만나는 지점은 a점과 c점이다. 따라서 a점과 c점을 연결하면 X재 가격 하락에 따른 균형점의 변화, 즉 가격소비곡선을 도출할 수 있다.

오답분석

① 당초 a점을 지나는 무차별곡선보다 X재의 가격 하락 후 c점을 지나는 무차별곡선이 원점에서 더 멀리 떨어져 있음을 확인할 수 있으므로 이 소비자의 효용은 증가하였다.
② 가격효과는 대체효과와 소득효과로 구성된다. X재의 가격 하락으로 인해 상대가격이 변화하였고, 상대가격의 변화는 예산선 기울기의 변화로 반영된다. 따라서 대체효과는 동일한 무차별곡선이 기울기 변화를 반영한 가상의 예산선(점선)과 만나는 지점인 X_1 까지의 간격에 해당한다.
③ 변화한 상대가격에 실질소득의 변화를 마저 반영한 것이 소득효과이다. 따라서 제시된 그래프에서 X_1 에서 X_2 까지의 간격이 소득효과에 해당한다.
⑤ 소득소비곡선(ICC)이란, 동일한 상대가격(예산선의 기울기)에서 소득이 변화할 때의 균형점의 이동을 나타낸 곡선을 의미한다. 따라서 제시된 그래프의 b점과 c점을 연결한 선에 해당한다.

06

정답 ②

오답분석

ㄴ. 케인스 모형에서 재정정책의 효과는 강력한 반면 금융정책의 효과가 미약하다. 따라서 (가)에서 $Y_0 \rightarrow Y_1$의 크기는 (나)에서 $Y_a \rightarrow Y_b$의 크기보다 크다.

ㄹ. 케인스는 승수효과를 통해 정부가 지출을 조금만 늘리면 국민의 소득은 지출에 비해 기하급수적으로 늘어난다고 주장하였다. 또한 케인스 학파에서는 소비를 미덕으로 여기므로 소득이 증가하면 소비 또한 증가하여 정부지출의 증가는 재고의 감소를 가져온다.

07

정답 ①

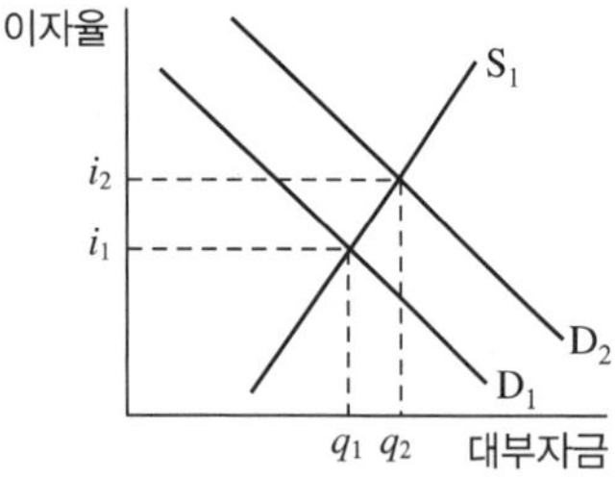

기업들에 대한 투자세액공제가 확대되면, 투자가 증가하므로 대부자금에 대한 수요가 증가($D_1 \rightarrow D_2$)한다. 이렇게 되면 실질이자율이 상승($i_1 \rightarrow i_2$)하고 저축이 늘어난다. 그 결과 대부자금의 균형거래량은 증가($q_1 \rightarrow q_2$)한다.

08

정답 ④

애덤 스미스가 말한 '보이지 않는 손'에 따르면 시장을 통해서 효율적인 자원배분이 이루어지기 때문에 인위적인 개입이나 조정은 필요하지 않다. 따라서 시장에서 거래되어야 하는 서비스를 국가가 개입해서 무료로 제공하는 것은 시장경제체제의 특징으로 옳지 않다.

09

정답 ③

$$\text{실업률} = \frac{\text{실업자 수}}{\text{경제활동인구}} \times 100 = \frac{\text{실업자 수}}{\text{취업자 수} + \text{실업자 수}} \times 100$$

ㄴ. 실업자가 비경제활동인구로 전환되면 분자와 분모 모두 작아지게 되는데 이때 분자의 감소율이 더 크므로 실업률은 하락한다.

ㄷ. 비경제활동인구가 취업자로 전환되면 분모가 커지게 되므로 실업률은 하락한다.

오답분석

ㄱ. 취업자가 비경제활동인구로 전환되면 분모가 작아지므로 실업률은 상승한다.

ㄹ. 비경제활동인구가 실업자로 전환되면 분자와 분모 모두 커지게 되는데 이때 분자의 상승률이 더 크므로 실업률은 상승한다.

10

정답 ④

열등재(Inferior Goods)는 소득효과가 음(−)인 경우의 재화이므로 소득이 증가하면 수요가 감소한다.

우하향하고 원점에 대해 볼록한 통상적인 무차별곡선을 갖는 소비자를 가정한 경우 X재 가격이 하락할 때 X재 수요량이 변하지 않았다면, 가격소비곡선(PCC)은 수직이다. 이 경우 X재의 가격변화로 인한 대체효과는 항상 플러스이지만 총효과가 0이므로 소득효과는 대체효과를 상쇄할 만큼의 마이너스로 나타나야 한다. 따라서 X재는 열등재이고, 효용 극대화를 위해 X재의 가격하락에 따른 소득효과로 Y재의 소비량이 증가하여 Y재는 정상재이다.

11

정답 ①

MR=MC가 성립되는 생산량은 손실 극대화점과 이익 극대화점으로 2개가 존재한다. 따라서 이윤 극대화가 성립되기 위해서는 MR=MC가 충족되면서 TR>TC도 성립하여야 한다.

12

정답 ②

자연독점이란 규모가 가장 큰 단일 공급자를 통한 재화의 생산 및 공급이 최대 효율을 나타내는 경우 발생하는 경제 현상을 의미하고, 최소효율규모란 평균비용곡선상에서 평균비용이 가장 낮은 생산 수준을 나타낸다. 따라서 자연독점 현상은 최소효율규모의 수준 자체가 매우 크거나 생산량이 증가할수록 평균총비용이 감소하는 '규모의 경제'가 나타날 경우에 발생한다.

13

정답 ③

i) 화폐수량설 공식은 MV=PV이다(M : 통화, V : 유통속도, P : 물가, Y : 국민소득). 이 중 PV는 명목 GDP이므로, 문제에 제시된 명목 GDP(1,650조 원)와 통화량(2,500조 원)을 이 공식에 대입하면 2,500V=1,650이 되고, V=0.66이 도출된다.

ii) V(유통속도)변화율=△V(0.0033)÷V(0.66)=1÷200=0.5%

iii) EC방정식에 따르면 (M변화율)+(V변화율)=(P변화율)+(Y변화율)이다. 여기에 앞서 도출한 V변화율(0.5%)과 문제에서 제시된 물가변화율(2%)·실질 GDP 증가율(3%)을 대입하면, M변화율은 5−0.5=4.5가 나오게 된다.

따라서 적정 통화공급 증가율은 4.5%이다.

14

정답 ②

객관성은 지니계수의 주요 원리와 관계가 없다.

오답분석

① 지니계수를 구할 때 모집단의 정보를 외부 등에 공개하지 않는다.
③ 지니계수는 경제규모, 측정방식 등에 영향을 받지 않는다.
④ 지니계수는 모집단의 크기와 관계없이 계산이 가능하다.
⑤ 지니계수는 소득이 많은 사람으로부터 소득이 적은 사람으로의 소득의 이전을 나타낸다.

15

정답 ④

ㄱ·ㅁ. 2020년에서 2024년으로 갈수록 직접세 비중은 낮아지는 반면 간접세 비중이 높아지고 있다. 이를 통해 조세부담의 역진성이 강화되고 있다는 사실을 추론할 수 있으며, 소득분배 지표를 변화시키는 하나의 요인으로 작용하였을 것이라고 추측할 수 있다.

ㄴ. 2020년에서 2024년으로 갈수록 지니계수는 증가하고 10분위분배율은 감소하고 있다. 지니계수의 값이 작을수록, 10분위분배율의 값이 클수록 균등에 가까워지는 것인데, 반대의 증감을 보이고 있으므로 소득불평등이 심해진다고 할 수 있다.

ㄹ. 상위 20% 계층의 소득에 대한 하위 40% 계층 소득의 비율은 지니계수가 아닌 10분위분배율을 통해 알 수 있다. 따라서 2024년에는 상위 20% 계층의 소득이 하위 40% 계층 소득의 2배이다.

오답분석

ㄷ. 2020년에는 상위 20% 계층의 소득이 하위 40% 계층 소득의 $\frac{5}{3}$배이다.

16

정답 ②

ㄱ. 생산비용 절감 또는 생산기술 발전 시 공급이 늘어나 공급곡선이 오른쪽으로 이동한다.
ㄷ. A의 가격이 높아지면 대체재인 B의 가격이 상대적으로 낮아져 수요가 늘어나게 된다.

오답분석

ㄴ. 정상재의 경우 수입이 증가하면 수요가 늘어나 수요곡선이 오른쪽으로 이동한다.
ㄹ. 상품의 가격이 높아질 것으로 예상되면 나중에 더 높은 가격에 팔기 위해 공급이 줄어들게 된다.

17

정답 ③

IS – LM 곡선은 거시경제에서의 이자율과 '국민소득'을 분석하는 모형으로 경제가 IS 곡선의 왼쪽에 있는 경우 이자율의 감소로 저축보다 투자가 많아져 '초과수요'가 발생하게 된다. 또한 LM 곡선은 '화폐시장'의 균형이 달성되는 이자율과 국민소득의 조합을 나타낸 선이다.

18

정답 ④

일물일가의 법칙을 가정하는 구매력평가설에 따르면 두 나라에서 생산된 재화의 가격이 동일하므로 명목환율은 두 나라의 물가수준의 비율로 나타낼 수 있다. 한편, 구매력평가설이 성립하면 실질환율은 불변한다.

19

정답 ②

인플레이션이 발생하면 현금 자산을 가지고 있는 사람들은 손해를 보지만 물리적 자산(주식, 부동산)을 소유하고 있는 사람들은 자산의 가치가 상승할 것이기 때문에 이득을 보게 된다. 이미 누군가가 소유하고 있는 자산을 다른 사람들이 소유하기 위해서는 상승한 물가만큼의 금액을 지불해야 하기 때문이다.

20

정답 ③

원자재가격 상승으로 인한 기업 생산비의 증가는 총공급곡선을 왼쪽으로 이동시킨다. 한편, 기준금리 인상으로 이자율이 상승하면 투자와 소비가 위축되므로 총수요곡선도 왼쪽으로 이동한다. 이 경우 실질 GDP는 크게 감소하게 되는 반면, 물가는 증가하는지 감소하는지 알 수 없다.

PART 3
최종점검 모의고사

최종점검 모의고사

01 NCS 직업기초능력평가

01	02	03	04	05	06	07	08	09	10	11	12	13	14	15	16	17	18	19	20
⑤	④	④	④	②	②	②	①	①	②	②	③	①	⑤	⑤	⑤	③	②	④	③
21	22	23	24	25	26	27	28	29	30	31	32	33	34	35	36	37	38	39	40
①	④	④	④	②	④	①	③	⑤	①	⑤	②	⑤	⑤	④	③	③	④	②	④
41	42	43	44	45	46	47	48	49	50	51	52	53	54	55	56	57	58	59	60
④	④	④	④	④	③	⑤	②	④	⑤	④	⑤	②	②	③	②	④	③	③	③
61	62	63	64	65	66	67	68	69	70	71	72	73	74	75	76	77	78	79	80
⑤	②	④	③	③	①	④	③	③	③	④	②	③	②	②	①	③	③	②	⑤
81	82	83	84	85	86	87	88	89	90	91	92	93	94	95	96	97	98	99	100
①	②	⑤	③	④	①	③	②	③	②	②	①	①	②	③	②	①	③	②	④

01

정답 ⑤

‘담백하다’는 ‘욕심이 없고 마음이 깨끗하다.’라는 의미이다.

오답분석

① 결제 → 결재
② 갱신 → 경신
③ 곤혹 → 곤욕
④ 유무 → 여부

02

정답 ④

㉠ : ‘소개하다’는 ‘서로 모르는 사람들 사이에서 양편이 알고 지내도록 관계를 맺어 주다.’라는 의미로 단어 자체가 사동의 의미를 지니고 있으므로 ‘소개시켰다’가 아닌 ‘소개했다’가 올바른 표현이다.
㉡ : ‘쓰여지다’는 피동 접사 ‘–이–’와 ‘–어지다’가 결합한 이중 피동 표현이므로 ‘쓰여진’이 아닌 ‘쓰인’이 올바른 표현이다.
㉢ : ‘부딪치다’는 ‘무엇과 무엇이 힘 있게 마주 닿거나 마주 대다.’의 의미인 ‘부딪다’를 강조하여 이르는 말이고, ‘부딪히다’는 ‘부딪다’의 피동사이다. 따라서 ㉢에는 의미상 ‘부딪치다’가 올바르므로, ‘부딪쳤다’가 들어가야 한다.

03

정답 ④

‘–는커녕’은 앞말을 지정하여 어떤 사실을 부정하는 뜻을 강조하는 보조사로, 한 단어이다. 따라서 ‘대답을 하기는커녕’과 같이 붙여 쓴다.

04

정답 ④

'순망치한(脣亡齒寒)'이란 두 쪽 중 한쪽이 잘못되면 다른 한쪽도 그 영향을 피할 수 없어 이해관계가 얽혀 있는 사이를 의미하는 한자성어로, 제시문의 상황에서 홈쇼핑과 케이블TV는 서로 이해관계가 얽혀 있으므로 한쪽이 잘못되면 다른 한쪽도 그 피해를 입는 관계이다. 따라서 제시문과 가장 어울리는 한자성어이다.

오답분석

① 간난신고(艱難辛苦) : 어렵고 또 어렵고 맵고 쓰다는 의미로, 매우 힘들고 어려운 때를 보내는 상황을 의미한다.
② 견원지간(犬猿之間) : 만나면 항상 싸우는 개와 원숭이처럼 두 사이가 매우 안 좋은 것을 의미한다.
③ 난형난제(難兄難弟) : 두 대상이 비등하여 어느 쪽이 더 월등하고 어느 쪽이 더 부족한지 말하기 어려운 것을 의미한다.
⑤ 오월동주(吳越同舟) : 두 쪽이 서로 적대하는 마음을 가진 사이더라도 힘겨운 상황에서는 서로 의지하고 협력해야 한다는 의미이다. 제시문에서 홈쇼핑과 케이블TV는 서로 이해관계가 얽혀 있어 협력해야 하는 관계는 맞지만 서로 적대하고 있다고 보기는 어려우므로 제시문의 상황과 어울리지는 않는 한자성어이다.

05

정답 ②

용해는 '물질이 액체 속에서 균일하게 녹아 용액이 만들어지는 현상'을 의미하고, 융해는 '고체에 열을 가했을 때 액체로 되는 현상'을 의미한다. 따라서 글의 맥락상 '용해되지'가 적절하다.

06

정답 ②

제시문에서 정보화 사회의 문제점으로 다루고 있는 것은 '정보 격차'로, 지식과 정보에 접근할 수 없는 사람들이 소득을 얻는 데 불리할 수밖에 없다고 주장한다. 또한 정보가 상품화됨에 따라 정보를 둘러싼 불평등은 더욱 심화될 것이라고 전망하고 있다. 따라서 '인터넷이나 컴퓨터 유지비 측면에서의 격차 발생'은 글의 주장을 강화시키는 것으로, 이 문제점에 대한 반대 입장이 될 수 없다.

07

정답 ②

제시문의 핵심 논점은 첫 번째 문단의 '제로섬(Zero-sum)적인 요소를 지니는 경제 문제'와 두 번째 문단의 '우리 자신의 수입을 보호하기 위해 경제적 변화가 일어나는 것을 막거나 혹은 사회가 우리에게 손해를 입히는 공공정책이 강제로 시행되는 것을 막기 위해 싸울 것'이다. 따라서 제시문은 사회경제적인 총합이 많아지는 정책, 즉 '사회의 총생산량이 많아지게 하는 정책이 좋은 정책'이라는 주장에 대한 비판이라고 할 수 있다.

08

정답 ①

은행뿐 아니라 제2금융권 참여 확대를 위해 오픈플랫폼을 오픈뱅킹공동업무 서비스로 전환하였다는 내용을 통해 제2금융권도 참여할 수 있음을 알 수 있다.

오답분석

② 이용대상에는 핀테크 사업자, 핀테크 산업 분류업종 기업, 전자금융업자, 오픈뱅킹 운영기관 인정기업, 일반고객 등이 있다.
③ 오픈뱅킹은 금융서비스를 개발하는 오픈 API와 테스트해볼 수 있는 테스트베드 등으로 구분된다.
④ 오픈뱅킹의 기대효과에서 이용기관(핀테크 기업), 고객, 참가기관(은행 등) 모두 이익을 얻을 수 있다.
⑤ 기존에는 핀테크 서비스를 출시하려면 모든 관련 은행과 개별적으로 협약을 맺어야 했지만, 오픈뱅킹을 통해 이를 해결할 수 있게 되었다.

09

정답 ①

오답분석

② 첫 번째 문단에서 황종희가 '벽소'와 같은 옛 제도를 되살리는 방법으로 과거제를 보완하자고 주장했다고 하였다. 따라서 벽소는 과거제를 없애고자 등장한 새로운 제도가 아니라 과거제를 보완하고자 되살린 옛 제도이므로 옳지 않다.
③ 마지막 문단에서 과거제를 통해 임용된 관리들은 승진을 위해 빨리 성과를 낼 필요가 있었기에, 지역 사회를 위해 장기적인 전망을 가지고 정책을 추진하기보다 가시적이고 단기적인 결과만을 중시하는 부작용을 가져왔다고 하였으므로 옳지 않다.
④ 두 번째 문단에서 과거제는 학습 능력 이외의 인성이나 실무 능력을 평가할 수 없다는 이유로 시험의 익명성에 대한 회의도 있었다고 하였으므로 옳지 않다.
⑤ 첫 번째 문단에서 고염무는 관료제의 상층에는 능력주의적 제도를 유지하되, 지방관인 지현들은 그 지위를 평생 유지시켜 주고 세습의 길까지 열어 놓는 방안을 제안했다고 했으므로 옳지 않다.

10

정답 ②

제시문에서는 한 마리의 개를 사례로 들어 꿈의 가설보다 '상식의 가설'이 우리가 경험하는 사실들을 더 잘 설명한다고 주장한다. 즉, 개는 '나'의 감각에 의존하는 감각들의 집합이 아닌 독립적으로 존재하는 대상이라는 '상식의 가설'을 통해 개가 이동하는 모습이나 개가 배고픔을 느끼는 것 등을 이해할 수 있다는 것이다.

11

정답 ②

제시문에서 당분 과다로 뇌의 화학적 균형이 무너져 정신에 장애가 왔다는 주장과 정제한 당의 섭취를 원천적으로 차단한 실험 결과를 토대로 과다한 정제당 섭취가 반사회적 행동을 유발할 수 있다는 내용을 추론할 수 있다.

12

정답 ③

인플레이션이란 물가수준이 계속하여 상승하는 현상이다. 제시문에서 올해 1월 공공요금 인상의 영향으로 농축산물 가공식품 등 물가가 계속하여 상승하고 있다고 우려하고 있다. 따라서 빈칸에 들어갈 가장 적절한 내용은 '인플레이션'이다.

오답분석

① E플레이션 : 에너지 자원의 수요는 증가하는 반면 공급이 충분하지 않아 이것이 물가 상승으로 이어지는 현상이다. 제시문은 에너지 자원 요금의 상승이 물가 상승에 영향을 끼치고 있다는 내용을 다루고는 있지만, 에너지 자원만의 문제점으로는 보고 있지 않다.
② 디플레이션 : 물가수준이 계속하여 하락하는 현상으로, 계속하여 물가가 상승하고 있다는 제시문의 취지와 맞지 않는 내용이다.
④ 디스인플레이션 : 물가를 현재 수준으로 유지하면서 인플레이션 상황을 극복하기 위한 경제조정정책이다. 제시문은 인플레이션 상황에 대해 다루고 있지만, 이를 극복하기 위한 경제조정정책에 대해서는 다루고 있지는 않다.
⑤ 스태그네이션 : 장기적인 경제 침체를 뜻하는 말로, 일반적으로 연간 경제 성장률이 2 ~ 3% 이하로 하락하였을 때를 말한다. 제시문은 경제 성장률이 아닌 물가상승률에 대해 다루고 있으므로 적절하지 않다.

13

정답 ①

제시문은 융의 실험을 통해 심리학에서의 연구 방법에 대해 다루고 있다. 따라서 (가) 대상이 되는 연구 방법의 진행 과정과 그 한계 – (마) 융이 기존의 연구 방법에 추가한 과정을 소개 – (라) 기존 연구자들이 간과했던 새로운 사실을 찾아낸 융의 실험의 의의 – (나) 융의 실험을 통해 새롭게 드러난 결과 분석 – (다) 새롭게 드러난 심리적 개념을 정의한 융의 사상 체계에서의 핵심적 요소에 대한 설명 순으로 나열하는 것이 적절하다.

14

정답 ⑤

제4조(법인격 등)에 따르면 조합과 중앙회는 법인으로 한다.

오답분석

① 제1조(목적)에서 확인할 수 있다.
② 제2조(정의) 제1호에서 확인할 수 있다.
③ 제2조(정의) 제3호에서 확인할 수 있다.
④ 제3조(명칭) 제1항 제2호에서 확인할 수 있다.

15

정답 ⑤

제시문은 촉매 개발의 필요성과 촉매 설계 방법의 구체적 과정을 설명하고 있다. 회귀 경로는 잘못을 발견했을 경우에 원래의 위치로 복귀해 다른 방법을 시도함으로써 새로운 길을 찾는 것이다. 따라서 설문지의 질문이 잘못됨을 발견하고 다시 설문지 작성 과정으로 돌아와 질문을 수정한 것은 ㉠의 사례로 볼 수 있다.

16

정답 ⑤

세 번째 문단에 따르면 국내 서비스업 취업자 수가 감소한 것이 아니라, 증가폭이 감소하였으므로 적절하지 않은 내용이다.

오답분석

① 두 번째 문단에 따르면 세계경제의 성장세가 확대되는 움직임을 나타내고 있으므로 최근 세계경제가 지속적으로 성장해 왔음을 추론할 수 있다.
② 두 번째 문단에 따르면 주요국 통화정책 정상화 기대 등으로 국채금리가 상승하였다고 하였으므로, 국채금리는 주요국 통화정책의 영향을 받는다는 것을 알 수 있다.
③ 네 번째 문단에 따르면 근원인플레이션율은 1%대 중반을, 기대인플레이션율은 2%대 중반을 유지하였다고 나와있으므로 적절한 내용이다.
④ 다섯 번째 문단에 따르면 금융시장은 오름세를 보이고 있으며, 주택가격 또한 낮은 오름세를 보이고 있음을 알 수 있다.

17

정답 ③

제시문은 행위별수가제에 대한 것으로 환자, 의사, 건강보험 재정 등 많은 곳에서 한계점이 있다고 설명하면서 건강보험 고갈을 막기 위해 다양한 지불방식을 도입하는 등 구조적인 개편이 필요함을 설명하고 있다. 따라서 글의 주제로 '행위별수가제의 한계점'이 가장 적절하다.

18

정답 ②

첫 번째 문단에서 통각 수용기에는 감각 적응 현상이 거의 일어나지 않는다고 하였으므로 제시문의 내용으로 가장 적절하다.

오답분석

① 두 번째 문단에서 Aδ 섬유에는 기계적 자극이나 높은 온도 자극에 반응하는 통각 수용기가 분포되어 있고, C섬유에도 기계적 자극이나 높은 온도 자극에 반응하는 통각 수용기가 분포되어 있다고 했으므로 적절하지 않다.
③ 두 번째 문단에서 Aδ 섬유는 직경이 크고 전도 속도가 빠르며, C섬유는 직경이 작고 전도 속도가 느리다고 했으므로 적절하지 않다.
④ 첫 번째 문단에서 통각 수용기는 피부에 가장 많아 피부에서 발생한 통증은 위치를 확인하기 쉽다고 했으므로 적절하지 않다.
⑤ 두 번째 문단에서 Aδ 섬유를 따라 전도된 통증 신호가 대뇌 피질로 전달되면, 대뇌 피질에서는 날카롭고 쑤시는 듯한 짧은 초기 통증을 느끼고 통증이 일어난 위치를 파악한다고 하였으므로 적절하지 않다.

19

정답 ④

제시문은 우리 몸의 면역 시스템에서 중요한 역할을 하는 킬러 T세포가 있음을 알려 주고, 이것의 역할과 작용 과정을 차례로 설명하며, 킬러 T세포의 의의에 대해 이야기하는 글이다. 따라서 (라) 우리 몸의 면역 시스템에 중요한 역할을 하는 킬러 T세포 – (가) 킬러 T세포의 역할 – (마) 킬러 T세포가 작용하기 위해 거치는 단계 – (다) 킬러 T세포의 작용 과정 – (나) 킬러 T세포의 의의 순으로 나열하는 것이 적절하다.

20

정답 ③

제시문은 주식에 투자할 때 나타나는 비체계적 위험과 체계적 위험에 대해 각각 설명하고, 이러한 위험에 대응하는 방법도 함께 설명하고 있다. 따라서 글의 제목으로 ③이 가장 적절하다.

21

정답 ①

(가) 문단에서는 인류가 바람을 에너지원으로 사용한 지 1만 년이 넘었다고 제시되어 있을 뿐이므로, 풍력에너지가 인류에서 가장 오래된 에너지원인지는 추론할 수 없다.

22

정답 ④

(라) 문단에서는 비행선 등을 활용하여 고고도풍(High Altitude Wind)을 이용하는 발전기 회사의 사례를 제시하고 있지만, 그 기술의 한계에 대한 내용은 언급하고 있지 않다. 따라서 ④는 (라) 문단에 대한 주제로 적절하지 않다.

23

정답 ④

제시문에서는 금융권, 의료업계, 국세청 등 다양한 영역에서 빅데이터가 활용되고 있는 사례들을 열거하고 있다.

24

정답 ④

다섯 번째 문단에 따르면 색채를 활용하여 먼 거리에서 더 잘 보이게 하거나 뚜렷하게 보이도록 해야 할 때가 있다. 그럴 경우에는 배경과 그 앞에 놓이는 그림의 속성 차를 크게 해야 한다.

오답분석

① 색채의 대비는 2개 이상의 색을 동시에 보거나 계속해서 볼 때 일어나는 현상으로, 전자를 '동시 대비', 후자를 '계속 대비'라 한다.
② 어떤 색을 계속 응시하면 시간의 경과에 따라 그 색의 보이는 상태가 변화한다.
③ 색채가 어떠하며, 우리 눈에 그것이 어떻게 보이고, 어떤 느낌을 주는지는 색채심리학이 다루는 연구대상 중 가장 주요한 부분이다.
⑤ 멀리서도 잘 보여야 하는 표지류 등은 대비량이 큰 색을 사용한다.

25

정답 ②

연두색과 노란색 같이 색상이 다른 두 색을 동시에 나란히 놓았을 때 서로의 영향으로 색상 차가 나는 것은 색상 대비로 볼 수 있다.

오답분석

① 명도 대비에 대한 내용이다.
③ 채도 대비에 대한 내용이다.
④ 보색잔상에 대한 내용이다.
⑤ 색순응에 대한 내용이다.

26

정답 ④

우리나라의 장기 기증률이 낮은 이유를 전통적 유교 사상 때문이라고 주장하고 있는 A와 달리, B는 이에 대하여 다양한 원인을 제시하고 있다. 따라서 A의 주장에 대해 반박할 수 있는 내용으로 ④가 적절하다.

27

정답 ①

첫 번째 문단에 따르면 노량진수산시장 지하보도는 1975년 마련된 이후 장기간 방치되어 시설 노후화로 인한 도시 미관 저해, 안전 문제 등이 꾸준히 제기되어 왔다.

오답분석

② D구와 수협은 노량진수산시장 지하보도 관리를 위해 지속적으로 협의했으며, 그 결과 지난해 '노량진수산시장 지하보도 관리 협력을 위한 업무협약(MOU)'을 체결하게 되었다. 따라서 지속적으로 협력해온 것은 아니다.
③ 두 번째 문단에 따르면 지하보도 안전진단을 시행한 후 시설 보수 및 차량 진입 동선 개선 등에도 힘쓸 예정이다.
④ 제시문에서 확인할 수 없는 내용이다.
⑤ 마지막 문단에 따르면 노량진수산시장은 1927년 개장했으나, 첫 번째 문단에 따르면 노량진수산시장 지하보도는 1975년 마련되었다.

28

정답 ③

세 번째 문단에 따르면 '자세한 결과 발표는 노량진수산시장 홈페이지를 통해 확인할 수 있다.'고 하였을 뿐, 발표 일정은 확인할 수 없다.

29

정답 ⑤

제시문에서는 에너지와 엔지니어 분야에 관련된 다양한 사례들을 언급하고 있으나, 이 외에 다른 분야에 대한 사례는 설명하지 않고 있다. 따라서 ⑤는 적절하지 않다.

30

정답 ①

원자력 발전소에서 설비에 이상신호가 발생하면 스스로 위험을 판단하고 작동을 멈추는 등 에너지 설비 운영 부문은 이미 다양한 4차 산업혁명 기술이 사용되고 있다.

31

정답 ⑤

주어진 조건에 따라 자물쇠를 열 수 없는 열쇠를 정리하면 다음과 같다.

구분	1번 열쇠	2번 열쇠	3번 열쇠	4번 열쇠	5번 열쇠	6번 열쇠
첫 번째 자물쇠			×	×	×	×
두 번째 자물쇠			×			×
세 번째 자물쇠	×	×	×			×
네 번째 자물쇠			×	×		×

따라서 3번 열쇠로는 어떤 자물쇠도 열지 못하는 것을 알 수 있다.

오답분석

① 첫 번째 자물쇠는 1번 또는 2번 열쇠로 열릴 수 있다.
② 두 번째 자물쇠가 2번 열쇠로 열리면, 세 번째 자물쇠는 4번 열쇠로 열린다.
③ 세 번째 자물쇠가 5번 열쇠로 열리면, 네 번째 자물쇠는 1번 또는 2번 열쇠로 열린다.
④ 네 번째 자물쇠가 5번 열쇠로 열리면, 두 번째 자물쇠는 1번 또는 2번 열쇠로 열린다.

32

정답 ②

도색이 벗겨진 차선과 지워지기 직전의 흐릿한 차선은 현재 직면하고 있으면서 바로 해결 방법을 찾아야 하는 문제이므로 눈에 보이는 발생형 문제에 해당한다. 발생형 문제는 기준을 일탈함으로써 발생하는 일탈 문제와 기준에 미달하여 생기는 미달 문제로 나누어 볼 수 있는데, 기사에서는 정해진 규격 기준에 미달하는 불량 도료를 사용하여 문제가 발생하였다고 하였으므로 이는 미달 문제로 분류할 수 있다. 따라서 기사에 나타난 문제는 발생형 문제로, 미달 문제에 해당한다.

33

정답 ⑤

제시된 명제를 정리하면 다음과 같다.

- 내구성을 따지지 않는 사람 → 속도에 관심 없는 사람 → 디자인에 관심 없는 사람
- 연비를 중시하는 사람 → 내구성을 따지는 사람

따라서 '내구성을 따지지 않는 사람은 디자인에도 관심이 없다.'는 반드시 참이다.

34

정답 ⑤

- 연회비 15,000원 이하인 카드 → 락시(樂SEA) ×(∵ 연회비 20,000원)
- 월 평균 이용금액 50만 원 미만 → All드림 ×(∵ 상세혜택 50만 원 이상)
- 알뜰폰 통신요금 자동납부 → RealReal ×(∵ 알뜰폰 통신사 제외)

남은 S1카드와 찐카드 중 S1카드는 전월 이용실적 제한 없이 할인혜택을 받을 수 있으나, 1개 업종에서 7% 청구할인이 최대이며, 이동통신요금 할인혜택이 없으므로 제외된다. 따라서 고객 A씨가 가장 많은 할인혜택을 받을 수 있는 카드는 커피(T커피 이용)와 이동통신요금(알뜰폰 자동납부) 청구할인을 받을 수 있는 찐카드이다.

35

정답 ④

갑과 병은 둘 다 참을 말하거나 거짓을 말하고, 을과 무의 진술이 모순이므로 둘 중 1명은 무조건 거짓말을 하고 있다.
만약 갑과 병이 거짓을 말하고 있다면 을과 무의 진술로 인해 거짓말을 하는 사람이 최소 3명이 되므로 조건에 맞지 않는다. 따라서 갑과 병은 모두 진실을 말하고 있으며, 정은 갑의 진술과 어긋나므로 거짓을 말하고 있다.
거짓을 말하고 있는 나머지 1명은 을 또는 무인데, 을이 거짓을 말하는 경우 무의 진술에 의해 갑・을・무는 함께 무의 집에 있었던 것이 되므로 정이 범인이고, 무가 거짓말을 하는 경우에도 갑・을・무는 함께 출장을 가 있었던 것이 되므로 역시 정이 범인이 된다.

36

정답 ③

보유한 글로벌 네트워크를 통해 해외시장에 진출하는 것은 강점을 활용하여 외부환경의 기회를 포착하는 SO전략이다.

오답분석

① SO전략 : 강점을 활용하여 외부환경의 기회를 포착하는 전략이다.
② WO전략 : 약점을 보완하여 외부환경의 기회를 포착하는 전략이다.
④ ST전략 : 강점을 활용하여 외부환경의 위협을 회피하는 전략이다.
⑤ WT전략 : 약점을 보완하여 외부환경의 위협을 회피하는 전략이다.

37

정답 ③

탄소Zero챌린지 적금 상품은 재예치가 불가능한 상품이므로 만기일은 2024년 9월 5일이고 이후에 재예치할 수 없다.

오답분석

① A씨는 탄소Zero 생활실천 12개 항목 중 5개 항목에 동의하지 않았으므로 탄소Zero 생활실천 우대이율의 조건에 충족하지 않는다. 또한 실물 종이통장을 발급받았으므로 종이거래Zero 실천 우대이율을 받을 수 없다. 반면, 2023년 10월부터 2024년 6월까지 9개월 동안 매월 5회 이상 S은행 후불교통카드를 이용할 것이므로 대중교통 이용 우대조건을 충족하여 우대이율 0.2%p를 받을 수 있다. 따라서 A씨는 3.3+0.2=3.5%의 연 이율을 받는다.

② A씨는 스마트뱅킹을 통해 초입금 1만 원 이상, 매월 1만 원 이상 10만 원 이하를 납입할 예정이므로 가입조건을 충족한다.

④ 탄소Zero챌린지 적금 상품은 중도인출이 불가능한 상품이다.

⑤ 종이통장을 발급받지 않는다면 종이거래Zero 실천 우대이율 0.05%p를 추가 적용받아 최고 우대이율 0.25%p를 받을 수 있다.

38

정답 ④

조건을 정리하면 다음과 같다.

구분	서울	인천	과천	세종
경우 1	D	A	B	C
경우 2	D	C	B	A

따라서 항상 참인 것은 ④이다.

오답분석

①·②·③ 주어진 조건만으로는 판단하기 힘들다.

⑤ D가 일하게 되는 지점은 서울이다.

39

정답 ②

조건에 따라 해야 할 업무 순서를 배치하면 다음과 같다.

첫 번째	두 번째	세 번째	네 번째	다섯 번째	여섯 번째	일곱 번째
B	G	C	F	A	E	D

따라서 세 번째로 해야 할 업무는 C이다.

40

정답 ④

ㄴ. 간편식 점심에 대한 회사원들의 수요가 증가함에 따라 계절 채소를 이용한 샐러드 런치 메뉴를 출시하는 것은 강점을 통해 기회를 포착하는 SO전략에 해당한다.

ㄹ. 경기 침체로 인한 외식 소비가 위축되고 있는 상황에서 주변 회사와의 제휴를 통해 할인 서비스를 제공하는 것은 약점을 보완하여 위협을 회피하는 WT전략에 해당한다.

오답분석

ㄱ. 다양한 연령층을 고려한 메뉴가 강점에 해당하기는 하나, 샐러드 도시락 가게에서 한식 도시락을 출시하는 것은 적절한 전략으로 볼 수 없다.

ㄷ. 홍보 및 마케팅 전략의 부재가 약점에 해당하므로 약점을 보완하기 위해서는 적극적인 홍보 활동을 펼쳐야 한다. 따라서 홍보 방안보다 먼저 품질 향상 방안을 마련하는 것은 적절한 전략으로 볼 수 없다.

41

정답 ④

알파벳 순서에 따라 숫자로 변환하면 다음과 같다.

A	B	C	D	E	F	G	H	I	J	K	L	M
1	2	3	4	5	6	7	8	9	10	11	12	13
N	O	P	Q	R	S	T	U	V	W	X	Y	Z
14	15	16	17	18	19	20	21	22	23	24	25	26

'INTELLECTUAL'의 품번을 규칙에 따라 정리하면 다음과 같다.

- 1단계 : 9(I), 14(N), 20(T), 5(E), 12(L), 12(L), 5(E), 3(C), 20(T), 21(U), 1(A), 12(L)
- 2단계 : 9+14+20+5+12+12+5+3+20+21+1+12=134
- 3단계 : |(14+20+12+12+3+20+12)−(9+5+5+21+1)|=|93−41|=52
- 4단계 : (134+52)÷4+134=46.5+134=180.5
- 5단계 : 180.5를 소수점 첫째 자리에서 버림하면 180이다.

따라서 제품의 품번은 '180'이다.

42

정답 ④

A가 서브한 게임에서 전략팀이 득점하였으므로 이어지는 서브권은 A가 연속해서 가지며, 총 4점을 득점한 상황이므로 팀 내에서 선수끼리 자리를 교체하여 A가 오른쪽에서 서브를 해야 한다. 그리고 서브를 받는 총무팀은 서브권이 넘어가지 않았기 때문에 선수끼리 코트 위치를 바꾸지 않는다. 따라서 ④가 정답이다.

43

정답 ④

'KS90101-2'는 아동용 10kg 이하의 자전거로, 109동 101호 입주민이 2번째로 등록한 자전거이다.

오답분석

① 등록순서를 제외한 일련번호는 7자리로 구성되어야 하며, 종류와 무게 구분 번호의 자리가 서로 바뀌어야 한다.
② 등록순서를 제외한 일련번호는 7자리로 구성되어야 한다.
③ 자전거 무게를 구분하는 두 번째 자리에는 L, M, S 중 하나만 올 수 있다.
⑤ 등록순서는 1자리로 기재한다.

44

정답 ④

마지막 숫자는 동일 세대주가 자전거를 등록한 순서를 나타내므로 해당 자전거는 2번째로 등록한 자전거임을 알 수 있다. 따라서 자전거를 2대 이상 등록한 입주민의 자전거이다.

오답분석

① 'T'를 통해 산악용 자전거임을 알 수 있다.
② 'M'을 통해 자전거의 무게는 10kg 초과 20kg 미만임을 알 수 있다.
③ 104동 1205호에 거주하는 입주민의 자전거이다.
⑤ 자전거 등록대수 제한에 대한 정보는 나와 있지 않다.

45

정답 ④

A ~ E학생이 얻는 점수는 다음과 같다.

- A학생 : 기본 점수 80점에 오탈자 33건이므로 5점 감점, 전체 글자 수 654자이므로 3점 추가, A등급 2개와 C등급 1개이므로 15점 추가하여 총 80−5+3+15=93점이다.
- B학생 : 기본 점수 80점에 오탈자 7건이므로 0점 감점, 전체 글자 수 476자이므로 0점 추가, B등급 3개이므로 5점 추가하여 총 80+5=85점이다.

- C학생 : 기본 점수 80점에 오탈자 28건이므로 4점 감점, 전체 글자 수 332자이므로 10점 감점, B등급 2개와 C등급 1개이므로 0점 추가하여 총 80－4－10＝66점이다.
- D학생 : 기본 점수 80점에 오탈자 25건이므로 4점 감점, 전체 글자 수가 572자이므로 0점 추가, A등급 3개이므로 25점 추가하여 총 80－4＋25＝101점이다.
- E학생 : 기본 점수 80점에 오탈자 12건이므로 1점 감점, 전체 글자 수가 786자이므로 8점 추가, A·B·C등급 1개씩이므로 10점 추가하여 총 80－1＋8＋10＝97점이다.

따라서 점수가 가장 높은 학생은 D학생이다.

46

정답 ③

다섯 번째 조건에 따라 F의 점검 순서는 네 번째 이후이다. 또한 네 번째, 여섯 번째 조건에 의해 F가 네 번째로 점검받음을 알 수 있다. 주어진 조건을 이용하여 가능한 경우를 나타내면 다음과 같다.

- 경우 1 : G－C－E－F－B－A－D
- 경우 2 : G－C－E－F－D－A－B

따라서 두 번째, 세 번째, 다섯 번째 조건에 의해 G, E는 귀금속점이고, C는 은행이다.

47

정답 ⑤

두 번째 조건에 따라 B는 항상 1과 5 사이에 앉는다. 따라서 E가 4와 5 사이에 앉으면 2와 3 사이에는 A, C, D 중 누구나 앉을 수 있다.

오답분석

① A가 1과 2 사이에 앉으면 네 번째 조건에 의해 E는 4와 5 사이에 앉는다. 그러면 C와 D는 3 옆에 앉게 되는데 이는 세 번째 조건과 모순이 된다.
② D가 4와 5 사이에 앉으면 네 번째 조건에 의해 E는 1과 2 사이에 앉는다. 그러면 C와 D는 3 옆에 앉게 되는데 이는 세 번째 조건과 모순이 된다.
③ C가 2와 3 사이에 앉으면 세 번째 조건에 의해 D는 1과 2 사이에 앉는다. 또한 네 번째 조건에 의해 E는 3과 4 사이에 앉을 수 없다. 따라서 A는 반드시 3과 4 사이에 앉는다.
④ E가 1과 2 사이에 앉으면 세 번째 조건의 대우 명제에 의해 C는 반드시 4와 5 사이에 앉는다.

48

정답 ②

26일은 비가 오는 날이므로 첫 번째 조건에 따라 S사원은 커피류를 마신다. 또한, 평균기온은 27°C로 26°C 이상이므로 두 번째 조건에 따라 큰 컵으로 마시고, 세 번째 조건에 따라 카페라테를 마신다.

49

정답 ④

24일은 비가 오지 않는 화요일이며, 평균기온은 28°C이므로 S사원은 밀크티 큰 컵을 마신다. 그리고 23일은 맑은 날이고 26°C이므로, S사원은 자몽에이드 큰 컵을 마셨을 것이다. 그러므로 B사원에게 자몽에이드 큰 컵을 사 줄 것이다. 따라서 S사원이 지불할 금액은 4,800＋4,700＝9,500원이다.

50

정답 ⑤

ㄱ. 5원까지는 펼친 손가락의 개수와 실제 가격이 동일하지만 6원부터는 펼친 손가락의 개수와 실제 가격이 일치하지 않는다.
ㄴ. 펼친 손가락의 개수가 3개라면 숫자는 3 혹은 7이므로 물건의 가격은 최대 7원임을 알 수 있다.
ㄷ. 물건의 가격이 최대 10원이라고 하였으므로, 물건의 가격과 갑이 지불하려는 금액이 8원만큼 차이가 나는 경우는 상인이 손가락 2개를 펼쳤을 때 지불해야 하는 금액이 10원인 경우와 손가락 1개를 펼쳤을 때 지불해야 하는 금액이 9원인 경우뿐이다.

오답분석

ㄹ. 5원까지는 실제 가격과 지불하려는 금액이 일치하므로 문제가 되지 않으며, 6원부터는 펼친 손가락의 개수가 6개 이상인 경우는 없으므로 물건의 가격을 초과하는 금액을 지불하는 경우는 발생하지 않는다.

51

정답 ④

문제 해결은 문제 해결자의 개선 의식, 도전 의식과 끈기를 필요로 한다. 특히 문제 해결자의 현상에 대한 도전 의식과 새로운 것을 추구하려는 자세, 난관에 봉착했을 때 헤쳐 나가려는 태도 등은 문제 해결의 밑바탕이 된다. S씨의 경우 문제 해결 방법에 대한 지식이 충분함에도 불구하고 도전 의식과 끈기가 부족하여 문제 해결에 어려움을 겪고 있다.

52

정답 ⑤

마지막 조건에 의해 대리는 1주 차에 휴가를 갈 수 없다. 따라서 2～5주 차, 즉 4주 동안 대리 2명이 휴가를 다녀와야 한다. 두 번째 조건에 의해 1명은 2～3주 차, 다른 1명은 4～5주 차에 휴가를 간다. 그러므로 대리는 3주 차에 휴가를 갈 수 없다.

오답분석

①·③

1주 차	2주 차	3주 차	4주 차	5주 차
–	사원1	사원1	사원2	사원2
–	대리1	대리1	대리2	대리2
–	과장	과장	부장	부장

②

1주 차	2주 차	3주 차	4주 차	5주 차
사원1	사원1	–	사원2	사원2
–	대리1	대리1	대리2	대리2
과장	과장	–	부장	부장

④

1주 차	2주 차	3주 차	4주 차	5주 차
사원1	사원1	사원2	사원2	–
–	대리1	대리1	대리2	대리2
과장	과장	부장	부장	–

53

정답 ②

경쟁사의 시장 철수로 인한 새로운 시장으로의 진입 가능성은 S사가 가지고 있는 내부환경의 약점이 아닌 외부환경에서 비롯되는 기회에 해당한다.

SWOT 분석

기업의 내부환경과 외부환경을 분석하여 강점(Strength), 약점(Weakness), 기회(Opportunity), 위협(Threat) 요인을 규정하고 이를 토대로 경영 전략을 수립하는 기법

- 강점(Strength) : 내부환경(자사 경영 자원)의 강점
- 약점(Weakness) : 내부환경(자사 경영 자원)의 약점
- 기회(Opportunity) : 외부환경(경쟁사, 고객, 거시적 환경)에서 비롯된 기회
- 위협(Threat) : 외부환경(경쟁사, 고객, 거시적 환경)에서 비롯된 위협

54

정답 ②

B버스(9시 출발, 소요 시간 40분) → KTX(9시 45분 출발, 소요 시간 1시간 32분) → 도착 시간 오전 11시 17분으로 가장 먼저 도착한다.

오답분석

① A버스(9시 20분 출발, 소요 시간 24분) → 새마을호(9시 45분 출발, 소요 시간 3시간) → 도착 시간 오후 12시 45분
③ B버스(9시 출발, 소요 시간 40분) → 새마을호(9시 40분 출발, 소요 시간 3시간) → 도착 시간 오후 12시 40분

④ 지하철(9시 30분 출발, 소요 시간 20분) → KTX(10시 30분 출발, 소요 시간 1시간 32분) → 도착 시간 오후 12시 2분
⑤ 지하철(9시 30분 출발, 소요 시간 20분) → 새마을호(9시 50분 출발, 소요 시간 3시간) → 도착 시간 오후 12시 50분

55

정답 ③

8월 8일의 날씨 예측 점수를 x점, 8월 16일의 날씨 예측 점수를 y점이라고 하자(단, $x \geq 0$, $y \geq 0$).
8월 1일부터 8월 19일까지의 날씨 예측 점수를 달력에 나타내면 다음과 같다.

구분	월요일	화요일	수요일	목요일	금요일	토요일	일요일
날짜			1	2	3	4	5
점수			10점	6점	4점	6점	6점
날짜	6	7	8	9	10	11	12
점수	4점	10점	x점	10점	4점	2점	10점
날짜	13	14	15	16	17	18	19
점수	0점	0점	10점	y점	10점	10점	2점

두 번째 조건에 제시된 한 주의 주중 날씨 예측 점수의 평균을 이용해 x와 y의 범위를 구하면 다음과 같다.

- 8월 둘째 주 날씨 예측 점수의 평균

$$\frac{4+10+x+10+4}{5} \geq 5 \rightarrow x+28 \geq 25 \rightarrow x \geq -3$$

$\therefore x \geq 0(\because x \geq 0)$

- 8월 셋째 주 날씨 예측 점수의 평균

$$\frac{0+0+10+y+10}{5} \geq 5 \rightarrow y+20 \geq 25$$

$\therefore y \geq 5$

세 번째 조건의 요일별 날씨 평균을 이용하여 x와 y의 범위를 구하면 다음과 같다.

- 수요일 날씨 예측 점수의 평균

$$\frac{10+x+10}{3} \leq 7 \rightarrow x+20 \leq 21$$

$\therefore x \leq 1$

- 목요일 날씨 예측 점수의 평균

$$\frac{6+10+y}{3} \geq 5 \rightarrow y+16 \geq 15 \rightarrow y \geq -1$$

$\therefore y \geq 0(\because y \geq 0)$

그러므로 x의 범위는 $0 \leq x \leq 1$이고, y의 범위는 $y \geq 5$이다.
8월 8일의 예측 날씨는 맑음이고, 예측 점수의 범위는 $0 \leq x \leq 1$이므로 8월 8일의 실제 날씨는 눈·비이다. 그리고 8월 16일의 예측 날씨는 눈·비이고 예측 점수의 범위는 $y \geq 5$이므로 8월 16일의 실제 날씨는 흐림 또는 눈·비이다.
따라서 날씨로 가능한 것은 ③이다.

56

정답 ②

조건에 따라 점수를 산정하면 다음과 같다.

(단위 : 점)

구분	프로그램	1차 점수	2차 점수
A업체	집중GX	31	36
B업체	필라테스	32	39
C업체	자율 웨이트	25	–
D업체	근력운동 트레이닝	24	–
E업체	스피닝	32	36

따라서 2차 점수가 가장 높은 B업체가 최종적으로 선정된다.

57

정답 ④

• 1단계 : 주민등록번호 앞 12자리 숫자에 가중치를 곱하면 다음과 같다.

숫자	2	4	0	2	0	2	8	0	3	7	0	1
가중치	2	3	4	5	6	7	8	9	2	3	4	5
결과	4	12	0	10	0	14	64	0	6	21	0	5

• 2단계 : 1단계에서 구한 값의 합을 계산한다.
$4+12+0+10+0+14+64+0+6+21+0+5=136$

• 3단계 : 2단계에서 구한 값을 11로 나누어 나머지를 구한다.
$136 \div 11 = 12 \cdots 4$

• 4단계 : 11에서 3단계의 나머지를 뺀 수를 10으로 나누어 나머지를 구한다.
$(11-4) \div 10 = 0 \cdots 7$

따라서 빈칸에 들어갈 수는 7이다.

58

정답 ③

첫 번째 조건에 따라 A～D는 모두 직업이 같거나 두 명씩 서로 다른 직업을 가져야 한다. 이때 네 번째 조건에 따라 A와 D의 직업은 서로 같아야 하므로 A～D의 직업이 모두 같은 경우와 A, D와 B, C의 직업이 서로 다른 경우로 나누어 볼 수 있다.

i) A～D의 직업이 모두 같은 경우
세 번째 조건에 따라 C가 경찰관인 경우 D와 직업이 같을 수 없으므로 C는 경찰관이 될 수 없다. 따라서 A～D는 모두 소방관이다.

ii) A, D와 B, C의 직업이 서로 다른 경우

• A, D가 소방관인 경우
두 번째 조건에 따라 A가 소방관이면 B가 소방관이거나 C는 경찰관이다. 이때, A와 B의 직업이 서로 다르므로 B는 소방관이 될 수 없으며 C가 경찰관이 된다. C가 경찰관이면 세 번째 조건에 따라 D는 소방관이 된다. 따라서 A, D는 소방관이며, B, C는 경찰관이다.

• A, D가 경찰관인 경우
세 번째 조건의 대우 'D가 소방관이 아니면 C는 경찰관이 아니다.'가 성립하므로 D가 경찰관이면 C는 소방관이 된다. 따라서 A, D는 경찰관이며, B, C는 소방관이다.

구분	A	B	C	D
경우 1	소방관			
경우 2	소방관	경찰관	경찰관	소방관
경우 3	경찰관	소방관	소방관	경찰관

따라서 B, C의 직업은 항상 같다.

59

정답 ③

전기의 가격은 10～30원/km인 반면, 수소의 가격은 72.8원/km로 전기보다 수소의 가격이 더 비싸다. 하지만 원료의 가격은 자사의 내부환경의 약점(Weakness) 요인이 아니라 외부환경에서 비롯된 위협(Threat) 요인으로 보아야 한다.

오답분석

(가) 보조금 지원을 통해 첨단 기술이 집약된 친환경차를 중형 SUV 가격에 구매할 수 있다고 하였으므로 자사의 내부환경의 강점(Strength) 요인으로 볼 수 있다.
(나) 충전소가 전국 12개소에 불과하며, 올해 안에 10개소를 더 설치한다고 계획 중이지만 완공 여부는 알 수 없으므로 자사의 내부환경의 약점(Weakness) 요인으로 볼 수 있다.
(라) 친환경차에 대한 인기가 뜨겁다고 하였으므로 고객이라는 외부환경에서 비롯된 기회(Opportunity) 요인으로 볼 수 있다.
(마) 생산량에 비해 정부 보조금이 부족한 것은 외부환경에서 비롯된 위협(Threat) 요인으로 볼 수 있다.

60

정답 ③

각각의 조건에서 해당되지 않는 쇼핑몰을 체크하여 선택지에서 하나씩 제거하는 방법으로 푸는 것이 효율적이다.

- 철수 : C, D, F는 포인트 적립이 안 되므로 해당 사항이 없다(②・④ 제외).
- 영희 : A에는 해당 사항이 없다.
- 민수 : A, B, C에는 해당 사항이 없다(①・⑤ 제외).
- 철호 : 환불 및 송금수수료, 배송료가 포함되었으므로 A, D, E, F에는 해당 사항이 없다.

61

정답 ⑤

주어진 정보를 표로 정리하면 다음과 같다.

(단위 : 명)

구분	뮤지컬 좋아함	뮤지컬 좋아하지 않음	합계
남학생	24	26	50
여학생	16	14	30
합계	40	40	80

따라서 뮤지컬을 좋아하지 않는 사람을 골랐을 때, 그 사람이 여학생일 확률은 $\frac{14}{40}=\frac{7}{20}$ 이다.

62

정답 ②

현재 빌릴 돈을 x만 원이라고 하자. 4년 후 갚아야 할 돈이 2,000만 원이므로, 복리와 단리를 계산하면 다음과 같다(단, 이율은 r%, 개월 수는 n개월).

- 복리

$$(\text{원금})\times(1+r)^{\frac{n}{12}}=x\times1.08^4=2{,}000$$

$$\therefore\ x=\frac{2{,}000}{1.08^4}=\frac{2{,}000}{1.36}\fallingdotseq1{,}471$$

- 단리

$$(\text{원금})\times\left(1+\frac{r}{12}\times n\right)=x\times(1+0.08\times4)=2{,}000$$

$$\rightarrow\ x\times1.32=2{,}000$$

$$\therefore\ x=\frac{2{,}000}{1.32}\fallingdotseq1{,}515$$

따라서 빌릴 수 있는 금액의 차이는 1,515−1,471=44만 원이다.

63

정답 ④

8명이 경기를 하므로 4개의 조를 정하는 것과 같다.

이때 1～4위까지의 선수들이 서로 만나지 않게 하려면 각 조에 1～4위 선수가 1명씩 배치되어야 한다.

이 선수들을 먼저 배치하고 다른 선수들이 남은 자리에 들어가는 경우의 수는 4!=24가지이다.

다음으로 만들어진 4개의 조를 2개로 나누는 경우의 수는 $_4C_2\times{}_2C_2\times\frac{1}{2!}=3$가지이다.

따라서 가능한 대진표의 경우의 수는 24×3=72가지이다.

64

정답 ③

ㄴ. 115,155×2=230,310>193,832이므로 옳은 설명이다.

ㄷ. • 2022년 : $\frac{18.2}{53.3}\times100≒34.1\%$

• 2023년 : $\frac{18.6}{54.0}\times100≒34.4\%$

• 2024년 : $\frac{19.1}{51.9}\times100≒36.8\%$

따라서 2022 ~ 2024년 동안 석유제품 소비량 대비 전력 소비량의 비율은 매년 증가한다.

오답분석

ㄱ. 비중은 매년 증가하지만, 전체 최종에너지 소비량 추이를 알 수 없으므로 절대적인 소비량까지 증가하는지는 알 수 없다.

ㄹ. • 신업부문 : $\frac{4,750}{15,317}\times100≒31.0\%$

• 가정·상업부문 : $\frac{901}{4,636}\times100≒19.4\%$

따라서 산업부문의 유연탄 소비량 대비 무연탄 소비량의 비율은 25% 이상이므로 옳지 않다.

65

정답 ③

• 2020년 대비 2021년 사고 척수의 증가율 : $\frac{2,400-1,500}{1,500}\times100=60\%$

• 2020년 대비 2021년 사고 건수의 증가율 : $\frac{2,100-1,400}{1,400}\times100=50\%$

66

정답 ①

연도별 사고 건수당 인명피해 인원수를 구하면 다음과 같다.

• 2020년 : $\frac{700}{1,400}$=0.5명/건

• 2021년 : $\frac{420}{2,100}$=0.2명/건

• 2022년 : $\frac{460}{2,300}$=0.2명/건

• 2023년 : $\frac{750}{2,500}$=0.3명/건

• 2024년 : $\frac{260}{2,600}$=0.1명/건

따라서 사고 건수당 인명피해의 인원수가 가장 많은 연도는 2020년이다.

67

정답 ④

전체 신입사원 수를 x명이라 하면 다음과 같다.

$\frac{1}{5}x+\frac{1}{4}x+\frac{1}{2}x+100=x$

→ $x-(0.2x+0.25x+0.5x)=100$

→ $0.05x=100$

∴ $x=2,000$

따라서 전체 신입사원은 2,000명이다.

68

정답 ③

정육면체는 면이 6개이고 회전이 가능하므로 윗면을 기준면으로 삼았을 때 경우의 수는 다음과 같다.

- 기준면에 색을 칠하는 경우의 수 : $6\times\frac{1}{6}=1$가지
- 아랫면에 색을 칠하는 경우의 수 : $6-1=5$가지
- 옆면에 색을 칠하는 경우의 수 : $(4-1)!=3!=6$가지

따라서 $1\times5\times6=30$가지의 서로 다른 정육면체를 만들 수 있다.

69

정답 ③

A의 속도를 xm/분이라 하면 B의 속도는 $1.5x$m/분이다.

A, B가 12분 동안 이동한 거리는 각각 $12x$m, $12\times1.5x=18x$m이고, 두 사람이 이동한 거리의 합은 1,200m이므로 다음과 같은 식이 성립한다.

$12x+18x=1,200$

$\therefore\ x=40$

따라서 A의 속도는 40m/분이다.

70

정답 ③

전년 대비 2024년의 축구 동호회 인원 증가율은 $\frac{120-100}{100}\times100=20\%$이다.

따라서 2025년 축구 동호회 인원은 $120\times1.2=144$명일 것이다.

71

정답 ④

2022년 전체 동호회의 평균 인원은 $\frac{420}{7}=60$명이다.

따라서 2022년 족구 동호회 인원이 65명이므로 전체 동호회의 평균 인원보다 많다.

오답분석

① 2022년 배구와 족구 동호회의 순위가 다른 연도들과 다르다.

② 2021 ~ 2024년 동호인 인원 전체에서 등산이 차지하는 비중은 다음과 같다.

- 2021년 : $\frac{18}{360}\times100=5\%$
- 2022년 : $\frac{42}{420}\times100=10\%$
- 2023년 : $\frac{44}{550}\times100=8\%$
- 2024년 : $\frac{77}{700}\times100=11\%$

따라서 동호인 인원 전체에서 등산이 차지하는 비중은 2023년에 전년 대비 감소하였으므로 옳지 않은 설명이다.

③ 2021 ~ 2024년 동호인 인원 전체에서 배구가 차지하는 비중은 다음과 같다.

- 2021년 : $\frac{72}{360}\times100=20\%$
- 2022년 : $\frac{63}{420}\times100=15\%$
- 2023년 : $\frac{88}{550}\times100=16\%$
- 2024년 : $\frac{105}{700}\times100=15\%$

따라서 동호인 인원 전체에서 배구가 차지하는 비중은 2023년에 전년 대비 증가하였으므로 옳지 않은 설명이다.

⑤ 2021～2024년 등산과 여행 동호회 인원의 합을 축구 동호회 인원과 비교하면 다음과 같다.

- 2021년 : $18+10=28<77$
- 2022년 : $42+21=63<92$
- 2023년 : $44+40=84<100$
- 2024년 : $77+65=142>120$

따라서 2024년 등산과 여행 동호회 인원의 합은 같은 해의 축구 동호회 인원보다 많으므로 옳지 않은 설명이다.

72

정답 ②

S통신회사의 기본요금을 x원이라 하면 8월과 9월의 요금 계산식은 각각 다음과 같다.

$x+60a+30\times2a=21,600 \rightarrow x+120a=21,600 \cdots$ ㉠

$x+20a=13,600 \cdots$ ㉡

㉠－㉡을 하면 다음과 같다.

$100a=8,000$

$\therefore a=80$

따라서 a의 값은 80이다.

73

정답 ③

A국과 F국을 비교해 보면 참가선수는 A국이 더 많지만, 동메달 수는 F국이 더 많다.

74

정답 ②

SOC, 산업·중소기업, 통일·외교, 공공질서·안전, 기타 5개 분야에 전년 대비 재정지출액이 증가하지 않은 해가 있으므로 옳은 설명이다.

오답분석

① 교육 분야의 전년 대비 재정지출 증가율은 다음과 같다.

- 2021년 : $\frac{27.6-24.5}{24.5}\times100 \fallingdotseq 12.7\%$
- 2022년 : $\frac{28.8-27.6}{27.6}\times100 \fallingdotseq 4.3\%$
- 2023년 : $\frac{31.4-28.8}{28.8}\times100 \fallingdotseq 9.0\%$
- 2024년 : $\frac{35.7-31.4}{31.4}\times100 \fallingdotseq 13.7\%$

따라서 교육 분야의 전년 대비 재정지출 증가율이 가장 높은 해는 2024년이다.

③ 2020년에는 기타 분야가 예산에서 차지하고 있는 비율이 더 높았다.

④ SOC(－8.6%), 산업·중소기업(2.5%), 환경(5.9%), 기타(－2.9%)의 4개 분야가 해당한다.

⑤ 통일·외교 분야는 '증가－증가－감소－증가'이고, 기타 분야는 '감소－감소－증가－증가'로 두 분야의 증감 추이는 동일하지 않다.

75

정답 ②

- 2023년 사회복지·보건 분야 재정지출의 2022년 대비 증감률 : $\frac{61.4-56.0}{56.0}\times100 \fallingdotseq 9.6\%$
- 2023년 공공질서·안전 분야 재정지출의 2022년 대비 증감률 : $\frac{10.9-11.0}{11.0}\times100 \fallingdotseq -0.9\%$

따라서 증감률의 차이는 $9.6-(-0.9)=10.5\%$p이다.

76

정답 ①

연도별 도시의 인구수를 정리하면 다음과 같다.

(단위 : 만 명)

구분	2021년 인구수	2022년 인구수	2023년 인구수	2024년 인구수
A도시	1,800	1,800×1.04=1,872	1,872×1.05≒1,965	1,965×1.11≒2,181
B도시	1,450	1,450×1.09≒1,580	1,580×1.08≒1,706	1,706×1.1≒1,876
C도시	1,680	1,680×1.07≒1,797	1,797×1.09≒1,958	1,958×1.1≒2,153
D도시	1,250	1,250×1.07≒1,337	1,337×1.09≒1,457	1,457×1.12≒1,631
E도시	880	880×1.15=1,012	1,012×1.04≒1,052	1,052×1.1≒1,157

ㄱ. 2024년 5개 도시의 총인구수는 2,181+1,876+2,153+1,631+1,157=8,998만 명이므로 옳은 설명이다.
ㄴ. 2024년 인구수가 2,000만 명을 넘은 도시는 A도시와 C도시 두 곳이므로 옳은 설명이다.

오답분석

ㄷ·ㄹ. 2021년과 2024년 인구수의 증가량과 증가율을 구하면 다음과 같다.

구분	인구수 증가량	인구수 증가율
A도시	2,181−1,800=381만 명	$\frac{381}{1,800}\times 100 \fallingdotseq 21.2\%$
B도시	1,876−1,450=426만 명	$\frac{426}{1,450}\times 100 \fallingdotseq 29.4\%$
C도시	2,153−1,680=473만 명	$\frac{473}{1,680}\times 100 \fallingdotseq 28.2\%$
D도시	1,631−1,250=381만 명	$\frac{381}{1,250}\times 100 \fallingdotseq 30.5\%$
E도시	1,157−880=277만 명	$\frac{277}{880}\times 100 \fallingdotseq 31.5\%$

따라서 2021년 인구수 대비 2024년 인구수가 가장 많이 증가한 도시는 C도시이고, 인구수의 증가율이 가장 높은 도시는 E도시이다.

77

정답 ③

각 도시의 2025년 예상 인구수를 구하면 다음과 같다.

- A도시 : 2,181+{(2,181−1,872)×3}=3,108만 명
- B도시 : 1,876×(1+0.18−0.08)≒2,063만 명
- C도시 : 2,153+(2,153×0.12)−{(2,153×0.12)×2}≒1,894만 명
- D도시 : 1,631+(1,631×0.2)≒1,957만 명
- E도시 : 1,157×(1+0.26−0.01)≒1,446만 명

따라서 2025년 예상 인구수를 1위부터 5위까지 차례대로 나열하면 A도시－B도시－D도시－C도시－E도시 순서이다.

78

정답 ③

과장은 서로 다른 지역으로 출장을 가야 하므로 과장이 서로 다른 지역으로 출장을 가는 경우의 수는 ${}_4P_2=12$가지이다.
또한 각 지역은 대리급 이상이 포함되어야 한다.

- 과장과 대리 1명이 같은 지역으로 출장을 가는 경우의 수
  대리 3명 중 1명이 과장과 같은 지역으로 출장을 가고 남은 대리 둘은 남은 두 지역으로 출장을 간다.
  ${}_3C_1\times{}_2C_1\times 2!=12$가지
- 과장과 대리가 서로 다른 지역으로 출장을 가는 경우의 수
  대리 2명, 대리 1명으로 나누어 남은 두 지역으로 출장을 간다.
  ${}_3C_2\times 2!=6$가지

각 경우의 남은 세 자리에 대하여 남은 사원 3명이 출장을 가는 경우의 수는 $3!=3\times2\times1=6$가지이다.

따라서 구하고자 하는 확률은 $\frac{12\times12\times3!}{12\times12\times3!+12\times6\times3!}=\frac{12}{12+6}=\frac{12}{18}=\frac{2}{3}$이다.

79

정답 ②

농도가 30%인 설탕물의 양을 xg이라 하면 증발시킨 후 설탕의 양은 같으므로 다음 식이 성립한다.

$\frac{30}{100}x=\frac{35}{100}\times(x-50)$

$\therefore x=350$

그러므로 농도가 35%인 설탕물의 양은 300g이다.

여기에 더 넣을 설탕의 양을 yg이라 하면 다음 식이 성립한다.

$300\times\frac{35}{100}+y=(300+y)\times\frac{40}{100}$

$\rightarrow 10{,}500+100y=12{,}000+40y$

$\rightarrow 60y=1{,}500$

$\therefore y=25$

따라서 25g의 설탕을 넣어야 한다.

80

정답 ⑤

A, G를 제외한 5명 중 C, D, E가 이웃하여 서는 경우의 수는 $3!\times3!=36$가지이고, A와 G는 자리를 바꿀 수 있다.

따라서 $3!\times3!\times2=72$가지이다.

81

정답 ①

조건에 따라 자동차를 대여할 수 없는 날을 표시하면 다음과 같다.

〈2월 달력〉

일	월	화	수	목	금	토
	1	2 × 짝수 날 점검	3	4 × 짝수 날 점검	5	6 × 짝수 날 점검
7	8	9 × 업무	10 × 업무	11 × 설 연휴	12 × 설 연휴	13 × 설 연휴
14	15 × 출장	16 × 출장	17	18	19	20
21	22	23	24 × B 대여	25 × B 대여	26 × B 대여	27
28						

따라서 S자동차를 대여할 수 있는 날은 주말을 포함한 18 ~ 20일, 19 ~ 21일, 20 ~ 22일, 21 ~ 23일이므로 수요일(17일)은 자동차를 대여할 수 없다.

82

정답 ②

성과급 지급 기준에 따라 영업팀의 성과를 평가하면 다음과 같다.

구분	성과평가 점수(점)	성과평가 등급	성과급 지급액
1/4분기	$(8\times0.4)+(8\times0.4)+(6\times0.2)=7.6$	C	80만 원
2/4분기	$(8\times0.4)+(6\times0.4)+(8\times0.2)=7.2$	C	80만 원
3/4분기	$(10\times0.4)+(8\times0.4)+(10\times0.2)=9.2$	A	100만+10만=110만 원
4/4분기	$(8\times0.4)+(8\times0.4)+(8\times0.2)=8.0$	B	90만 원

따라서 영업팀에 1년간 지급된 성과급의 총액은 80만+80만+110만+90만=360만 원이다.

83

정답 ⑤

해외지사별 시간을 정리하면 다음과 같다.

- 헝가리 : 서머타임을 적용해 서울보다 6시간 느리다.
- 호주 : 서머타임을 적용해 서울보다 2시간 빠르다.
- 베이징 : 서울보다 1시간 느리다.

따라서 회의가 가능한 시간은 서울 기준 오후 3～4시이다.

오답분석

① 헝가리가 오전 4시로 업무 시작 전이므로 회의가 불가능하다.
② 헝가리가 오전 5시로 업무 시작 전이므로 회의가 불가능하다.
③ 헝가리가 오전 7시로 업무 시작 전이므로 회의가 불가능하다.
④ 헝가리가 오전 8시로 업무 시작 전이므로 회의가 불가능하다.

84

정답 ③

사장은 최소비용으로 최대인원을 채용하는 것을 목적으로 하고 있다. 가장 낮은 임금의 인원을 최우선으로 배치하되, 같은 임금의 인원은 가용한 시간 내에 분배하여 배치하는 것이 해당 목적을 달성하는 방법이다. 이를 적용하면 다음과 같다.

<table>
<tr><th>구분</th><th colspan="2">월요일</th><th colspan="2">화요일</th><th colspan="2">수요일</th><th colspan="2">목요일</th><th colspan="2">금요일</th></tr>
<tr><td>08:00</td><td rowspan="7">기존 직원</td><td rowspan="2">김갑주</td><td rowspan="7">기존 직원</td><td rowspan="2">김갑주</td><td rowspan="7">기존 직원</td><td rowspan="2">김갑주</td><td rowspan="7">기존 직원</td><td rowspan="2">김갑주</td><td rowspan="7">기존 직원</td><td rowspan="2">김갑주</td></tr>
<tr><td>09:00</td></tr>
<tr><td>10:00</td><td rowspan="2">한수미</td><td rowspan="2">한수미</td><td rowspan="2">한수미</td><td rowspan="2">한수미</td><td rowspan="2">한수미</td></tr>
<tr><td>11:00</td></tr>
<tr><td>12:00</td><td rowspan="4">조병수</td><td rowspan="4">조병수</td><td rowspan="4">조병수</td><td rowspan="4">조병수</td><td rowspan="4">조병수</td></tr>
<tr><td>13:00</td></tr>
<tr><td>14:00</td></tr>
<tr><td>15:00</td><td rowspan="5">강을미</td><td rowspan="5">강을미</td><td rowspan="5">강을미</td><td rowspan="5">강을미</td><td rowspan="5">강을미</td></tr>
<tr><td>16:00</td><td rowspan="4">채미나</td><td rowspan="4">채미나</td><td rowspan="4">채미나</td><td rowspan="4">채미나</td><td rowspan="4">채미나</td></tr>
<tr><td>17:00</td></tr>
<tr><td>18:00</td></tr>
<tr><td>19:00</td></tr>
</table>

8시부터 근무는 김갑주가 임금이 가장 낮다. 이후 10시부터는 임금이 같은 한수미도 근무할 수 있으므로, 최대인원을 채용하는 목적에 따라 한수미가 근무한다. 그다음 중복되는 12시부터는 조병수가 임금이 더 낮으므로 조병수가 근무하며, 임금이 가장 낮은 강을미는 15시부터 20시까지 근무한다. 조병수 다음으로 중복되는 14시부터 가능한 최강현은 임금이 비싸므로 채용하지 않는다(최소비용이 최대인원보다 우선하기 때문). 그다음으로 중복되는 16시부터는 채미나가 조병수와 임금이 같으므로 채미나가 근무한다. 따라서 ③과 같이 채용한다.

85

정답 ④

하루 지출되는 직원별 급여액은 다음과 같다.

- 기존 직원 : 8,000×7=56,000원
- 김갑주, 한수미 : 8,000×2=16,000원
- 조병수, 채미나 : 7,500×4=30,000원
- 강을미 : 7,000×5=35,000원

56,000+(16,000×2)+(30,000×2)+35,000=183,000원

∴ (임금)=183,000×5=915,000원

86

정답 ①

노선 지수를 계산하기 위해서는 총거리와 총시간, 총요금을 먼저 계산한 후 순위에 따라 다시 한 번 계산해야 한다.

구분	합산거리	총거리 순위	합산시간	총시간 순위	합산요금	총요금 순위	노선지수
베이징	9,084km	1	10시간	1	150만 원	7	2.9
하노이	11,961km	4	15시간	6	120만 원	4	8.2
방콕	13,242km	7	16시간	7	105만 원	1	10.7
델리	11,384km	3	13시간	4	110만 원	2	5.6
두바이	12,248km	6	14시간	5	115만 원	3	8.9
카이로	11,993km	5	12시간	3	125만 원	5	7.1
상하이	10,051km	2	11시간	2	135만 원	6	4.2

베이징 노선은 잠정 폐쇄되었으므로 그다음으로 노선 지수가 낮은 상하이를 경유하는 노선이 가장 적합한 노선이다.

87

정답 ③

월요일에는 늦지 않게만 도착하면 되므로 서울역에서 8시에 출발하는 KTX를 이용한다. 수요일에는 최대한 빨리 와야 하므로 사천공항에서 19시에 출발하는 비행기를 이용한다. 따라서 소요되는 교통비는 65,200(∵ 서울 → 사천 KTX 비용)+22,200(∵ 사천역 → 사천연수원 택시비)+21,500(∵ 사천연수원 → 사천공항 택시비)+93,200(∵ 사천 → 서울 비행기 비용)×0.9=192,780원이다.

88

정답 ②

i) R기사가 거쳐야 할 경로는 'A도시 → E도시 → C도시 → A도시'이다. A도시에서 E도시로 바로 갈 수 없으므로 다른 도시를 거쳐야 하는데, 가장 짧은 시간 내에 A도시에서 E도시로 갈 수 있는 경로는 B도시를 경유하는 것이다. 따라서 R기사의 운송경로는 'A도시 → B도시 → E도시 → C도시 → A도시'이며, 이동시간은 1.0+0.5+2.5+0.5=4.5시간이다.

ii) P기사는 A도시에서 출발하여 모든 도시를 한 번씩 거친 뒤 다시 A도시로 돌아와야 한다. 해당 조건이 성립하는 운송경로의 경우는 다음과 같다.

- A도시 → B도시 → D도시 → E도시 → C도시 → A도시
  - 이동시간 : 1.0+1.0+0.5+2.5+0.5=5.5시간
- A도시 → C도시 → B도시 → E도시 → D도시 → A도시
  - 이동시간 : 0.5+2.0+0.5+0.5+1.5=5시간

따라서 P기사가 운행할 최소 이동시간은 5시간이다.

89

정답 ③

각 임직원의 항목 평균 점수를 구하면 다음과 같다.

(단위 : 점)

구분	조직기여	대외협력	기획	평균	순위
유시진	58	68	83	69.67	9
최은서	79	98	96	91	1
양현종	84	72	86	80.67	6
오선진	55	91	75	73.67	8
이진영	90	84	97	90.33	2
장수원	78	95	85	86	4
김태균	97	76	72	81.67	5
류현진	69	78	54	67	10
강백호	77	83	66	75.33	7
최재훈	80	94	92	88.67	3

따라서 상위 4명인 최은서, 이진영, 최재훈, 장수원이 해외연수 대상자로 선정된다.

90

정답 ②

평균점수의 내림차순으로 순위를 정리하면 다음과 같다.

(단위 : 점)

구분	조직기여	대외협력	기획	평균	순위
최은서	79	98	96	91	1
이진영	90	84	97	90.33	2
최재훈	80	94	92	88.67	3
장수원	78	95	85	86	4
김태균	97	76	72	81.67	5
양현종	84	72	86	80.67	6
강백호	77	83	66	75.33	7
오선진	55	91	75	73.67	8
유시진	58	68	83	69.67	9
류현진	69	78	54	67	10

따라서 오선진은 8위로 해외연수 대상자가 될 수 없다.

91

정답 ②

ㄱ. 소득 정보가 아닌 신용 정보이며, 소득 정보는 직장, 수입원 등을 가리킨다.
ㄷ. 조직 정보가 아닌 고용 정보이며, 조직 정보는 가입 정당, 가입 협회 등 사적으로 가입된 조직을 가리킨다.

92

정답 ①

정보관리의 3원칙

- 목적성 : 사용목표가 명확해야 한다.
- 용이성 : 쉽게 작업할 수 있어야 한다.
- 유용성 : 즉시 사용할 수 있어야 한다.

93

정답 ①

[F3] 셀에 입력된 「=IF(AVERAGE(B3:E3)>=90,"합격","불합격")」 함수식에서 'AVERAGE(B3:E3)'는 [B3:E3] 범위의 평균을 나타낸다. 또한 IF 함수는 논리 검사를 수행하여 TRUE나 FALSE에 해당하는 값을 반환해주는 함수로, 「=F(AVERAGE(B3:E3)>=90,"합격","불합격")」 함수식은 [B3:E3] 범위의 평균이 90 이상일 경우 '합격'을, 그렇지 않을 경우 '불합격'의 값을 출력한다. 따라서 [F3]~[F6] 셀에 나타나는 [B3:E3], [B4:E4], [B5:E5], [B6:E6]의 평균값은 83, 87, 91, 92.5이므로 '불합격, 불합격, 합격, 합격'의 결괏값을 출력한다.

94

정답 ②

컴퓨터 시스템의 구성요소

- 중앙처리장치(CPU) : 컴퓨터의 시스템을 제어하고 프로그램의 연산을 수행하는 처리장치이다.
- 주기억장치 : Main Memory로, 프로그램이 실행될 때 보조기억장치로부터 프로그램이나 자료를 이동시켜 실행시킬 수 있는 기억장치이다.
- 보조저장장치 : 2차 기억장치, 디스크나 CD-ROM과 같이 영구 저장 능력을 가진 기억장치이다.
- 입출력장치 : 장치마다 별도의 제어기가 있어 CPU로부터 명령을 받아 장치의 동작을 제어하고 데이터를 이동시키는 일을 수행한다.

95

정답 ③

num1=14-num2; : num1은 14-3으로 11이 된다.
num1*= _______; : num1=num1*_______이 되므로 11 * _____가 33이 되기 위해서는 빈칸에는 3이 들어가야 한다.

96

정답 ②

[서식 지우기] 기능을 사용해 셀의 서식을 지우면 글꼴 서식, 셀 병합, 셀 서식(테두리, 배경색) 등이 해제되고 기본 셀 서식으로 변경되지만, 셀에 삽입된 메모는 삭제되지 않는다.

97

정답 ①

AVERAGE로 평균을 구하고 천의 자릿수 자리 올림은 ROUNDUP(수,자릿수)으로 구할 수 있다. 자릿수는 소수점 아래 숫자를 기준으로 하여 일의 자릿수는 0, 십의 자릿수는 -1, 백의 자릿수는 -2, 천의 자릿수는 -3으로 표시한다. 따라서 ①이 옳은 함수식이다.

98

정답 ③

power 함수는 거듭제곱에 대한 함수로 power(a,b)=a^b이다. 따라서 주어진 프로그램은 6^4를 계산하여 출력하는 프로그램이므로 6^4=1,296이며 6^4를 출력하려면 printf("%d^%d",a,b)를 입력해야 한다.

99

정답 ②

DSUM 함수는 지정한 조건에 맞는 데이터베이스에서 필드 값들의 합을 구하는 함수이다. [A1:C7]에서 상여금이 100만 원 이상인 합계를 구하므로 2,500,000원이 출력된다.

100

정답 ④

POWER 함수는 밑수를 지정한 만큼 거듭제곱한 결과를 나타내는 함수이다. 따라서 $6^3=216$이 옳다.

오답분석

① ODD 함수는 주어진 수에서 가장 가까운 홀수로 변환해 주는 함수이며, 양수인 경우 올림하고 음수인 경우 내림한다.
② EVEN 함수는 주어진 수에서 가장 가까운 짝수로 변환해 주는 함수이며, 양수인 경우 올림하고 음수인 경우 내림한다.
③ MOD 함수는 나눗셈의 나머지를 구하는 함수이다. 40을 −6으로 나눈 나머지는 −2이다.
⑤ QUOTIENT 함수는 나눗셈 몫의 정수 부분을 구하는 함수이다. 19를 6으로 나눈 몫의 정수는 3이다.

02 직무능력평가(경영학 · 경제학)

01	02	03	04	05	06	07	08	09	10	11	12	13	14	15	16	17	18	19	20
②	④	③	②	④	③	④	③	③	④	③	②	⑤	⑤	④	⑤	②	④	③	⑤
21	22	23	24	25	26	27	28	29	30	31	32	33	34	35	36	37	38	39	40
⑤	③	③	⑤	③	⑤	①	⑤	④	③	①	④	④	②	②	⑤	④	①	②	②
41	42	43	44	45	46	47	48	49	50										
②	④	②	①	③	①	③	④	④	⑤										

01

정답 ②

오답분석

① 사이드카(Side Car) : 선물시장이 급변할 경우 현물시장에 대한 영향을 최소화함으로써 현물시장을 안정적으로 운용하기 위한 관리제도
③ 트레이딩칼라(Trading Collar) : 주식시장 급변에 따른 지수 변동성 확대로 시장의 불안 정도가 높아질 때 발효되는 시장 조치
④ 서킷브레이커(Circuit Breaker) : 주식시장에서 주가가 급등 또는 급락하는 경우 주식매매를 일시 정지하는 제도
⑤ 스캘핑(Scalping) : 주식 보유시간을 짧게 잡아 수시로 거래를 하여 매매의 차익을 얻는 방법

02

정답 ④

합자회사(合資會社)는 무한책임사원과 유한책임사원으로 이루어지는 회사로, 무한책임사원이 사업을 경영하고 집행하며 양도 시 무한책임사원의 동의가 필요하다.

03

정답 ③

법인세가 있는 경우 부채를 많이 사용할수록 기업가치가 증가한다.

오답분석

① 무관련이론 제1명제에 대한 설명이다.
②·④ 자기자본과 타인자본의 구성비율 변경을 통해 최적의 자본구조를 찾을 수 있다고 본다.
⑤ 법인세가 없을 때보다 있을 때 부채의 감세효과로 인해 부채를 많이 사용할수록 가중평균자본비용은 감소한다.

04

정답 ②

그린메일은 특정기업의 주식을 대량 매입한 뒤 경영학진에게 적대적 M&A를 포기하는 대가로 매입한 주식을 시가보다 훨씬 높은 값에 되사도록 요구하는 행위로 적대적 M&A 시도에 대한 사후 방어 전략에 해당한다.

오답분석

① 황금주 : 단 1주 만으로도 주주총회 결의사항에 대해 거부권을 행사할 수 있는 권리를 가진 주식을 발행하는 전략이다.
③ 황금낙하산 : 기업임원이 적대적 M&A로 인해 퇴사하는 경우 거액의 퇴직위로금을 지급받도록 하는 전략이다.
④ 포이즌 필 : 현재 주가 대비 현저히 낮은 가격에 신주를 발행하는 것을 허용하여 매수자가 적대적 M&A를 시도할 때 엄청난 비용이 들도록 하는 전략이다.
⑤ 포이즌 풋 : 채권자가 미리 약정한 가격에 채권을 상환할 것을 청구할 수 있는 권리를 부여하여 적대적 M&A를 시도하는 매수자가 인수 직후 부채 상환 부담을 갖게 하는 전략이다.

05

정답 ④

공매도를 통한 기대수익은 자산 가격(100%) 미만으로 제한되나, 기대손실은 무한대로 커질 수 있다.

오답분석

① 공매도는 주식을 빌려서 매도하고 나중에 갚는 것이기 때문에 주가상승 시 채무불이행 리스크가 존재한다.
② 매도의견이 시장에 적극 반영되어 활발한 거래를 일으킬 수 있다.
③ 자산 가격이 하락할 것으로 예상되는 경우, 공매도를 통해 수익을 기대할 수 있다.
⑤ 공매도의 가능 여부는 효율적 시장가설의 핵심전제 중 하나이다.

06

정답 ③

주식가격과 채권가격은 일시적으로 반대 방향으로 움직일 수 있으나, 기본적으로 같은 방향으로 움직인다.

07

정답 ④

IMC는 소비자 지향적인 마케팅 전략으로, 더 많은 소비자를 확보함으로써 브랜드 가치 확대 및 소비자 충성도 제고를 이끌어낼 수 있다.

오답분석

① IMC는 소비자를 획득, 유지, 증가시키며 소비자가 제품을 더욱 친숙하게 받아들이도록 한다.
② IMC는 광고, DM, PM 등 다양한 커뮤니케이션 방법을 활용하는 전략이다.
③ IMC의 내용 측면 마케팅 커뮤니케이션은 브랜드를 소비자에게 알리고 설득시키는 것을 의미한다.
⑤ IMC의 과정 측면 마케팅 커뮤니케이션은 회사 내부의 조직 간 조정 노력을 의미한다.

08

정답 ③

목표관리는 목표의 설정뿐 아니라 성과평가 과정에도 부하직원이 참여하는 관리기법이다.

오답분석

① 조직의 상·하 구성원이 모두 협의하여 목표를 설정한다.
② 조직의 목표를 부서별, 개인별 목표로 전환하여 조직구성원 각자의 책임을 정하고, 조직의 효율성을 향상시킬 수 있다.
④ 목표설정이론은 명확하고 도전적인 목표가 성과에 미치는 영향을 분석한다.
⑤ 목표는 지시적 목표, 자기설정 목표, 참여적 목표로 구분되고, 이 중 참여적 목표가 종업원의 수용성이 가장 높다.

09

정답 ③

앨더퍼(Alderfer)의 ERG 이론은 매슬로의 욕구단계 이론을 발전시킨 이론이다. 이 이론은 상위욕구가 개인의 행동과 태도에 영향을 미치기 전에 하위욕구가 먼저 충족되어야 한다는 매슬로 이론의 가정을 배제한 것이 특징이다.

10

정답 ④

홉스테드의 문화차원이론은 어느 사회의 문화가 그 사회 구성원의 가치관에 미치는 영향, 그 가치관과 행동의 연관성을 요인분석으로 구조를 통하여 설명하는 이론이다. 이는 4가지 차원으로 개인주의 – 집단주의(Individualism – Collectivism), 불확실성 회피성(Uncertainty Avoidance), 권력의 거리(Power Distance), 남성성 – 여성성(Masculinity – Femininity)을 제시하였다.

11

정답 ③

수요예측기법은 수치를 이용한 계산방법 적용 여부에 따라 정성적 기법과 정량적 기법으로 구분할 수 있다. 정성적 기법은 개인의 주관이나 판단 또는 여러 사람의 의견에 의하여 수요를 예측하는 방법으로, 델파이 기법, 역사적 유추법, 시장조사법, 라이프사이클 유추법 등이 있다. 정량적 기법은 수치로 측정된 통계자료에 기초하여 계량적으로 예측하는 방법으로, 사건에 대하여 시간의 흐름에 따라 기록한 시계열 데이터를 바탕으로 분석하는 시계열 분석 방법이 해당한다.

오답분석

① 델파이 기법 : 여러 전문가의 의견을 되풀이해 모으고 교환하며 발전시켜 미래를 예측하는 방법이다.
② 역사적 유추법 : 수요 변화에 대한 과거 유사한 제품의 패턴을 바탕으로 유추하는 방법이다.
④ 시장조사법 : 시장에 대해 조사하려는 내용의 가설을 세운 뒤 소비자 의견을 조사하여 가설을 검증하는 방법이다.
⑤ 라이프사이클 유추법 : 제품의 라이프사이클을 분석하여 수요를 예측하는 방법이다.

12

정답 ②

오답분석

① 지주회사(Holding Company) : 다른 회사의 주식을 소유함으로써 사업활동을 지배하는 것을 주된 사업으로 하는 회사이다.
③ 컨글로머리트(Conglomerate) : 복합기업, 다종기업이라고도 하며, 서로 업종이 다른 이종기업 간의 결합에 의한 기업형태이다.
④ 트러스트(Trust) : 동일산업 부문에서의 자본의 결합을 축으로 한 독점적 기업결합이다.
⑤ 콘체른(Konzern) : 법률적으로 독립하고 있는 몇 개의 기업이 출자 등의 자본적 연휴를 기초로 하는 지배·종속 관계에 의해 형성되는 기업결합이다.

13

정답 ⑤

자재소요계획은 생산 일정계획의 완제품 생산일정(MPS)과 자재명세서(BOM), 재고기록철(IR)에 대한 정보를 근거로 MRP를 수립하여 재고 관리를 모색한다.

오답분석

① 필요할 때마다 요청해서 생산하는 방식은 풀 생산방식(Pull System)이다.
② 부품별 계획 주문 발주시기는 MRP의 결과물이다.
③ MRP는 종속수요를 갖는 부품들의 생산수량과 생산시기를 결정하는 방법이다.
④ MRP는 푸시 생산방식(Push System)이다.

14

정답 ⑤

증권회사의 상품인 유가증권과 부동산 매매회사가 정상적 영업과정에서 판매를 목적으로 취득한 토지・건물 등은 재고자산으로 구분한다.

오답분석

① 매입운임은 매입원가에 포함한다.
② 재고자산을 순실현가능가치로 감액한 평가손실과 모든 감모손실은 감액이나 감모가 발생한 기간에 비용으로 인식한다.
③・④ 선입선출법의 경우에는 계속기록법을 적용하든 실지재고조사법을 적용하든, 기말재고자산, 매출원가, 매출총이익 모두 동일한 결과가 나온다.

15

정답 ④

• (매출액)－(배출원가)＝(매출총이익) → 10억－6.5억＝3.5억 원
• (매출총이익)－(판관비)＝(영업이익) → 3.5억－0.5억＝3억 원
• (영업이익)＋(영업외이익)－(영업외비용)＝(경상이익) → 3억＋1억－0.4억＝3.6억 원
∴ (경상이익)＋(특별이익)－(특별손실)－(법인세비용)＝(당기순이익) → 3.6억＋0.4억－0.6억－0.2억＝3.2억 원

16

정답 ⑤

계속기업의 가정이란 보고기업이 예측 가능한 미래에 영업을 계속하여 영위할 것이라는 가정이다. 따라서 기업이 경영학활동을 청산 또는 중단할 의도가 있다면, 계속기업의 가정이 아닌 청산가치 등을 사용하여 재무제표를 작성해야 한다.

오답분석

① 재무제표는 원칙적으로 적어도 1년에 한 번씩은 작성해야 한다.
② 현금흐름표 등 현금흐름에 대한 정보는 현금주의에 기반한다.
③ 역사적원가는 측정일의 조건을 반영하지 않고, 현행가치는 측정일의 조건을 반영한다. 이때 현행가치는 다시 현행원가, 공정가치, 사용가치(이행가치)로 구분된다.
④ 재무제표는 재무상태표, 포괄손익계산서, 자본변동표, 현금흐름표, 주석으로 구성되며 법에서 이익잉여금처분계산서 등의 작성을 요구하는 경우 주석으로 공시한다.

17

정답 ②

교환과정에서 A회사가 지급한 현금을 구하는 식은 다음과 같다.
470,000(기계장치)＋340,000＋10,000(처분손실)－800,000＝20,000
따라서 A회사가 지급한 현금은 20,000원이다.

18

정답 ④

스캔런 플랜과 러커 플랜 모두 이득을 사전에 합의된 비율에 따라 노사가 배분한다.

19

정답 ③

콜옵션은 가격이 오를 때 거래하는 것이고, 풋옵션은 가격이 내릴 때 거래하는 것이다.
풋옵션이란 미래 특정 시기에 미리 정한 가격으로 팔 수 있는 권리이며, 콜옵션은 저렴한 가격에 기초자산을 구입하는 것이라면, 풋옵션은 비싼 가격에 기초자산을 판다는 것을 의미한다.

20

정답 ⑤

오답분석

① 보통주배당이 아닌 우선주배당이다.
② 주당순자산이 아닌 주당순이익의 변동폭이 확대되어 나타난다.
③ 자기자본이 아닌 타인자본이 차지하는 비율이다.
④ 주당이익의 변동폭은 그만큼 더 크게 된다.

21

정답 ⑤

고압적 마케팅은 판매, 촉진에 비중을 두는 후행적 마케팅 기법이나, 저압적 마케팅은 조사, 계획에 비중을 두는 선행적 마케팅 기법이다.

22

정답 ③

ㄴ. 연구개발, 영업, 품질, 생산 등 전 부서가 함께 논의하기 때문에 긴밀한 협조가 이루어진다.
ㄷ. 품질의 집(HOQ)이란 고객 니즈와 기술 경쟁력을 매트릭스를 이용하여 평가한 것으로 설계단계, 부품단계, 공정단계, 생산단계로 나누어 기능전개를 한다.

오답분석

ㄱ. 품질기능전개는 일본에서 처음으로 개발하여 사용되었다.
ㄹ. 품질기능전개를 통해 설계부터 생산까지 시간을 절약하여 제품개발 기간을 단축할 수 있다.

23

정답 ③

테일러(Tailor)의 과학적 관리론은 노동자의 심리상태와 인격은 무시하고, 노동자를 단순한 숫자 및 부품으로 바라본다는 한계점이 있다. 이러한 한계점으로 인해 직무특성이론과 목표설정이론이 등장하는 배경이 되었다.

24

정답 ⑤

수직적 합병은 기업의 생산이나 판매과정 전후에 있는 기업 간의 합병으로, 주로 원자재 공급의 안정성 등을 목적으로 한다. 수평적 합병은 동종 산업에서 유사한 생산단계에 있는 기업 간의 합병으로, 주로 규모의 경제적 효과나 시장지배력을 높이기 위해서 이루어진다.

25

정답 ③

맥그리거(Mcgregor)는 두 가지의 상반된 인간관 모형을 제시하고, 인간모형에 따라 조직관리 전략이 달라져야 한다고 주장하였다.

- X이론 : 소극적 · 부정적 인간관을 바탕으로 한 전략 – 천성적 나태, 어리석은 존재, 타율적 관리, 변화에 저항적
- Y이론 : 적극적 · 긍정적 인간관을 특징으로 한 전략 – 변화지향적, 자율적 활동, 민주적 관리, 높은 책임감

26

정답 ⑤

총수요의 변동으로 경기변동이 발생하면, 경기와 물가는 같은 방향으로 움직이므로 경기 순응적이 된다.

27

정답 ①

수요란 일정기간 주어진 가격으로 소비자들이 구입하고자 의도하는 재화와 서비스의 총량을 의미한다. 수요는 관련 재화(대체재, 보완재)의 가격, 소비자의 소득수준, 소비자의 선호 등의 요인에 따라 변화하며, 수요의 변화는 수요곡선 자체를 좌우로 이동시킨다. 따라서 주어진 그래프에서는 수요곡선이 오른쪽으로 이동하고 있으므로 복숭아 수요를 증가시키는 요인이 아닌 것을 찾아야 한다. 복숭아의 가격이 하락하면 복숭아의 수요가 증가하게 되는데, 이는 '수요량의 변화'이므로 수요곡선상에서 움직이게 된다.

28

정답 ⑤

국내기업이 해외에 생산 공장을 건설하기 위해서는 해외에 필요한 자금을 가지고 나가야 하므로 외환에 대한 수요가 증가한다. 따라서 외환의 수요가 증가하면 환율이 상승하게 되므로 국내통화의 가치가 하락한다.

오답분석

①·④ 수입 가전제품에 대한 관세가 인상되고 해외여행에 대한 수요가 급감하면 외환 수요가 감소한다. 따라서 환율이 하락한다.
②·③ 외국 투자자들이 국내주식을 매수하거나 기준금리가 인상되면 자본유입이 많아져서 외환의 공급이 증가하고, 이에 따라 환율이 하락한다.

29

정답 ④

주희가 실망노동자가 되면서 실업자에서 비경제활동인구로 바뀌게 되었다.
실업률은 경제활동인구에 대한 실업자의 비율이므로 분자인 실업자보다 분모인 경제활동인구가 큰 상황에서 실업자와 경제활동인구가 동일하게 줄어든다면 실업률은 하락하게 된다.
고용률은 생산가능인구에 대한 취업자의 비율이므로 주희가 실망노동자가 되어도 분자인 취업자와 분모인 생산가능인구는 아무런 변화가 없다. 따라서 고용률은 변하지 않는다.

30

정답 ③

실질 GDP는 물가상승요인을 제거하기 위하여 기준년도 가격에 해당연도 생산량을 곱하여 계산한다. 따라서 50만 원(2023년 가격)×15대(2024년 생산량)=7,500,000원이다.

31

정답 ①

100만 원$\times(1+0.05)^2=1,102,500$원이므로 명목이자율은 10.25%이다. 따라서 실질이자율은 명목이자율에서 물가상승률을 뺀 값이므로 $10.25-\left(\frac{53-50}{50}\times 100\right)=10.25-6=4.25\%$이다.

32

정답 ④

오답분석

① 선형 무차별곡선 : 완전대체재의 무차별곡선으로, 우하향하는 직선의 모습을 나타낸다.
② 준 선형 무차별곡선 : 콥－더글러스형과 모양은 비슷하나, 효용함수를 $U=X+\ln Y$ 또는 $U=\ln X+Y$로 표시한다.
③ 레온티에프형 무차별곡선 : 완전보완재의 무차별곡선으로, L자형 모습을 나타낸다.
⑤ X재가 비재화인 무차별곡선 : 좌상향의 모습을 나타낸다.

33

정답 ④

ㄴ. 가격차별을 하기 위해서는 상품의 소비자 간 재판매가 불가능해야 한다.
ㄹ. 제3급 가격차별의 경우 가격차별을 하는 독점기업은 수요의 가격탄력성이 상대적으로 높은 집단에게는 낮은 가격을, 가격탄력성이 상대적으로 낮은 집단에게는 높은 가격을 설정해야 한다.

34

정답 ②

구축효과에 대한 설명으로, 채권가격 변화에 의한 구축효과의 경로는 다음과 같다.
정부의 국공채 발행 → 채권의 공급 증가 → 채권가격 하락 → 이자율 상승(채권가격과 이자율과는 음의 관계) → 투자 감소

35

정답 ②

효율성임금이론이란 평균임금보다 높은 임금을 지급해 주는 것을 유인으로 생산성 높은 노동자를 채용하여 생산성을 결정짓는 이론이다.

36

정답 ⑤

오답분석

① $(10분위분배율)=\frac{(최하위\ 40\%\ 소득계층의\ 소득)}{(최상위\ 20\%\ 소득계층의\ 소득)}=\frac{12\%}{(100-52)\%}=\frac{1}{4}$

② 지니계수는 면적 A를 삼각형 OCP 면적(A+B)으로 나눈 값이다. 즉, $\frac{(A\ 면적)}{(\triangle OCP\ 면적)}=\frac{A}{A+B}$의 값이 지니계수이다.

③ 중산층 붕괴 시 A의 면적은 증가하고, B의 면적은 감소한다.

④ 미국의 서브프라임모기지 사태는 로렌츠 곡선을 대각선에서 멀리 이동시킨다.

PART 3

37

정답 ④

독점시장의 시장가격은 완전경쟁시장의 가격보다 높게 형성되므로 소비자잉여는 줄어든다.

38

정답 ①

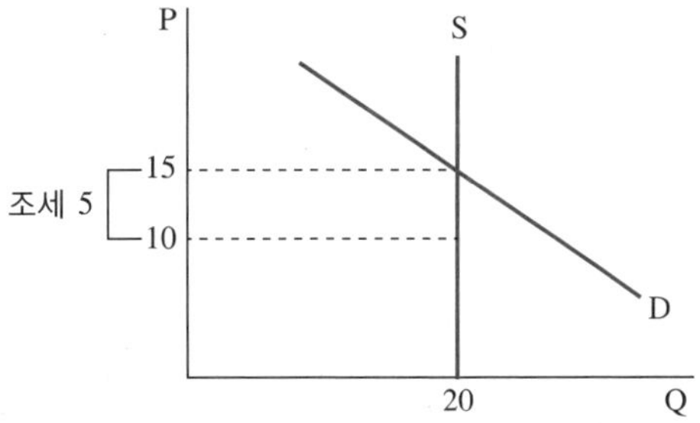

정부의 물품세 부과 시 조세부담의 귀착은 수요와 공급의 탄력성의 크기에 의해 결정된다. 즉, 탄력성과 조세부담의 크기는 반비례하는 성질이 있다. 특히 수요와 공급 중 어느 한쪽이 완전비탄력적일 경우, 완전비탄력적인 쪽이 조세를 100% 부담하게 된다. 제시된 상황에서는 공급곡선의 기울기가 수직이므로, 공급탄력성이 0(완전비탄력)인 상황이다. 따라서 단위당 5만큼의 조세를 생산자가 전부 부담하게 되고, 소비자에게는 조세가 전가되지 않는다. 생산자잉여는 현재 15×20=300인 사각형 면적이지만, 5만큼의 조세부과로 인하여 10×20=200으로 감소하게 된다.

오답분석

② 수요와 공급 중 어느 한쪽이 완전비탄력적이면 초과부담이 발생하지 않는다.

③ 정부의 조세수입 면적은 5×20=100의 사각형에 해당한다.

④·⑤ 조세가 100% 생산자에게 귀착되므로, 소비자가 느끼는 조세부담은 없다. 즉, 소비자 가격의 변화는 없다.

39

정답 ②

공리주의 관점에서 가장 바람직한 소득분배상태는 사회구성원 전체의 효용의 곱이 아닌 합이 최대가 되는 것이다.

40

정답 ②

무차별곡선의 기울기는 한계기술대체율이 아니라 한계대체율이다.

41

정답 ②

굴절수요곡선

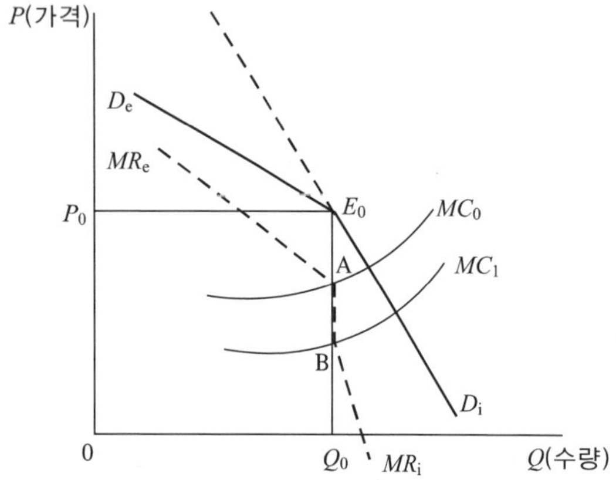

어떤 과점기업의 생산물 가격이 P_0라고 가정한다면 그보다 가격을 인상하여도 다른 기업은 가격을 유지할 것이며, 이 과점기업에 대한 수요곡선은 P_0점보다 위에서는 매우 탄력적이다. 그러나 이 기업이 가격을 내리면 다른 기업도 따라서 가격을 내릴 것이므로 P_0점보다 아래의 수요곡선은 비탄력적으로 될 것이다. 따라서 수요곡선은 P_0점에서 굴절하고, 굴절수요곡선(D_e D_i)에서 도출되는 한계수입곡선(MR_e MR_i)은 불연속이 된다.

42

정답 ④

희생비율이란 인플레이션율을 1% 낮추기 위해 감수해야 하는 GDP 감소율을 말한다. 필립스 곡선의 기울기가 매우 가파르다면 인플레이션율을 낮추더라도 실업률은 별로 상승하지 않으므로 GDP 감소율이 작아진다. 극단적으로 필립스 곡선이 수직선이라면 인플레이션율을 낮추더라도 실업률은 전혀 상승하지 않으므로 GDP 감소율은 0이 되어 희생비율도 0이 된다. 따라서 필립스 곡선의 기울기가 가파를수록 희생비율은 작아진다.

오쿤의 법칙(Okun's Law)
- 오쿤의 법칙이란 미국의 경제학자 오쿤이 발견한 현상으로 실업률과 GDP의 관계를 나타낸다.
- 경기회복기에는 고용의 증가 속도보다 국민총생산의 증가 속도가 더 크고, 불황기에는 고용의 감소 속도보다 국민총생산의 감소 속도가 더 큰 법칙을 말한다.

43

정답 ②

- [수요의 소득탄력성(ε_M)] $=\dfrac{(\text{수요의 변화율})}{(\text{소득의 변화율})}$
- [수요의 교차탄력성(ε_{XY})] $=\dfrac{(X\text{재 수요의 변화율})}{(Y\text{재 가격의 변화율})}$

수요의 소득탄력성을 기준으로 열등재와 정상재를 구분할 수 있다. 소득탄력성이 0보다 작으면 열등재, 0보다 크면 정상재라고 한다. 또한 소득탄력성이 0에서 1 사이면 필수재, 1보다 크면 사치재로 분류된다. 그리고 수요의 교차탄력성을 기준으로 대체제, 독립재, 그리고 보완재를 구분할 수 있다. 교차탄력성이 0보다 작으면 보완재, 0이면 독립재, 0보다 크면 대체재로 분류된다.

ㄱ. 초콜릿은 소득탄력성이 0보다 작으므로 열등재에 해당한다.

ㄷ. 초콜릿과 커피의 교차탄력성은 0보다 작으므로 두 재화는 보완재에 해당한다.

오답분석

ㄴ. 커피는 소득탄력성이 1보다 크므로 정상재이면서 사치재에 해당한다.

44

정답 ①

소규모 경제에서 자본이동과 무역이 완전히 자유롭고 변동환율제도를 채택한다면 확대재정정책이 실시되더라도 소득은 불변이고, 이자율의 상승으로 S국 통화는 강세가 된다.

45

정답 ③

실제투자액과 필요투자액이 일치하므로 1인당 자본량이 더 이상 변하지 않는 상태를 균제상태라고 한다. 균제상태에서는 1인당 자본량이 더 이상 변하지 않으므로 자본증가율과 인구증가율이 일치하고, 경제성장률과 인구증가율도 일치한다.

46

정답 ①

대체재란 한 재화의 가격이 하락함에 따라 다른 한 재화의 수요가 감소하는 두 재화의 관계를 의미한다. 따라서 B재의 공급이 감소하여 B재의 가격이 상승했다면 대체재인 A재의 수요가 증가하며, 수요가 증가하면 수요곡선이 오른쪽으로 이동하여 가격이 상승하고 거래량도 증가하게 된다.

47

정답 ③

오답분석

ㄹ. 비용극소화를 통해 도출된 비용함수를 이윤함수에 넣어서 다시 이윤극대화 과정을 거쳐야 하므로 필요조건이기는 하나, 충분조건은 아니다.

48

정답 ④

제시된 두 사례는 경기가 침체했음에도 불구하고 물가가 오르고 있다. 이를 스태그플레이션(Stagflation)이라고 하는데, 경제활동이 침체되고 있음에도 불구하고 지속적으로 물가가 상승하는 상태의 저성장·고물가 상태를 의미한다.

오답분석

① 슬럼프플레이션(Slumpflation) : 슬럼프(불황)와 인플레이션의 합성어로, 높은 실업률로 대표되는 불황에서의 인플레이션을 의미하며 스태그플레이션보다 심한 경기 침체 상태를 말한다.

② 스크루플레이션(Screwflation) : 쥐어짜기를 의미하는 스크루와 인플레이션의 합성어로, 물가 상승과 실질임금 감소 등으로 중산층의 가처분 소득이 줄어드는 현상을 말한다.

③ 스테그데이션(Stagdation) : 경기침체 상황에서 물가가 급락하는 현상이다.

⑤ 에코플레이션(Ecoflation) : 환경과 인플레이션의 합성어로, 환경 기준 강화나 기후변화로 인해 기업의 제조원가가 상승하여 결과적으로 소비재의 가격이 인상되는 것을 말한다.

49

정답 ④

한국은행은 고용증진 목표 달성이 아닌 통화정책 운영체제로서 물가안정목표제를 운영하고 있다.

50

정답 ⑤

중고차 시장에서 차량의 성능을 알지 못하는 구매자들이 평균적인 품질을 기준으로 가격을 지불하려고 할 경우 좋은 차를 가진 판매자는 차를 팔 수 없거나, 굳이 팔려고 하면 자기 차의 품질에 해당하는 가격보다 더 낮은 가격을 받을 수밖에 없다. 따라서 정보를 많이 갖고 있는 사람이 정보를 덜 가진 사람에 비해 항상 피해 규모가 작은 것은 아니다.

M E M O

수협중앙회 필기전형 NCS 직업기초능력평가 OMR 답안카드

고사장

성　명

채용분야

수험번호						
⓪	⓪	⓪	⓪	⓪	⓪	⓪
①	①	①	①	①	①	①
②	②	②	②	②	②	②
③	③	③	③	③	③	③
④	④	④	④	④	④	④
⑤	⑤	⑤	⑤	⑤	⑤	⑤
⑥	⑥	⑥	⑥	⑥	⑥	⑥
⑦	⑦	⑦	⑦	⑦	⑦	⑦
⑧	⑧	⑧	⑧	⑧	⑧	⑧
⑨	⑨	⑨	⑨	⑨	⑨	⑨

감독위원 확인
인

문번	1	2	3	4	5	문번	1	2	3	4	5	문번	1	2	3	4	5	문번	1	2	3	4	5	문번	1	2	3	4	5
1	①	②	③	④	⑤	21	①	②	③	④	⑤	41	①	②	③	④	⑤	61	①	②	③	④	⑤	81	①	②	③	④	⑤
2	①	②	③	④	⑤	22	①	②	③	④	⑤	42	①	②	③	④	⑤	62	①	②	③	④	⑤	82	①	②	③	④	⑤
3	①	②	③	④	⑤	23	①	②	③	④	⑤	43	①	②	③	④	⑤	63	①	②	③	④	⑤	83	①	②	③	④	⑤
4	①	②	③	④	⑤	24	①	②	③	④	⑤	44	①	②	③	④	⑤	64	①	②	③	④	⑤	84	①	②	③	④	⑤
5	①	②	③	④	⑤	25	①	②	③	④	⑤	45	①	②	③	④	⑤	65	①	②	③	④	⑤	85	①	②	③	④	⑤
6	①	②	③	④	⑤	26	①	②	③	④	⑤	46	①	②	③	④	⑤	66	①	②	③	④	⑤	86	①	②	③	④	⑤
7	①	②	③	④	⑤	27	①	②	③	④	⑤	47	①	②	③	④	⑤	67	①	②	③	④	⑤	87	①	②	③	④	⑤
8	①	②	③	④	⑤	28	①	②	③	④	⑤	48	①	②	③	④	⑤	68	①	②	③	④	⑤	88	①	②	③	④	⑤
9	①	②	③	④	⑤	29	①	②	③	④	⑤	49	①	②	③	④	⑤	69	①	②	③	④	⑤	89	①	②	③	④	⑤
10	①	②	③	④	⑤	30	①	②	③	④	⑤	50	①	②	③	④	⑤	70	①	②	③	④	⑤	90	①	②	③	④	⑤
11	①	②	③	④	⑤	31	①	②	③	④	⑤	51	①	②	③	④	⑤	71	①	②	③	④	⑤	91	①	②	③	④	⑤
12	①	②	③	④	⑤	32	①	②	③	④	⑤	52	①	②	③	④	⑤	72	①	②	③	④	⑤	92	①	②	③	④	⑤
13	①	②	③	④	⑤	33	①	②	③	④	⑤	53	①	②	③	④	⑤	73	①	②	③	④	⑤	93	①	②	③	④	⑤
14	①	②	③	④	⑤	34	①	②	③	④	⑤	54	①	②	③	④	⑤	74	①	②	③	④	⑤	94	①	②	③	④	⑤
15	①	②	③	④	⑤	35	①	②	③	④	⑤	55	①	②	③	④	⑤	75	①	②	③	④	⑤	95	①	②	③	④	⑤
16	①	②	③	④	⑤	36	①	②	③	④	⑤	56	①	②	③	④	⑤	76	①	②	③	④	⑤	96	①	②	③	④	⑤
17	①	②	③	④	⑤	37	①	②	③	④	⑤	57	①	②	③	④	⑤	77	①	②	③	④	⑤	97	①	②	③	④	⑤
18	①	②	③	④	⑤	38	①	②	③	④	⑤	58	①	②	③	④	⑤	78	①	②	③	④	⑤	98	①	②	③	④	⑤
19	①	②	③	④	⑤	39	①	②	③	④	⑤	59	①	②	③	④	⑤	79	①	②	③	④	⑤	99	①	②	③	④	⑤
20	①	②	③	④	⑤	40	①	②	③	④	⑤	60	①	②	③	④	⑤	80	①	②	③	④	⑤	100	①	②	③	④	⑤

※ 본 답안카드는 마킹 연습용 모의 답안카드입니다.

〈절취선〉

수협중앙회 필기전형 직무능력평가 OMR 답안카드

고사장

성 명

채용분야

수험번호						
⓪	⓪	⓪	⓪	⓪	⓪	⓪
①	①	①	①	①	①	①
②	②	②	②	②	②	②
③	③	③	③	③	③	③
④	④	④	④	④	④	④
⑤	⑤	⑤	⑤	⑤	⑤	⑤
⑥	⑥	⑥	⑥	⑥	⑥	⑥
⑦	⑦	⑦	⑦	⑦	⑦	⑦
⑧	⑧	⑧	⑧	⑧	⑧	⑧
⑨	⑨	⑨	⑨	⑨	⑨	⑨

감독위원 확인
㉮인

문번	1 2 3 4 5	문번	1 2 3 4 5	문번	1 2 3 4 5
1	① ② ③ ④ ⑤	21	① ② ③ ④ ⑤	41	① ② ③ ④ ⑤
2	① ② ③ ④ ⑤	22	① ② ③ ④ ⑤	42	① ② ③ ④ ⑤
3	① ② ③ ④ ⑤	23	① ② ③ ④ ⑤	43	① ② ③ ④ ⑤
4	① ② ③ ④ ⑤	24	① ② ③ ④ ⑤	44	① ② ③ ④ ⑤
5	① ② ③ ④ ⑤	25	① ② ③ ④ ⑤	45	① ② ③ ④ ⑤
6	① ② ③ ④ ⑤	26	① ② ③ ④ ⑤	46	① ② ③ ④ ⑤
7	① ② ③ ④ ⑤	27	① ② ③ ④ ⑤	47	① ② ③ ④ ⑤
8	① ② ③ ④ ⑤	28	① ② ③ ④ ⑤	48	① ② ③ ④ ⑤
9	① ② ③ ④ ⑤	29	① ② ③ ④ ⑤	49	① ② ③ ④ ⑤
10	① ② ③ ④ ⑤	30	① ② ③ ④ ⑤	50	① ② ③ ④ ⑤
11	① ② ③ ④ ⑤	31	① ② ③ ④ ⑤		
12	① ② ③ ④ ⑤	32	① ② ③ ④ ⑤		
13	① ② ③ ④ ⑤	33	① ② ③ ④ ⑤		
14	① ② ③ ④ ⑤	34	① ② ③ ④ ⑤		
15	① ② ③ ④ ⑤	35	① ② ③ ④ ⑤		
16	① ② ③ ④ ⑤	36	① ② ③ ④ ⑤		
17	① ② ③ ④ ⑤	37	① ② ③ ④ ⑤		
18	① ② ③ ④ ⑤	38	① ② ③ ④ ⑤		
19	① ② ③ ④ ⑤	39	① ② ③ ④ ⑤		
20	① ② ③ ④ ⑤	40	① ② ③ ④ ⑤		

※ 본 답안카드는 마킹 연습용 모의 답안카드입니다.

시대에듀 수협중앙회 필기전형 통합기본서

초 판 발 행	2025년 06월 20일 (인쇄 2025년 05월 15일)
발 행 인	박영일
책 임 편 집	이해욱
편 저	SDC(Sidae Data Center)
편 집 진 행	안희선 · 신주희
표지디자인	김지수
편집디자인	최미림 · 장성복
발 행 처	(주)시대고시기획
출 판 등 록	제10-1521호
주 소	서울시 마포구 큰우물로 75 [도화동 538 성지 B/D] 9F
전 화	1600-3600
팩 스	02-701-8823
홈 페 이 지	www.sdedu.co.kr
I S B N	979-11-383-9351-5 (13320)
정 가	25,000원

통합기본서

수협중앙회

정답 및 해설

NEXT STEP
시대에듀가 합격을 준비하는
당신에게 제안합니다.
성공의 기회
시대에듀를 잡으십시오.
시대에듀
기회란 포착되어 활용되기 전에는 기회인지조차 알 수 없는 것이다.
– 마크 트웨인 –